中国财政科学研究院智库丛书

基于公共风险理论的财政改革与政策研究

中国财政科学研究院 编

中国财经出版传媒集团
中国财政经济出版社

图书在版编目（CIP）数据

基于公共风险理论的财政改革与政策研究／中国财政科学研究院编．—北京：中国财政经济出版社，2019.9

（中国财政科学研究院智库丛书）

ISBN 978-7-5095-9160-4

Ⅰ.①基… Ⅱ.①中… Ⅲ.①财政改革-研究-中国 Ⅳ.①F812.2

中国版本图书馆 CIP 数据核字（2019）第 177946 号

责任编辑：胡　博　张晓丽　　　责任印制：刘春年
封面设计：陈宇琰　　　　　　　责任校对：张　凡

中国财政经济出版社 出版

URL：http：//www.cfeph.cn
E-mail：cfeph@cfemg.cn

（版权所有　翻印必究）

社址：北京市海淀区阜成路甲 28 号　邮政编码：100142
营销中心电话：010-88191537
北京财经印刷厂印装　各地新华书店经销
787×1092 毫米　16 开　21.25 印张　351 000 字
2019 年 9 月第 1 版　2019 年 9 月北京第 1 次印刷
定价：85.00 元
ISBN 978-7-5095-9160-4
（图书出现印装问题，本社负责调换）
本社质量投诉电话：010-88190744
打击盗版举报热线：010-88191661　QQ：2242791300

中国财政科学研究院智库丛书

编 委 会

编委会主任 刘尚希

编委会委员 马 骏　　罗文光　　白景明
　　　　　　　傅志华　　程北平　　杨远根

总　序

党的十八届三中全会在明确"完善和发展中国特色社会主义制度，推进国家治理体系和治理能力现代化"这一全面深化改革总目标的同时，提出了"财政是国家治理的基础和重要的支柱"的重要判断，充分彰显出财政在国家治理现代化之中的地位与作用。

强调发挥财政在国家治理中的基础和重要支柱作用，是与我国经济社会发展阶段相联系的。在改革开放初期，政府的作用是促进改革和开放，财政改革主要是推动政府职能转换、改进政府与市场关系，让市场在资源配置中发挥更大的作用。随着我国经济社会转型进入新的阶段、国家实力逐渐增强以及大国财政使命的提出，财政在改革和发展中的作用日趋多样化、全方位，涉及经济、政治、社会、文化、生态文明建设各个领域。

在市场经济不断发展的基础上，社会结构及其整个上层建筑都发生了极大变化，社会成员利益关系变得复杂起来。在经济进入新常态的背景下，这种复杂的利益关系对于财政在国家治理中作用的发挥是一个新的考验。改革开放初期，财政政策着眼于关注国内，对于国际环境关注不多，现在财政政策的一举一动都对世界经济产生重要影响；改革开放初期，财政主要解决温饱问题，经济建设成为财政工作的突出任务，现在财政既要解决发展问题，又要解决改革问题，经济、社会、政治、文化和生态文明要协同发展；改革开放初期，中央和地方财政实力虽然都较弱，但地方政府债务也少，现在国家财政实力快速扩张过程中也面临着地方政府债务特别是或有债务快速扩张的问题，财政自身可持续性发展面临挑战。

财政作为国家治理的基础正在发生多维变化。改革开放初期，财政主要从经济维度发挥国家治理基础性作用，主要是处理好政府与市场的关系；在经济社会转型、利益关系多元化背景下，财政要从多维度支撑国家治理：既有国家与市场的维度，也有国家与社会（个人）的维度，以及公共部门内部（包括中央与地方、政府部门之间）的维度。

随着财政发挥作用的多维变化，财政理念也随之发生变化。改革开放初期，政府在市场失灵的领域提供公共服务；随着时代的进步，政府承担的各种责任（城镇化、养老、医疗、教育、环境保护等）在不断增加，在政府能力有限的情况下，政府与社会资本合作呼之欲出。政府和社会资本合作打破了传统主流经济学、财政学的基本看法：政府与市场是水火不相容的，二者是对立的；公共服务领域是市场失灵的领域，只能由政府来干。过去注重政府与市场之间的分工，现阶段则注重在分工基础上的合作。政府与市场关系需要进行再改革，一些新的问题又随之产生：在多元主体提供公共服务的同时如何保障社会公共利益，如何理顺政府与社会的关系，如何理顺政府内部如中央和地方之间、政府各部门之间的关系等。财政全方位、深层次嵌入国家治理体系和治理能力现代化之中，带来了许多需要用全新理论诠释的问题，也考验着各方面的智慧。

面对新阶段、新形势和新任务，财政如何有效支撑和推动国家治理现代化更需要新思路、新思想，财政智库或财政思想库也应运而生。可以说，财政智库是财政有效支撑和推动国家治理现代化的思想源泉，也是点亮财政作用于国家治理的"智慧之灯"。发达国家在财政现代化和国家治理体系与治理能力现代化过程中，财政智库的作用功不可没。要发挥好财政作为国家治理基础与重要支柱的职能作用，财政智库的基础性作用更是不可替代。

第一，财政智库是推进国家治理决策的科学化、民主化和法制化的重要支撑。当前，全面建成小康社会进入决定性阶段，破解财政改革发展稳定难题和应对全球性问题的复杂性艰巨性前所未有，迫切需要健全中国特色的财政决策支撑体系，大力加强财政智库建设，以财政科学咨询支撑财政治理的科学决策、民主决策和依法决策，以财政科学决策引领科学发展。

第二，财政智库是国家治理体系和治理能力现代化的重要内容。纵观当今世界各国现代化发展历程，智库在国家治理中发挥着越来越重要的作用，日益成为国家治理体系中不可或缺的组成部分，是国家治理能力的重要体现。全面深化改革，推进国家治理体系和治理能力现代化，推动协商民主广泛多层制度化发展，建立更加成熟更加定型的制度体系，必须切实加强中国特色新型财政智库建设，充分发挥智库在治国理政中的重要作用。

第三，中国特色新型财政智库是国家软实力的重要组成部分。一个大国的发展进程，既是经济等硬实力提高的进程，也是思想文化等软实力提高的进程。智库是国家软实力的重要载体，越来越成为国际竞争力的重要因素，在对外交往中发挥着不可替代的作用。树立社会主义中国的良好形象，推动中华文化和当代中国价值观念走向世界，在国际舞台上发出中国声音，迫切需要发挥中国特色财政新型智库在公共外交中的重要作用，不断增强我国在国际财经和公共事务的国际影响力和国际话语权。

正是考虑到智力资源是一个国家、一个民族最宝贵的资源，考虑到我国智库发展面临的各种瓶颈，2015年1月，中共中央办公厅、国务院办公厅印发了《关于加强中国特色新型智库建设的意见》，提出加强智库建设整体规划和科学布局，统筹整合现有智库优质资源，重点建设50~100个国家急需、特色鲜明、制度创新、引领发展的专业化高端智库。

中国财政科学研究院的前身财政部财政科学研究所（财科所），于1956年根据毛泽东主席的指示而成立，2016年2月正式更名。60年前财科所成立之初，就定位为政府部门的政策咨询机构，以探索我国财政经济问题和培养财政、会计专门人才为己任，为党中央和国务院中心工作服务，为财政经济发展的现实服务。为此，一代又一代财政科研人员为我国财政科研事业做出重要贡献。60年后的今天，中国财政科学研究院正致力于转型、创新，努力创建一流新型智库。

根据智库建设与发展的规划，本院推出"中国财政科学研究院智库丛书"。该丛书内容既包括本院各年度重要《研究报告》的文集，也包括本院承担完成的一些重大科研项目成果,以及本院研究人员研究、撰写的各类专著。目的在于集中展示财科院的科研成就,扩大科研成果的宣传和社会效果,全面提升财科院的智库影响力。

不忘初心,砥砺前行。我们将明确智库建设的宗旨,在传承既有科研优势和办院特色的基础上,探寻新型高端智库建设的途径,潜心探索财政与国家治理的新理论、新观点、新思路、新对策,与各界同仁一道,共同致力于现代财政制度建设,开创国家治理现代化之美好未来。

"中国财政科学研究院智库丛书"编委会

2016年7月

目　录

积极财政政策：作用条件、目标选择及路径优化 ………… 刘尚希　石英华（1）

中国经济发展的三大逻辑与两大突破 …………………………… 刘尚希（15）

经济周期：理论与实践的反思 …………………………… 刘尚希　武靖州（21）

"经济新周期"争论评析 …………………………………… 刘尚希　武靖州（36）

中国财政赤字辨析 …………………………………………………… 白景明（51）

论积极财政政策的转型
　　——基于公共风险与财政风险的权衡 ………………………… 武靖州（67）

当前我国经济运行中风险分析与治理策略 …… 刘尚希　封北麟　武靖州（84）

十八届三中全会以来财税体制改革的进展及评估
　　………………………………… 刘尚希　程瑜　李成威　樊轶侠（96）

中国财政改革透视
　　——基于社会化与公共化的逻辑 …………………………… 李成威（133）

财政学的旧逻辑与新逻辑
　　——中国财政学会新时代中国特色社会主义　财政基础理论
　　研讨会观点综述 ………………………………………………… 孙维（145）

从整体观和风险观认识降成本 …………………………………… 刘尚希（152）

从"逆全球化"看2018年国际经济形势 ………………………… 课题组（158）

货币政策困境与财政政策选择 …………………………………… 赵大全（168）

中国宏观审慎政策指数构建 ………………………………………… 陈旭（180）

公共风险视角下中央与地方财政事权与支出责任划分研究 ……… 课题组（206）

关于预算绩效管理的几点思考 …………………………………… 刘尚希（237）

制度主义公共债务管理模式的失灵
　　——基于公共风险视角的反思 …………… 刘尚希　石英华　武靖州（243）
以拆弹的精准和耐心化解地方隐性债务风险 …………… 刘尚希（269）
民间固定资产投资增速下滑原因透视 …………… 王宏利　崔立昕（274）
日本地方政府债务管理经验的比较与借鉴 …………… 许安拓（281）
政府与社会资本合作（PPP）中隐匿的财政风险 …………… 课题组（292）

后记 ……………………………………………………………………（327）

积极财政政策：作用条件、目标选择及路径优化

刘尚希　石英华

综合判断，今年经济走势将会前高后低，经济下行压力不小。应对当前经济运行面临的新问题新挑战，避免外部冲击与国内因素"共振"，缓解可能因之引发的经济下行与风险过快释放，对积极财政政策的作用要有新认识，防止刻舟求剑。财政政策发挥作用的条件以及政策目标都发生了变化。当前及今后积极财政政策需以公共风险管理为导向，以改善就业状态为首要目标，以制度性减税费、优化支出结构为着力点，依托改革，精准施策，让积极财政政策更加积极，发挥更大的作用。

一、积极财政政策发挥作用的条件已经改变，需要转向公共风险管理

（一）积极财政政策发挥作用条件的认识

文献研究表明，传统上对财政政策发挥作用的机理的认识是基于凯恩斯主义的需求管理理论，认为经济运行出现问题，经济萧条甚至经济危机的主要原因在于有效需求不足，政府通过减税、增加支出等方式刺激投资和消费需求，促进经济的稳定与增长。国内学者从财政支出规模与结构、民间投资、居民消费结构、乘数效应等多方面，检验了财政政策对民间投资和消费的影响效应，结论并不一致（李生祥、丛树海，2004；郭庆旺等 2004；杨俊等 2007；吴俊培等，2013；

刘金全等，2014）。积极财政政策作为宏观调控的重要政策工具，是扩张性财政政策。在宏观经济下行期，通过减少政府收入或者扩大政府支出，来扩张总需求。对财政政策重点的变化，有的学者认为，两次积极财政政策时期，财政通过政府投资扩张和对信贷资金的拉动，实现需求管理为主的政策。经济进入新常态后，财政通过降低企业成本和提高资源配置效率，实现以供给管理为主的政策（吕冰洋，2017）。积极财政政策既须落脚于拉动需求，又须落脚于结构调整（高培勇，2016）。从政策表述上看，2015年之前，财政政策的发力点更加侧重"扩大需求""保持一定的政策刺激力度""保持一定的政府投资规模"。2015年之后，宏观调控在适度扩大总需求的同时，着力加强供给侧结构改革。政策表述在"积极"的大方向下，发力的重点出现了明显的变化，政策支持重点从"需求侧"转向"供给侧"的意图，比如政策发力点体现出了"减税降费""优化供给结构"等提法（李迅雷，2018）。尽管政策表述有所变化，但需求管理仍然是财政政策的目标之一。

传统的财政政策主要解决社会有效需求不足的问题，发挥需求管理工具的作用，熨平经济波动，以保持经济稳定和就业充分。

当前面临的现实是供需结构性脱节，内需不足与供给质量不高交织并存，并产生相互循环影响，比单纯的需求不足要复杂得多。供需结构性脱节产生的条件，不是单纯的市场不确定性，而是公共不确定性，是两者叠加导致的。市场不确定性主要是经济因素，如投资回报、消费偏好、技术研发、组织变迁、供应链变化等等，产生的宏观后果是需求萎缩导致经济下滑和失业增加，通过税收、投资等财政政策工具刺激需求可起到缓解作用，而公共不确定性是经济、社会因素复合而成，产生的宏观后果是供需结构性脱节导致经济动力不足，直接刺激需求难有成效。

市场不确定性引发的需求不足可衍生经济风险，如破产、失业，进一步扩展就会演变转化为公共风险。而公共不确定性直接衍生公共风险，如要素流动与配置受阻、社会诚信缺失、社会分配差距扩大、大众信心不足、企业家预期不稳、投机多于投资、创新环境不完善等等，这样就会导致市场机制功能弱化，社会供需结构性脱节，经济内生动力减弱。

当前的经济环境渗入了越来越多的社会因素，宏观经济的形态已经从各种经济参数主导演变为各种公共不确定性因素聚合而成的公共风险主导。

（二）积极财政政策的功能变迁：从需求管理到公共风险管理

财政政策发挥作用的逻辑路径已经改变，再沿用传统方式直接刺激需求可能适得其反。需要从公共风险管理入手，降低公共不确定性，改善包含经济、社会因素的宏观环境，才能有效发挥积极财政政策的作用。从本质上看，新条件下的财政政策属于风险政策，防范化解公共风险是其基本功能，是财政政策超越经济政策的升级版。

二、积极财政政策的首要目标是改善就业状态

（一）就业状态的含义

就业状态主要指就业的数量和质量。就业质量通过就业稳定和就业环境体现。就业状态指标综合反映就业数量的充分程度、就业的稳定程度，以及就业环境的平等程度。只有上述三个方面同时都得到了改善，我们才能说就业状态真正改善了；如果只是其中一个方面有所改善，如仅仅是就业人员增加，并不能全面说明就业状态得到改善。相反，如果就业的结构性矛盾突出，就业的稳定性、平等性没有改善，就业状态有可能会恶化。

（二）就业状态是公共风险的主要源头

在稳中有变的形势下，稳就业成为首要问题。而稳就业，要落在"就业状态"上。就业状态实际上包含了经济增长、社会发展和收入分配等多方面的综合信息。以风险为导向，积极财政政策应以改善就业状态为首要目标，这也就抓住了公共风险的主要源头，为公共风险管理决策提供了基本依据。

传统的财政政策主要关注需求，其政策逻辑是扩大需求来增加就业岗位，扩大就业数量。但在现实中，就业数量增加了，并不代表就业状态改善了。劳动者的技能水平和岗位需求不匹配的结构性矛盾越来越突出，非正常、非公平的因素破坏了就业市场的公平性，造成了就业结构性"错位"。这些问题往往不是直接刺激需求，增加就业岗位所能解决的，传统的财政政策的逻辑行不通。

就业既是经济问题，也是社会问题。就业状态既包括就业数量，也包括就业

质量。就业质量体现在就业稳定性和就业平等性上。就业状态指标综合反映就业数量是否充分、就业是否稳定以及就业是否平等。以改善就业状态作为积极财政政策的首要目标，能够综合体现稳增长、促改革、调结构、惠民生、防风险各大政策目标，就业状态改善了，扩大内需才有基础，改善供给质量才具备条件，供需结构性脱节才能真正改善。

（三）就业状态改善是扩大内需、提高有效供给的基础条件

就业状态的改善是扩大内需的基础。就业岗位增加是就业状态改善的重要方面。研究表明，我国已经跨越刘易斯第一转折点，劳动力由无限供给转变为有限供给。随着人口老龄化的加速，青壮年劳动力大幅减少，劳动力可供量下降，见图1、图2。由于劳动力供求的结构性矛盾突出，影响了就业充分性。就业岗位不增加，就业不充分，企业生产增加和劳动者收入水平提升面临制约，直接影响投资和消费需求。就业稳定性差，导致企业用工成本上升，利润难以增加，投资也难以增长。就业不稳定，劳动者的收入也难以增加，消费也难以提升。就业不平等，不能调动全社会创业创新的积极性，经济的内生动力自然不足。就业不充分、不稳定、不平等，这些问题不解决好，扩大投资、增加消费难以实现，扩大内需缺乏基础。

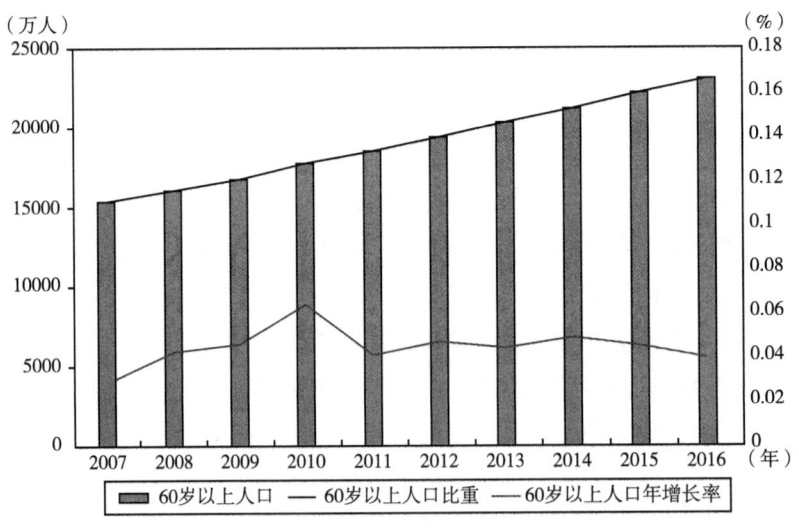

图1　2007—2016年我国60岁以上人口数量和占比

资料来源：国家统计局。

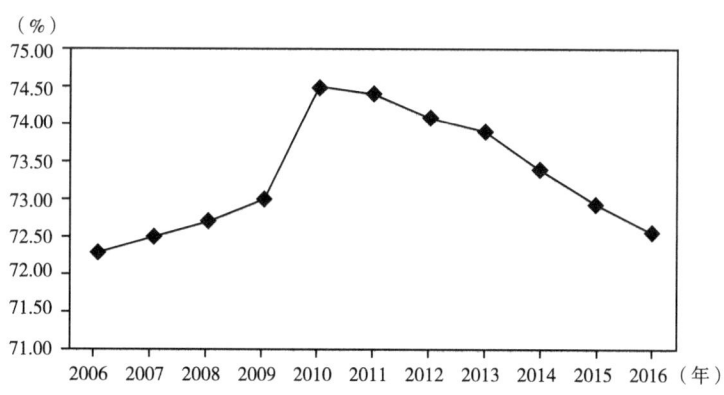

图 2　我国 15—64 岁劳动年龄人口占总人口的比重

资料来源：Wind 经济数据库。

就业状态的改善是改善供给质量的条件。按照政治经济学原理，人是社会生产力因素中的决定性因素，比物的因素更能从根本上决定经济增长质量及其可持续性。过去的发展注重物质资本积累，而人力资本积累严重不足，在劳动力数量优势迅速消失的同时，劳动力质量优势并未形成。高素质劳动力缺乏，低素质劳动力普遍陷入非正规就业、非稳定性就业、低收入就业的状况，制约了全要素生产率的提高，妨碍了经济质量和效益的提升。就业稳定性差，劳动技能难以提升，不仅影响劳动力的供给，而且严重制约产品和服务供给质量的提高。经济学强调劳动力的自由流动，就业不平等导致劳动力自由流动受阻，人力资本配置难以得到优化。就业状态不改善，供给质量的改善缺乏基本条件。

三、积极财政政策应以税费制度、预算结构优化为手段，促进经济内生动力增强

与传统的财政政策通过减税费、增加投资的方式直接刺激需求相区别，当前的积极财政政策以公共风险管理为导向，政策是围绕人而不是物做文章。以改善就业状态为首要目标，通过优化税费制度，实现制度性减税费，为经济运行注入确定性，稳定市场预期，激发市场主体创业创新活力。通过优化预算支出结构，提高财政支出的有效性，为社会运行注入确定性，通过体制改革降低制度风险成本，增强经济内生动力。

（一）税费制度、预算结构与公共不确定性

良好的税费制度、预算结构具有注入确定性，降低公共风险的作用。相反，却会扩大不确定性，扰乱预期。

税收、收费作为重要的经济杠杆，具有筹集财政收入、调节经济和调节分配的职能，其作用涵盖整个国民经济。税制的改革、税费政策的调整与改变都会通过利益传导机制对资源配置、宏观经济和收入分配产生影响。良好的税费制度产生的税费负担合理稳定，能够更好地兼顾效率与公平，引导市场主体形成稳定的预期，为经济运行注入确定性。反之，税费制度方面的缺陷，政策、管理方面的失误，政策变化比较频繁，都会导致政策信号混沌，社会预期紊乱，政策功能减弱，影响经济增长，进而扩大公共风险。

预算支出反映政府活动，政府通过预算支出来实现其对社会经济的影响作用。预算支出的规模和结构，往往反映一国政府为实现其职能所进行的活动范围和政策选择的倾向性。合理的预算支出结构，政策目标清晰，能够更好地体现政府的政策意图。支出安排遵循预算法，结构不僵化，能够随着经济社会的发展变化而及时调整。支出体现有效性，而不是低效、甚至无效的。合理的预算支出结构，释放更为清晰的政策信号，为社会注入确定性，有利于公共风险的降低。

（二）优化税费制度，可降低经济的不确定性

优化税费制度，实行制度性减税，而不是挤牙膏式的政策性减税。短期性的、零敲碎打的减税，不仅吊高了市场主体的胃口，降低了获得感，而且因政策频出、政策多变而扰乱预期。通过完善税收制度，释放更为清晰的政策信号，形成市场主体平等参与竞争的良好制度环境，降低企业税负，有利于就业岗位增加，就业稳定性增强，促进就业状态改善，增强经济内生动力，降低经济的不确定性。2016年8月以来财税部门出台的减税政策文件详见附件。

考虑眼前，兼顾长远，通过税收制度改革，可以为进一步减税提供空间，有利于稳定市场预期，为经济稳定与发展注入确定性。一是改革企业所得税制，在规范征管的基础上，适度降低企业所得税名义税率，减少税收优惠，同时加强国际税收协调和管理，积极应对税基侵蚀和利润转移。二是进一步深化增值税改革，增进税制中性。进一步降低增值税税率，简并税率档次，完善增值税抵扣链条。三是加快落实税收法定原则，提高税收制度的确定性和稳定性。四是改革完

善社会保障制度，实现权责清晰、保障适度、可持续，为就业状态改善提供制度条件。随着社保缴费的规范管理，按照职工工资实际核定缴费基数缴费，提高了社保缴费的实际征缴率，扩大了进一步降低社保费率的空间。

（三）优化预算结构，可降低社会的不确定性

由于预算编制长期沿用基数法，以及路径依赖，导致财政资金分配结构固化、僵化，支出刚性增长，钱花不出去形成存量资金或是无效、低效支出。财政支出灵活性不足，不能及时适应经济社会发展需要，不利于公共风险的防范化解。优化预算支出结构，能够提高财政支出的有效性，有效提供公共产品与服务，为社会发展注入确定性，也为进一步减税提供空间。

当前，发挥好积极财政政策作用，需进一步优化财政支出结构。一是加大在教育、医疗、养老、社保等基本公共服务均等化方面的支持力度，提高公共消费水平，促进人力资本的积累。加快推进与人的身份相关的社会改革，健全基本公共服务可携带的体制机制。破除妨碍劳动力、人才社会性流动的体制机制障碍，促进就业状态改善。二是有效发挥政府投资的引导性作用。近年来随着PPP、政府购买服务、产业引导基金的发展，形成了社会资本参与公共设施建设、公共服务提供的新机制，应进一步完善制度设计，用好这些机制，实现规范发展，激发经济活力与动力。

（四）降低制度风险成本，可促进经济内生动力自我增强

与经济发展相适应的制度，有利于市场在资源配置中决定性作用的发挥和更好发挥政府作用，能够及时化解风险，防止风险的进一步衍生和扩大。相反，制度改革不到位，制度变迁缓慢，制度跟进不及时，则会导致宏观成本上升，风险不能及时化解，甚至衍生扩大。因此，降低制度风险成本，企业才能真正减负，才能促进经济内生动力的自我增强。

降低制度风险成本，需要加快制度改革和创新。一是加快财税改革，从税费制度、预算制度改革倒逼国家治理方式改革，加快政府职能转变。二是支持加快要素市场深化改革，促进要素自由流动。深化土地市场改革，加快建设城乡统一的建设用地市场；加快推进电力、天然气等能源领域市场化改革；推进电信、铁路等传统领域的体制机制改革，降低运营成本；加快金融体制改革，提升金融市场化水平。破除劳动力、土地、资金、能源、科技等要素市场化配置的体制机制

障碍。三是加快国资国企改革，大力破除"僵尸企业"导致的资源错配。转向以资本为导向来做优做强做大国有经济，通过资本优化配置来夯实国有经济。打破垄断，消除各种隐性壁垒，拓宽民间投资领域和空间。四是完善产权制度，加强产权保护。以公平为核心原则，依法保护各种所有制经济产权和合法权益，依法保护自然人财产权，加强对各类产权的司法保护，促进各种所有制经济依法平等使用生产要素，公平参与市场竞争。完善知识产权保护制度，继续改善知识产权的相关商业环境，充分发挥知识产权对科技创新和成果转化的长期激励效应。

四、积极财政政策应与财政体制改革相结合，打通各种风险治理的壁垒和屏障

积极财政政策的有效实施，需要一定的财税体制条件。积极财政政策转向公共风险管理，财政政策发挥作用的体制条件尚不具备，需要通过财税体制改革，打通风险防范和治理的壁垒和屏障。积极财政政策的有效实施，需要调动中央地方"两个积极性"，还有赖于中央与地方政府行为的一致性、各行为主体风险责任的明晰和足够的抗风险能力。因此，积极财政政策需与财政体制改革相结合，通过改革财政体制，稳定地方政府预期，提高地方政府的风险意识和抗风险能力，才能使积极财政政策真正发挥作用。

积极财政政策应与财政体制改革相结合，避免防风险与积极财政政策实施相冲突。中央与地方之间的财政事权和支出责任划分存在不确定性，收入划分也存在不确定性，导致地方政府的收入很难满足不断扩大的支出需求。地方政府庞大的资金需求单靠发债难以满足，必须依靠外部融资。防风险、严监管的背景下地方政府被动接招，项目融资受阻，项目停工，影响就业和收入增长，新的公共风险就会产生。过度防风险将会与积极财政政策的实施产生冲突。

加快推进财政体制改革，为积极财政政策实施营造良好的体制条件。应按照风险分布范围、风险与能力匹配等原则科学界定中央与地方之间的财政事权和支出责任划分。进一步优化各级政府之间财力与事权的组合，保证地方政府事权与财力的合理匹配。提高地方政府抗风险能力，赋予地方政府更大的自主权，使地方政府成为真正的公共风险责任主体。建立基于行为主义的地方政府治理模式，形成激励约束机制，防范化解地方政府债务风险。只有在防风险方面中央与地方

形成一致性目标,积极财政政策改善就业状态的目标才能实现,经济发展内生动力增强才具备条件。

参考文献

[1] 高培勇. 复杂多变经济形势背景下的宏观政策抉择 [J]. 财贸经济, 2013 (2).

[2] 郭庆旺, 吕冰洋, 何乘材. 积极财政政策的乘数效应 [J]. 财政研究, 2004 (8).

[3] 李生祥, 丛树海. 中国财政政策理论乘数和实际乘数效应研究 [J]. 财经研究, 2004 (1).

[4] 李迅雷, 财政政策还不够积极吗——兼论税收高增长之谜 [N], 企业家日报, 2018-8-6 (04).

[5] 刘金全, 印重, 庞春阳. 中国积极财政政策有效性及政策期限结构研究 [J]. 中国工业经济, 2014 (6).

[6] 刘尚希主编. 中国财政政策报告 (2018) [M], 北京: 社会科学文献出版社, 2018年版.

[7] 刘尚希. 公共风险论 [M], 北京: 人民出版社, 2018.

[8] 刘尚希. 深入理解我国的积极财政政策需要破除三个认识误区 [J]. 经济研究参考, 2017 (42).

[9] 刘尚希, 石英华, 武靖州. 公共风险视角下中央与地方财政事权划分研究 [J]. 改革, 2018 (8).

[10] 刘尚希, 王志刚, 程瑜, 许文. 降成本: 2018年的调查与分析 [R]. 中国财政科学研究院《研究报告》, 2018 (27).

[11] 吕冰洋. 中国财政政策的需求与供给管理: 历史比较分析 [J]. 财政研究, 2017 (4).

[12] 任泽平, 许鲁光. 结构式凯恩斯乘数理论与积极财政政策优化——基于消费矩阵的实证研究 [J]. 财经研究, 2006 (9).

[13] 任泽平. 积极财政政策大有可为 [N]. 经济日报, 2018-08-01 (009).

[14] 吴海民. 我国刘易斯拐点的新检验——基于1990—2010年农业和工业部门劳动边际生产率的考察 [J]. 贵州财经学院学报, 2012 (3).

[15] 吴俊培, 张斌. 积极财政政策挤入效应的实证分析 [J]. 财贸经济, 2013 (7).

[16] 杨俊, 王燕. 积极财政政策与私人投资关系的区域差异——基于中国东、中、西部面板数据的检验与分析 [J], 财经科学, 2007 (5).

附件

2016年8月—2018年11月财税部门出台的减税政策文件概览

政策类型	出台时间	文件名称
普惠政策	2016年9月30日	《关于调整化妆品消费税政策的通知》（财税〔2016〕103号）
	2016年10月24日	《关于生产和装配伤残人员专门用品企业免征企业所得税的通知》（财税〔2016〕111号）
	2016年12月1日	《关于垃圾填埋沼气发电列入〈环境保护、节能节水项目企业所得税优惠目录（试行）〉的通知》（财税〔2016〕131号）
	2017年4月28日	《关于简并增值税税率有关政策的通知》（财税〔2017〕37号）
	2017年9月6日	《关于印发节能节水和环境保护专用设备企业所得税优惠目录（2017年版）的通知》（财税〔2017〕71号）
	2017年11月2日	《关于将技术先进型服务企业所得税政策推广至全国实施的通知》（财税〔2017〕79号）
	2017年12月21日	《关于境外投资者以分配利润直接投资暂不征收预提所得税政策问题的通知》（财税〔2017〕88号）
	2017年12月22日	《关于调整重大技术装备进口税收政策有关目录的通知》（财关税〔2017〕39号）
	2017年12月25日	《关于租入固定资产进项税额抵扣等增值税政策的通知》（财税〔2017〕90号）
	2017年12月28日	《关于完善企业境外所得税收抵免政策问题的通知》（财税〔2017〕84号）
	2018年2月11日	《关于公益性捐赠支出企业所得税税前结转扣除有关政策的通知》（财税〔2018〕15号）
	2018年3月2日	《关于继续支持企业事业单位改制重组有关契税政策的通知》（财税〔2018〕17号）
	2018年4月4日	《关于调整增值税税率的通知》（财税〔2018〕32号）
	2018年5月3日	《关于对营业账簿减免印花税的通知》（财税〔2018〕50号）
	2018年5月7日	《关于设备器具扣除有关企业所得税政策的通知》（财税〔2018〕54号）
	2018年5月7日	《关于企业职工教育经费税前扣除政策的通知》（财税〔2018〕51号）
	2018年5月16日	《关于继续实施企业改制重组有关土地增值税政策的通知》（财税〔2018〕57号）

续表

政策类型	出台时间	文件名称
普惠政策	2018年5月19日	《关于将服务贸易创新发展试点地区技术先进型服务企业所得税政策推广至全国实施的通知》（财税〔2018〕44号）
	2018年6月29日	《关于明确烟叶税计税依据的通知》（财税〔2018〕75号）
	2018年7月27日	《关于增值税期末留抵退税有关城市维护建设税、教育费附加和地方教育附加政策的通知》（财税〔2018〕80号）
	2018年8月15日	《关于印发〈安全生产专用设备企业所得税优惠目录（2018年版）〉的通知》（财税〔2018〕84号）
	2018年9月29日	《关于公益性捐赠税前扣除资格有关问题的补充通知》（财税〔2018〕110号）
	2018年9月30日	《关于去产能和调结构房产税 城镇土地使用税政策的通知》（财税〔2018〕107号）
部分行业政策	2016年8月24日	《关于供热企业增值税 房产税 城镇土地使用税优惠政策的通知》（财税〔2016〕94号）
	2016年11月2日	《关于保险公司准备金支出企业所得税税前扣除有关政策问题的通知》（财税〔2016〕114号）
	2016年12月21日	《关于明确金融 房地产开发 教育辅助服务等增值税政策的通知》（财税〔2016〕140号）
	2017年7月11日	《关于建筑服务等营改增试点政策的通知》（财税〔2017〕58号）
	2018年3月28日	《关于集成电路生产企业有关企业所得税政策问题的通知》（财税〔2018〕27号）
	2018年4月19日	《关于延续动漫产业增值税政策的通知》（财税〔2018〕38号）
	2018年6月5日	《关于延续宣传文化增值税优惠政策的通知》（财税〔2018〕53号）
	2018年6月27日	《关于2018年退还部分行业增值税留抵税额有关税收政策的通知》（财税〔2018〕70号）
降低小微企业负担	2017年6月6日	《关于扩大小型微利企业所得税优惠政策范围的通知》（财税〔2017〕43号）
	2017年6月12日	《关于继续实施扶持自主就业退役士兵创业就业有关税收政策的通知》（财税〔2017〕46号）
	2017年6月12日	《关于继续实施支持和促进重点群体创业就业有关税收政策的通知》（财税〔2017〕49号）
	2017年10月20日	《关于延续小微企业增值税政策的通知》（财税〔2017〕76号）

续表

政策类型	出台时间	文件名称
降低小微企业负担	2017年10月26日	《关于支持小微企业融资有关税收政策的通知》（财税〔2017〕77号）
	2018年4月4日	《关于统一增值税小规模纳税人标准的通知》（财税〔2018〕33号）
	2018年7月11日	《关于进一步扩大小型微利企业所得税优惠政策范围的通知》（财税〔2018〕77号）
	2018年9月5日	《关于金融机构小微企业贷款利息收入免征增值税政策的通知》（财税〔2018〕91号）
推动科技创新	2017年4月28日	《关于创业投资企业和天使投资个人有关税收试点政策的通知》（财税〔2017〕38号）
	2017年5月2日	《关于提高科技型中小企业研究开发费用税前加计扣除比例的通知》（财税〔2017〕34号）
	2018年5月14日	《关于创业投资企业和天使投资个人有关税收政策的通知》（财税〔2018〕55号）
	2018年5月29日	《关于科技人员取得职务科技成果转化现金奖励有关个人所得税政策的通知》（财税〔2018〕58号）
	2018年6月25日	《关于企业委托境外研究开发费用税前加计扣除有关政策问题的通知》（财税〔2018〕64号）
	2018年7月11日	《关于延长高新技术企业和科技型中小企业亏损结转年限的通知》（财税〔2018〕76号）
	2018年9月20日	《关于提高研究开发费用税前加计扣除比例的通知》（财税〔2018〕99号）
	2018年11月1日	《关于科技企业孵化器 大学科技园和众创空间税收政策的通知》（财税〔2018〕120号）
降低融资成本	2016年11月5日	《关于深港股票市场交易互联互通机制试点有关税收政策的通知》（财税〔2016〕127号）
	2017年3月21日	《关于中小企业融资（信用）担保机构有关准备金企业所得税税前扣除政策的通知》（财税〔2017〕22号）
	2017年6月9日	《关于延续支持农村金融发展有关税收政策的通知》（财税〔2017〕44号）
	2017年6月9日	《关于小额贷款公司有关税收政策的通知》（财税〔2017〕48号）
	2017年6月30日	《关于资管产品增值税有关问题的通知》（财税〔2017〕56号）

续表

政策类型	出台时间	文件名称
降低物流成本	2017年4月26日	《关于继续实施物流企业大宗商品仓储设施用地城镇土地使用税优惠政策的通知》（财税〔2017〕33号）
	2018年1月8日	《关于完善启运港退税政策的通知》（财税〔2018〕5号）
	2018年5月25日	《关于对挂车减征车辆购置税的公告》（财政部 税务总局 工业和信息化部公告2018年第69号）
	2018年6月1日	《关于物流企业承租用于大宗商品仓储设施的土地城镇土地使用税优惠政策的通知》（财税〔2018〕62号）
其他政策	2016年7月25日	《关于继续执行高校学生公寓和食堂有关税收政策的通知》（财税〔2016〕82号）
	2016年7月27日	《关于印发〈专利收费减缴办法〉的通知》（财税〔2016〕78号）
	2016年8月3日	《关于收费公路通行费增值税抵扣有关问题的通知》（财税〔2016〕86号）
	2016年8月19日	《关于恢复玉米深加工产品出口退税率的通知》（财税〔2016〕92号）
	2016年9月1日	《关于延续免征国产抗艾滋病病毒药品增值税政策的通知》（财税〔2016〕97号）
	2016年9月18日	《关于2016年森林消防专用车免征车辆购置税的通知》（财税〔2016〕102号）
	2016年9月18日	《关于行政和解金有关税收政策问题的通知》（财税〔2016〕100号）
	2016年11月4日	《关于提高机电、成品油等产品出口退税率的通知》（财税〔2016〕113号）
	2016年11月24日	《关于2016年"母亲健康快车"项目流动医疗车免征车辆购置税的通知》（财税〔2016〕128号）
	2017年4月28日	《关于继续执行有线电视收视费增值税政策的通知》（财税〔2017〕35号）
	2017年4月28日	《关于继续执行新疆国际大巴扎项目增值税政策的通知》（财税〔2017〕36号）
	2017年4月28日	《关于将商业健康保险个人所得税试点政策推广到全国范围实施的通知》（财税〔2017〕39号）
	2017年4月28日	《关于印发〈压缩财税优惠办理时间改革实施方案〉的通知》（财法〔2017〕2号）
	2017年12月22日	《关于调整天然气进口税收优惠政策有关问题的通知》（财关税〔2017〕41号）

续表

政策类型	出台时间	文件名称
其他政策	2017年12月26日	《关于免征新能源汽车车辆购置税的公告》（2017年第172号）
	2018年3月29日	《关于对页岩气减征资源税的通知》（财税〔2018〕26号）
	2018年4月2日	《关于开展个人税收递延型商业养老保险试点的通知》（财税〔2018〕22号）
	2018年9月28日	《关于跨境电子商务综合试验区零售出口货物税收政策的通知》财税〔2018〕103号
	2018年10月22日	《关于调整部分产品出口退税率的通知》（财税〔2018〕123号）
	2018年11月5日	《关于第七届世界军人运动会税收政策的通知》（财税〔2018〕119号）

资料来源：根据财政部发布的政策文件整理。

中国经济发展的三大逻辑与两大突破

刘尚希

非常高兴来参加这个会①，刚才听了几位的发言很有收获。在这里，我想围绕"改革开放40年，建立现代经济体系"这个主题谈点看法和认识。讨论改革开放40年，这实际上至少蕴含三个角度：一个是历史的角度，一个是实践的角度，还有一个是理论的角度。我国在社会主义经济建设上，现在已经进入新时代。站在一个新的历史起点上，我们回顾这40年，应当说经济上取得了巨大的成功，可以说是人类发展史上的一大奇迹。这40年为什么成功了？秘诀在哪里？大家都有总结，我觉得最重要的一点，就是把国家的发展和市场经济有机结合起来了。讨论中国的经济发展，我觉得必须回到一个基本命题，那就是"社会主义市场经济"。

一、研究中国经济，必须从"社会主义市场经济"这个完整命题出发

在一些学者的眼中，社会主义是一个定语，只是一个标签，看重的是市场经济。所以我们研究经济学往往都是研究市场经济学的一般，而没有从社会主义市场经济这个完整的命题出发来研究，这就可能使我们会忽略一些基本问题。在过去的发展中，忽略定语，注重市场，也许问题不大，短缺时期做大蛋糕是首位的目标任务。而现在进入中上等收入发展阶段，社会主义所要求的共同富裕已经不

---

① 2018年9月18日中国社科院举办的"改革开放40年与中国经济高质量发展新境界"研讨会。

容忽视了。一些中国才有的基本问题在市场经济的实际运行过程中有重要影响，如党领导下的政府如何有效发挥作用、大量土地等国有资源如何进入市场、不同所有制经济如何公平竞争、国有企业如何定位等等。这些问题都和我国社会主义建设实践历史地联系在一起，随着社会主义市场经济这个命题的确立，一同进入了中国市场经济之中，形成了另一种类型的市场经济。不管你喜欢不喜欢，这是历史条件和现实基础，是无法回避的。只研究市场经济的一般，不研究市场经济的特殊，市场经济学就会脱离中国实际。只研究资本主义私有制衍生的市场经济的一般，不研究社会主义公有制衍生的市场经济的一般，那也就更谈不上基于中国的社会主义市场经济实践而形成社会主义市场经济学。这其中蕴含了历史的逻辑、实践的逻辑和理论的逻辑。

市场经济有很多一般性的共性东西，但各国都有不同，更何况政治架构殊异的国家之间的市场经济，其差异更大。有的学者认为，中国搞国家资本主义，那只是基于表象的判断。与国际接轨，并非要丢掉自己的个性，而社会主义就是中国的价值个性之一。全球化，可能恰恰是在世界分工中各国个性（政治个性、资源个性、经济个性的综合）所造就的优势彰显的结果。抛弃意识形态的历史偏见，资本主义与社会主义并非水火不容，毕竟二者各方面都在发展变化，都是人类发展过程中的一种探索。对中华民族的复兴和中国人民的幸福来说，管用的才是科学和真理。

二、中国经济发展的三个逻辑与两大突破

（一）发展的三个逻辑

中国的经济发展有三个逻辑：理论逻辑、历史逻辑和实践逻辑。理论逻辑我们从发达国家的市场经济学里可以吸取很多的营养，也借鉴了很多。但是实践的逻辑、历史的逻辑很难从他国的历史和实践中去找到什么线索。因为我们国家的发展，完全是基于我们自己的逻辑，就是说实践逻辑、历史逻辑跟其他的市场经济国家是完全不同的。这也意味着我国发展的理论逻辑也是不同的，只是这不同的理论逻辑仍隐形在我国发展的历史逻辑和实践逻辑之中。

我们从计划经济渐进走向了市场经济，其他国家没有这样的历史，苏联和东

欧社会主义国家与我们也不同。我们的实践逻辑是在党的领导之下，坚持四项基本原则，也就是在社会主义前提下搞市场经济。所以我们的理论研究只有回到这个基本命题，就是社会主义市场经济，真正面对我们的国情和现实中的各种各样的问题，而不是采取"鸵鸟政策"，去回避我们现实中的很多问题。我们学界的研究，现在有一种"鸵鸟现象"。就是回避很多现实的问题，不愿意去说，不愿意去研究它，而更愿意以另一种乌托邦的思维，靠数学模型去做抽象的、所谓一般的市场经济的研究。这样的研究对我们的改革也好、发展也好，实际作用不大。这也是导致我国发展的理论逻辑不清晰的重要原因。

（二）我国发展理论的两个突破

社会主义与市场经济两者结合起来，是以摸着石头过河的方式实现的。其中突破了两个教条：一个是计划经济教条，一个是公有制教条。对于计划经济的教条大家都知道，长期来把计划经济等于社会主义，这个教条逐渐破掉了。第二个教条，就是公有制教条，过去的国内外主流理论认为，在公有制基础上不能搞市场经济，只能是搞计划经济。但我们的市场经济实践也搞了这么多年，而且还搞的相当不错。这两个教条破掉了。在意识形态上解放思想，实践中积极探索，整体看，上述两个教条被破除了。但是从理论上、从实践上深度观察，上述两个问题其实并没有完全彻底解决。

第一个问题，从意识形态层面看解决了，但实际操作层面没解决。这涉及政府怎么去调控和管理经济的问题，现在依然还有行政的色彩，有运动式的监管。这些实际上都是来自于传统的计划经济体制惯性，政府职能还不完全符合市场经济的要求。进一步看，这涉及怎么更好地发挥政府作用的问题。虽然政府与市场的关系没有普适性的模式，但是我国的政府与市场关系，如何彻底摆脱传统计划经济体制的影响，尤其是在宏观经济遇到困难时，如何避免不由自主地复归的倾向，依然是我们当前面临的重大问题，都还需要在探索中去尽快解决。

当前需要防范化解重大风险，降低宏观杠杆率，推动供给侧结构性改革，诸如此类这些问题应当怎么去解决呢？政府怎么去调控，怎么去管理呢？大家都看到了，其实我们还是习惯于采取行政化的方式在推动。计划经济的教条破除了，但是这种思维方式形成的惯性并没有完全消除。这就妨碍了政府怎么在市场经济条件下更好地发挥作用，妨碍了政府与市场形成良好互动，不利于政府与市场两种力量形成合力。从当前的情况看，正如党的十八大报告中指出的，政府面临

"能力不足的危险"这需要高度重视,并加以审慎评估。政府能力不足将是最大的风险因素,导致政府与市场关系可能不但难以形成合力,甚至形成斥力,可能使我国市场化进程不进反退。

第二个问题,公有制的教条破除了,在公有制基础上搞市场经济。但是我们一个基础性的问题没解决好,就是产权关系。产权不等于所有权。所有权清晰,不等于产权清晰。从历史演进的逻辑看,产权是所有权权能的社会化、结构化的结果。在市场经济条件下,产权走向前台,所有权退向背后。所以是产权而不是所有权成为市场经济的基石。党的十九大报告对此有明确的表述。不说所有权是市场经济的基石,而认为产权是市场经济的基石,这对我国而言是一个重大的理论突破。但是我们怎么样构建公有制基础上的产权关系,这个问题理论上还在探讨、实践中还在探索,至今还没有解决好。这就导致政府手中的大量国有资源,不完全是以市场的方式来出让,而是以行政性的方式在行使财产权。行政权和财产权没有分开运行,两者纠缠不清,这就导致政府不由自主地总是在管理和调控经济中直接去配置资源,导致政府大量配置资源的现象难以消除。这也使市场化改革,尤其是供给侧结构性改革的进一步深化困难重重。

我们的产权制度还不完善,产权关系没有理顺。过去改革的经验,从农村改革到国企改革,其实都是产权改革,产权激励带来了明显效益,促进了我国的快速发展。从法律的角度来看,产权就是财产权,属于民事权利。要搞市场经济,要塑造市场主体,其基本的条件就是拥有财产权,没有财产权不构成市场主体。要形成有效的市场竞争,其基本的条件也是有财产权。没有财产权怎么去参与市场竞争呢?到市场上去空手套白狼吗?所以财产权是作为一个市场主体,也是民事主体履行民事行为能力的一个基本条件。但是我国的产权关系在实践中并没有理顺,尤其当涉及国有资源和国有资产时,属于民事的财产权往往带有行政的色彩,无论是交易、还是保护,理论上、法律上、政策上都没有解决好行政权与财产权分开,以及中央所有权与地方产权分离的问题。我国的产权改革仅仅到国企的所有权与经营权分离、农村集体土地"三权分置"就止步了。

当前民营企业发展中遇到的"弹簧门""旋转门"和"玻璃门"等窘况,从深层次看,也还是源于对公有制的理论认识出现了偏差,思想解放和理论逻辑的不彻底性,导致公、私两种财产权在社会主义市场经济中的地位不平等。如果放弃传统的绝对所有权观念,转向以产权为基础来构建社会主义市场经济理论,则公、私财产权不平等的问题可以迎刃而解。市场经济可以有不同所有权和所有制，但不能存在不平等的产权，否则，等价交换就成为空谈，市场经济也就被否定了。

三、市场经济的基石是产权，而不是（公、私）所有权

现在虽然突破了两个教条，但政府怎么更好地发挥作用，市场在资源配置中发挥决定性作用，像这样的问题都得探索，从书本上，从其他国家都找不到答案。尤其是上面提到的第二个问题，市场在资源配置中发挥决定性作用，它的基石是在产权关系。

（一）产权关系是现代社会财产关系的主要形态，而所有权关系是传统社会财产关系的主要形态，两者具有血缘一般的历史联系，但产权关系日渐成为现代社会的发展基础

产权关系是在所有权关系中衍生出来的交易关系，与资源配置直接相关；虽然所有权关系是产权关系的母体，但产权关系的发展已经超出了这个母体的容纳能力，不得不从母体中分娩出来，而成为超越母体的主导力量。这样，所有权从生产经营过程中日益分离出来，仅以收益权的分享来维系所有权在经济上的权利和义务，财产实际控制和运营从依附所有权转化为依附经营权等产权形式。股权、债权、委托权、租让权、出包权等所有权的变种，都反映出所有权关系的弱化。从这个趋势来看，我们不应再拘泥于公有制、私有制的生产资料所有权关系，而是要从产权来研究资源配置优化问题，通过经营权、承包权、转让权、租赁权、抵押权、用益物权等产权形式来理顺各种产权关系，强化资源的流动和使用，而不是用绝对所有权来约束经济的组织和资源的配置。

市场是一种自组织的机制，在市场的自组织过程中，资源要流动、交易，才能优化配置。显然，这个过程强调的是使用权而不是所有权。而使用，并不需要以所有为前提。所有的原初含义是占有，若只是强调绝对的占有，资源不可能变成资产，也不可能有增值，甚至会贬值带来财产损失。所以，市场经济的发展迫使传统所有权中的一些权能如使用权、经营权渐渐地让渡给其他市场主体，从而产生了所有权的社会化和结构化。这是市场机制演变内生出来的所有权异化，如

股份制是对资本主义私有制的一种扬弃。通常所说的国有资产"坐失",就是指因不能顺畅流动而导致资产贬值,甚至损失殆尽。

不言而喻,在社会主义市场经济条件下,公有制的所有权也需要社会化和结构化,如集体土地、公有土地都是如此。市场是以使用权为中心的,故必须是自由流动的,平等交易,这样资源就能被用到最需要的地方。资源不闲置,利用有效,配置就有效率。搞市场经济,意味着我们要从资源使用和有效配置来考虑所有制问题,不能抱着不合时宜的所有制观念,老是从所有权角度去考虑发展的政治属性问题。以人民为中心的基本经济制度要真正落地,其着力点应从所有权制度转移到产权制度的构建上来。

(二)随着产权走向前台、所有权退隐后台,对所有权、所有制对经济性质、分配关系的作用需要重新认识

从静态公平来看,所有权具有决定性作用;而从动态公平来看,产权的作用更为显著,所有权(无论是公,还是私)反而成为障碍。既要追求公平,又要追求效率,实现两者融合,必须把经济制度构建的重心从所有权转移到产权上来。如果实现了这种转变,所谓国有、民营的鸿沟也就自然消除了。推动混改,发展混合所有制经济,实际上已经呈现出产权走向前台的这种新趋势。在产权的视野中,所有权主要体现为价值分享权,即收益权,也可归结为产权的一种形态。保护产权,不只是保护所有权,而是要保护各种形态的产权,如经营权、承包权、用益物权等等。

在新的发展阶段,所有制理论、产权理论、公与私理论迫切需要创新,深入探讨。以过时的公有化、私有化的老一套来看今天新时代的发展已经明显不合时宜。在知识、技术创新变得越来越重要的今天,传统的生产资料所有权已经不再具有决定经济社会性质的力量。只有进一步解放思想,抛弃历史包袱和西化羁绊,以创新思维与时俱进,我国发展的理论逻辑、实践逻辑、历史逻辑,这三个逻辑才能真正统一起来,才能真正推动改革全面深化,实现高质量的发展,朝着中华民族复兴和人民幸福的方向前进。

经济周期：理论与实践的反思

刘尚希　武靖州

经济周期是宏观经济研究中极其重要而又充满争议的领域。宏观经济学研究的是一国经济的长期趋势和短期波动，前者构成经济增长理论，后者构成经济周期理论。经济周期理论是当代宏观经济学中成果最丰富、发展最快的理论，甚至是20世纪初期宏观经济学的中心问题（杨灿，2010）。经济大幅波动引发的经济运行的不稳定，经济危机导致的严重的社会风险，吸引着经济学家去探究经济周期性波动的规律。而由于经济运行本身的复杂性，经济学家围绕经济周期产生原因、测度方法、典型特征及政策应对等展开了长期的争论，使得这一领域流派众多。针对同一种现象，各流派从不同的角度进行解释，得出的结论却大相径庭。也有很多学者把西方经济周期理论用于分析中国经济，得出的结论也不尽相同。在不同的国情下，一些在特定国家不起作用的因素可能对另一国家十分重要，经济周期理论的核心假设在各国也存在偏离程度上的差异。忽视前提条件的变化及影响因素的不同简单地套用理论，难以得出符合客观实际的结论。如果按照理论套用的结论指导政策制定，可能会造成严重的后果。

一、经济周期理论的主要内容

（一）经济周期的定义

经济周期（Business Cycle），又叫商业周期、景气循环，是经济运行中周期性出现的经济扩张与经济紧缩交替更迭、循环往复的现象。美国经济学家Arthur Burns和Wesley Claire Mitchell（1946）在《Measuring Business Cycles》一书中给出了至今仍在广泛运用的经济周期的经典定义：商业周期是一种基于一国总体经济活动的波动（在这些国家中企业经营基本上是自主的）：一个周期包括许多经济活动的同时扩张，然后同时衰退、收缩和复苏，复苏是下一轮周期扩张阶段的前奏；这一变化次序是重复发生的，而不是阶段性的；从时间上说经济周期从1年到10年或12年不等，它们无法划分成具有同样特征同样波幅的若干个短周期①。该定义表明：经济周期出现的前提是企业经营的自主性（即隐含完全市场的前提假定）；经济周期是一个国家经济总量的波动，而不是局部地区或部门的波动；经济周期一般包括扩张、衰退、收缩和复苏四个阶段；经济周期的四个阶段是重复发生，但时间不等。

理论研究与现实表述中，经常有把经济周期与经济波动相混淆的现象。"波动"和"周期"都是物理学的名词，前者是某一物理量扰动或振动在空间逐点传递时形成的运动形式，后者是指振动物体完成一次振动所需要的时间。在物理学意义上，各种形式波动的共同特征是具有时空上的周期性，即同一点的物理量经过一个周期后完全恢复为原来的值，沿波的传播方向经过某一空间距离后会出现同一振状态②。在经济学意义上，波动是经济活动变化，周期则是经济活动遵循一定规则变化的过程；与物理学上物理量机械地周期性波动不同，经济波动是带有趋势性的。因此，经济波动是比经济周期更加广泛的一个概念。只要有经济活动，必然会有波动的现象，但呈现出有一定规律的变化，则主要是在市场经济条件下。

经济周期与经济危机存在关联。在经济周期的衰退阶段，往往伴随着经济危机的爆发，危机过后进入萧条阶段，但经济周期并不必然经历经济危机的爆发，尤其是在现代市场经济条件下，由于政府干预的广泛存在，没有"经济危机"的经济周期越来越普遍。保罗·萨缪尔森就指出："在凯恩斯以后的时代，经济周期并没有像恐龙那样绝迹于世。然而，严重的萧条却已不再出现。"③ 另外，经济危机也不一定是经济周期性运行的必然结果，突发性的事件也有可能导致经济危机。

---

① [美]杰弗里·萨克思、费利普·拉雷恩：《全球视角的宏观经济学》，费方域等译，上海三联书店、上海人民出版社，2004年版，第447页。
② 参见百度百科"波动"与"周期"条目。
③ [美]保罗·萨缪尔森：《经济学（上册）》，商务印书馆，1979年版，第357页。

（二）经济周期的分类

应用最为广泛的经济周期分类是根据时间跨度的划分：一是康德拉季耶夫周期，即基于技术创新等因素的 50—60 年的经济周期；二是库兹涅茨周期，即基于人口流动等因素、在建筑业反映较为明显的 20—40 年周期；三是朱格拉周期，即基于企业设备投资因素的 7—11 年的周期，但由于二战后资本折旧的加快，西方发达国家这一周期的持续时间缩短到 5—7 年；四是基钦周期，即基于工商业存货的 2—4 年周期。熊彼特认为技术创新是对经济周期的主要驱动力量，根据创新程度把经济周期分为大周期、中周期和小周期，分别对应康德拉季耶夫周期、朱格拉周期和基钦周期，并判断每个康德拉季耶夫周期包括六个朱格拉周期，每个朱格拉周期包括三个基钦周期。关于经济周期的分类远不止这些，如还有基于农业生产的 1—12 个月的"蛛网周期"等。保罗·萨缪尔森就指出："经济周期有多长？这就取决于你想在其中包括多少个次要周期。"① 因为有波动就会有"峰""谷"，不管是按照"峰—峰"法还是"谷—谷"法，理论上可以把经济周期设定为无数的时间阶段。

还有学者根据运行特征与模式的变化把经济周期分为古典周期和增长周期。古典周期是直接研究各经济变量本身的变化，从经济波动的绝对值和显著性便可测量的周期。但第二次世界大战后西方各国经济增长率长期保持在较高水平，经济收缩主要表现为经济活动水平的相对下降而不是绝对下降，古典周期的分析方法便失效了，经济学家开始以经济增长率的"拐点"来判断周期，即增长周期。

（三）传统经济周期理论

凯恩斯主义之前的周期理论主要有：纯货币理论，即经济周期是一种纯货币现象；投资过度论，即生产结构的失调是由繁荣走向萧条的原因；成本变动论，即企业生产成本的变化是导致繁荣与萧条交替的原因；消费不足论，即收入分配不均等造成"储蓄过度"，消费不足导致经济萧条；心理因素论，即由经济主体的心理变化对经济运行产生重要影响，进而导致经济的周期波动；农业周期论，即气候影响农业生产，进而影响企业生产；创新周期论，即创新是决定经济从繁荣到萧条的周期性变化的主要因素；等等。

---

① ［美］保罗·萨缪尔森：《经济学（上册）》，商务印书馆，1979 年版，第 355 页。

（四）现代经济周期理论

一是，凯恩斯主义周期理论。凯恩斯否定了传统的"萨伊定律"，认为经济周期和经济危机是资本主义制度本身造成的，有效需求的变动是宏观经济波动的主要原因；经济波动具有规律性，周期的持续时间与固定资本的寿命和存货保管费用有关。政府应进行宏观调控管理，调节投资需求，在经济危机时使经济走出衰退。

二是，理性预期周期理论。分析经济周期应当考虑市场的理性预期行动或信息不充分导致的预期偏差。货币因素是波动的初始根源，货币供给的冲击引起经济波动，波动的传导机制是信息障碍；由于经济当事人不能获得完全信息，难以准确判断价格变化的实际情况，从而导致产量的波动。货币冲击产生的影响虽然短期会引起经济波动，但在长期会消失，因此该理论反对政府对宏观经济的干预。

三是，真实经济周期理论。经济波动的根源是实际因素而不是货币，非预期内的货币冲击不会产生就业和收入的波动，货币存量的变动是产出变动的结果而非原因，真正使经济产生周期性运动的是来自技术或供给的冲击。这些冲击促使技术进步率发生大幅波动，进而使总量生产函数发生变动，理性人针对变动调整劳动供给和消费，做出最优选择。政策导向方面，该理论认为经济波动本身不足以构成政府干预的理由，经济波动是一种常态，波动不是对理想产量下社会福利的偏离，而是对真实经济变量不确定性作出的最优反应。

四是，新凯恩斯经济周期理论。该理论从货币和需求方面来寻找经济周期波动的原因，认为当经济出现需求扰动时，工资和价格不能迅速调整到市场出清，缓慢的工资和价格调整使经济回到实际产量等于潜在产量的正常状态需要一个很长的过程，这一过程中经济运行呈现出不同的阶段性特征，从而形成经济周期性波动。

五是，新新古典综合学派。真实经济周期理论以瓦尔拉斯的完全竞争一般均衡作为其核心框架，忽视了现实中普遍存在的市场非完全竞争性，加之其政府干预无效的结论与大量实证研究不符，促使其与新凯恩斯主义价格粘性和垄断竞争的假设融合，形成了新新古典综合的宏观经济学派。该学派所运用的新凯恩斯主义动态随机一般均衡模型，因其良好的兼容性而成为当前研究经济周期的主流标准范式（高阳，2015）。

二、经济周期理论的局限性

经济是在波动中成长的，经济周期理论则随着经济发展而不断深化。不同的理论在不同的历史阶段对经济波动作出了合理的解释，又在经济运行的变化中不断更新换代。但再完美的理论，都难以对复杂的现实做出全面、准确的解释。现在来看，传统经济周期理论的缺陷是明显的，经济运行从来都不是受单一因素影响的，现代经济周期理论虽然在复杂的经济发展中不断修正，对其的质疑与争论也始终存在。

（一）假设条件与现实的偏离

尽管古典周期理论并没有严格限定完全市场的假定，但所有的经济周期理论都是以市场经济为前提的。因此，一些利用经济周期理论分析资本主义以前社会的经济周期、分析计划经济时期的经济周期显然是无意义的。现代经济周期理论则多以完全竞争市场为其理论基础，而现实中的不完全竞争、外部性以及非均衡等现象也对经济运行有着重要的影响。无论理性预期周期理论还是真实经济周期理论都是建立在行为人完全理性的假设之上，但理性预期假设与观察到的现实并不相符，大量的实证研究也证明了这一点。经济周期分析的载体一般是一个完整的经济体，这个完整的经济体可以是一个国家或一个地区，但应当是具备完整的经济活动，因此那些以经济周期理论来分析一个省、一个地市的经济周期显然是理论的滥用。

与其他周期理论相比，新凯恩斯主义周期理论考虑到了垄断竞争的因素。垄断竞争的市场特点是：有大量的企业生产有差别的但彼此间可以替代的产品；市场上存在大量企业，每个企业都认为自己的行为影响较小；企业生产规模不大，进入和退出市场比较容易。这种垄断竞争的市场在现实中也在发生着变化。以互联网为代表的新经济发展演变往往是从完全竞争到垄断竞争，再到寡头垄断式"赢者通吃"的市场格局。以我国当前蓬勃发展的"互联网＋"产业为例，某个行业一旦形成了行业龙头，由于互联网经济的边际成本递减、网络效应的特点，弱者甚至行业第二位的企业都再难有机会。该理论也提出了"理性疏忽"的概念，认为由于市场主体处理信息的能力有限，会理性地选择疏忽某些相对不重要的信息。但在已有的分析中，理性疏忽只分析了厂商的非理性行为，尚未把消费者的非理性行为纳入分析框架。而随着消费在经济增长中作用的不断增强，消费者行为的变化对经济运行的冲击也会越来越明显，如：在电商冲击之下，现场体验式的消费模式日渐式微，但餐饮业、娱乐业、幼儿服务业等行业反而逆势繁荣，就反映了消费者行为的变化。随着有着全新消费理念的90年代、00年代出生的消费者成为社会消费主体，也必将对社会消费结构产生深远的影响。

（二）总量分析对微观层面的忽视

除理性预期周期理论对市场主体的行为作出了局部分析外，其他的周期理论都缺少对微观市场主体行为的分析，凯恩斯经济周期理论是建立在国民收入理论基础之上的，货币主义经济周期理论是建立在现代货币数量论基础之上的，都是从总量出发分析经济周期。然而，经济波动表面上是总量经济指标的变化，背后却蕴含着公共风险的积聚、爆发与消散，而公共风险不是凭空而来，主要源于市场主体个体风险叠加。股票集中抛售、银行挤兑会引发经济风险的爆发进而导致总量经济指标的大幅波动，就是市场主体预期发生变化后个体行为叠加的结果，忽视个体行为什么发生变化，仅从经济指标的波动中寻找规律难以触及根本。

没有任何一个经济周期模型预测到了2008年的次贷危机，就是因为由经济数据因果关系组成的模型，难以准确反映次级贷款发放机构与持有人的行为模式及行为临界点。我国CPI大幅上涨时期出现的炒土豆、炒大蒜、炒绿豆的现象，以及近年来广泛存在的炒房现象，虽然是市场主体的个体行为，却能够叠加为公共风险，进而引发经济波动。这些现象在经济数据及经济周期模型中往往只能看到表象，而难以深入其中。按照一般的经济周期理论，在我国当前的经济下行期，失业率应该是上升的，但事实上近年来我国就业增长一直比较稳定；随着新生代农民工在农业转移人口中占主导地位，未来我国就业结构、就业形势乃至其他经济指标都会发生变化，这些微观层面的变化在总量分析中难以全面兼顾。现代宏观经济管理中，在依靠数据指标分析的同时，也越来越多地采用问卷调查的方法，如企业家信心指数、消费者信心指数、央行的企业家、储户和银行家问卷调查等，通过对个体行为、意愿的抽样调查，能够反映出经济数据分析中所得不到的微观主体行为信息。

传统条件下，市场主体是经济运行结果与经济政策的被动接受者。但市场主体是具备学习能力的，技术进步与信息公开化强化了市场主体的学习能力。现代社会，市场主体对经济运行与经济政策的分析越来越透彻，大量的企业拥有专门从事宏观经济、行业发展研究的机构与人员。市场主体基于已有信息及分析结论所做出的决策对经济波动也会产生影响。决策者在公开场合做出模棱两可的表态，宏观经济管理部门选择在周末或节假日发布重大政策信息，就是在避免自身行为影响市场主体预期进而产生套利行为，影响经济正常运行。市场主体的学习能力与套利行为会影响经济波动，但作为相对不重要的因素难以反映在经济周期的分析框架之中。

（三）确定性分析方法与经济运行的不确定性

现代自然科学的发展越来越多地证明了世界运行的"不确定性"特征，20世纪的思想史就是从确定性向不确定性转变的历史。传统牛顿力学认为，物质质量是确定的、运动方向是确定的，确定性形成了物质世界的秩序与规则。1927年，德国物理学家海森堡基于量子力学的研究提出了"不确定性原理"，揭示了微观世界的粒子与我们所处的宏观物质世界不完全一样。尽管微观世界粒子的运动法则不一定代表整个宏观世界，但却说明我们所面对的不确定性要远比我们所预想的要多。我们在当下的不确定性中寻找确定性十分困难，去把握未来的确定性则更加困难。用海森堡自己的话说："在因果律的陈述中，即'若确切地知道现在，就能预见未来'，所得出的并不是结论，而是前提。我们不能知道现在的所有细节，是一种原则性的事情。"① 我们能够预测未来的前提是知道现在，但"知道现在"这一前提是不存在的。

在不确定性条件下做出抉择意味着存在风险，风险无时无处不在不仅意味着静态的不确定性环境，不确定性也是在动态变化的，因此，不稳定的不确定性环境中，对于风险的计算很难得出最优解。德国社会学家沃尔夫冈·波恩斯（2017）就指出：风险问题并没有明确、终极的解决办法，已经想到的解决办法总是与最优解相差很远，因为它们还会遇到新的不确定性。他以汽车的防抱死制动系统（ABS）为例来说明：发明当初认为ABS能绝对保证安全，保险公司出台了激励措施，对购买安装了ABS的汽车给予优惠。但保险营业额却下跌了，因为配备了ABS的汽车事故发生的概率反而更高了。优良的刹车系统反倒使配备了ABS的车辆与未配ABS的车辆的连环相撞事故增多。另外，ABS保护了爱

---

① 参见百度百科"不确定性原理"。

冒险的司机，抵销了汽车安全性的提升，反而得不偿失。这说明，改善安全的措施未必能增加安全，反倒可能引发更多的负效果，造成新的不确定性。经济越是发展，经济运行越是复杂，不确定性因素就会越多，关注不确定性的思维方式与分析方法，分析不确定条件下市场主体的行为，应是未来经济学科发展的重要思路与方向。勒内·帕塞（2017）就指出，当正统经济学大谈均衡之时，关于宇宙、自然和生物的科学发现了进化现象；自然界不是静止的或循环的，而是在不确定性中不断进化的；经济学不能满足于把数学导数作为时间表象，而应当置身于事件史的具体现实之中。

经济周期理论往往把经济波动解释为某种具体的规则性周期，力图通过各种长度不同的确定性周期的组合来解释和说明经济波动。但现实影响经济运行的因素比经济周期理论所反映的要复杂的多，经济波动很大程度上是不确定的，很难用所谓的"规律"来总结。在经济波动之中寻找周期性的规律，实际上就是在不确定性的经济运行中寻找确定性的因子。基于历史数据的经济周期分析，是以过去确定性的结果为基础的，过去的不确定性已经成为不可能，自然不在分析之列；基于历史经验对未来的预测，则是以确定性的方法，选择部分确定性的变量，去推测不确定性变量的确定值，这种推测必然是线性的，把所有非线性的冲击都考虑在内，预测模型本身便是不确定的，必然无法得到确定性的结果。从当下的不确定性中去寻找确定性已是风险重重，从不确定的未来中寻找确定性结果更是小概率事件。

（四）理论模型的修正跟进而不能超越风险的迭代

在不确定性中决策会产生风险，不确定性的变化会导致风险的变化。作为历史经验分析的经济周期理论模型的修正与更新只能是尽量跟进风险的变化，而永远难以跟上甚至超越风险的变化。因为一种确定性的量值准确地匹配到理论上存在无数可能的不确定性变量的概率是极其渺小的。

再精致的经济周期模型也不会预料到，现代发达国家的经济波动会与以往有如此大的不同。第二次世界大战后，受生产和消费全球化的影响，发达国家的就业和财政状况出现了积极变化，经济趋向稳定，大的经济起伏已成为过去，传统经济周期理论中所表现出的衰退—萧条—复苏—繁荣四大阶段已经不再像过去那样泾渭分明，经济周期更像是一种"涟漪"，使发达国家经济出现了"周期微波化"倾向。即使经济周期没有消失，但其严重性也已经大大削弱了（Steven Weber，1997）。基钦周期的主要影响因素是企业库存，但现代信息技术条件下，一些新经济、新业态的库存已经与传统企业大不一样。中国手机企业小米公司靠按需求定制的"零库存"、互联网直销和"零费用营销"模式，在短短几年内就进入了手机市场世界前五位。朱格拉周期的主要影响因素是企业设备投资，设备的使用寿命一般为10年左右，到期后大规模集群式更新会通过固定资产投资影响总供给与总需求，进而导致经济波动。但信息技术时代的"摩尔定律"说明，集成电路上可容纳的元器件数目，每隔18—24个月便会增加一倍。高科技设备的更新速度越来越快，不是到设备报废期才更新，而是技术推动更新，如没有人会用到报废才换手机，而是基于对新功能与新时尚的追求更换手机，一项调查就表明，用户更换手机的周期平均只有18个月左右。

在世界分工格局的变化下，美国逐步形成了以金融业为主导的经济结构，制造业向发展中国家转移，美国以工业发展为因素的经济周期开始让位于金融周期，美国的金融周期又外溢到其他国家，影响其他国家的经济波动。基于近代以来危机总是在金融领域爆发的现实，有别于以往经济周期理论的"金融周期论"开始进入研究视野。该理论认为，金融经济活动在内外部冲击下，会通过金融体系传导而形成持续性波动和周期性变化。金融市场缺陷而产生的金融摩擦会放大金融冲击，即"金融加速器"效应；即使一个外部冲击趋于零，由于金融摩擦的存在，这一冲击将被金融加速器无限放大，从而导致经济出现剧烈的波动；银行信贷渠道和资产负债表渠道是金融经济周期两个最重要的传导机制，其发生作用的前提是借贷双方信息不对称和金融摩擦（宋玉华等，2007）。但在政府的干预之下，历次金融危机都没有出现传统经济危机造成的经济严重衰退、产出下滑、失业严重、价格高涨等现象；即便被认为自"大萧条"以来最严重的2008年的美国金融危机，也没有使美国经济出现负增长。一些经济周期理论认为的政府的"不合理"干预，事后看来是十分必要的。

凯恩斯主义为政府提供了干预经济的方式，另外，政府也可以利用这些政策为自己再次当选服务，通过人为地选择政策及其实施时间所造成的经济波动被称为政治经济周期。根据选民和政党的不同行为特征，经济学家们发展了四种主要的政治经济周期模型：诺德豪斯机会主义模型，罗格夫和赛伯特的理性机会主义模型，希布斯的党派模型和阿莱西纳的理性党派模型。但影响政治的因素也是在发生变化的。政治经济周期理论仅从传统的选民和政党的博弈中寻找经济周期的因素，而在现代政府普遍债务高企的情况下，作为政府支出重要提供者的债务人的因素要不要考虑？债务人与选民之间的冲突与博弈会不会影响经济波动？2011年发生的旨在抗议华尔街无节制的贪婪、政府和监管当局对金融机构放纵的"占领华尔街"运动实际上就是选民和债务人之间利益的冲突，这种冲突的扩大化以及冲突后政府倾向哪一方的利益，都会对经济运行产生深远的影响；希腊主权债务危机爆发后，欧盟与国际货币基金组织达成了救援贷款协议要求，希腊政府要实施新的紧缩措施，包括将私营部门的最低工资标准降低22%，当年减少32亿欧元政府开支并裁减1.5万名公务员等。这引发了希腊国内民众的示威和骚乱。希腊政府是满足选民的要求，还是满足债务人的要求，都会对经济运行产生影响。

综上所述，不管是经济、政治，还是社会领域，都在发生着变化，产生新的或升级的不确定性因素，新的不确定性之下的选择意味着风险的迭代，风险的处置方式形成影响经济运行新的变量。经济周期理论可以对已出现的变量进行分析，但难以对新变量的出现进行预测。未来的技术进步、社会分工以及由此决定的经济、政治、文化、社会等方方面面都会发生变化，新的不确定性频繁出现，公共风险加速迭代，经济周期理论也需要在不断地修正与更新中跟上步伐。试想，一个页岩油大比例替代石油的时代，作为经济外部冲击的石油因素还能处在经济周期理论的关键位置吗？一个人工智能的时代，当无人工厂、无人店铺、个性化定制成为生产、经营的主导方式时，基钦周期、朱格拉周期还会以原来的或者变种的方式重复出现吗？

三、经济周期理论一定程度上解释了过去，但在预测未来方面基本上是失灵的

经济波动是由多种因素造成的，即使按照"谷—谷"或"峰—峰"确定的经济周期，也不存在两个完全一样的，每个经济波动周期都有着不同的特点，其影响因素也不完全一样。农业占主导地位时期，可能"蛛网周期"更明显；工业占主导地位的时期，可能"基钦周期"和"朱格拉周期"都有所反映；房地产业占主导地位时期，"库兹涅茨周期"就比较明显。现代信息产业的发展、虚拟经济的膨胀、经济全球化的深化，使得经济周期又有了不同于以往的特征。

关于经济周期理论的研究大体可分为两个方面：基于历史经验总结经济周期

性波动的规律，并预测未来；分析经济周期性波动的原因。在总结历史规律方面，经济周期理论的成果相对确定，争议不是很多；在分析原因方面，成果很多，观点各异，争议很大；而在预测未来方面则基本上是失败的。纵观经济周期理论史，没有哪一次危机是经济周期理论准确预测出来的。2007年次贷危机前，新凯恩斯主义动态随机一般均衡模型成为经济周期的主流分析范式，但由于它对金融危机的预测不成功受到了各方的质疑。Chari（2010）对此进行了辩护，认为任何有用的模型应该能很好地拟合过去的经济数据，但大萧条后美国再没出现过重大的金融危机，因此无法处理。也就是说，该模型主要以拟合过去来预测未来，过去没有发生过就无法预测未来。事实上，任何经济周期模型都是建立在稳定的经济环境中，有别于以往、突发式有金融危机不在其分析之内，经济学家所能做的就是在模型中添加摩擦和冲击，让它在事后模拟实际数据时表现更好。

传统的经济周期理论认为，一国经济必然要经历繁荣—衰退—萧条—复苏这样一个周期性过程，每一次经济复苏都会在市场出清后开始，每一次经济衰退都会在繁荣破灭后产生。美国2008年发生的危机，并没有遵从这一周期性规律。危机之前很少有人认为美国经济不健康要进入衰退，危机之后大多数经济学家认为美国经济短期内难以复苏。时任美联储主席格林斯潘就强调，从理论上讲货币政策和市场竞争可以解决各种金融危机，但目前的难题是需要破产的金融机构已经大到不能让其倒闭。他的意思是如果不让这些无效率的金融机构破产，市场将难以出清，金融危机将难以结束。美国政府所采取的重要手段是通过直接财政救助和持续量化宽松的货币政策，使有问题的金融机构恢复健康，使金融市场有充足的流动性保障。这一过程并没有出现大家普遍担心的恶性通货膨胀，也没有出现危机后的萧条。非常规危机处置办法带来了意想不到的效果，出现了没有市场出清的复苏，这显然是与现有经济周期理论相悖的（张金昌，2017）。

经济周期理论的发展与经济危机的演变紧密相连，每次经济危机爆发后都会迎来经济周期理论研究的爆发，经济周期理论的演变总是跟随实践的发展。经济危机的周期性爆发都是当时处于世界经济主导地位的国家，然后向其他国家辐射，先是英国，后是美国，近年来新兴经济体、欧洲也先后发生经济危机；经济周期理论则是发源是英国，在美国得到充分发展。"大萧条"后凯恩斯主义兴起，国家对经济干预力度越来越大，政府行为对经济运行的影响越来越强，经济周期的长度与波幅越来越具有不确定性，经济周期理论就出现了一段时期的蛰伏，直到20世纪70年代"滞胀"的出现，经济周期理论再次兴盛，2008年以来经济周期理论的研究成果就出现了爆发式增长。

四、基于西方国家历史经验总结的经济周期理论在我国并不完全适用

现有的研究表明，作为现代工业化国家的显著特征，经济的周期性波动规律被很多国家所验证，中国也不例外，但具体的波动特征方面呈现出自身的特点。除西方经济周期理论中所描述的内部因素与外部冲击之外，中国经济波动还受到市场经济转型带来的体制性冲击（林毅夫等，1999）、二元经济结构的冲击（陈璋等，2008）、加入WTO后的对外贸易冲击（贾俊雪等，2008）等。基于市场成长背景，许多学者得出了我国经济周期从"大起大落"（改革开放前及改革开放初期）向高位收敛（20世纪中期至今）转变的结论（刘树成，2006；刘霞辉，2004；龚刚，2007）。李梦和李勇（2013）利用统计学方法绘制了1952—2008年我国GDP增长率波动曲线（见图1），认为我国的经济周期以改革开放为界呈现出了不同的特点：改革开放前，突出特点是大起大落，且表现为古典型周期；改革开放后，波幅减缓，并由古典型转变为增长型周期。

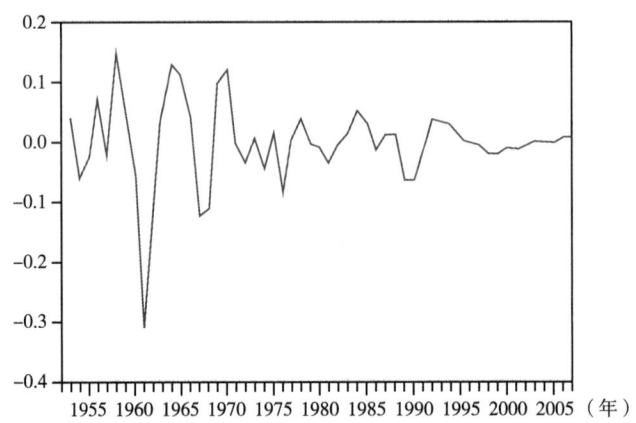

图1　1952—2008年我国GDP增长率波动曲线

任何一种理论都有它应用的前提条件、历史背景与发展阶段。经济周期理论是一些经济学家在分析和总结西方发达国家过去经济发展历史的基础上提出的，对预测西方发达国家的未来都不一定有效，对我国的情况更不能完全适用。完全

市场、理性预期的假设在西方国家都不完全成立，与我国的现实偏离更大；不同的文化环境与发展阶段下，我国政府、企业和消费者的行为模式与西方国家也存在差异；而"摸着石头过河"式的转轨过程更是充满了不同于西方国家的不确定性与风险；相对较短时间内的经济高速增长与社会进步带来的风险迭代意味着同一模式宏观经济政策的有效期限更短。因此，不考虑历史与现实，滥用"经济周期"的概念与分析方法，结论可能"谬之千里"。

纵观关于中国经济周期的相关研究，有些分析甚至认为建国以来我国共经历了 10 个完整的经济周期，目前处于第 11 个周期之中；有些分析认为改革开放以来我国经历了 4 个"朱格拉周期"，目前处于第 5 个之中。改革开放前的计划经济条件下即使有经济周期，也不可能是西方市场经济条件下的周期；改革开放后我国一直处在由计划经济向社会主义市场经济的转轨过程之中，市场机制发挥作用是逐渐强化的，也不能完全套用西方的经济周期理论。即使现在，我国仍是以公有制为主体的国家，国有经济在国民经济中仍占较大比例，市场经济运行的机制与西方国家不完全一样，完全套用经济周期理论也不合适。

改革开放以来，我国宏观经济整体呈现出高速增长、大幅波动的特征（见图 2），连续近 40 年的高速增长与大幅的波动，在西方国家的发展过程中没有先例。按照西方经济理论，经济周期是"复苏—繁荣—衰退—萧条"的循环往复。从改革开放以来我国经济增长速度看，至今似乎确实存在若干峰、谷，也存在一定的周期特征，但绝不能简单地以西方经济学意义上的"朱格拉周期"来概括。

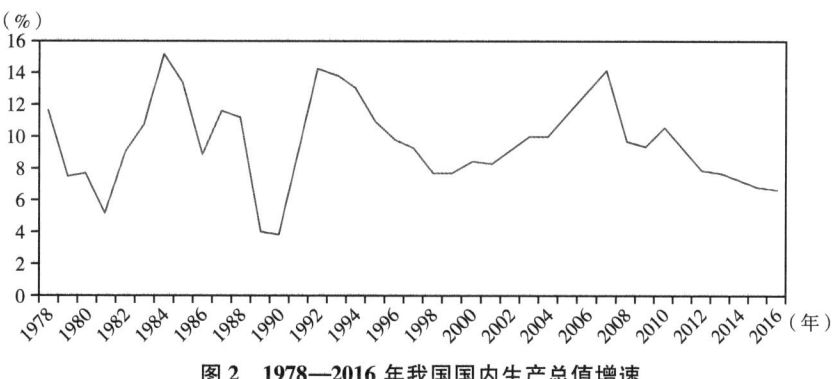

图 2　1978—2016 年我国国内生产总值增速

首先，有衰退、有萧条、有繁荣，才有经济周期，我国经济增长有大幅的波动，但改革开放以来尚无真正意义上的萧条。除 20 世纪 80 年代末至 90 年代初受政治因素影响外，我国经济增速基本没有低于过 6%，如果 6% 左右的增速是萧条，那世界各国岂不长期处在萧条之中？即使利用增长型周期的分析方法，我国经济增长率也存在"拐点"，但经济增长率的下降，尚没有哪一次是西方经济周期理论中的"衰退"，实际上只是"回落"。没有衰退、没有萧条，仅靠经济增速的"拐点"可以测得经济的波动，难以判定为经济的周期。

其次，我国经济波动的内因是改革与政策，外因是世界经济的波动。1984年前后经济增长的"峰"主要是农村改革推动的，1990年前后的"谷"主要是政治原因；1993年前后的"峰"主要是"南巡讲话"后的改革热潮导致的，1998年前后的"谷"主要是治理经济过热政策、东南亚金融危机和国企改革所导致；2006年前后的"峰"主要与加入WTO后的出口猛增有关；当前制约我国经济增长的主要是内部的体制机制障碍和外部的需求疲弱。

再次，影响"经济周期"的农业生产、工商业存货、设备投资、住房建设等因素只是影响我国经济波动的重要因素，是大趋势下的小趋势，能够影响我国的经济波动但不能决定"周期"。我国1998年开启住房货币化改革以来，还没有经历一个完整的建筑业周期，即便在一个不完整的周期内，其自身的波动及其对经济波动的影响也十分显著，而密集的调控政策则是波动的主要因素。

西方经济周期理论在我国不完全适用，意味着宏观经济政策的制定不能依据经济周期理论的分析做出。依据经济周期理论，市场界有人认为我国已经进入了新周期，也有人认为现在仍是繁荣的顶点，是经济周期的萧条期。进入了新周期意味着财政与货币政策的适度转向，进入了萧条期意味着要继续扩大和放松宏观经济政策，显然在现实条件下都不可取。在不确定性强化，金融风险、财政风险、社会风险叠加的情况下，不宜以确定性的思维模式，在经济数据分析的基础上做出决策，而是应把防范风险放在首位，以识别、预警和化解公共风险为政策目标。稳住了社会风险，化解了金融与财政风险，经济数据的表现就不可能太差，经济下行时期，没有公共风险的集中爆发，就是宏观经济政策的成功。

参考文献

[1] 杨灿. 中国经济与金融周期的统计研究[M]. 北京：中国统计出版社，2010.

[2] 高阳. 现代经济周期理论述评与批判[J]. 南开经济研究，2015（1）.

[3] 沃尔夫冈·波恩斯. 风险与应对现时代的不确定性[J]. 国际社会科学杂志（中文版），张大川译，2017（3）.

[4] 勒内·帕塞. 偶然性在经济中的三种表现[J]. 国际社会科学杂志（中文版），许树龙译，2017（3）.

[5] Steven Weber, The End of the Business Cycle? [J]. Foreign Affairs, Vol. 76, No. 4, 1997: 65-82.

[6] 宋玉华, 李泽祥. 金融经济周期理论研究新进展[J]. 浙江大学学报（人文社会科学版）, 2007（4）.

[7] Chari V V. Testimony before the Committee on Science and Technology, Subcommittee on In-vestigations and Oversight, US House of Representatives. July, 2010: 20.

[8] 张金昌. 经济周期理论的失灵及其对新理论的呼唤[J]. 中国经济学人（英文版）, 2017（4）.

[9] 林毅夫, 蔡昉, 李周. 比较优势与发展战略——对"东亚奇迹"的再解释[J]. 中国社会科学, 1999（4）.

[10] 陈璋, 李学林. 中国宏观经济波动研究——基于生产力不平衡结构的实证分析[J]. 山西财经大学学报, 2008（1）.

[11] 贾俊雪, 郭庆旺. 中国经济周期波动特征变化与宏观经济稳定政策[J]. 经济理论与经济管理, 2008（7）.

[12] 刘树成. 中国经济的增长与波动——站在新的历史起点上[J]. 理论与现代化, 2007（4）.

[13] 刘霞辉. 为什么中国经济不是过冷就是过热？[J]. 经济研究, 2004（11）.

[14] 龚刚, 林毅夫. 过度反应：中国经济"缩长"之解释[J]. 经济研究, 2007（4）.

[15] 李梦, 李勇. 市场化水平, 所有制结构与经济周期[J]. 中国经济问题, 2013（6）.

"经济新周期"争论评析

刘尚希　武靖州

2017年上半年，我国宏观经济运行情况整体好于预期，经济增速比去年有所提升，消费增长平稳，民间投资回升，进出口扭转了负增长的态势，工业企业效益好转，CPI稳定，PPI涨幅较快。宏观经济运行相对较好的态势，反映到股市上，形成了自2015年"股灾"以来罕见的"结构性牛市"。基于此，有市场人士提出了中国进入"经济新周期"的观点，引发了市场热议。争论双方观点鲜明、针锋相对，显示出对中国经济前景的高度分歧。目前，这场争论以券商研究人员为主，学术界及官方对此发声较少。

一、对"经济新周期"争论的回顾

（一）背景

2016年第四季度，我国国内生产总值同比增长6.8%，在连续8个季度增速下滑的情况下首次回升。从2016年全年看，经济增长速度虽然比2015年低0.2个百分点，但CPI涨幅有所扩大，PPI跌幅持续收窄，消费和第三产业对GDP增长贡献率均达到近年来最高水平，就业稳中向好，企业效益大幅改善。下滑压力之下经济运行中的诸多亮点，使得市场对于我国经济的触底反弹产生了良好期望。方正证券首席经济学家任泽平在其2017年开篇之作中提出，如果2016年初提示的是风险的话，2017年提示的则是机会，显示出对2017年宏观经济的乐观态度；任泽平认为2016年供给侧改革红利初步显现，2017年坚决推进供给侧改革将增强微观主体对未来经济转型成功的信心,市场风险偏好有望逐步改善①。中金公司在其2016年年初的研报中也指出,非金融上市公司利润率、净资产收益率、资本开支等指标经过多年调整,中国内生增长有触底迹象,如果城镇化系统性改革推进,增长可持续性可能会更强②。

(二)"经济新周期"观点的提出

基于对经济前景的乐观,中金公司在随后的研究报告中提出,2010—2015年与1997—2001年间的情况类似,都经历了产能过剩、外需走弱、增速下滑、物价低迷、金融体系承压等情况;2016年上游原材料价格开始见底回升,通缩基本结束,通胀逐步回升,企业资本开支增长、全社会投资回报率等指标出现了几年未见的改善迹象;此前为稳定增长采取的相对宽松的货币政策正在逐步退出,全球主要经济体数据呈现同步复苏的态势;中国有望在2010—2015年长周期调整后正在迈向"新周期"的起点③。任泽平等在研报中提出,自2016年8月以来,中美欧经济加速,美国经济周期从复苏走向过热,中国经济周期从衰退走向复苏,并指出了中美经济复苏的四大动力:一是经过2014—2015年的去库存后2016年步入补库存周期;二是随着生产活动的恢复和需求的提升,美国核心资本品和设备订单开始回升,中国的工程机械④和重卡销售也异常火爆;三是由于低利率、政府救助和企业盈利改善,企业资产负债表修复后再出发;四是特朗普"减税+大规模基建"的扩张政策预期加速了美国复苏,也通过出口对中国产生外溢效应。⑤ 北京师范大学金融研究中心钟伟等人也认为,美国经济已渡过难关,中国经济似乎也已经历了长周期的拐点,但巨大的悲观惯性和拐点的脆弱性,导致需要约两年时间才能得到决策层和公众的认同⑥。

---

① 任泽平:《曙光乍现——2017年的几个关键性问题》,http://www.sohu.com/a/126056168_467568,2017-02-12。
② 王汉锋等:《2017年十大预测:峰回路转》,中金公司市场策略研究,2017-01-03。
③ 王泽锋:《中国市场:迈向新周期》,中金公司市场策略研究,2017-02-27。
④ 在公路、桥梁、建筑等工程建设中,约60%的土方量是用挖掘机械完成的,"挖掘机指数"是中国经济某一侧面的"温度计"。
⑤ 任泽平等:《中美经济火车头提速:新周期新牛市》,方正证券宏观研究,2017-03-06。
⑥ 钟伟、陈骁:《不再悲观,站在新周期起点的中国经济》,21世纪经济报道,2017-03-21。

(三) 对"经济新周期"论的反驳

针对中国经济进入"经济新周期"的观点，市场人士存在不同的看法，并对此进行了反驳。姜超认为，虽然宏观经济数据向好，但微观指标显示目前可能是"繁荣的顶点"：发电量、粗钢产量、挖掘机销量、货车产量增速在2016年下半年回升，2017年1季度又都出现了明显下滑；主要工业品增速普遍见顶回落；发电耗煤增速4月份出现明显下降，意味着经济增长的高点可能已经出现①。

王涵等认为，经济复苏很大成分来自于低基数带来的假象。制造业复苏更多是基数效应及辽宁的结构性问题②，扣除辽宁因素后其他地区实际投资增速仍在下行，进一步抛开基数和翘尾效应的影响，真实的投资增速可能下降更明显；中国经济企稳，得益于基建、地产、汽车三方面的拉动，但需求改善无法持续，终端需求（房地产、基建及其衍生需求）在今年的某个点将面临下行的问题；由于房地产需求惯性难以延续2017年全年，从PPP项目生命周期反映出来的基建高峰正逐渐过去，2017年经济将呈现"前高后低"的态势③。

李迅雷则把经济增速的回升归因为前期经济刺激效果的"时滞"，认为由于经济活动存在上下游之间、内外部之间的传导过程，会出现"时滞"现象；2017年一季度规模以上工业企业利润总额、出口的高速增长，发电量、铁路货运量等指标创出多年来的新高，大部分都可以归结为2012年中期以来经济持续刺激所带来的滞后反应；从历史来看，2011年中国经济增速回落时，挖掘机的销量创下了历史峰值，时滞一年时间，2013—2015年连续三年基建投资高增长，都无法改变销量大幅下滑的颓势，直至2016年才出现了经济回暖和销量回升的拐点④。

---

① 姜超：《繁荣的顶点——17年2季度经济和资本市场展望》，http://www.sohu.com/a/127650698_465881，2017 - 03 - 02。
② 因统计数据"挤水分"的原因，辽宁省制造业投资近年来持续恶化，2016年年中后，辽宁省投资对全国的拖累效应开始减弱，成为支撑全国制造业投资增速回升的主要贡献。
③ 王涵等：《新周期？障目的一叶》，兴业证券2017年春季宏观报告，2017 - 03 - 12。
④ 李迅雷：《可怕的时滞》，http://blog.sina.com.cn/s/blog_682acc8f0102xbl7.html，2017 - 04 - 17。

（四）观点的进一步明确与争论的深化

1. "产能周期"观点的明确

随着争论双方观点的交锋，认为中国经济进入"新周期"的一方进一步把"新周期"明确为"产能周期"。任泽平在《产能周期的基础理论和规律特征》一文中，从基础理论、国际经验、历史规律、未来展望等方面系统阐述了"新周期"的观点①。

（1）产能投资周期是经济波动中的主周期，长度6~11年，主要内容是设备投资和就业雇佣的周期性调整。

（2）"产能周期"分为四个阶段：第一阶段，经济繁荣期企业家过度乐观，导致产能扩张以及随后的产能过剩；第二阶段，供求格局恶化，引发通缩，中小企业退出，大企业淘汰落后产能；第三个阶段，产能出清尾声，行业集中度大幅提升，企业利润改善，开始修复资产负债表，但企业对未来前景仍然谨慎，新增产能扩张不是很明显；第四阶段，随着企业盈利持续改善和资产负债表修复，新的产能扩张到来，一开始带动需求，后期增加供给。

（3）改革开放以来，中国经济经历了四轮"产能周期"，2017年前后处于第五轮产能周期的起点。本轮产能周期上升期始于2001年前后，2007年中期见顶后开始下滑，2008年国际金融危机期间本应进行过剩产能出清，但2009年经济刺激政策进一步扩张了新产能，产能过剩进一步堆积，产能出清被推迟了。2004—2007年的建成产能，叠加2009年的新建产能，一直到2011年接近产能投放尾声，在2012年前后才步入漫长的产能出清，经过54个月通缩的市场自发出清和2016年以来的供给侧改革，2017年前后这一轮产能出清周期接近尾声。

（4）目前中国处在"产能周期"的第三个阶段，经过长达六年的去产能、通缩和资产负债表调整，正站在"新周期"的起点上。

2. 对"产能周期"的反驳

（1）产能尚未出清。黄文涛认为，中国工业产能利用率仍处于下行过程中，"新周期"的证据并不充分。首先，过去多年市场自发去产能进展缓慢，2015年和2016年的工业产能利用率仍低于2001年。其次，近年产能利用率还在缓慢下降，乐观的判断是接近底部，可能面临较长时期的底部徘徊。最后，设备报废并

---

① 任泽平：《产能周期的基础理论和规律特征》，方正证券宏观研究报告，2017-08-16。

不是更新投资的充分条件，2009年形成的机器设备投资至今尚未迎来更新时点。从更深层次看，产能利用率提升有赖于消费与外部需求的扩大，目前无论是外部需求还是国内消费需求，都不可与2001—2007年同日而语①。

（2）进入"新周期"先要走出"债务周期"。牛播坤等认为，上半年经济翘尾回升的动能主要来自存货投资、出口与政府支出；当前经济并未摆脱对地产和基建的依赖，消费和服务业对经济的拉动也成色不足，处置僵尸企业和化解地方债务风险都有赖制度性变革，能否抓住当前的窗口期走出"债务周期"的漩涡决定"新周期"能否真的到来②。

（3）经济大趋势不能用"显微镜"来研究。李迅雷认为，无论是从短周期、中周期还是长周期的视角来看，当前都不是新一轮经济周期的起点。首先，由于人口老龄化与人口流动性的减弱具有长期不可逆性，意味着中国经济正处于增速长期下行的压力之中，经济探底过程远未结束。其次，外部需求增加成为扩大供给的基础，但难从根本上改变国内产能过剩的格局；要增加消费需求，需要提高中低收入群体的收入水平，这不是一蹴而就的事情；靠供给侧约束不能带动需求，无需求就无周期。仅从月度数据的短期变化而不是着眼于长期问题来预测经济周期，是"用显微镜来研究大趋势"③。

（五）对2017年7月份宏观经济数据的不同解读

国家统计局公布2017年7月份宏观经济数据后，多个机构从不同的视角表达了证伪"新周期"的观点。张文朗认为，从投资到消费，从需求到生产，7月经济数据全面回落，证伪所谓的"新周期"④。徐寒飞等认为，供给端带来资本市场的狂欢，带不来真正的"新周期"；企业刚从过剩产能下行的大周期中走出，继续加大投资增加产能不现实；出口数据回落说明外需也不稳固⑤。潘向东等认为，

---

① 黄文涛：《产能尚未出清，"新周期"证据不足》，中信建投证券国内宏观经济周报，2017-06-12。

② 牛播坤等：《2017年下半年经济展望：冬去春未至》，华创证券宏观研究，2017-08-08。

③ 李迅雷：《不要用显微镜来寻找经济周期拐点》，http://blog.sina.com.cn/s/blog_682acc8f0102xg6y.html，2017-08-20。

④ 张文朗：《没有新周期，且行且珍惜——2017年7月经济数据点评》，光大证券宏观简报，2017-08-14。

⑤ 徐寒飞等：《再给"周期"泼点冷水》，招商证券债券市场定期报告，2017-08-09。

主要经济指标大多数出现回落，预示依靠基建和房地产支撑的这一轮经济回暖将渐入尾声：一是 2016 年四季度开始的"补库存"逐渐放缓，导致工业扩张出现回落；二是随着房地产调控政策的延续，销售的下滑已经传导到投资，引起房地产投资增速回落，进而拖累固定资产投资增速；三是在金融监管加强背景下，债券融资和对实体支持的表外融资出现回落，同时货币供应增速也在放缓，这些因素对实体经济的影响在逐渐显现出来；四是外需出现回落，出口对经济带动作用有所减弱①。

另一方则坚定地认为，2017 年 7 月经济数据反而进一步验证了供给出清的"新周期"：在需求侧基本平稳的情况下，2012 年以来市场自发出清，叠加 2016 年以来的供给侧改革和环保压力，以及 2017 年 2—3 季度第四批中央环保督查和供给侧改革加码扩围，供求缺口扩大，导致周期品价格大涨、企业盈利持续改善、资产负债表修复时间超预期，这是在为"新产能周期积蓄力量②。另外，美欧经济改善、出口延续复苏、房地产补库、政策要求下半年增加供地、棚改提速、制造业投资恢复等支撑需求韧性仍然强大③。

国家统计局发布的 2017 年 8 月份经济数据表明，工业增加值、社会消费品零售总额、城镇固定资产投资等指标的增速与 1—7 月份相比小幅回落，但部分指标要好于去年同期。整体来看，经济增长平稳，就业形势向好，物价温和上涨，经济结构与质量、效益持续改善。新的经济数据又会引来各方不同的解读，关于"经济新周期"的争论可能仍会继续。

目前，坚定支持并论证中国经济进入新"产能周期"的主要是方正证券研究团队，鲜见其他机构或研究人员发声；大部分表达观点的市场人士均从不同的角度对该论断进行反驳；学术界发声较少，但几位表达观点的学者如刘元春、白重恩等，均不支持"经济新周期"的结论。人民日报专门就"新周期"的争论发表评论，认为既要认清当前经济形势，还要从较长周期观察我国经济；"新常态"的核心要义是传统的经济发展模式已行不通，要引导国民经济朝着更高质量、更有效率、更加公平、更加可持续的方向发展；关于经济新周期的讨论，应当有严谨的学术态度和深入的调查研究，区分学术性和新闻性的差别，避免通过

---

① 潘向东等：《经济反弹将渐入尾声——2017 年 7 月份宏观经济月度分析》，新时代证券宏观研究报告，2017-08-18。

② 任泽平：《为什么我们旗帜鲜明坚定新周期？》，http://www.sohu.com/a/165179447_467568，2017-08-17。

③ 任泽平：《三季度维持经济多头》，方正证券宏观研究，2017-08-06。

炒概念、炒说法来吸引眼球，进而形成不良的导向①。

二、争论双方的主要观点

（一）"经济新周期"论的主要观点

认为供给侧结构性改革持续发力，改革调整功效基本显现，中国经济已经企稳，进入了"L型"的下半程，站在了"新周期"的起点上。由于主要是方正证券研究团队在坚持中国经济进入"新周期"的论断，观点比较系统。

1. 中国经济进入了新的"产能周期"

"新周期"不是需求的复苏，而是供给出清，而且具有可持续性；供给出清引发的资产负债表修复至少有2—3年时间；经济周期不等于经济转型，"新周期"不一定有新的内容和新的经济结构，周期是从复苏、繁荣、衰退到萧条自身的循环，它不仅是一个技术过程，背后是亘古不变的人性轮回；供给出清"新周期"不意味着改革任务的完成，仅就部分行业的过剩产能去化而言完成了阶段性的任务，改革仍任重道远。

2. "新周期"的特点。一是供给出清

经过长达6年的去产能、通缩和资产负债表调整，传统行业大量中小企业退出，龙头企业压缩产能，行业集中度大幅提升，叠加供给侧改革去产能，传统行业竞争格局优化。二是需求复苏。出口贸易自2016年下半年以来逐步复苏，主要驱动力来自美欧经济加速外需改善以及2015年8月至2016年底人民币对美元贬值；受益于出口复苏和设备更新，2016年下半年以来国内制造业投资回升；房地产去库存比较充分，房地产投资将超预期回升；受PPI大幅回升和2014—2015年降息降准带动，实际贷款利率大幅下降，企业融资需求开始恢复。三是新政治周期开启。2016年下半年地方换届基本完成，2017年下半年党的十九大将开启新篇章②。

3. "产能周期"循环是进入"新周期"的主要原因

新"产能周期"不仅是供给侧改革去产能所致，更是强大的市场经济自身

---

① 金里伦："全面客观看待经济形势新的变化——兼谈关于'新周期'的讨论"，《人民日报》，2017-08-26。

② 任泽平等：《新周期——2017年春季宏观展望》，方正证券研究报告，2017-03-28。

的消化、吸收和重生能力。供给侧改革去产能的钢铁、煤炭实现了供给超预期出清，没有供给侧改革去产能的化工、造纸、玻璃、水泥、有色等行业也实现了供给出清的迹象。

4. 新的"产能周期"由四大周期性因素支撑

一是房地产从销售向投资传导的补库存周期，预计2017年下半年房地产投资仍将保持强劲增长，主要是因为补库存需求、政策要求2017年下半年增加供地以及开发商现金流充裕。二是推动出口持续复苏的世界经济复苏周期，预计2017年下半年出口将延续复苏势头。三是推动制造业投资复苏的设备产能投资周期。在企业利润改善、出口复苏、设备更新等带动下，制造业投资自2016年下半年以来出现改善迹象。四是商品库存周期。由于前期补库存时间短、总体库存水平不高，未来去库存压力可能并不大，二季度去库存后三季度由于需求超预期甚至再度回补库存，未来去库存对经济的拖累也将弱于前几轮周期①。

5. 当前处在"产能周期"的第三个阶段

"新周期"主要是可以持续的供给出清和企业资产负债表修复，需求主要是配合性的，新的产能扩张周期启动可能会在2018年下半年到2019年。第三阶段的产能出清新周期不完全是朱格拉周期，当前商品价格和周期股的大涨主要是供给出清而不是设备扩张。

（二）反对"经济新周期"的主要观点

反方人数众多，视角各异，但大多认为经济回暖是全球经济复苏和前期政策刺激的结果，难以进一步引导中国经济增速进入上行轨道。总结来看主要有以下几种观点：

1. 经济回暖是政策刺激效果的"时滞"

李迅雷明确主张，经济回暖是前期政策刺激效果时滞，反映在2017年上半年的结果，而不是进入了"新周期"。张夏等把中国的流动性根据社会融资规模和利率分为六个阶段，判断此轮复苏是2014年货币宽松及2016年投资刺激的滞后效应，当前正处在2014年新一轮周期的繁荣后期阶段；2016年的固定资产投资大幅增长，2017年进入加速施工期，前5个月施工增速同比回升至20%左右，

---

① 任泽平：《经济L型韧性强，新周期进行时》，方正证券宏观周报，2017-07-23。

带来了大宗商品需求旺盛①。

2. 经济回暖仍是对货币政策的依赖

姜超认为，2016年增速高达16%的基建投资是稳增长的主要贡献，基建投资背后则是政府的大量融资；房地产繁荣的背后，也是居民的大量房贷；与以往相比，2016年稳增长使用的货币量远超历史；由于地产销售对投资存在传导滞后性、存货还在发生作用、去杠杆影响还未开始，2017年上半年经济增速压力有限，但下半年存在下行风险②。刘煜辉认为，中国的社会融资和地方债，减掉股票融资后，虽增速有所回落，但量还是很大；2017年6月份的货币乘数是5.37，几乎是现在中国整个商业金融体系货币信用创造的极限，商业系统信用创造所有的潜能基本上都释放出来了③。

3. 经济回暖主要是"看得见的手"的作用

刘煜辉认为，从真实物量的角度看，无论是从库存还是产能的资本支出看，中国经济并没有周期因子的驱动；名义价值的变化不是周期，而是价格效应；而价格效应，则是政府"那只手"，造成的一个周期幻象：货币信用托住了需求，去产能政策调整了供给④。管清友也指出，如果行政力量和计划力量推动的上游价格变化和产能变化被称之为"新周期"，可能会导致强化行政干预，不利于市场作用的发挥，不利于债务风险的化解，甚至进一步导致国进民退，结构僵化，效率低下。

4. 有改革才有"新周期"

张明等认为，新的中周期尚未开启，主要是从趋势上提振中国生产率增速的重大结构性改革还没有发生，实体经济与金融市场的扭曲与错配尚未得到根本性的市场出清，国企混改进展不尽如人意，民营企业发展空间依然受限。中周期开启的前提，是重大结构性改革能否如期实施、实体经济风险与金融风险能否真正出清、民营企业能否找到新的发展空间⑤。

5. 有需求才有"新周期"

王涵等认为，经济回暖与企业盈利改善，本质上是供给侧改革带来的结果，

---

① 张夏：《流动性的基本原理——探寻中国经济周期和A股投资密码》，招商证券，2017-08-12。

② 姜超：《繁荣的顶点——17年2季度经济和资本市场展望》，http://www.sohu.com/a/127650698_465881，2017-03-02。

③④ 刘煜辉：《没有新周期，只有老故事》，http://opinion.caixin.com/2017-08-11/101129065.html，2017-08-11。

⑤ 张明等：《有重大改革才有全新周期》，平安证券宏观快评，2017-08-18。

而非需求扩张；如果没有需求的情况下开启新一轮投资周期，将大概率重蹈2001年纺织业去产能的覆辙①。1998年纺织业去产能经验表明，供给侧调整通常需2—3年时间，而当前企业整体产能利用率仍低；如果没有新需求，就难有整体设备投资周期的启动，而从房地产、基建和外需等来看，长期均存在下行压力，难言新周期启动。李怀军等认为，我国的内需很大程度取决于基建与房地产，如果新投资周期启动，内需必然随之繁荣，而目前内需与通胀表现出的疲弱迹象是与此矛盾的，从这个角度来看，"新周期"还未到来；从过去经济周期的历史看，从未有一个不需要需求支撑的经济周期，仅"供给出清"无法造就"新周期"②。

三、对"经济新周期"争论的分析与评价

（一）双方争论的对象不完全一致

双方观点与结论虽然针锋相对，但分析过程一定程度上处于两个体系之中。一是经济周期的内涵不同。一方强调是"产能周期"甚至是"产能出清新周期"，另一方强调的是经济全面复苏的周期。二是对"新"的理解不同。一方认为"新周期"不是改革和转型，只是产能的循环，另一方则认为新周期要有新的增长模式与动力机制。三是侧重点不同。一方强调是供给侧产能出清带来的新周期，另一方则认为没有需求的复苏谈不上新周期。四是时间维度不同。一方主要是从短期的经济指标中寻找中长期经济运行的轨迹，另一方则主要从中长期的经济结构演化来分析当前经济所处的态势。

中国经济进入新周期的观点主要立足于"产能周期"，"新周期"的"新"在于一个"新"的"产能周期"循环，认为受外部需求改善及供给侧结构性改革的影响，中国工业企业产能得以出清，进而引发价格、工业企业利润乃至经济增速的回升；中国经济已处于产能出清的尾声，虽然企业预期仍然谨慎不敢大规模扩张新产能，但随着长时间持续的盈利改善和资产负债表修复，产能会开始扩

---

① 五涵等：《历史总是惊人的相似——1998年供给侧改革回顾》，兴业证券研究报告，2017-08-09。

② 李怀军等：《经济增长运通高峰已过，"新周期"远未到来》，第一创业证券研究报告，2017-08-15。

张并引致需求和增加供给，新的"产能周期"开始。

反方的观点主要立足于国民经济的"景气循环"，不仅在于"产能出清"的供给侧，而是整个宏观经济的全面复苏，"新周期"的"新"在于"新"的增长方式与动能；2017年上半年经济数据的好转仍是传统动能在发挥作用，不稳定且不可持续，即使出现经济的短期复苏，也是"旧周期"的延续，新周期的出现有待于全面深化改革的持续推进。

（二）争论的局限性

判断一场争论，要看争论的双方是谁，持什么立场，要达到什么目的。市场人士的优势是更加接近市场，对市场变化更加敏感，但也存在局限性：一是观点重于分析。与学术界的争论不同，市场人士往往直接摆出观点，列出经济指标，有的观点与指标间的逻辑不清晰，观点背后的分析不够深入。人民日报的评论就指出，经济分析应在用数字说话的同时，用一些比较经济学的方法，否则就缺乏根据，难以令人信服[1]。二是影响重于结论。市场人士更加关注其在市场上的影响力，与其所持观点或所得结论不一定直接相关。为塑造影响力，市场人士往往高频地提出诸多预测性结论，一旦个别结论被市场证实，市场会记住正确的而忘记错误的结论。人民日报的评论也指出，从概念到概念的争论，以提出新概念、新说法来吸引眼球的做法，在学术上是不严谨的[2]。三是过于依靠经济指标分析经济问题。市场人士在经济分析中往往会列出特别全面的经济指标，各种图表分析很丰富，但仅就经济指标分析经济问题，会忽略影响经济运行的政策、制度、文化等因素。四是服务投资的立场。券商研究机构的宏观分析是为金融投资人金融投资服务的，而金融投资更看重短期回报，因此，券商宏观分析重要的是踩准短期经济运行的"点"，这与基于中长期的宏观决策不完全匹配。五是争论双方形成了对宏观经济形势判断的两个极端。从"新周期"论的提出、论证到辩解，支持的一方忽视了对大部分经济风险的分析，专注于经济"好"的一面，似乎产能周期不受任何政策、外部环境影响，只受时间影响，时间到了自然就来。反方对经济领域的各类风险从不同的角度进行了分析，却也掩盖了经济运行中的一些亮点，过于专注经济"不好"的方面。总体来看，乐观者过于乐观，忽视了风险，对长期不利；悲观者过

---

[1][2] 金里伦：《全面客观看待经济形势新的变化——兼谈关于"新周期"的讨论》，《人民日报》，2017-08-26。

于悲观，忽视了经济运行的改善性因素，不利于对短期经济形势的判断。

（三）对经济前景的高度分歧反映了经济运行不确定性因素增加

这场被双方认为是"史诗级""教科书级"的争论，显示出社会各界对未来经济走势的重大分歧，只是由于券商更加贴近市场，最先在券商的宏观研究中反映出来，未来有可能扩散至学术界或其他领域。改革开放以来，我们从来没像今天这样，对经济的前景感到如此不确定。美国金融危机爆发以来，各国的救市政策一定程度上减缓了危机的冲击，但也进一步放大了经济运行的不确定性。我国经济运行进入"新常态"，并不意味着经济运行中的不确定性变小了，而是经济运行中的不确定性与风险更大了，因为现阶段我国的经济体量更加庞大、经济结构更加复杂、与外部的经济联系更加紧密。经济运行中不确定性的增加，更加考验我们对经济形势的把握与判断，也要求我们的宏观经济政策更加灵活、精准和有效。

四、对我国现阶段宏观经济形势的若干思考

（一）我国经济进不进入新的"产能周期"不重要，但能不能适应和引领"新常态"很重要

经济的周期性波动是一个中长期的过程，仅靠历史的经验或短期的经济指标就判定经济进入了传统周期的"新"循环或"新"周期，是基于确定性思维的分析方式。经济发展充满了不确定性，既受经济因素也受自然、文化、社会等因素的影响，既受内部结构影响也受外部环境影响，基于历史和经验得出的经济周期理论可以作为经济分析的一种工具，但难以预测未来，也不能简单地用来指导经济政策的制定。

2015年以来我国去产能政策力度很大，效果显著，过剩产能的消解必将优化存量产能，一定程度上激活市场。从"产能"的角度看，认为中国经济进入了另一个"产能周期"也具有一定的合理性。只不过，这个"产能周期"不一定"新"，可能仍是旧产能周期的循环。另外，党的十八大以来推动全面深化改革，实行供给侧结构性改革，即使不考虑经济增长的速度，从广义来看，经济运行也进行了一个"新周期"，但产能的周期循环解决不了经济发展的根本性问

题。经济运行能不能适应和引领"新常态",经济发展能不能进入一个相对稳定"新阶段",关乎"中等收入陷阱"的跨越,对我国未来经济社会的发展至关重要。

(二) 分析我国宏观经济的前景应重点关注三个方面的问题

一是公共风险。公共风险包括经济、社会、政治、生态等风险。经济风险是与经济波动密切相关的,与经济繁荣、萧条、复苏相伴的是经济风险的积聚、爆发与发散。判断中国经济是否进入新阶段,可以从经济风险的视角进行分析。当前,我国经济领域的诸多风险并没有有效地发散,部分领域甚至进一步积聚,金融、房地产市场、地方政府债务等领域都已引起高度关注,其风险的消散仍需要一个长期的过程。

二是经济结构。近年来,我国总需求结构、总供给结构、产业结构等有所改善,但主要是内外部经济环境倒逼的结果,经济结构优化的内生动力不足。消费持续稳定增长但对经济增长的贡献依然薄弱;传统产业去产能效果显著,但高端产业的发展非一朝一夕之功;房地产去库存政策效果初现,但房价进一步上涨压缩了未来的政策空间;政府和企业杠杆率未降的情况下,居民部门杠杆率有所上升;大宗商品价格上涨,弱化了实体经济企业降成本的政策效应……。总体来看,经济结构持续优化的趋势尚未形成,仅靠原有产能的循环往复仍然是难以持续的"旧周期"。

三是经济发展的新动能。直观地看,2017年上半年"超预期"的经济数据也在预期之中。2016年大幅度地去产能、去库存,房地产市场的再次火爆,货币投放的快速增长都是经济增长向好的先行指标,必然在2017年有所反映。但经济增长的动力机制并未发生明显的变化,以全面深化改革塑造的经济发展新动能的形成仍需要时间。当前,我国经济发展已经进入了新旧动能转换的新阶段。传统以资本、土地和劳动力投入为驱动的经济增长模式面临越来越大的挑战,适应和引领新常态需要培育和依靠新的动能,而"新动能"只能是来自于技术进步和生产要素优化配置推动的全要素生产率的提升。相关研究表明,我国全要素生产率的增长速度从1995—2009年年均3.9%下降到2011—2015年的3.1%,且"十三五"时期,我国仍面临全要素生产率继续下降的态势[①]。以全面深化改革

---

① 《从全要素生产率看中国经济面临的挑战》,中国经济时报,2016-01-11。

破除制约技术进步与资源配置优化的体制机制约束，加快培育和形成经济发展的新动能，是我国经济发展能不能适应和引领"新常态"的关键。

综上所述，在公共风险未显著发散、经济结构未显著改善、经济发展新旧动能未有效转变的情况下，断言中国经济进入了"新周期"有失偏颇，即使进入了新的"产能周期"，必然是不稳固、不可持续的周期。只有持续、深入地推进全面深化改革，构建公共风险合理转移、转化的治理机制，优化经济结构改善的内生动力与外部环境，塑造以全要素生产率提升为核心的经济发展新动能，才能使中国经济走向一个不同于以往的"新阶段"。

（三）风险叠加、转化与渗透条件下，基于确定性思维的传统宏观经济政策效应递减

国家治理本质上是应对公共风险，宏观经济管理本质上是应对经济风险。长期来看，技术进步与市场主体需求个性化、多元化，风险一直在变化，各类风险的叠加、转化与渗透形成了风险的迭代效应，即复合型变化。传统宏观经济政策在迭代变化的风险中效应递减，这在西方国家更加明显，凯恩斯主义、供给学派和新自由主义"各领风骚"数十年。政策效应递减不在于政策本身，而在于固定的政策框架跟不上风险的迭代变化。另外，社会学习能力的增强与信息技术的应用，虽然一定程度上降低了市场间的信息不对称，但风险的迭代变化又产生了新的信息不对称问题，使宏观经济政策效力在市场套利行为中消解。"去库存"政策本意是通过降房价、降购房成本"去库存"，却被市场解读为"房价上涨"，形成了新一轮的"炒房"热。经济周期理论也一样，风险迭代变化情况下，经济运行不会呈规律地波动；如果真的存在可预测的经济周期，也会在市场套利行为中趋于发散。跟踪风险的变化，把握市场主体的行为，是发挥宏观经济政策效应的关键。

（四）防风险是中国经济进入稳定增长"新阶段"的关键

当前，我国经济稳定发展的"拦路虎"还不少，个别领域公共风险已近临界。防范和化解公共风险与长期的经济增长不矛盾，但短期内会抑制部分扭曲性因素进而影响经济增长的速度指标。笃信所谓"新周期"对经济增长前景的盲目乐观，不利于经济领域风险的识别与判断。坚定不移地以全面改革和政策优化来防范和化解公共风险，逐步转化和纠正经济发展中的扭曲性因素，是中国经济

进入新的历史阶段的关键。一是优化地方债务管理方式，防范和化解地方政府债务风险；二是紧紧围绕服务实体经济推进金融改革，防范和化解金融风险；三是推动形成促进房地产市场去金融化的长效机制，防范和化解房地产泡沫风险；四是优化营商环境，稳定并引导实体经济企业预期，避免经济下行条件下企业经营状况的持续恶化；五是更加关注民生领域的新特征和新变化，防范和化解社会风险。

中国财政赤字辨析

白景明

2009年至2018年，我国施行新一轮积极财政政策为期已10年。此间，财政赤字从9500亿元增至23800亿元。赤字率在2016年和2017年连续两年达到3%（国际上常说的警戒线数值）。对此，各种评论频出。然而有必要指出，人们热议财政赤字，但却很少全面深入分析有关基本问题，如财政赤字的强度、类型等。从理论角度看，只有对这些基本问题有了相对科学的认识，才能制定出务实可行兼顾多方利益的财政政策。为此，本文对财政赤字相关基本问题展开分析。

一、关于财政赤字强度

财政赤字是指财政收支差额。分税制前后财政赤字计算口径不一样。分税制前财政收入包括国内外债务收入，财政赤字是财政支出与包含国内外债务收入的财政收入之差。分税制之后，财政收入不再包括国内外债务收入，财政赤字是财政支出与不包括国内外债务收入的财政收支差额。2000年后债务付息支出计入一般公共预算支出。由此，前期债务负担开始反映在当期赤字中。2007年建立预算稳定调节基金之后，财政赤字的具体计算公式为财政赤字＝一般公共预算收入＋调入预算稳定调节基金＋调入的政府性基金预算资金和国有资本经营预算资金＋上年结转资金－一般公共预算支出－补充预算稳定调节基金－结转下年资金。可见，目前我国的财政赤字计算方法即反映当期收支差，又反映存量收支差。但还只是按现年度现金流量核定赤字。目前西方发达经济体如英国既核定年度现金流量赤字，又核定净赤字。所谓净赤字是指资产和负债之差。此外，还核定并公布中期赤字。他们可以这样做的基础是有相对完整的政府财务报告和中期预算。

分税制前财政赤字没有明确的法律地位。1994年颁布的《中华人民共和国预算法》(以下简称《预算法》)规定中央财政可以有赤字。直到2014年新修订的《预算法》才明确规定说中央和地方两个层级的一般公共预算均可有赤字。然而实际操作情况是改革后绝大部分年份中央和地方都有赤字。包干制时期财政赤字额就不断增加,见表1。

表1　　　　　　　　　　中央和地方赤字情况　　　　　　　　　单位:亿元

年份	全国	中央	地方
1979	-170.67	-133.33	-37.34
1980	-127.50	-145.50	+18.00
1981	-25.51	-11.87	-13.64
1982	-29.34	-46.28	+16.94
1983	-43.46	-83.96	+40.50
1984	-44.54	-30.00	-14.54
1985	+21.62	+0.83	+20.79
1986	-70.55	-94.18	+23.63
1987	-79.59	-96.78	+17.19
1988	-78.55	-106.51	+27.96
1989	-92.33	-109.86	+17.53
1990	-139.65	-107.97	-31.68
1991	-202.67	-182.54	-20.13

1994年实行分税制后,财政赤字额总体上呈持续增加势态,峰值都出现在采行积极财政政策时期。1998—2002年我国第一次宣布施行积极财政政策,主动增加赤字,当年赤字额跳升至900多亿元,其后几年又升到3000亿元水平。2009年我国第二次采行积极财政政策,至2018年已10年。此间,年度财政赤字升至万亿水平,见表2。

表2　　　　　　　　财政赤字增长状况(2009—2018年)

年份	全国赤字额(亿元)	赤字增长率-(%)	赤字率
2009	9500	428	2.7
2010	10000	5	2.4
2011	8500	-15	1.7
2012	8000	-5	1.4
2013	12000	50	2.0

续表

年份	全国赤字额（亿元）	赤字增长率-（%）	赤字率
2014	13500	12.5	2.0
2015	16200	20	2.3
2016	21800	34.5	3
2017	23800	9.2	3
2018	23800	0	2.6

表2表明，10年间总体看财政赤字强度逐步加大，突出表现在三方面：一是赤字额从9500亿增长到2.38万亿元，10年间增长了1.5倍；二是2009年赤字增长率高达427%，把赤字水平推上万亿平台。其后在基数放大的条件下依然保持了年均20%的增速使赤字水平升至2万亿元；三是赤字率稳步抬升。2009年赤字率跃升至2.7%，2016和2017连续两年提至3%。需要注意的是这两年赤字额增至2万亿元水平，强度应可说空前。具体讲，现在一年的赤字相当于2003年全年收入，赤字占GDP增量比重高达25%。这是财政支出扩张度对总需求扩张度支撑力的突出表现。

进一步分析，10年间财政赤字增长率波动性较强，2009—2012年由高到低，2013—2018年又呈现出由高到低的趋势。与上一轮积极财政政策相比，本轮积极财政政策的赤字增长率波动性更强，当时基本趋势是直线上升，增长率逐步下调，振幅小。从结构角度看，10年间中央与地方两方赤字占赤字总额的比重发生了较大变化，2013年之后地方赤字占比从21%升至35%。

本轮积极财政政策的突出特征是与稳健的货币政策相搭配。10年间，货币政策和财政政策同时发力。2008—2015年金融机构贷款基准利率从7.47%降至4.35%。但贷款年均增速和M2年均增速低于赤字增速。2013年后，货币政策虽然追求稳健，但2017年M2（广义货币）比2012年还是增加了70万亿元，贷款余额增加了58.4万亿元。然而就相对数而言，货币扩张度低于财政扩张度，见表3。

表3　　　贷款增速、M2增速与赤字增速对比表（2009—2017年）　　　单位:%

年份	贷款	M2	赤字增长率
2009	31.7	28.5	427
2010	19.9	19.7	5
2011	15.8	13.6	-15
2012	15	13.8	-5

续表

年份	贷款	M2	赤字增长率
2013	14.1	13.6	50
2014	13.6	12.2	12.5
2015	14.3	13.3	20
2016	13.5	11.3	34.5
2017	12.1	8.1	10

表3显示总体上在扩大总需求贡献度方面赤字增长率的力度超出货币供应量增长率力度。对比上一轮积极财政政策时期，此次赤字扩张是在 M2 增长率从两位数降至 8% 条件下形成的，赤字年均增长率超出 M2 年均增长率。由此可说政府扩张总需求更加依赖财政政策。回看，1998—2002 年，当时 M2 增长率年均高达 15%，但赤字增长率不足 10%。

综上所述，可以得出结论说纵向比中国财政赤字进入了高增长期。然而需要指出，从国际对比角度看，中国的赤字强度不算高，西欧一些国家如法国、意大利的中央财政赤字率在 20 世纪 80 年代就上升至 3%，21 世纪初欧债危机爆发时有些国家甚至超过 5%，如希腊、西班牙、意大利等。近年来美国的中央财政赤字率也超过了 3%，如 2016 年为 4%。在 2009—2014 年间，英国和法国的中央财政赤字率高至 5% 水平。但需注意的是近 10 年间，中国的赤字增长率超过欧美国家。2009—2016 年间，美、英、德、法四国的中央财政赤字额均呈下降趋势，而且幅度很大，其中德国甚至从赤字转为盈余，英国从 1306 亿英镑降至 369 亿英镑，美国也从 1.4 万亿美元降至 7600 亿美元。总体看，历经 5 年的政策调整，这些国家已初步从债务危机中解脱出来了。这四个国家占全球 GDP 比重高达 43%，他们的债务规模大幅缩减，为本国民间消费和投资增长扩大了空间，从而也带动了全球经济增长，见表4。

表4　　　　部分国家中央财政赤字情况（2007—2016 年）

年份	法国（亿欧元）	德国（亿欧元）	英国（亿英镑）	美国（亿美元）
2007	411.8	71.7	283.5	3310.1
2008	531.3	91.0	608.0	7635.7
2009	1283.7	516.0	1295.7	14450.1
2010	1280.0	816.2	1306.0	14662.0
2011	1031.9	106.7	1061.8	13711.6

续表

年份	法国（亿欧元）	德国（亿欧元）	英国（亿英镑）	美国（亿美元）
2012	957.1	-61.6	1189.9	11853.4
2013	788.4	4.2	814.7	7117.7
2014	803.4	-118.8	875.7	6791.7
2015	800.2	-136.6	652.6	6482.3
2016	794.5	-176.7	369.4	7613.3

进一步分析，表4说明发达经济体的财政赤字层级结构与中国有较大差别。他们的财政赤字主要是中央政府赤字，中央收入集中率高的国家占赤字总额比重越高，法国和英国中央收入集中率超过90%，赤字比重超过80%；德国和美国中央收入集中率在60%左右，但中央赤字比重也超过70%。这些国家中央赤字比重高的主因是地方财政负债管控严，地方政府建设冲动弱，而且公共福利支出增长约束机制健全，如支出法定。有的国家如美国，地方政府建设性负债不纳入预算管理，单独核算。总体看，这些国家地方政府支出高度依赖中央转移支付，特别是法、英两国，大部分地方政府支出3/4来自中央转移支付。我国地方赤字占总赤字比重已超过30%，比美、英、德、法四个国家高出20多个百分点，其主因是地方搞建设冲动强，而且公共福利支出增长基本没有法定约束机制，基本公共服务支出标准上移没有民主讨论机制。需要指出，我国地方政府债务中的专项债纳入政府性基金预算管理有收益的建设性项目融资，不得用于弥补一般公共预算赤字。这与美国情况有些类似。

总体看，赤字增长对经济社会发展起到了助推作用。具体表现在两方面：一是助推固定资产投资增长。2013年后固定资产投资增长率下行至10%以内。赤字增长为政府固定资产投资增长拓展了空间。近年来在全社会固定资产投资实际到位资金总量中国家预算资金的比重逐步抬升。2009—2017年固定资产投资实际到位国家预算资金从12685亿元增至38741亿元，占国内贷款比重从32%升至53%，占全部到位资金比重从5%升至6%。其主因是赤字规模放大使政府可以调剂出资金用于固定资产投资。特别是地方政府赤字部分直接转化为固定资产投资，因为按照预算法规定地方政府赤字带来的增支要用于无收益的建设性项目投资；二是支撑减税降费。10年间，减税降费规模持续放大，从数千亿元增至上万亿元。减税降费为市场主体创造了公平的制度环境，增强了市场主体结构调整和就业创造能力。但减税降费相应减少了应对民生支出刚性增长资金来源。从理论上讲，解决这一问题可有减少民生支出、压缩投资支出和增加赤字三个选择。前两个选择可说是当期财政负担轻但宏观效应差，后者则是当期宏观效应强但后期财政负担重的选择。出于以宏观效应对冲财政负担上升考虑，我国选择了赤字增长。这最终形成了以后续债务负担适度增长换取当期经济社会发展和后期经济转型升级局面。

二、关于财政赤字与政府债务基本关系

改革后政府债务规模不断膨胀。财政赤字增长对政府债务规模膨胀究竟有多大助推力值得认真分析。从统计现象看，财政赤字与政府债务两者规模大部分年份同等强度扩张。从制度安排角度看，财政赤字与政府债务有两点内在联系：

第一，政府发行债务是弥补财政赤字的主要手段。分税制之前弥补赤字可采用发债和向中央银行透支两种方式。当时政府债务收入除用于弥补财政赤字外可还可用于重点建设项目和稳定物价。分税制之后，不再允许向中央银行透支来弥补财政赤字，弥补财政赤字可采用发债、动用财政结余、使用预算稳定调节基金等方式。由于大部分年份没有财政结余，又极少用预算稳定调节基金弥补赤字，发债成为弥补财政赤字的主要手段。因此，财政赤字增减与政府债务增减高强度同向变动。2015年后实行修正的《预算法》，允许地方政府一般公共预算打赤字，并靠发行一般债来弥补。所以，2015年后地方政府一般债余额逐步增加。但应指出：由于2015年后连年发行置换债把融资平台中的政府债务承接过来，而这些债的大头又转换为一般债，所以可说当期赤字增长只能说是一般债增长的推动因素之一。

第二，偿还债务会推高财政赤字。目前国债付息支出计入中央一般公共预算支出、还本采用发新还旧方式。地方一般债偿还途径类似。同时，也允许各级财政用一般公共预算收入偿还债务本金。另外，地方政府还可发行专项债，债务本息偿还可列入政府性基金预算。这种制度安排派生出的结果是债务余额越大付息支出越多，还本债务规模越大。当付息支出达到一定规模时自然会挤压其他支出进而增加赤字来保障其他支出。同样，当债务还本支出扩大到一定规模时，又必然要求用当期收入来偿还债务以避免新增债务失控。此外，表面上看地方专项债与财政赤字没有关系，专项债列入政府性基金预算管理，但实际运行却不然。因为政府性基金预算和一般公共预算在法律上允许相互衔接，而且两者会有相同功能性支出。这使专项债规模放大有可能连带财政赤字额增加。

从现实运转情况看，连续十年实行积极财政政策不断扩大赤字规模使债务规模急剧放大。2009—2017 年中央财政赤字从 7500 亿元增至 15500 亿元，截至 2017 年末国债内债余额已达 13.34 万亿元。国债内债还本额已大幅超过当年赤字额，比如 2017 年超出 9676 亿元。这说明连年赤字逐步加大了后期债务负担。另外，连年赤字又推高了债务付息支出，压缩了中央本级支出结构调整空间，其突出表现是债务付息支出增长和债务付息支出占中央财政本级支出比重双升，见表 5。

表 5　　　　　　　　中央财政债务付息情况（2009—2018 年）

年份	债务付息支出（亿元）	中央本级支出（亿元）	债务付息支出增长率（%）	债务付息支出占中央本级支出比重（%）
2009	1321	15256	6	9
2010	1509	15990	14	9
2011	1820	16514	21	11
2012	2060	18765	13	11
2013	2315	20472	12	11
2014	2604	22570	12	12
2015	2867	25542	10	11
2016	3374	27404	18	12
2017	3742	30038	11	12
2018	4239	32466	13	13

表 5 实际上反映出了这样一种连环套，即：赤字额增长—债务增长—赤字额增长。具体讲就是赤字额增长导致债务付息支出增长，在其他支出不得压减条件下，只能靠增加赤字来维持付息支出。

从 2009 年起我国开始规范地方财政赤字，把发行地方政府债券列为弥补地方赤字的主要手段。2009 年至 2017 年地方财政赤字规模从 2000 亿元增至 8300 亿元，增长率超出中央近一倍。从目前情况看，赤字引起的债务付息支出占地方一般公共预算收入的比重还不高。但需注意的是赤字占地方一般公共预算收入的比重已近 10%。更为突出的问题是现行制定规定一般债用于弥补当期地方一般公共预算赤字。然而事实是用于解决过往政府负债问题的置换债中大头是一般债。目前地方政府债务中一般债占比2/3，而一般债中绝大部分是置换债形成的一般债。从区域结构看，各地一般债占债务总额比重不规则性较高，见表6。

表6　　　　　　　　2016年末地方政府一般债区域分布

地区	一般债 指标值	占地方政府债务总额比重	一般债占地方一般公共预算收入比重（%）
全国	97868	63.9	112
北京	1728	46.2	34
天津	1118	38.4	41
河北	4187	73.6	147
山西	1730	75.5	111
内蒙古	4706	82.9	233
辽宁	6147	72.1	280
吉林	2085	72	165
黑龙江	2423	77.7	211
上海	2410	53.7	38
江苏	6414	58.8	79
浙江	4814	57.4	91
安徽	3320	62.4	124
福建	2328	46.9	88
江西	2782	70.3	130
山东	6041	64	103
河南	3910	70.8	124
湖北	3301	64.7	106
湖南	4460	65.3	165
广东	5370	62.9	52
广西	2673	58.5	172
海南	1098	70.4	172
重庆	2201	58.9	99
四川	4650	59.5	137
贵州	5206	59.8	333
云南	4378	68.9	242
西藏	55	94.8	35
陕西	2806	57.1	153

续表

地区	一般债		一般债占地方一般公共预算收入比重（%）
	指标值	占地方政府债务总额比重	
甘肃	1258	70.7	160
青海	1172	87.5	492
宁夏	917	78.3	237
新疆	2180	76.8	168

注：上表相关省份数中不含大连、青岛、宁波、深圳、厦门。

表6反映了一个值得关注的问题，即：一些一般公共预算收入规模小的省份一般债比重偏高，比如占比70%以上的省均为中西部省。由于一般债是用于弥补赤字的债务，这种情况实际上表明越是相对经济落后省份越要用当期和今后的财政收入来消化历史上的赤字问题。

总之，分析地方财政赤字与债务之间关系，不能仅看当期。事实上更为重要的问题是地方财政历史上积累的赤字已成为当期政府债务。地方政府今后不仅要偿还当期赤字引起的债务，还要偿还历史上的赤字引起的债务。这种双重压力反过来很有可能会使地方政府通过增加赤字来对冲偿债压力，最终进入赤字与债务相互驱动型双膨胀。

三、关于财政赤字类型

财政赤字类型界定是财政政策选择必须考虑的重要因素。只有认清财政赤字类型才能合理把握赤字增减的方向、力度和切入点。进一步说，只有搞清了赤字类型，我们才能理解为什么会出现赤字、应该增加还是减少赤字。当前人们讨论赤字问题，总把注意力放在赤字率高低上，往往把赤字当作刺激经济增长的手段，很少考虑成因各异的赤字类型的变动对赤字走势的影响。正是这种思维定势使我们误入了把赤字是否增长视为财政政策是否积极的认识误区。

从功能定位角度可把财政赤字划分为福利型赤字和建设型赤字两类。前者的特征是基本公共服务支出需求扩张导致赤字增长，后者特征是经济调控支出需求扩张导致赤字增长。不同的支出政策会催生不同类型的财政赤字。认识我国的财政赤字类型，要从把握经济增长阶段性特征、改革推进阶段性特征和社会发展阶段性特征三者间关系展开。20世纪80年代和90年代我国的财政赤字属于建设型赤字，2000年后逐步转为福利型财政赤字。

　　1978年起党的工作重心转到经济建设上来并强力推进"改革、开放"。总体战略思路是以改革促发展。具体讲，就是要以制度变革拓展发展空间、释放发展动力、培育发展动能。分税制之前，我国经济处于起飞阶段，资金短缺。同时也是改革初始阶段。这个阶段需要政府运用政策手段强力推动经济形态转型。80年代计划经济为主的条件下，财政赤字自然成为政府拉动总需求超前扩张的主导力量，特别是当时还允许财政向人民银行借钱弥补赤字，这使财政赤字又具备了直接促成货币发行增长功能，进而放大了财政赤字的总需求拉动效应。此时固定资产投资处于高峰期，1992年和1993年两年固定资产投资增长率分别为44.4%、61.8%。1979年财政赤字猛增至170亿元，赤字率达到4%，其后一直到1987年赤字稳定在100亿元以内。1988—1993年赤字从78亿元增至293亿元。此间财政赤字的主因是经济建设性支出刚性增长。1979年经济建设支出占财政支出比重高达59.8%，其后不断下降，但至1991年仍为42%。同时，这段时间，财政补贴支出占财政支出比重高达20%，20世纪80年代个别年份甚至达到30%的水平（1982年、1983年）。这种补贴支出所起作用是推动形成市场经济，为扩大市场化范围减震。突出表现是国有企业亏损补贴规模不断扩张且占补贴支出比重超过价格补贴。但是，为启动经济增长，又对各类企业市场主体均采取了放水养鱼政策，对国有企业实行利润包干制和包税制，对外资企业实行轻税制，对内资私营企业大幅度实施税收优惠政策。总之，此间形成了建设性支出扩张和收入放水并存局面。建设性赤字增长自然不可避免。

　　实行分税制之后，不再允许向人民银行借款弥补财政赤字。这缩小了财政赤字拉动总需求扩张的能量。但赤字依然快速增长。当时，财政支出扩张的主因仍是经济调控。实行分税制头四年财政赤字跳升至500亿元水平，占财政收入比重达到8%水平，超出分税制前3个百分点。此间赤字增长关键原因是靠财政投资性支出需求刚性扩张来稳定固定资产投资。因为固定资产投资增长率出现下滑局面，从30%降至8.5%。1997年爆发亚洲金融危机，我国经济增长率也开始下行，1997年降至9.2%，1998年又下调至7.8%。在这种背景条件下，我国施行积极财政政策。政策目标就是要应对国内外经济下滑局面，把中国经济增长率托在8%以上。1998年当年赤字达到922亿元，1999年又增至1743亿元。此时明确规定为弥补赤字发行的债务收入重点用于基础设施建设。这是标准的经济调控型赤字。

党的十六大之后，科学发展观开始引领各项事业发展。在此背景下，中国开始重新构建公共福利体系，开启了基本公共服务均等化征程。2002年之后，分步改革了义务教育保障制度、社会保障制度、基本医疗卫生保障制度等，基本公共服务均等化不断取得突破性进展：一是初步建立了完整的覆盖城乡的基本公共服务供给体系。如在农村建立了低收入保障制度、养老保障制度、医疗保险制度等；二是提高了基本公共服务供给水平；三是初步建立了城市流动人口市民化公共福利体系。可见，中国的支出政策发生了实质性转变，基本公共服务支出高增长成为财政支出增长的主导力量。2008年后重点基本公共服务支出呈现出爆发型高增长。2008—2012年间，重点基本公共服务年度支出额分步上台阶。其中教育从9000亿元增至2.1万亿元，医疗卫生从2757亿元增至7245亿元，社会保障从6804亿元增至12585亿元。在基数抬高的情况下，这些支出项目增长率在2013—2017年间处于放缓趋势，但年均增长率依然远超出支出总额增长率（见表7）。

从表7可见，与人的生存和发展相关的基本公共服务支出占财政支出总额的比重已达80%。2007—2017年间，教育支出占财政支出总额比重从14.3%升至15%，社保从11%升至12.2%，医疗卫生从4%升至7.1%，城乡社区事务从7%升至10.4%。此间，2012年起这些民生支出基数上到更高台阶，其后教育突破了3万亿元，社保和城乡社区事务达到2万多亿元水平。这种结构转变表明财政收入增量和赤字带来的支出增量大部分用于重点基本公共服务供给扩张上。显然，赤字规模的稳步扩张根源在于基本公共服务支出需求刚性增长。

需要讨论的是，2009年后我国施行了新一轮积极财政政策，也包含有稳增长调结构意图，而且投资性支出规模也在扩张。这是不是说财政赤字没有转化为福利型赤字呢？从实际支出结构上看，可说施行积极财政政策恰恰加快了赤字转向福利型进程。因为这次积极财政政策稳增长的路线图是通过增加基本公共服务支出额来带动消费和投资增长，进而推动经济增长。特别是2012年后消费的经济增长贡献率已达58%，而政府消费支出占最终消费支出比重已达27%。同时对个人转移性支出占一般公共预算支出比重已近45%。如果把消费性支出加起来，两项合计占财政支出比重已近60%。不仅如此，投资支出主要是流向基本公共服务领域如城乡公共设施、环境保护、医疗卫生设施建设、校舍建设等。进一步说，近十年来财政稳增长，拉动投资重在加大再分配力度来实现。财政赤字反映的是公共福利制度再造压力。换言之，即便经济增长率推到10%的水平，公共福利制度改革导致的支出需求扩张同样会迫使赤字增长。

表7 2007—2017年部分财政支出项目支出总额和增长率

单位：亿元

项目 年份	全国财政支出	教育支出 总额	教育支出 占比	教育支出 增长率	科学技术支出 总额	科学技术支出 占比	科学技术支出 增长率	文化体育与传媒支出 总额	文化体育与传媒支出 占比	文化体育与传媒支出 增长率	社会保障和就业支出 总额	社会保障和就业支出 占比	社会保障和就业支出 增长率	医疗卫生支出 总额	医疗卫生支出 占比	医疗卫生支出 增长率
2007	49781.35	7122.32	14.3%		2135.7	4.3%		898.64	1.8%		5447.16	10.9%		1989.96	4.0%	
2008	62592.66	9010.21	14.4%	26.5%	2611	4.2%	22.3%	1095.74	1.8%	21.9%	6804.29	10.9%	24.9%	2757.04	4.4%	38.5%
2009	76299.93	10437.54	13.7%	15.8%	3276.8	4.3%	25.5%	1393.07	1.8%	27.1%	7606.68	10.0%	11.8%	3994.19	5.2%	44.9%
2010	89874.16	12550.02	14.0%	20.2%	4196.7	4.7%	28.1%	1542.7	1.7%	10.7%	9130.62	10.2%	20.0%	4804.18	5.3%	20.3%
2011	109247.79	16497.33	15.1%	31.5%	3828.02	3.5%	-8.8%	1893.36	1.7%	22.7%	11109.4	10.2%	21.7%	6429.51	5.9%	33.8%
2012	125952.97	21242.1	16.9%	28.8%	4452.63	3.5%	16.3%	2268.35	1.8%	19.8%	12585.52	10.0%	13.3%	7245.11	5.8%	12.7%
2013	140212.1	22001.76	15.7%	3.6%	5084.3	3.6%	14.2%	2544.39	1.8%	12.2%	14490.54	10.3%	15.1%	8279.9	5.9%	14.3%
2014	151785.56	23041.7	15.2%	4.7%	5314.5	3.5%	4.5%	2691.48	1.8%	5.8%	15968.9	10.5%	10.2%	10176.8	6.7%	22.9%
2015	175877.77	26271.88	14.9%	14.0%	5862.57	3.3%	10.3%	3076.64	1.7%	14.3%	19018.69	10.8%	19.1%	11953.18	6.8%	17.5%
2016	187755.21	28072.8	15.0%	6.9%	6564	3.5%	12.0%	3163.08	1.7%	2.8%	21591.5	11.5%	13.5%	13158.8	7.0%	10.1%
2017	203330	30259	14.9%	7.8%	7286	3.6%	11.0%	3367	1.7%	6.4%	24812	12.2%	16.0%	14600	7.2%	9.3%

项目 年份	全国财政支出	环境保护支出 总额	环境保护支出 占比	环境保护支出 增长率	城乡社区事务支出 总额	城乡社区事务支出 占比	城乡社区事务支出 增长率	农林水事务支出 总额	农林水事务支出 占比	农林水事务支出 增长率	交通运输支出 总额	交通运输支出 占比	交通运输支出 增长率
2007	49781.35	995.82	2.0%		3244.69	6.5%		3404.7	6.8%		1915.38	3.8%	
2008	62592.66	1451.36	2.3%	45.7%	4206.14	6.7%	29.6%	4544.01	7.3%	33.5%	2354	3.8%	22.9%
2009	76299.93	1934.04	2.5%	33.3%	5107.66	6.7%	21.4%	6720.41	8.8%	47.9%	4647.59	6.1%	97.4%

续表

年份	全国财政支出	环境保护支出 总额	环境保护支出 总支出占比	环境保护支出 增长率	城乡社区事务支出 总额	城乡社区事务支出 总支出占比	城乡社区事务支出 增长率	农林水事务支出 总额	农林水事务支出 总支出占比	农林水事务支出 增长率	交通运输支出 总额	交通运输支出 总支出占比	交通运输支出 增长率
2010	89874.16	2441.98	2.7%	26.3%	5987.38	6.7%	17.2%	8129.58	9.0%	21.0%	5488.47	6.1%	18.1%
2011	109247.79	2640.98	2.4%	8.1%	7620.55	7.0%	27.3%	9937.55	9.1%	22.2%	7497.8	6.9%	36.6%
2012	125952.97	2963.46	2.4%	12.2%	9079.12	7.2%	19.1%	11973.88	9.5%	20.5%	8196.16	6.5%	9.3%
2013	140212.1	3435.15	2.4%	15.9%	11165.57	8.0%	23.0%	13349.55	9.5%	11.5%	9348.82	6.7%	14.1%
2014	151785.56	3815.6	2.5%	11.1%	12959.5	8.5%	16.1%	14173.8	9.3%	6.2%	10400.4	6.9%	11.2%
2015	175877.77	4802.89	2.7%	25.9%	15886.36	9.0%	22.6%	17380.49	9.9%	22.6%	12356.27	7.0%	18.8%
2016	187755.21	4734.8	2.5%	−1.4%	18394.6	9.8%	15.8%	18587.4	9.9%	6.9%	10498.7	5.6%	−15.0%
2017	203330	5672	2.8%	19.8%	21255	10.5%	15.6%						

注：1. 与以往年份相比，2007年财政收支科目实施了较大改革，特别是财政支出项目口径变化很大，与往年数据不可比。2007年起财政支出采用新的分类指标。

2. 财政部尚未对2017年农林水事务支出、交通运输支出科目的支出总额公布。

还需指出，从总体制度安排看，福利型财政赤字在我国将是一种长期性现象，而且具有强烈的增长冲动。具体原因有三点：

第一，基本公共服务均等化。基本公共服务是人类生存和发展的基本保障条件，基本公共服务均等化是中国特色社会主义的本质要求，社会主义制度的最大优势就是为全体人民的生存和发展提供有效保障。中国特色社会主义的突出特征就是成为全球第二大经济体之后，在人均GDP仍处世界中等水平的条件下，为使经济增长发展成果切实惠及全体人民，真正增强全体人民的安全感和获得感，旋即把构建高水平公共福利体系列为工作重点。党的十九大报告要求在2035年建成社会主义现代化国家时初步实现基本公共服务均等化。从财政角度看，基本公共服务均等化就是要求不断增加基本公共服务投入。我国人口已近14亿人。在这么大的人口体量的国家里推进基本公共服务均等化可以说史无前例，特别是中国人均GDP还不足1万美元，仅为美国的1/7，德国、日本的1/4。人均财力不足3000美元，仅为美国的1/6，德国、日本的1/5。由此可见基本公共服务均等化难度更是空前。在实现基本公共服务均等化路径选择方面，目前我国已经明确要围绕基本公共服务均等化划分中央与地方支出责任，而且要以标准上移为原则核定支出金额。因此，基本公共服务支出持续强劲扩张在所难免，不打赤字不可能应对。

第二，人口结构变化。我国人口结构正在发生两点重大变化：一是人口老龄化。截至2017年年底，65岁及以上人口数占总人口比重已达11.4%，比2000年提高了4.4个百分点，比2010年提高了2.5个百分点。60岁以上人口数已超过2.3亿。未来人口老龄化将呈加速趋势；二是城镇人口比重不断上升。近20年基本上以每年1个百分点的速度上升，2017年末达到了58.5%。这些变化都将带来巨大增支压力。前者势必带来养老支出和医疗卫生支出需求持续刚性增长。目前一般公共预算补助社会保障基金预算支出额已过1万亿元，未来预计将连续增长。后者则会带来外来人口市民化支出、城市基础设施建设支出和城市公共安全支出持续刚性增长。这两项因素引发的年均上万亿元增支需求与税收增长潜势高度不对称，只能靠打赤字来实现低水平平衡。

第三，税收中低速增长。2012年以后我国税收增长率降至10%以内。从经济规律角度看，这属于正常现象。预计2018年我国GDP规模将达13万亿美元。这种基数条件下未来经济增长率能保持在6%的水平就是奇迹。与之相对应，税收增长率如达8%应说就是高水平。从国际经验看，一个国家税收总额超过1万亿美元后，税收增长率一般不会超过8%。比如美国2006—2016年中央财政收入年均增长率不足6%。同期德国、法国、英国税收年均增长率都在5%以内。但支出增长刚性却不会减弱。这势必形成税收增长率与支出需求增长率缺口，只能靠打赤字补缺口。

四、关于财政赤字管控

财政赤字管控是各国政府普遍面临的难题。面对财政赤字长期化现象，2008年欧债危机后，欧、美、日等国家普遍采取了紧缩支出、量化增发货币的管控措施。因此，其中部分国家赤字额呈现出缩减趋势，比如法国，在2009—2016年间，中央财政赤字从1283亿欧元降至794亿欧元，同期德国从516亿欧元反转为盈余176亿欧元、英国从1295亿英镑降至369亿英镑、美国从14450亿美元降至7613亿美元。这种情况表明在公共福利支出需求扩张条件下，财政赤字并非只能是只增不减。我国是正处于加强公共福利体系建设的国家。在这个时期，极易出现财政赤字高增长。由于我国人口多且基本公共服务保障标准还要提高，未来财政赤字增长冲力强劲。从整体经济安全和财政平稳运行角度看，我国必须坚持严格管控财政赤字原则，绝不能等到赤字率和负债率上升至欧洲国家2000年初时的水平再回过头压赤字，倘如此，紧缩支出引起的社会动荡将会影响整体发展。这方面，欧洲国家2008年后的情况可以说教训深刻。当时，一些高负债率国家如希腊、法国、西班牙等施行紧缩措施压赤字引起的后果是财政供养人员大规模罢工，其中希腊还发生了政府首脑更换频繁现象，西班牙则发生了财政状况优良省份加泰罗尼亚多次公投要求脱离西班牙事件。从我国实际情况看，财政赤字管控拟可从如下几方面入手：

第一，调整财政赤字弥补方式。目前我国基本是单靠发债弥补财政赤字。这种单一化倾向把债务推上了持续加速扩张轨道。因此，有必要通过调整财政赤字弥补方式来减轻债务增长压力。从现实制度安排看，我国也存有调整财政赤字弥补方式的空间。其中至为突出的是可考虑运用超收来弥补财政赤字。2000年后我国一般公共预算基本上年年有超收。2003—2008年是超收高峰期，每年超收额数千亿元，2007年超收额甚至过万亿元。为合理使用超收2007年起我国建立了预算稳定调节基金，把超收资金补充到该项基金中去留待以后年份使用。这实际上是一种财政收支跨年度平衡机制，但问题是这种做法形成了当年赤字与超收并存格局。近年来在赤字高增长，收入增长率大幅下滑情况下仍旧有超收，形成了一方面发债，一方面又把钱存起来的局面。为减轻偿债压力，应考虑用超收资金对冲赤字以减少未来债务还本付息额。当超收额放大到千亿元时，这种做法对缓解后期偿债压力作用会很明显。比如2017年超收额已达千亿元，这笔资金如果对冲当年财政赤字可减少数千亿后期债务。2018年由于价格上涨，预计还可带来数千亿元超收，如用于弥补当年赤字也可减轻后期数千亿债务负担。

第二，从预算资源状况出发筹划发展。中国地方政府的发展战略属于平衡式高速发展战略。不仅如此，各地还都寻求高起点办事，而且换一个一把手换一张发展蓝图。按现在实际任职周期看，市、县两级政府基本上是三年换一张蓝图。每一张蓝图都对应着几十亿元甚至上百亿元的资金需求。而且在确定发展规划时，决策者几乎不考虑预算资源约束，仿佛只有想不到的项目没有筹不到的资金。同时，也努力争取债券指标，仿佛本地预算资源今后会无限增长，偿债不是问题。正是这种不考虑预算资源约束的发展理念把地方政府债务推上了无止境扩张轨道。因此，要从根本上消除地方债过度膨胀，必须建立地方政府收入预测制度，并以收入预测数据为依据确定项目规划。这种制度应上升为地方政府基本制度而不是部门制度。进一步说，中国的经济社会发展规规要和预算资源状况分析结合起来并应以后者框定前者目标值上限。

第三，建立地方债指标分配与地方财政收入增长率挂钩机制。目前中央对地方分配债券指标主要考虑地方融资需求。2018年地方一般债和专项债合计达2.13万亿元，已超过国债数。长此下去，中央很难真正约束地方过度负债，特别是约束新增项目融资。为此，今后分配指标，首先应该考虑原有项目运营资金需求，以确保社会稳定。对新增项目融资需求分配指标，应施行指标数值与近三年地方一般公共预算收入增幅挂钩方式来操作。这样做的目的是严控一般债增长，切实做到偿债资金来源稳定。因为：地方债结构中，一般债占比达2/3，而这部分债要用地方一般公共预算收入来偿还，不控制增量，很难保证今后能如约偿还，特别是中西部地区省份地方一般公共预算收入今后还将保持中低速增长，应对一般债存量本息偿还已步履艰难，今后增量本息偿还可说具有高度不确定性。具体操作上，拟可采取分类对待原则。对负债率和债务率高的区域，分配指标时对一般预算收入增长率的要求应高于低的区域。对一般公共预算收入增长率低于全国平均水平的省份，可相应同幅度调减指标。

论积极财政政策的转型
——基于公共风险与财政风险的权衡*

武靖州

一、引　言

为应对2008年美国金融危机的冲击，世界主要经济体都采取了扩张性财政政策，导致各国政府债务水平持续攀升，世界主要经济体财政状况都不容乐观，部分经济体财政政策已达效果极限。扩张性财政政策一定程度上减缓了金融危机的冲击，也给各国财政运行带来了诸多风险，公共债务问题成为全球经济不稳定新的风险源。

继1998年为应对东南亚金融危机采取扩张性财政政策后，为应对2008年美国金融危机，中国又实施了新一轮扩张性财政政策，虽然减缓了经济下行的速度，也使得政府债务尤其是地方政府债务水平迅速提高。截至2016年年末，中国政府债务占GDP的比重已达46.2%，地方政府债务问题成为影响中国经济运行的主要风险之一。经济下行条件下，公共风险随之上升，多年扩张性财政政策带来的财政风险问题也日益突出，公共风险与财政风险之间相互转化与叠加，更强化了经济运行的不确定性。中国财政科学研究院的调研报告就表明，财政风险与公共风险双升是当前中国地方财政经济运行的突出特征：一方面，经济领域、社会领域、结构性改革本身的各类公共风险因素有增无减，并不断向财政风险传

---

* 本文系中国财政科学研究院中青年招标课题"防范风险还是'购买时间'——财政政策目标取向研究"（项目编号：2017QN034）阶段性成果。

导；另一方面，致力于防范、化解乃至最终兜底公共风险的公共财政本身的风险也在累积；风险双升使得宏观经济政策的效果在弱化。

关于扩张性财政政策的效果，古典经济学和新古典经济学认为，由于财政政策具有挤出效应，市场主体理性预期有限，税收与举债支出在一定条件效果相同，利用财政政策调节经济是无效甚至有害的。凯恩斯主义基于菲利普斯曲线、价格刚性等假设，认为财政支出具有乘数效应，是有效调节宏观经济运行的重要工具。现代主流财政理论中，财政政策被赋予了弥补市场失灵、促进经济增长、实现充分就业、维护社会稳定的重大使命。出于对经济危机、社会动荡的恐惧，以凯恩斯主义为圭臬，各个国家普遍运用财政手段承担起各种各样的社会责任。自"大萧条"以来西方国家没有再发生类似强度的经济危机，无孔不入的"全能政府"确实起到了重要的防范和化解作用。但另外，一些学者也注意到，用财政扩张来防范危机，不过是把分散的经济与社会危机，集中到了政府身上。美国经济学家詹姆斯·奥康纳就提出，尽管政府职能的扩张一定程度上弱化了经济危机，降低了社会风险，但没有也不可能消灭经济危机；虽然表面上看破坏性危机离人们越来越远，但政府却陷入了越来越严重的"财政危机"或债务危机。法兰克福学派代表人物沃尔夫冈·施特雷克也认为，西方国家每一次为遏制危机蔓延、防止危机发生的措施，都预留了下次危机的种子；扩张性财政政策"不过是用放大镜让蛋糕看起来更大，是在'购买时间'"。

党的十八届三中全会提出了"财政是国家治理的基础和支柱"的论断，赋予了财政促进国家长治久安的重大使命。显然，国家治理现代化必然是可持续的现代化。要实现国家治理体系与治理能力的现代化，财政需要发挥更重要的作用，财政理论自然也需要在传统基础上有所突破，以促进财政政策在化解风险及应对不确定性方面发挥重要作用，同时防止利用财政政策追求短期利益，简单化地拖延而不是解决问题。近年来，有学者从公共风险的视角研究财政理论与财政改革，认为中国的每一项财政改革，甚至每一项公共支出，都是为了防范公共风险，"公共风险"是引导财政改革的"看不见的手"；但基于确定性思维制定财政政策，往往把经济社会风险转化为财政风险，财政风险的扩大，又反过来影响经济社会的稳定与发展，成为经济社会风险的新来源，反而扩大了公共风险，财政政策防范风险的目标取向在现实中却起到了转移或拖延风险的作用。2017年中国《政府工作报告》中提出，财政政策要更加积极有效：在赤字率保持不变的情况下，进一步减税降费；财政预算安排要突出重点，压缩非重点支出。一方面，管控政府债务与降杠杆条件下，以扩大财政支出为特征的扩张性财政政策不再可取，另一方面又要实施积极财政政策，化解经济新常态下诸多经济社会风险。这就意味着，积极财政政策要转型，而如何转型，向什么方向转型，则应取决于公共风险的演化。

二、公共风险、扩张性财政政策与财政风险

理论与实践中，对扩张性财政政策的必要性，主要是从财政支出扩张对经济总量指标影响的视角进行分析的。对于为什么需要通过财政扩张刺激经济增长、缓解经济波动，也主要是从经济的视角进行分析。经济总量增长的下行与波动，会使潜在的公共风险爆发，各类公共风险的集中爆发会引发经济和社会危机，影响社会稳定。可以说，应对公共风险才是扩张性财政政策的初衷。

（一）政府是公共风险的最终承担者

公共风险属于社会学的范畴。德国社会学家乌尔利希·贝克和英国社会学家安东尼·吉登斯系统研究了现代社会所面临的风险，形成了经典的"风险社会"理论。中国的经济社会变革是在改革开放后短短的几十年间实现的，传统自然经济与社会结构的崩解，工业化、城镇化、信息化的快速推进，使得中国"风险社会"的特征更加明显，引起了中国学者对公共风险问题的高度关注。国外学者多从法律、社会的视角定义公共风险，并把它与公共安全相对应，Peter Huber 就认为，公共风险是威胁到人类的健康和安全，且单个风险承担者难以控制的风险。刘尚希从经济学的视角对公共风险进行了研究，认为公共风险是指因某项活动未来结果的不确定性对群体（或社会）产生不利影响，依靠个人和企业无法承担而只能由政府承担的风险。这两个代表性定义都表明，公共风险是超出个体承担能力之外的，应当或必须由政府来承担的风险。事实上，政府不仅承担着带有公共性的风险，一些私人风险在超出个人承担能力后，出于道义或防范私人风险转化为公共风险的需要，最终也要由政府承担，即政府对所有的私人风险都承担着"兜底"责任。

（二）公共财政是政府应对公共风险的基础工具

公共风险主要来自于私人风险的叠加、转移与转化。政府应对公共风险的主

要方式是防范私人风险叠加和转化为公共风险,主要手段有:一是法律手段,即政府通过立法禁止或允许个体的行为,把私人风险约束在可控范围内,防止私人风险向公共风险转化;二是行政手段,即政府通过制度或政策安排,约束或激励个体,使个体按照风险最小化的目标行动;三是市场手段,即政府通过设计市场交易框架,对私人风险进行再分配,以达到均衡、化解风险的目标。但无论采取什么手段,政府都要通过财政收支的安排来实现,财政是政府应对公共风险的基础性工具。

(三)扩张性财政政策是应对经济与金融危机的必要手段

2008年以来各国财政支出的扩张,主要是用于应对金融危机所引发的经济社会风险。向前回溯,各国财政支出的大幅扩张,基本都是在经济衰退或萧条期发生的。国际经验就表明,在经济繁荣时期,政府的债务水平往往是下降的,公共债务爆发式的增长一般是在经济衰退时期,就是因为经济繁荣时期是公共风险消散并积聚的时期,经济衰退期才是公共风险爆发和消退期。公共风险的分散与积聚并不需要政府的应对,最多只是识别与预警;公共风险爆发后,才是政府应对公共风险责任必须履行的时期。政府应通过扩大财政支出,把公共风险爆发的影响降低到最低限度并逐步释放风险。

(四)扩张性财政政策带来了严峻的财政风险

2008年金融危机爆发后,各大经济体纷纷采取扩张性财政政策刺激经济,加之此次危机严重程度较深,很多国家实施的财政政策的力度与时间也比以往更强和更长,导致财政赤字和政府债务不断攀升,财政风险不断积累,并最终引发了欧洲主权债务危机、美国财政悬崖和中国地方政府性债务风险。如图1所示,除印度、土耳其等个别国家外,世界主要经济体2016年的政府债务水平都比2017年有所上升,美国、欧元区、中国和日本这四个最大经济体的政府债务水平提高的幅度尤为明显。与世界主要经济体相比,中国政府债务占GDP的比重并不算高,但纳入统计的政府债务只是直接和显性的政府债务,考虑到或有和隐性政府债务,中国政府债务水平显然要高得多。尤其是中国包括养老金缺口以及银行显性和隐性不良资产在内的或有负债值得关注,一旦经济增长速度长期持续下滑,"或有"负债会不断"实有"化。地方政府债务问题已成为悬在中国经济上方最大的"堰塞湖",妥善防范和化解地方政府债务风险,是决定中国经济稳定增长的关键。

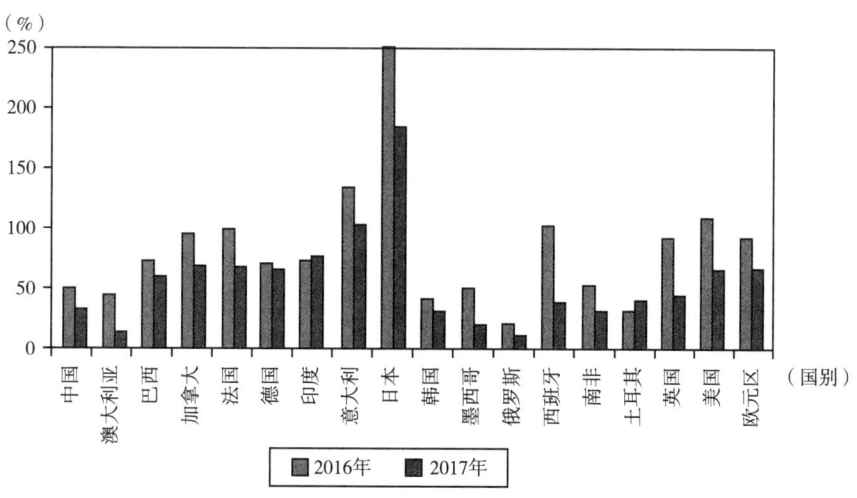

图 1　世界主要经济体政府债务占 GDP 比重

资料来源：全球经济指标数据网，https://zh.tradingeconomics.com/。

三、公共风险的变化与财政政策效果

现有关于财政政策效果的研究，主要是从经济的视角进行分析的，即分析财政支出的扩张与收缩对经济增长、通货膨胀、就业水平等总量指标的影响，其隐含的前提是个体需求、公共需求不变，进而公共风险既定。然而，随着经济社会的发展，个体的需求是变化的，不同层次的需求对应不同的个体风险，在技术进步、社会分工深化、社会联系日益紧密的条件下，个体风险又叠加、转移和转化为新的公共风险，使得公共风险出现了升级、发散、扩散与渗透效应。适应风险的变化，现代公共管理出现了从层级模式向网格模式的转变。在美国，风险管理构成了一个强有力的无处不在的公共政策形式。公共风险的变化，必然要求以应对公共风险为主要功能的财政安排做出相应变化。

（一）公共风险的迭代效应

公共风险不是静止不变的。公共风险的变化既有内生因素，也有外生因素。公共风险是由个体风险的叠加和异化形成的，个体风险的变化必然导致公共风险的变化，这是内生性因素。另外，技术进步、社会分工、社会联系等的强化也在加速或改变着个体风险，进而影响公共风险，这些是公共风险变化的外生因素。内生与外生因素的影响，使得公共风险会以升级、发散、扩散与渗透的形式发生变化，借鉴软件工程学的术语，我们把公共风险的这些变化统一称为"迭代（Spiral）效应"，意在说明公共风险的变化不是线性的，而是在各种因素影响下螺旋式上升的。

1. 个体需求变化与技术进步导致公共风险的升级

按照马斯洛需求层次理论，人类需求像阶梯一样从低到高分为生理、安全、社交、尊重和自我实现五种需求；某一层次需求得到满足后，就会出现另一层的需要。对应不同的层次，个体所面对的风险也是不同的，需求的升级必然带来风险的升级。一个国家或地区经济社会发展水平的提高，会使得大部分居民的需求层次发生改变，个体风险的升级也就推动着公共风险的升级。不能受教育在古代社会很正常，现代社会儿童失学就是一种个体风险甚至公共风险；在基础教育得到基本满足的情况下，幼儿教育资源不足已成为中国社会重要的公共风险。技术进步在更大程度、更有效率地满足个体需求的同时，也产生了技术应用的风险，且使风险的因果关系不再是简单的线性关系，变得极其复杂且难以控制；另外，技术进步也使得人类识别风险的能力增强，使得原来未被识别的不确定性成为风险。

2. 社会主体利益多元化与社会分工导致公共风险发散

经济社会发展不是使所有的个体从某一层次的需求上升到更高层次，而是使个体需求的层次上升有了更大的可能性，需求层次提高基础上的多元化是社会进步的主要表现。多元化的需求使得社会分层和社会利益格局更加复杂，不同利益的交合与冲突构成社会风险主要源头。"利益之所在、风险之所在"是市场经济条件下的基本规律，市场主体通过利益的交换来实现利益最大化与风险最小化，这种利益与风险的交换也使得个体风险转化的公共风险更加发散。

专业化分工可以实现规模报酬递增，进而提高生产效率促进经济增长。但专业化生产也会带来风险，这种风险源自于市场上的不确定性，包括商品价格的不确定性、生产技术的不确定性和消费者偏好的不确定性等。当经济体仅专业化生产少数产品时，在信息不对称的市场条件下，产品生产就更容易受到需求、价格等因素的冲击，导致经济波动性加大、风险增加。另外，社会分工使得一个产品的生产被分成了若干环节，每个环节间都需要衔接与配合，这就产生了新的不确定性。

3. 社会交往与联系导致公共风险的扩散与渗透

技术进步推动之下，人与人之间交往方式在发生着巨大的变化，新的公共风险随之产生。一方面，传统的信息不对称问题在弱化，人们有了更多渠道了解信息，另外新的信息不对称问题产生，信息来源的广泛性使得人们的预期在发生变化。谣言在人与人之间口口相传，传递速度相对较慢，在现代信息社会，通过社会交往工具，谣言大面积传播能够在瞬间完成，虚假信息的广泛、快速传播带来的公共风险日益突出。

企业之间的关系也在发生变化。股份制的组织形式使得企业所有权与经营权分离，委托—代理关系中存在道德风险；交叉持股使企业间关系更加复杂化，企业间风险的传导与扩散导致企业风险更容易转化为公共风险；股权投资、风险投资等融资形式的普遍化使得企业能够在短时期内壮大、也容易在短期内衰败，企业成长的风险对经济社会的冲击日益显现；产品生产分工的细化使得产业链拉长，信息不对称与市场环境的变化在产业链上下游之间的衔接中催生了新的不确定性。

全球化条件下，国家间的交往与联系日益紧密。全球化不仅是经济的全球化，也是文化的多样化、政治的多元化。在各国的交往中，个体行为转化为跨国行为，一方面促进了经济的发展，也使得私人风险和公共风险在国际间传导。中国两次扩张性财政政策都是为应对外部冲击，第一次是东南亚金融危机，第二次是美国金融危机，就是经济风险在国际间的传导，而中国自身的经济风险对其他国家也产生着越来越重要的影响。

4. 负债社会的脆弱性导致金融领域成为公共风险的主要渠道

负债是现代社会典型的经济特征，无论是居民、企业还是政府，都是在负债的状态下运行。本杰明·富兰克林关于"世界上只有税收和死亡不可避免"的表述事实上可以扩展表述为"世界上只有税收、债务和死亡不可避免"，因为现代社会，不管是居民、企业还是政府，都时刻背负着一定量的债务。居民负债是家庭应对现实风险的需要，企业负债是应对企业生产经营中风险的需要，政府负债则是应对公共风险的需要。一方面，政府通过负债提高了应对公共风险的能力，为居民和企业提供了更加确定的环境，降低了居民与企业所面临的不确定性；另一方面，风险的降低又激发了个人和企业的风险偏好，使得个人和企业在相对确定的环境中追求更高层次不确定性中的收益，进而升级和演化出了新的私人风险，新的私人风险的叠加与异化又形成新的公共风险，要求政府以更大的投入来应对。也就是说，政府负债一定程度上提高了居民与企业的负债能力与意愿，居民与企业负债的增加产生的新风险，需要更高的政府负债来应对，居民、企业与政府之间形成了债务的相互强化机制。当三者之间的相互强化达到一定水平，整个社会都以债务链条来联结时，负债社会便形成了。负债社会以"信用"作为人与人、企业与企业、国家与国家之间的联结线，而信用又以非实物的、带有主观色彩的、预期性的"信任"为基础，负债社会便天然地具有"脆弱性"特征。整个链条的某一个环节或结点出现问题，都有可能导致系统性、公共性风险。现代金融业的发展是负债社会形成的基础条件，负债社会的脆弱性也就最集中地表现在金融领域，这就使得现代经济、社会危机往往最先由金融领域爆发。

（二）财政收入的线性增长难以匹配公共风险的迭代变化

以税收作为主要来源的财政收入的增长受制于经济总量的增长，只能是线性的。而公共风险的迭代变化则在内生与外性因素的影响下，可能线性变化，也可能非线性、跳跃式、指数式变化。这就使得政府财政收入的增长有时难以匹配公共风险的变化。当公共风险大规模爆发时，政府出于防范和应对的需要，就不得不开辟税收之外的筹资渠道，举债便成为政府的必然选择。瓦格纳法则就表明，当国民收入增长时，财政支出会以更大比例增长。超出国民收入增长比例的财政支出增长部分，要么以增税的形式，要么以举债的形式实现。增税受制于税收法定原则与抑制经济增长效应不可行时，举债便是唯一选择。

（三）传统财政政策效果的弱化

传统的"凯恩斯主义"财政政策的目标是调节经济总量的波动，第二次世界大战后西方各国的扩张性财政政策有效阻止了经济衰退，把西方国家的经济增长带入了一个黄金时期，而20世纪70年代"滞胀"的出现宣告了扩张性财政政策的失灵。中国20世纪90年代末期的扩张性财政政策有效应对了东南亚金融危机的冲击，而应对2008年金融危机的扩张性财政政策则正向效果衰减、负面效应强化。同样的政策模式，为何在不同时期效果有如此之大的差异？以不变的政策应对变化的环境，以同样的手段应对迭代的公共风险，是主要的原因。首先，经济总量在持续增长，支出乘数不变的前提下，意味着财政政策的扩张度要等比例增加，但基于防范公共风险的需要，财政支出始终在扩大，留给财政支出扩张的空间越来越小，以举债为主要形式的财政扩张越来越普遍，而债务本身又带来的新的风险。其次，随着公共风险的迭代变化，影响财政支出乘数和总量波动的因素越来越多，扩张性财政政策需要考虑的因素越来越多，而传统的政策框架难以融入频繁出现的新因素与新风险。可以说，总量调节的财政政策短期效果是与财政政策的扩张度成正比的，其长期效果则与总量的增长成反比。在总量增长与风险变化条件下，传统财政政策的正负效应就出现了此消彼长的趋势。

四、从总量调节、结构调节到利益调节——公共风险与财政风险之间的权衡

传统经济和财政理论中，财政政策与货币政策是宏观经济调控的两大主要工具，都是用于调节经济总量波动的。但与货币政策的总量调节功能不同，财政政策还具有结构调节与利益调节的功能，因为政府基于经济结构优化与收入分配、资源配置目的的制度与政策安排，归根到底也要反映在财政收支安排上。单纯地把财政政策视为总量调节的工具，实际上是把财政政策狭隘化。根据财政政策实践，我们可以把财政政策分为狭义财政政策与广义财政政策两种类型，前者是指传统的以调节经济总量、缓解经济周期性波动的、作为宏观经济调控工具的财政政策；后者是指一切基于财政收支安排的公共政策，不仅包括经济政策，还包括基于财政收支安排调节经济社会运行的社会政策、政治政策、生态环境政策等。可以说，财政政策是政府公共政策的重要组成部分，任何一项公共政策背后，都反映了一定的财政收支安排。

（一）财政风险成为公共风险的重要来源

公共风险包括经济风险、社会风险、政治风险、生态风险等，财政作为政府应对公共风险的基本手段，具有"兜底"的功能，因此所有公共风险都能够转化为财政风险。而财政风险的爆发又会影响到经济、社会与政治的运行，进而产生新的公共风险。财政风险的爆发，往往意味着政府应对公共风险的能力崩塌，比一般性公共风险危害更大，可以说是公共风险的总爆发。回顾世界历史，因财政问题而导致的社会动荡、政府垮台、经济瘫痪的例子不胜枚举。财政风险的直接表现是公共债务水平的提升，而债务风险背后政府应对公共风险能力的弱化才是财政风险的更大危害。扩张性财政政策透支了财政支出，实际上弱化了公共财政应对潜在公共风险的能力，或者把政府应对结构性风险与利益冲突风险的能力

转嫁到了应对总量波动风险上，虽然减缓了经济总量的波动，但却缩小了应对结构性风险与利益冲突风险的空间，即使经济总量平稳了，但经济增长的效率与社会的稳定性可能受到影响。

（二）转向结构调节：提高经济运行的效率

在总量规模持续增大、财政支出扩张不可持续的情况下，政府防范和化解公共风险的责任并没有缩小，而是更大了。一方面，政府要履行更大的防范和化解公共风险的责任，另一方面，又要防范和化解财政扩张带来的财政风险。这就要求财政政策要在公共风险与财政风险之间进行权衡。转向结构调节以提高经济运行的效率，就是财政政策在公共风险与财政风险之间权衡的必然结果。通过调节经济结构，把财政经济资源配置到更有效率的领域，能够实现财政风险不增情况下公共风险的转移、转化。

（三）转向利益调节：导向经济主体的行为

结构调节的目的在于解决经济社会发展中的结构失衡问题，但经济社会发展的风险来源不仅在于结构的失衡，还在于利益的失衡。中国经济发展中的很多问题根源于经济结构的失衡，社会发展中的问题则多源于利益的失衡。2017年"两会"期间中国政府网的抽样调查就显示，网民最关心的五大问题是住房、教育、社会保障、医疗、就业和工资。就住房来说，中国的住房总量基本能够满足居民的居住需求，矛盾或风险在于住房的配置；教育资源的不均衡使得学区房、择校问题凸显，户籍人口与外来人口之间的利益冲突使得基础教育均等化的政策难以有效推进。实际上，中国各个领域资源的稀缺已不是最突出的问题，关键是资源的配置，也就是利益的分配。2008年的美国金融危机，从根本上说是市场主体间利益分配的失衡、金融业利益过于膨胀所致。

市场经济条件下，个体风险的主要来源是不确定性条件下市场主体的决策，公共风险则主要来源于个体风险的叠加、转移与转化。利用财政政策来调节利益，就是运用财政手段来导向市场主体的行为，引导市场主体预期，引导市场主体在不确定条件下的行为，把市场主体的行为风险控制在可控的范围内，进而控制个体风险的叠加、转移与转化。控制了个体风险，控制了个体风险的叠加、转移与转化，也就控制了公共风险；控制了公共风险，使经济社会运行在正常范围内，也就达到了政府公共管理的目标。

五、行为—风险—治理：财政政策的新逻辑

传统的"补偿性"财政政策是一种"冲击—支出—乘数—总量"的逻辑，即外部或内生的冲击使经济发生波动，根据冲击调整财政支出安排，正向冲击紧缩财政支出，负向冲击扩张财政支出，通过财政支出的乘数效应作用于经济总量，最终平衡经济总量的波动。这种乘数效应得以实现的前提是确实存在乘数效应且具备财政支出调整的空间。抛开是否存在乘数效应及乘数效应的大小不谈，多年的扩张性财政政策已使增加财政支出的空间大大缩小，以扩大财政支出来提振经济增长的路子已不再可行，新时期财政政策的"积极"性应有新的逻辑。

（一）打破公共风险与财政风险的相互强化机制

传统扩张性财政政策下，为应对公共风险的集中爆发，政府以财政支出的扩张来应对，在一定程度上化解公共风险的同时，实际把公共风险转化成为财政风险，公共财政本身的压力持续增加，在达到一定临界点后，财政风险又成为新的公共风险的源头。财政政策的转型需要从打破公共风险与财政风险的相互强化机制为突破，一方面要改造公共财政防范和化解公共风险的功能，另一方面也要控制财政自身的风险，即不单纯以财政支出扩张作为财政政策的主要手段，更多地使用结构优化与利益调节的政策。

（二）基于"行为—风险—治理"的财政政策逻辑

财政是国家治理的基础与重要支柱，基于这一逻辑，应当把财政政策当作国家治理的重要工具而不单单是宏观经济调控的工具。国家治理的主要目标是促进公平正义、激发社会活力与保障人民民主，这些都是实现国家长治久安的长期目标，与传统财政政策目标的短期性存在背离。从国家治理的视角审视财政政策，就必须突破经济理性假设与确定性思维的束缚，重塑财政政策的逻辑框架。作为宏观经济调控工具的财政政策与作为国家治理工具的财政政策在出发点、行为逻辑与目标取向均不同。推进国家治理体系与治理能力现代化的目的在于实现国家的长治久安。"长治久安"的核心是"稳定"，"稳定"的基本要求是避免大规模的经济社会危机与动荡，这就要求国家治理的基本目标是防范风险，避免风险转化为危机。

作为国家治理工具的财政政策，应能够在识别经济社会发展中的不确定性与风险的基础上，通过政策设计，降低、转移或分散进而化解风险，而不单单是追求短期的经济增长、物价稳定、就业充分与国际收支平衡目标。为防范风险，财政政策的设计应当突破传统的经济学视角，即通过扩大财政赤字，投入基础设施建设，发挥"乘数效应"，带动社会投资，进而促进经济增长。现代社会，来自自然界的风险，在技术与治理进步条件下越来越少，风险越来越具有"人化"的特征，即"人"的行为越来越成为风险的源头，公共风险来源于个体风险的叠加、转移与转化。财政政策要防范风险，必须关注市场主体的行为，通过行为分析，识别风险，进而通过政策约束、引导与激励，改变市场主体的行为来降低和化解风险。也就是说，应当跟踪市场主体的行为，通过市场主体的行为判断和分析经济社会运行中的私人风险及其向公共风险转化的趋势，根据风险分析提出公共政策的治理策略，根据治理策略优化调整财政收支安排，即遵循"行为—风险—治理—财政收支"的新逻辑。

（三）中国积极财政政策的转型：从总量调节转向结构调节

自20世纪90年代以来，中国财政政策出现过三次转向（见表1），经历了两轮以财政支出扩张为特征的积极财政政策。两轮财政政策都与国际金融危机的冲击有关，同时也都面临着国内经济结构调整的压力，都是以扩大财政支出、刺激经济增长为目标，投资的重点领域都是基础设施建设。两次扩张性财政政策在应对由外部经济冲击带来的经济风险的同时，也都积累了一定的财政风险。上一轮积极财政政策，中国国债余额占GDP的比重由1998年的9.9%上升到2003年的19.5%，如果考虑隐性债务和或有债务，可能更高。2008年以来的扩张性财政政策则更大程度地推高了中国的政府债务，政府债务占GDP的比重由2006年的29%上升到2016年的46.2%，使得政府债务尤其是地方政府债务问题成为经济运行的重要风险源之一。

表1　1996—2017年中国财政政策取向与主要内容一览表

年份	财政政策	主要内容
1996	适度从紧	控制社会需求，增强有效供给，促进经济总量平衡；完善税制，加强征管，控制和压缩财政支出。
1997	适度从紧	保持投资和消费合理增长；从严控制新开工项目，优化投资结构；做好物价调控，降低物价涨幅。

续表

年份	财政政策	主要内容
1998	适度从紧	抑制通货膨胀，稳定和加强农业，防止和化解金融风险，搞好社会保障，保持稳定的宏观经济环境和社会环境。
1999	积极	扩大内需、刺激经济增长；把增加的建设资金抽向基础设施建设；努力做好增收节支工作，强化税收征管。
2000	积极	增发建设国债；投资方向以基础设施建设和企业技术改造为重点，注意使其与结构调整紧密配合，并带动社会投资和启动消费。
2001	积极	扩大社会投资，鼓励居民消费；增加国民经济薄弱环节特别是农业投入；促进企业和社会投资增长，引导更多社会资金参加更多领域的开发和建设。
2002	积极	充实扩大内需政策的内容，提高政策实施效果；发行长期建设国债，保持必要的投资拉动力度，实现国民经济持续较快增长；建立公共财政框架，优化财政支出结构，确保社会保障和农村税费改革支出。
2003	积极	扩大内需；发行建设国债，调整和优化国债资金的使用方向和结构；国债资金向结构调整和中西部地区倾斜；扩大投资需求同扩大就业、改善人民生活、促进消费结合起来，实现投资和消费双拉动。
2004	积极	调整财政支出结构，保证各项重点支出；国债和新增财政资金重点向"三农"倾斜，向社会发展倾斜，向西部大开发和东北地区等老工业基地倾斜，向生态建设和环境保护倾斜，向扩大就业、完善社会保障体系和改善困难群众生活倾斜。
2005	稳健	控制固定资产投资规模过快增长；体现区别对待、有保有压的原则；发挥市场配置资源的基础性作用，更加注重运用经济手段和法律手段；不断调整投资和消费的关系，提高城乡居民消费能力，增强消费对经济增长的拉动作用。
2006	稳健	把增加居民消费特别是农民消费作为扩大消费需求的重点，不断拓宽消费领域和改善消费环境；在大力增收节支的基础上，调整财政支出结构。
2007	稳健	根据经济运行新的发展变化，适时适度进行预调和微调，主动引导社会预期，确保经济平稳较快发展；扩大国内消费需求；合理控制投资增长，优化投资结构；调整国民收入分配格局。
2008	稳健	合理把握财政支出规模，着力促进结构调整和协调发展，优化支出结构，较大幅度增加对社会保障、卫生、教育、住房保障等方面的支出。
2009	积极	大幅度增加公共支出，保障重点领域和重点建设支出；实行结构性减税，优化财政支出结构。

续表

年份	财政政策	主要内容
2010	积极	突出财政政策实施重点,加大对民生领域和社会事业支持保障力度;保持投资适度增长,重点用于完成在建项目,严格控制新上项目;加强征收征管和非税收入管理,继续从严控制一般性支出。
2011	积极	发挥财政政策在稳定增长、改善结构、调节分配、促进和谐等方面的作用;保持财政收入稳定增长,优化财政支出结构,压缩一般性支出;加强地方政府性债务管理。
2012	积极	保持宏观经济政策的连续性和稳定性,增强调控的针对性、灵活性、前瞻性,继续处理好保持经济平稳较快发展、调整经济结构、管理通胀预期的关系,加快推进经济发展方式转变和经济结构调整。
2013	积极	实施积极的财政政策,完善结构性减税政策;厉行节约,严格控制一般性支出。
2014	积极	调整财政支出结构,厉行节约,提高资金使用效率,完善结构性减税政策,扩大营改增试点行业。
2015	积极	积极财政政策要有力度,促进"三驾马车"更均衡地拉动增长;切实把经济工作的着力点放到转方式调结构上来,推动传统产业向中高端迈进。
2016	积极	积极的财政政策要加大力度,实行减税政策,阶段性提高财政赤字率,在适当增加必要的财政支出和政府投资的同时,主要用于弥补降税带来的财政减收,保障政府应该承担的支出责任。
2017	积极	财政政策要更加积极有效,预算安排要适应推进供给侧结构性改革、降低企业税费负担、保障民生兜底的需要。

资料来源:根据历年中央经济工作会议整理。

近年来,在经济增速下滑,政府债务高企的背景下,传统的以扩大财政支出规模来刺激经济增长的财政政策模式空间越来越小、效果越来越弱,中国财政政策出现了转型的态势,在强调"积极"的同时,更加注重"有效",即财政政策的"积极"由扩大财政支出规模调节经济总量转向优化财政支出结构提升经济运行的效率,也可以说由总量性积极财政政策转向结构性积极财政政策。具体表现在:

一是减税降费。2016年5月全面推开了营业税改增值税,截至2017年6月,直接减税8500多亿元;针对小微企业所得税,把年应纳税所得额上限从6万元提高到50万元;科技型中小企业研发费用税前加计扣除比例由50%提高到75%;通过清理和规范政府性基金与行政事业性收费,取消、减免或停征1368

项。尽管2017年赤字率仍按3%安排,财政赤字2.38万亿元,比上年增加2000亿元,但扩大的赤字主要用于弥补减税降费带来的财政减收和保障重点领域支出需要。

二是降低实体经济企业成本。2016年8月,国务院印发《降低实体经济企业成本工作方案》,全面部署"降成本"有关工作。文件提出,经过1—2年努力,要取得降低实体经济企业成本工作的初步成效,经过3年左右使实体经济企业综合成本合理下降,盈利能力较为明显增强。中国财政科学研究院的"降成本"调研报告显示,中国的"降成本"政策取得了降低企业税费、融资、用能、物流、制度性交易成本等良好成效;从调查数据看,对于降低企业税费负担的政策措施,26.4%的企业认为成效非常好,36.8%的企业认为成效好,34.8%的企业认为成效一般,2.1%的企业认为成效较差,其他方面的降成本措施成效,企业的认可度也都很高;世界银行的《全球营商环境》报告显示,2013—2016年,中国营商环境的世界排名提高了18位。

三是盘活存量财政资金。由于财政资金分配的固化,各部门、各领域财政资金的分配主要沿袭过去的规则与规模,导致轻重缓急变化下,有些部门、领域的财政资金极为短缺、有些则相对富裕,一些部门、领域财政资金存在沉淀、滞留现象。中国国家审计署2014年底抽查的22个中央部门有存量资金1495.08亿元,18个省本级财政有存量资金1.19万亿元。2015年,中国政府出台了10项举措,有针对性地"唤醒"趴在账上的财政资金。相关政策落实后,中央财政收回了中央部门及单位的大量财政资金,统筹用于促投资、稳增长的急需领域;地方各级政府收回同级各部门及单位更大规模的财政存量资金,统筹用于发展急需的重点领域和优先保障民生支出。

四是优化财政支出结构。随着中国供给侧结构性改革的推进,财政政策在调控总量的同时,也更加注重调控结构。近年来,中国财政加大了对供给侧结构性改革的支持力度,通过优化财政资源配置,提高生产要素利用水平,改善国民经济运行效率。中央政府提出了在2012—2017年任期内,政府性楼堂馆所一律不得新建,财政供养人口只减不增,"三公经费"只减不增的承诺。2017年,中央财政对地方一般性转移支付规模增长9.5%,重点增加均衡性转移支付和困难地区财力补助;压缩非重点支出,中央部门一律按不低于5%的幅度压减一般性支出;配合"三去一降一补",设立了专项奖补资金,重点支出化解钢铁、煤炭行业过剩产能过程中职工分流安置;优化财政支农投入供给,实施以绿色生态为导向的农业补贴制度改革，将补贴政策目标由数量增长为主转到数量、质量、效益并重。

（四）适应国家治理体系和治理能力现代化的财政政策：更加重视利益调节

党的十八届三中全会提出，全面深化改革的总目标是完善和发展中国特色社会主义制度，推进国家治理体系和治理能力现代化。随着市场经济的发展、社会结构的变动和利益关系的多元化，当前中国经济社会发展中面临的公共风险也发生了显著变化。与改革开放初期面临的主要是基本生存风险相比，当前的公共风险主要源于社会资源分配不当所引发的社会冲突，反映在财政安排上，就应当从经济建设型财政转向利益调节型财政。

当前，中国国内生产总值已达80多万亿元，居世界第二位。庞大的基数之下，经济增长速度的下滑在所难免，受各种内外部因素影响的经济总量的波动也属正常，可控范围内的增速下滑与总量波动已经不是公共风险的主要来源。发展的不平衡、不充分，发展的质量和效益不高，生态环境问题、民生领域的短板、社会利益格局的固化与冲突等已成为新时期公共风险的主要来源。党的十九大提出，中国的社会主要矛盾已经从改革开放初期的"人民日益增长的物质文化需要同落后的社会生产之间的矛盾"转变为"人民日益增长的美好生活需要和不平衡不充分的发展之间的矛盾"。新的社会矛盾的解决要靠经济总量的增长，更要靠经济结构的优化、利益分配的均衡。财政作为国家治理的基础和重要支柱，财政政策作为国家治理的工具，就应在调节经济总量的同时，更加关注利益的调节。

参考文献

［1］刘明康．货币和财政政策已到了效果极限［N］．中国联合商报，2013-9-23（04）．

［2］中国财政科学研究院调研组．分化趋势与风险双升背景下的政策协调——当前地方财政经济运行情况调研报告［J］．财政科学，2017（1）：5-14.

［3］［美］詹姆斯·奥康纳．国家的财政危机［M］．沈国华译．上海：上海财经大学出版社，2017.

［4］［德］沃尔夫冈·施特雷克．购买时间——资本主义民主国家如何拖延危机，常晅译［M］．北京：社会科学文献出版社，2015.

[5] 刘尚希. 公共风险是引导财政改革的那只"看不见的手"[J]. 经济研究参考, 2010 (60).

[6] 刘尚希. 财政新常态: 公共风险与财政风险的权衡[N]. 光明日报, 2015-3-18 (015).

[7] Peter Huber. Safety and the Second Best: the Hazards of Public Risk Management in the Courts [J]. Columbia Law Review, 1985, 85 (2): 277-337.

[8] 刘尚希. 论公共风险[J]. 财政研究, 1999 (9).

[9] 刘尚希, 石英华, 武靖州. 制度主义公共债务管理模式的失灵——基于公共风险视角的反思[J]. 管理世界, 2017 (1).

[10] 李扬等. 中国国家资产负债表2015: 杠杆调整与风险管理[M]. 北京: 中国社会科学出版社, 2015: 218.

[11] David A. Moss. When All Else Fails. Government as the Ultimate Risk Manager [M]. Harvard University Press, 2001: 1.

[12] 中国财政科学研究院2017年"降成本"调研组. 实体经济企业经营状况整体向好[J]. 财政科学, 2017 (8).

[13] 张朝举, 祁毓. 转型期中国公共风险指数测试及财政治理效应评估[J]. 财政研究, 2015 (9).

当前我国经济运行中风险分析与治理策略

刘尚希　封北麟　武靖州

2017年12月召开的中央经济工作会议强调，今后几年要重点抓好决胜全面建成小康社会的防范化解重大风险、精准脱贫、污染防治三大攻坚战。这里的"重大风险"主要是金融风险。实际上，贫困问题、环境污染问题也是社会风险的重要源头，全面小康社会中的局部与相对贫困问题容易造成社会的不稳定，环境污染则对人民群众的生命健康构成重大威胁。可以说，"防风险"是当前我国经济社会发展政策的主要基调之一。分析现阶段的经济形势，应跳出传统"三驾马车"的思维，经济增长速度，消费、投资与出口只是结果，仅做总量层面的数据分析难以触及经济运行中真正的风险。

一、2017年经济运行情况总体好于预期

2017年经济运行稳中向好，体现在速度、质量和效益三个方面。从速度看，2017年GDP增速达到6.9%，2010年以来经济增速首次回升。从质量看，2017年全国工业产能利用率比上年提高3.7个百分点；规模以上工业企业资产负债率比2016年末下降0.6个百分点；战略性新兴产业、高技术制造业、装备制造业等增速均快于工业增加值增速；居民人均可支配收入增速高于GDP增速2.1个百分点。从效益看，2017年规模以上工业企业百元主营业务收入中的成本比上年下降0.25元，百元主营业务收入中的费用下降0.2元；规模以上工业企业利润比上年增长21%；全员劳动生产率比上年提高6.7%；万元国内生产总值能耗

下降3.7%，万元国内生产总值二氧化碳排放下降5.1%。

2017年经济运行情况总体好于预期。首先，外需回暖是拉动经济增长的"火车头"。2017年，货物和服务净出口拉动GDP增长0.6个百分点，比2016年上升1个百分点；按支出法计算，2016年净出口的贡献率是-6.8%，2017年则提高到9.1%，增幅为15.9个百分点。这既得益于发达经济体的经济复苏，也存在国内产品结构升级、出口新动能显现的因素。从出口区域结构看，2017年我国对美、欧、日等发达经济体出口占比上升，而对新兴经济体出口占比下降，说明发达经济体复苏是拉动我国出口增长的主要原因。从出口产品结构看，2017年高新技术产品出口占比较2016年上升0.4个百分点，产业结构调整与升级的趋势仍在持续。其次，消费回落中有结构升级。2017年社会消费品零售总额增速为10.2%，是2003年以来的最低水平。但2017年网上服务零售额增速达76%，比2016年提高了25个百分点，如果把网上服务零售额全部纳入统计，真实的消费增速可能并未放缓。最后，以PPP为代表的准财政性投资支撑起了固定资产增速。2017年固定资产投资增速比2016年下降了0.9个百分点，但基建投资增速还是比去年提高了1.6个百分点。截至2017年12月，PPP入库项目累计达14059个，投资金额17.74万亿元，占固定资产投资的比例从2016年的3.7%提高到2017年的4.1%。

值得注意的是，PPI数2016年下降1.4%转为2017年上涨6.3%，结束了连续5年的下降态势，是经济运行整体好于预期的直接表现。主要原因是供给侧结构性改革效力显现：2017年年末，全国商品房待售面积降至5.89亿平方米，同比下降15.3%，比16年高点的7.4亿平方米减少了20%，目前的库存已经回到2014年年末水平；煤炭、钢铁、煤电等行业去产能目标超额实现；环保督促严格程度超预期，对工业品价格给予的较大的支撑。此外，2017年国际油价的反弹也对PPI的上涨起到了重要支撑作用。

综上，由于消费基本稳定，投资下滑不多，出口增幅明显，经济运行呈现了好于预期的局面。

二、当前我国经济运行中的风险分析

中央之所以把防风险摆在更加突出的位置，说明重大风险已经成为影响经济稳定运行的"挡路虎"。虽然重点防范的是金融风险,但金融风险的根源在经济债务化,政府、企业、居民对债务的依赖程度相当高。地方政府债务、房地产金融化、企业投资金融化、居民消费金融化等等,都事关金融风险。可以说,在金融成为经济血液的情况下,金融风险实际上是整体经济风险的综合反映。从一季度情况看,我国经济领域的各类风险仍处于发散状态,防风险仍然任重道远。

(一) 金融风险复杂多变,稳定发展受威胁

1. 居民、企业杠杆风险依然值得高度关注

根据国际清算银行数据,我国非金融部门债务负担率(债务余额/国内生产总值 GDP)、非金融企业部门、家庭部门负债率与非金融部门偿债率(债务本息偿付/收入)呈现持续上升趋势,至 2017 年三季度末,分别达到 256.8%、162.5%、48% 和 20%。我国非金融部门债务负担率高于新兴市场国家 143.2% 的平均水平,也高于美国的 250.9%、韩国的 232.7%;偿债率高于美国的 14.9%,与韩国持平。导致我国企业与家庭部门杠杆风险持续上升的主要根源是实体交易与金融交易的背离。尤其是,居民与企业部门的经济活动越来越呈现出显著的金融化倾向,进一步加剧了二者的背离。根据《中国银行业理财市场报告(2017)》数据显示:截至 2017 年年底,面向个人投资者发行的一般个人类、高资产净值类与私人银行类等理财产品存续余额占全部理财产品存续余额的 66.99%。其中,一般个人类产品存续余额较年初增长 2.76 万亿元,增幅达 23.31%;占全部理财产品存续余额的 49.42%,较年初增长 8.68%。其中,非保本产品的存续余额占全部理财产品存续余额的比重为 75.05%。大量家庭储蓄存款正在追逐更高收益的银行理财产品,居民收入分配的金融投机性越来越明显,最终迫使银行将理财资金越来越多的配置在具有高杠杆收益的投资领域。与此同时,在实体投资收益普遍下降的环境下,企业投资也表现出越来越显著的金融投机性。根据东方财富金融数据平台 Choice 统计显示,截至 2017 年 10 月 9 日,沪深两市共有 1142 家上市公司购买理财产品,累计金额达到 1.11 万亿元。这些财务性投资行为使得原本可以用于增加信贷、促进实业投资与消费的资金重新回流到金融系统内部杠杆套利增值,未能进入实体经济,引发了"资产荒"与资产价格泡沫。

2. 中小商业银行经营风险逐步凸显

随着对商业银行表外业务、金融机构资产管理产品监管的逐步趋严,这些原本

视为金融创新的重要收入来源已难以为继,金融机构普遍面临收入结构调整、盈利模式创新的巨大挑战。根据银监会在线数据显示,商业银行资产利润率由2016年平均1.09%下降至2017年的平均1.01%,资本利润率由2016年的平均14.76%下降至2017年的平均13.94%,非利息收入占比由2016年的平均25.22%下降至2017年的平均24.49%,整体盈利能力下降。因此,如何加快推动表内业务创新、形成新的收入增长源是当前商业银行面临的巨大难题,尤其是一些对表外业务和同业融资业务依赖较大、创新能力有限的中小商业银行将出现显著的经营风险。

3. 金融科技风险对金融监管部门构成巨大挑战

近年来,依托于互联网、搜索引擎、大数据、云计算、区块链、人工智能等金融科技的高速发展,新兴金融业态不断涌现、发展迅速,在提高金融交易效率、推动普惠金融发展的同时,由于行业监管水平与发展速度相脱节,也带来了不可忽视的金融风险。例如,近几年发生的股市HOMS配资、e租宝、中晋系、泛亚有色等事件。当前,金融科技风险主要包括:涉及数据信息安全的操作风险、信息披露不充分导致的信用风险、新兴业态合规性的法律风险、跨市场交易的交叉传递风险等等。在风险暴露形式上表现出了跨地域、跨行业、跨市场以及小规模、分散化、复杂化、隐蔽化、扩散快等诸多特点。因此,在金融科技发展迅速、行业监管手段不足、监管制度建设落后的现实困境下,金融科技风险对金融监管部门将构成巨大挑战。

4. 转型过程中,汇率双向波动增大,短期风险增加

自2015年"811"汇改以来,人民币汇率经历了"先抑后扬、由贬入升"的变化过程,2017年则是这一变化的拐点。2017年,美元兑人民币中间价由1月初的6.9498下降至2017年年末的6.5342,人民币兑美元升值5.98%,年化波动率3.12%;但是,受美国税改等政策影响及不稳定预期,其间有阶段性震荡回调。截至2018年3月16日,美元兑人民币中间价达到6.3340,上升趋势仍在延续。2017年年末CFETS人民币汇率指为94.85,较去年末上涨0.02,年化波动率2.61%。在综合2015年汇改以来的人民币汇率变动趋势看,2018年人民币汇率走势总体稳定,可能出现先升后贬、区间震荡的变化态势。美元兑人民币汇率中枢将在6.35—6.45区间波动。汇率双向波动幅度更大,短期风险增加。

预期形成这一走势的主要原因:(1)随着国内供给侧结构性改革的深入推进和"三去一降一补"政策成效的逐步显现,新动能新产业新业态正在逐步形成并释放增长效能。全球经济企稳复苏,2017年国内经济超预期增长提振市场

信心。2018年将继续受益于这些积极因素释放的增长动能，人民币具备升值动力与空间。(2)"收盘价＋一篮子货币汇率变化＋逆周期因子"美元兑人民币中间报价机制的形成，表明人民银行通过强化窗口指导引导市场合理报价，对冲汇率顺周期行为，稳定市场预期。基于上述基本面因素，人民币汇率走势总体稳定。(3)但是，一些负面因素依然存在。工业品出厂价上涨因素正在逐步向下游传导，消费物价上涨压力巨大，企业人工成本与原材料成本增加可能会侵蚀部分利润增长，货币政策受物价上涨因素影响可能会在下半年采取收紧态势。防风险攻坚战客观上会引导金融机构审慎管理，银行表外业务和非银行机构的资管计划大幅收缩，货币金融形势趋紧，企业"融资难、融资贵"问题会再度恶化。污染防治攻坚战可能在短近期内对部分不达标企业形成产能约束。特朗普政府"美国优先"政策继续施压中国，诱发中美贸易暗战，2017年中美贸易顺差扩大趋势可能终止。经济回暖推动欧美国家货币政策正常化，全球政策利率和市场利率趋势性上行，人民币资产吸引力下降。高质量发展与结构性大调整以及新旧动能转换带来的其他不确定负面因素可能扰乱市场预期。总体看，2018年，人民币汇率走势总体稳定，但转型过程中短期不确定因素增多，汇率双向波动增大，短期风险增加。

5. 金融控股公司成为交叉金融风险的重要载体与传播者，监管严重不足

在实体经济增速与平均投资回报率下降的大环境下，为提高金融资源控制力、提升区域金融业竞争力、服务区域投融资，一些地方政府或大型企业集团纷纷通过整合旗下金融资源、获取各类金融牌照、以"规模化、大型化和多功能化"方式组建金融控股公司。由于采取综合（混业）经营方式，金控公司成为跨部门、跨市场、跨区域交叉金融风险的重要载体和传播者，而且普遍存在虚假出资、循环出资、股权管理松散、违规关联交易多发、监管滞后等金融风险隐患，亟待强化监管。

（二）国家治理结构不完善，地方政府债务风险隐匿积聚

财政是国家治理的基础和重要支柱，但同时国家治理结构的安排即社会剩余控制权的安排也深刻影响着财政制度设计和财政健康发展。不合理的国家治理结构必然导致不合理的政府财权与事权、财力与支出责任分配，导致财政能力无法匹配现代城市化（包括人口流动、资源环境）发展需要，诱发公共风险。地方政府债务风险正是这种公共风险的一种集中体现。政府债务风险是从政府财务角

度映射出国家治理结构不适应当前社会经济发展的客观现实。当前,广大人民对高品质、均衡化、多元化的公共服务需求有着日益强烈的需求,而我国公共产品的供给模式却依然是以政府为主导的单一供给模式。二者之间的矛盾冲突不仅无限增加了地方政府支出责任,而且由于缺少多元化供给模式,缺少民众参与,导致社会公益项目资金使用不符合区域发展现实需要,不能提高社会全要素生产率和潜在经济增长率,无法实现政府财力的持续增长。此时形成的政府债务就是恶性债务,诱发财政风险。尤其是,近年随着我国地方政府举债融资管控趋严、社会公共服务领域一些矛盾凸显,地方政府隐性债务开始滋生积聚,潜在规模巨大,成为当前我国财政风险的重要诱因之一。

(三) 民间投资下滑背后的中小企业生存环境问题

民间投资增速自 2012 年起持续下行,尽管有短暂回升但不改回落趋势。2016 年,民间投资增速回落至 3.2%,尽管在 2017 年回升至 6%,但相比 2012 年之前 30% 以上的高增长率,仍是大幅下降了。民间投资下滑的直接原因是投资回报率下行,投资回报率低的原因无非是成本与收益的此消彼长,而背后的深层次原因则是民企生存环境的恶化。一直以来,我国大型企业生存环境都明显优于中小企业,国有企业生存环境比民企具有先天优势。很多政策虽然是普惠性的,但实际上大中小型企业受益度往往是苦乐不均的。另外,经济下行与经济结构调整期,民营企业转型困难,很多民营企业徘徊在转型的十字路口。

(四) 就业稳增长背后的结构性矛盾

2013 年以来,我国每年城镇新增就业都在 1300 万人以上。经济增速下滑条件下就业状况的"稳定"是近年来我国经济运行的一大亮点。正是因为就业稳定,所以我们对经济增速下滑的容忍度才有了更大的空间。但就业方面仍存在结构性风险,需要密切关注。首先,招工难与就业难并存说明就业市场的供给侧还存在问题。一方面,近年来一直存在着大学生就业难的问题,相关调查数据表明,2017 年大学生就业率为 91.6%,平均月收入为 3988 元;另一方面,东南沿海地区用工荒依然严重,媒体报道深圳月薪 6500 元仍难招到人。这反映了教育与经济社会需求的背离,教育体制改革滞后导致人力资本开发的错位,进而导致人力资源的错配。其次,摩擦性失业问题未来可能逐步显现。当前,互联网新业态与传统业态处于此长彼消的"量变"状态，新业态的就业增长效应与传统业态的就业减少状态并存，使得就业规模基本保持，就业结构逐步发生变化。但新业态由于效率更高，对人工的需求更少，其与传统业态在吸纳就业方面可能不是均衡的此消彼长。互联网新业态对传统业态的就业冲击会有一个从"量变"到"质变"的过程，一旦新旧业态并存的状态转向新业态对旧业态的大幅替代，就业规模与结构的"质变"就会到来。

（五）消费偏弱背后存在深层次问题

2017年城镇居民人均消费支出同比增长5.9%，比2016年下降2个百分点，是2003年以来的最低水平。从2017年一季度起，城镇居民收入中位数增速开始低于平均值，意味着居民收入差距有所扩大，而这一趋势与城镇居民消费支出增速下滑重合，说明提振消费长期看还要从缩小收入分配差距入手。另外，2016年以来家庭杠杆率的迅速提升，且加杠杆主要在住房消费领域，也在扩大家庭住房消费的同时挤压了其他领域的消费。此外，消费品升级跟不上消费需求升级的步伐，导致合意供给不足、消费外流，也是一个重要因素。

（六）房地产市场仍是影响经济运行的重要因素

2018年，预期消费稳定增长、出口存在不确定性、PPP迎来严格监管都会影响政府性投资，房地产市场可能仍是经济增速上升还是回落的重要因素。经历了2015年、2016年一二线城市去库存，2017年三四线城市棚改后，无论是基本居住需求、改善需求以及投资需求都得到了相当程度的释放。而在全球流动性环境趋紧和国内金融严监管和防风险基调下，房贷利率趋于上行，也将继续抑制购房需求。虽然"租购并举""租售同权"将逐步改变需求的预期，但对于房地产商来说，建设租房的积极性显然要弱于建设商品房，至少短期来看是如此。这就决定了2018年房地产投资增速还是会有所放缓。

我国仍处于快速城镇化的进程中，住房需求客观存在且有成长空间，这意味着房地产市场本身的供给与需求矛盾短期内仍不会形成重大风险。真正的风险在于房地产的金融化，一方面家庭加杠杆购房挤出消费，另一方面企业加杠杆投资房地产挤出投资，最终家庭杠杆率与企业杠杆率的提升又强化了金融体系的脆弱性。

三、防范和化解风险须综合施策

(一) 多措并举,防范化解金融风险

面对潜在的金融风险隐患,必须以"全覆盖、零容忍"的高压态势,建章立制补短板、填漏洞、综合施策、多措并举,防范化解存量风险、遏制增量风险,促进金融'脱虚向实',回归服务实体经济本源。可以考虑从以下几个方面开展工作:

1. 健全货币政策和宏观审慎政策双支柱调控框架,管好货币供给总闸门,创造稳定的宏观金融环境

货币政策目标是保持市场流动性的合理充裕稳定,维持物价稳定与保持合理的经济增长;宏观审慎政策的目标是防范系统性金融风险。二者虽目标不同,但是关系紧密。货币政策通过利率、基础货币供应量、信贷、资产价格等渠道影响宏观审慎政策的制定,宏观审慎政策的制定与实施则会影响货币政策的传导机制和操作空间。因此,货币政策与宏观审慎的协调配合尤为重要。可以考虑构建货币形势指数和宏观审慎政策指数,分别纳入到各自的政策目标函数中,作为政策调控的依据,充分反映政策互动效果,提高政策制定的精准性和全面性,提升政策调控效果,为宏观金融稳定创造更为良好的外部环境。

2. 加快推进金融控股公司监管法规与政策落地,开展金控公司专项检查工作,重点查处资本金不实、违规关联交易

金融控股公司已经成为我国交叉金融风险的重要载体与传递者,然而相关的监管法规与政策目前仍是空白,且这些机构背后往往是有较大影响力的地方政府和大型企业集团,监管难度较大,但风险不可小视。因此,必须加快相关监管法规出台,规范金融控股公司行为,依法监管,及时开展专项检查工作,尤其对于股东出资不实和违法违规关联交易问题要重点查处,严打其中存在的利益输送等金融腐败问题。

3. 在进一步推进"租购并举"住房调控政策基础上,推进房屋租赁金融业的发展,创新推广租赁住房贷款和共有产权住房贷款业务

"租购并举"已成为我国住房制度改革方向。但是,如何盘活存量住房、增加租赁和共有产权住房用地、支持租赁和共有产权住房建设,都需要金融支持。

可以考虑：一是支持符合条件的住房租赁企业发行债券、不动产证券化产品，稳步推进房地产投资信托基金（REITs）发展，推进房屋租赁金融业发展。二是创新推广租赁住房贷款和共有产权住房贷款业务，将房屋贷款对象覆盖租赁住房和共有产权住房的开发建设主体、购置并购主体、专业运营主体和其他出租主体，满足客户在房源获取阶段、装修改造阶段、项目运营阶段以及共有产权住房开发和销售环节的合理融资需求。

4. 深入推进多层次资本市场建设

深入推动包括"新三板"、区域股权交易中心（所）、网络股权众筹等在内的以中小微企业为服务主体的股权投融资与交易市场建设。当前，最为关键的是：（1）规范解决"新三板"市场流动性不足问题，增强市场的投资性。当前"新三板"市场流动性不足主要表现在股份转让成交的挂牌公司占比较小，市场整体的换手率较低。在继续完善市场分层制度基础上，加快扩围私募股权投资机构进场做市试点工作，可以考虑适当降低机构投资者门槛至实缴资本300万元，扩大机构投资者范围。（2）增加区域股权市场交易的活跃度，促进挂牌企业实现实质交易。受《区域性股权市场监督管理试行办法》《国务院关于清理整顿各类交易场所切实防范金融风险的决定》以及《国务院办公厅关于清理整顿各类交易场所的实施意见》等监督管理办法的限定，当前我国区域股权市场的功能实际集中于企业展示与融资配套服务，交易功能明显弱化，市场活跃度显著偏低。可以考虑适当参照"新三板"的有关规定，例如放松单只证券持有人数累计不得超过200人限制，允许采取集合竞价、做市商等集中交易方式等，增加区域股权市场的流动性和投资机会，促进挂牌企业实现实质交易。（3）完善网络股权众筹有关法律法规，尽快正式颁布《互联网股权众筹管理暂行办法》，建立股权众筹市场规则秩序，稳定市场预期。

5. 中小商业银行全力发展普惠金融，实现发展模式转型

与大型银行相比，中小银行存在规模小、网点少等竞争弱势，但其本土优势明显，更接地气，有较强的软信息优势，能利用当地的各种资源较快获取客户真实信息，信息传递链条较短，决策效率更高，管理成本较低。因此，中小银行要扎根本地，充分发挥本土优势，立足当地经济特色，立足当地城市和农村，利用政策支持普惠金融发展的便利，大力推动普惠金融事业发展，把客户潜在需求真正挖掘出来。重点关注当地中小企业、个体工商户、居民和现代"三农"的金融需求，发展草根金融，拓展自己的生存空间。

6. 加强外汇风险管理，多方式应对汇率风险

汇率波动加大将增加企业进出口贸易定价和海外投资经营的不确定性，应对策略主要有四点：一是可以使用套期保值工具规避汇率波动风险，如远期、掉期、期权等。二是在合同中可以约定汇率补偿机制。比如在汇率波动10%以上时要求额外补偿或重新定价。三是采取人民币定价。不论汇率如何波动，可以减少对企业盈利的影响。四是可以采取自然对冲方式。直接购买东道国货物或商品，将货币转化为货物；或者采取"收硬付软"方式规避风险，在进口贸易中支付汇率波动大的货币，在出口贸易中主张收取强势货币。

7. 积极利用区块链、云计算、人工智能、生物识别等现代技术丰富金融监管手段，应对金融科技风险

以金融科技手段应对金融科技风险。推动建立覆盖全部业务和产品的综合统计制度和大数据系统，建立监管沙盒制度，模拟监管政策实施效果，查找可能的新风险源，检测金融机构的抗压能力，提升跨行业、跨市场、跨地域交叉性金融风险的甄别、防范和化解能力。

8. 加强监管政策预期管理

加大监管当局与市场的沟通力度，让市场充分了解监管目的、原则、依据、方法，考虑市场的承受能力，对各类业务的调整要设置合理的过渡期，实施新老划断，不搞一刀切，引导市场形成合理稳定预期。

（二）进一步完善地方政府债务管理，防范和化解财政风险

一是逐步转变政府债务管理工作的重心，从过去重点关注地方政府显性、直接债务，逐步转向重点关注地方政府因各类违法违规举债、担保等行为形成的隐性、或有债务，尤其要关注在推广政府与社会资本合作过程中可能形成的各类隐性债务和隐匿的财政风险。二是加快和加大力度推进地方政府债务应急处置机制建设。当前我国政府债务管理公开化、市场化、法制化趋向已经十分明显，但同时也意味着地方政府债务偿还的市场约束力和兑付刚性也显著增强，地方政府违约的负面影响更大、风险更高，债务重组与财政重整的成本也更高。因此，积极稳妥处置地方政府存量债务，尤其是加强应急处置机制建设，具有更为重大的意义。三是进一步扩大丰富项目收益与融资自求平衡的地方政府专项债券的发行规模和品种。专项债券有对应的政府性基金收入和专项收入，明确了不同专项债券对应项目的偿债资金来源，有利于实现债券"封闭"运行管理，有利于锁定风

险范围。四是适当调整债务管理思路，引导地方政府阳光融资。面对屡禁不绝的地方政府隐性债务问题，应当适度调整目前"逢洪筑坝、遇水建堤"的债务管理思路，从强化政府投资管理与债务资金使用、建立资本预算制度入手，将债务管理重心前移，从源头治理地方政府债务。

（三）从整体观和风险观认识并改善民企特别是中小企业生存环境

企业成本的提升，经营环境的恶化，从另一个层面看，是全社会的风险水平提高了，企业经营损失的概率增加了，比如全社会杠杆水平的提高增加了金融风险，企业融资成本就会提高；环境污染的加重增加了环境风险，环境治理也会增加企业的成本。资源错配的成本、养老的成本、资源的成本、环境的成本以及诚信缺失带来的成本等等，之所以会越来越高，根本原因是制度变迁滞后。这里所说的制度变迁滞后是相对于风险而言的，制度变迁跟不上风险的衍生、扩大，而风险会转化为生产、生活的成本。企业各方面成本的提升，其实都是风险凝结沉淀的结果。今天的结果，是因为我们昨天没看到风险，制度没有有效跟进，风险没有及时化解，甚至风险还在衍生扩大。风险水平的整体上升，全社会的整体成本就会上升，微观主体的成本也就会水涨船高。

高成本的时代实际上和高风险的时代是一致的。从这个意义上讲，现在的成本不是会计学意义上的成本，而是风险的转化。在这种情况下，如果不能降低整个社会的公共风险水平，那么，高成本是无法降下来的。而要降低整个社会的公共风险水平，就要加快改革，加快制度的创新，推进制度变迁，使制度和风险之间形成一种良好的匹配，充分发挥制度及时防范化解风险的功能，避免风险累积和集聚。当经济社会的不确定性程度总体下降的时候，即公共风险呈收敛状态时，那么经济社会整体的成本水平才能够下降。

（四）顺应结构性变化调整就业政策

稳住就业是我国宏观经济政策的底线目标，稳住了就业，整体经济状况就不会太差。即使是在连续多年就业向好的情况下，也应居安思维，在深入调查研究的基础上，有针对性地调整就业政策。从短期看，应当密切关注新旧业态就业状况的结构性变化，根据市场需求的变化调整就业服务政策。从长期看，应当更加重视职业技术教育，在全社会形成符合市场需求的就业理念。

（五）房地产市场调控逐步从行政性调控向长期性和基础性制度建设转移

中长期看，我国房地产市场仍有广阔发展空间。当前，房地产库存处于较低水平，如果再次放松调控，热点城市房价可能再度暴涨；但如果推出房产税或显著增加供给，一旦市场预期逆转，大量存量住房进入市场，房价则可能显著下跌。2018年，应继续推进房地产市场的供给侧改革，化解房地产市场发展过程中的泡沫风险和库存风险，并通过相关长期性和基础性的制度建设，促进房地产市场健康长久发展，避免房地产市场出现"明斯基时刻"。

参考文献

[1] 国家统计局. 中华人民共和国2017年国民经济和社会发展统计公报 [N]. 人民日报，2018-3-1.

[2] 刘尚希. 从整体观和风险观系统认识降成本 [N]. 学习时报，2017-9-8.

十八届三中全会以来财税体制改革的进展及评估

刘尚希　程　瑜　李成威　樊轶侠

一、引　　言

中共十八大报告中将财税体制改革的要求表述为：加快改革财税体制，健全中央和地方财力与事权相匹配的体制，完善促进基本公共服务均等化和主体功能区建设的公共财政体系，构建地方税体系，形成有利于结构优化、社会公平的税收制度。建立公共资源出让收益合理共享机制。

十八届三中全会《中共中央关于全面深化改革若干重大问题的决定》（以下简称《决定》）进一步明确，"财政是国家治理的基础和重要支柱，科学的财税体制是优化资源配置、维护市场统一、促进社会公平、实现国家长治久安的制度保障。必须完善立法、明确事权、改革税制、稳定税负、透明预算、提高效率，建立现代财政制度，发挥中央和地方两个积极性。"

2014年6月，中央政治局审议通过《深化财税体制改革总体方案》（以下简称《总体方案》），明确深化财税体制改革的目标是，建立统一完整、法治规范、公开透明、运行高效，有利于优化资源配置、维护市场统一、促进社会公平、实现国家长治久安的可持续的现代财政制度；并对改进预算管理制度、深化税收制度改革、调整中央与地方政府间财政关系三个方面分别进行了部署。

多位学者把《决定》发布作为新一轮财税体制改革的起始（高培勇、汪德华，2016①；张德勇，2016②），认为这一轮财税体制改革正稳步推进、取得了明显进展。有所不同的是，高培勇等以现代财政制度的基本特征作为评估标准，从各子领域的目标与问题入手，对预算管理制度改革、税收制度改革和财政体制改革三个子领域的改革进展分别进行了系统评估。张德勇将新一轮财税体制改革的评估标准设定为三个方面，即对照时间表和路线图，评价是否完成了新一轮财税体制改革的阶段性任务；对照实际效果，评价是否对全面深化起到推动作用；对照职能定位，评价是否充分体现财政是国家治理的基础和重要支柱。

不同于以往改革，本轮财税体制改革不仅更突出整体性和全面性，而且在理念与站位上体现出重要变化，由经济体制改革的范畴上升到全面深化改革的重要组成部分，由经济制度的重要安排上升到国家治理的基础性制度安排，由强调公共、民生等财政属性特征上升到与新时代、现代性相对接。传统的财政三大职能——资源配置、收入分配、经济稳定与发展，在国家治理这个新坐标中，财政职能重新定位，财税体制改革成为全面深化改革的突破口和先行军。

本文认为，欲围绕十八大以来财税体制改革的重大任务、主要目标、重大举措等进行全面评估，更多地应从财税改革实际效果出发，而不是囿于改革本身来考察改革进程与设定的改革目标之间的静态对比关系。改革导向无非是两个方面：目标导向和问题导向，其中目标导向是"应该怎样"，而问题导向是"怎么解决"。两者是有机整体，相互映照，前者为后者提供依据和判断标准，什么是"问题"，由目标提供基准；如何一步步推进改革，通过"问题"来引导，并从实际效果来动态校正和完善改革目标。在实际操作中两个方面需要有机衔接、统筹兼顾。因此，评估财税改革不是看与原初设定的目标还有多远，而是功能发挥的实际效果。评估本轮财税体制改革，从实际效果入手，就应当考察财税改革是否有利于"优化资源配置"、是否有利于"维护市场统一"、是否有利于"促进社会公平"、是否有利于"实现国家长治久安"，综合这四个方面系统全面地进行评价。这也就是基于财政新定位的财政功能发挥的评价，其功能不断发挥出

---

① 高培勇、汪德华："本轮财税体制改革进程评估：2013.11-2016.10".《财贸经济》，2016年第11期、第12期。

② 张德勇："新一轮财税体制改革的阶段性系统评估".《财政监督》，2016年第21期。

来，就说明财税改革有进展。基于国家治理的财政功能发挥程度越大，就说明财税改革推进有力，更接近财税改革的预期。

二、十八届三中全会以来我国财税体制改革的主要进展

2013年11月中共十八届三中全会通过《中共中央关于全面深化改革若干重大问题的决定》，为新一轮财税体制改革作了战略部署，明确提出"财政是国家治理的基础和重要支柱"这一重要论断，指出"优化资源配置、维护市场统一、促进社会公平、实现国家长治久安"是科学的财税体制应具有的功能。新一轮财税体制改革的目标是建立现代财政制度，"完善立法、明确事权、改革税制、稳定税负、透明预算、提高效率"是建设现代财政制度的重要内容，"发挥中央和地方两个积极性"是现代财政制度的必然要求。

2014年6月中共中央政治局审议通过《深化财税体制改革总体方案》，标志着新一轮财税体制改革正式启动。《总体方案》从政府与市场、中央与地方、效率与公平、当前与长远等多方面考虑，既总体设计又分步实施（见图1），并统筹财税改革与其他经济、政治、社会改革的关系。

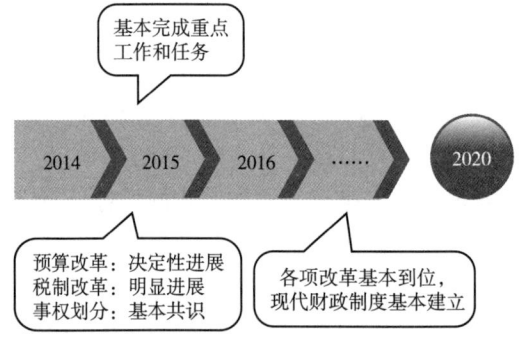

图1 《总体方案》中深化财税体制改革的路线图和时间表

党的十九大报告进一步提出，"加快建立现代财政制度，建立权责清晰、财力协调、区域均衡的中央和地方财政关系"；"建立全面规范透明、标准科学、约束有力的预算制度，全面实施绩效管理。深化税收制度改革，健全地方税体系"。这优化和完善了改革顺序和具体要求，也使改革的目标更加清晰。

从改革逻辑上看，新一轮财税体制改革有以下几方面的特点：

首先，新一轮财税体制改革，是在全面深化改革背景下实施的，与1994年启动并延续多年的财税体制改革明显不同，它"不是政策上的修修补补，更不是扬汤止沸，而是一场关系国家治理现代化的深刻变革，是一次立足全局、着眼长远的制度创新和系统性重构。"

其次，新一轮财税体制改革的基本任务是围绕实现国家治理体系和治理能力现代化的总体改革目标，通过预算、税制和财政体制三大方面的改革加大力度保民生、调结构、稳增长。

第三，作为新一轮财税体制改革的基本目标，现代财政制度有其鲜明的时代特征和中国特色。现代财政制度不断适应我国经济社会的变化和特点，贯彻中国特色社会主义发展的战略安排，发挥其在优化资源配置、提供公共服务、调节收入分配、保护生态环境、维护国家安全等方面的职能，支持打好防范化解重大风险、精准脱贫、污染防治的攻坚战，深化供给侧结构性改革，助力转变经济发展方式、维护市场统一、促进社会公平正义。

根据《总体方案》确定的改革任务、路线图和时间表，通过对新一轮财税体制改革启动至今的情况进行阶段性评估，我们认为，预算、税制、中央与地方财政关系三个方面对资源配置、市场统一、社会公平和长治久安发挥了促进作用，都有不同程度的进展。

（一）中央层面推进财税体制改革的主要进展

我国的全面深化改革实际上就是构建一个以国家形式存在的社会共同体新结构——包容开放的、共建共享的社会，实现多元利益与公共利益的相互包容。政府与市场（企业）的关系，政府与社会（个人）的关系，中央与地方（城乡区域）的关系，就是全面深化改革背景下体现国家治理结构的三个维度。在全面深化改革的大背景下，预算、税制、事权划分三个子部分的改革，都对三个维度的国家治理结构优化发挥了支撑和牵引作用。

1. 现代预算制度主体框架基本确立

2014年8月，全国人大修正了《预算法》，为深化财税体制改革全局奠定了法律基础。《预算法》修正和完善的主要内容包括以下七项：以推进预算公开为核心，建立透明预算制度；研究清理规范重点支出挂钩事项；改进年度预算控制方式，建立跨年度平衡机制；完善转移支付制度；加强预算执行管理；规范地方政府性债务管理；全面规范税收优惠政策；等等。2014 年修正的《预算法》的立法宗旨更加积极，坚持现代国家治理理念，按照国家治理体系和治理能力现代化的要求，着力推进预算管理的科学化、民主化、法治化。随后，国务院、财政部等陆续出台深化预算管理制度改革、实行中期财政规划管理、加强地方政府性债务管理、改革和完善中央对地方转移支付制度的意见和通知（见专栏一），等等，确保了修订后新法的贯彻实施。

专栏一：2014 年修正的《预算法》贯彻实施的相关配套文件（部分）

1. 《国务院关于深化预算管理制度改革的决定》（国发〔2014〕45 号）
2. 《国务院关于加强地方政府性债务管理的意见》（国发〔2014〕43 号）
3. 《国务院关于清理规范税收等优惠政策的通知》（国发〔2014〕62 号）
4. 《国务院关于批转财政部权责发生制政府综合财务报告制度改革方案的通知》（国发〔2014〕63 号）
5. 《国务院关于改革和完善中央对地方转移支付制度的意见》（国发〔2014〕71 号）
6. 《国务院关于实行中期财政规划管理的意见》（国发〔2015〕3 号）
7. 财政部 民政部 工商总局关于印发《政府购买服务管理办法（暂行）的通知》（财综〔2014〕96 号）
8. 《财政部关于推广运用政府和社会资本合作模式有关问题的通知》（财金〔2014〕76 号）
9. 《财政部关于专员办加强财政预算监管工作的通知》（财预〔2014〕352 号）
10. 《财政部关于完善政府预算体系有关问题的通知》（财预〔2014〕368 号）
11. 《财政部关于进一步规范地方国库资金和财政专户资金管理通知》（财库〔2014〕175 号）
12. 财政部、人行关于印发《地方国库现金管理试点办法》的通知（财库〔2014〕183 号）
13. 国务院印发《关于深化中央财政科技计划（专项、基金等）管理改革方案》的通知（国发〔2014〕64 号）

14.《国务院关于完善出口退税负担机制有关问题的通知》（国发〔2015〕10号）

15.《国务院关于税收等优惠政策相关事项的通知》（国发〔2015〕25号）

16. 国务院关于印发《推进财政资金统筹使用方案》的通知（国发〔2015〕35号）

17.《国务院办公厅关于进一步做好盘活财政存量资金工作的通知》（国办发〔2014〕70号）

18. 国务院办公厅转发《财政部等关于妥善解决地方政府融资平台在建项目后续融资问题意见》的通知（国办发〔2015〕40号）

19. 国务院办公厅转发《财政部等关于在公共服务领域推广政府和社会资本合作模式指导意见》的通知（国办发〔2015〕42号）

20.《国务院办公厅关于对国发〔2015〕25号文件贯彻落实情况进行专项督查的通知》（国办发明电〔2015〕10号）

21.《关于对地方政府债务实行限额管理的实施意见》（财预〔2015〕225号）.

22. 关于印发《中央对地方专项转移支付管理办法》的通知（财预〔2015〕230号）

23. 关于印发《中央国有资本经营预算管理暂行办法》的通知（财预〔2016〕6号）

24. 关于印发《政府非税收入管理办法》的通知（财税〔2016〕33号）

25. 关于印发《地方政府一般债务预算管理办法》的通知（财预〔2016〕154号）

26. 关于印发《地方政府专项债务预算管理办法》的通知（财预〔2016〕155号）

27. 关于印发《中央国有资本经营预算支出管理暂行办法》的通知（财预〔2017〕32号）

28. 关于印发《新增地方政府债务限额分配管理暂行办法》的通知（财预〔2017〕35号）

总的来说，可以归结为以下几方面的进展：

第一，重塑理念，向建立现代预算制度迈出了一大步。政府在公共事务和公共服务中，一是涉及"事"，二是涉及"钱"，而"事"和"钱"如何有效地匹配，应该说通过2014年修正的《预算法》的实施，得到了很大改进。尽管还很难说通过新的预算管理制度可以做到全面规范政府的活动范围和活动方向，但新预算法突出预算的完整性，增强预算的约束力，使预算管理从一个"分钱工具"，不断转变为"约束政府活动范围和活动方式"的制度。

第二，统筹预算，跨年平衡。建立了定位清晰、分工明确，以四本预算为主体的政府预算体系，加强了四本预算之间的统筹力度，加强一般公共预算各项资金的统筹使用。2014年修正的《预算法》明确规定"各级政府应当建立跨年度预算平衡机制"，将预算审查重点从收支平衡、赤字规模向支出预算转变，从而改进了年度预算控制方式，这是财政预算管理的重大制度创新，有利于实现预算编制的合理性和科学性，避免政府突击花钱、提高资金使用绩效。

第三，从严管控地方政府债务，防范和化解债务风险。按照疏堵结合，"开前门、堵后门、筑围墙"的改革思路，2014年修正的《预算法》从举债主体、用途、规模、方式、监督制约机制和法律责任等多个方面作了明确的规定。具体包括：落实债务限额控制，严格限定举债主体、程序和资金用途，推动政府债务分类纳入全口径预算管理；逐步剥离融资平台的融资职能，确保融资平台政府债务余额不再增加；妥善处理存量债务和在建项目后续融资，开展存量债务置换工作；等等。这些举措有利于建立规范合理的地方政府举债融资机制，及时防范债务风险、筑牢防火墙。

第四，强化落实、重视配套，多项具体预算管理制度改革有序推进。清理规范重点支出同财政收支增幅或生产总值挂钩事项，对地方政府债务实行限额管理，建立地方政府债务风险应急处置机制以及责任追究等方面，已建立相关制度。这些改革举措，均是针对现存问题，遵循现代预算制度的基本特征进行顶层设计，已实质推进并取得较显著的成效。

2. 深化税收制度改革

围绕现代税收制度建设，纳入本轮改革的内容主要是"六税一法"，即十八届三中全会提出的六大税种和拟修订的税收征管法。改革进展主要体现在以下方面：

第一，全面推进营改增。按照财税体制改革的战略部署，2016年5月1日一次性将四个最复杂的行业全面纳入营改增范围，将这项普惠的结构性减税政策落到实处，确保"所有覆盖行业税负只减不增"，全面"营改增"的改革任务顺利完成（进程见图2），并呈现出改革、减税和稳定预期三重效应。在改革效应方面，营改增将流转税的二元税制模式转换为一元税制模式，统一了货物和服务税制，初步建立了现代增值税制度，推动了税制的改革和完善，并倒逼财政体制改革。截至2017年8月，营改增改革累计实现减税1.61万亿元，这是五年中我国最大的减税动作。在预期效应方面，营改增彰显了政府稳定经济运行的决心，使企业对未来经营环境和盈利预期得以改善，从而提振市场信心。

提出"营改增"	出台营改增总纲	部分地区、部分行业试点	部分行业、全国试点	全部行业、全国推广
2011年3月，《"十二五"计划纲要》明确提出："扩大增值税征收范围相应调减营业税等税收。"	2011年11月，国务院批准营改增试点方案（总纲）。财政部、国家税务总局针对上海试点同时印发了一个办法和两个规定。	2012年1月1日，上海地区对交通运输业和部分现代服务业开始试点。2012年9月至12月，北京等十省市对交通运输业和部分现代服务业也开始试点。	2013年8月1日，交通运输业和部分现代服务业在全国范围展开试点。2014年1月1日，铁路运输业和邮政服务业在全国范围进行营改增试点。2014年6月1日，电信业开始营改增。	2016年5月1日，完成建筑业、房地产业、金融业、生活服务业实行营改增，意味着"营改增"范围实现全覆盖。

图2 我国全面营改增的进程

第二，深化资源税改革。2016年资源税同比下降8.1%，有效发挥税收杠杆调节作用，推动经济结构调整和发展方式转变。其中的一大亮点是水资源税。截至2017年12月，水资源税试点已扩大到10个省（区、市），实行从量计征，征税对象为江、河、湖泊（含水库）等地表水和地下水，纳税人为直接取用地表水、地下水的单位和个人，试点将为全国全面推开改革积累经验。

第三，环保税法正式颁布实施。2016年12月，全国人大常委会审议通过了《环境保护税法》。将排污费"税负平移"到环保税，征收对象包括大气污染物、水污染物、固体废物、噪声等。

第四，积极推进税收法定进程。如2017年12月，全国人大常委会二次审议《中华人民共和国烟叶税法》和《中华人民共和国船舶吨税法》（草案）；2017年1月财政部、国家税务总局就《中华人民共和国耕地占用税法》公开征求意见；同年8月，《中华人民共和国车辆购置税法》公开征求意见。2017年11月，《中华人民共和国资源税法》公布征求意见稿，决定全面实行从价计征，将资源税改革成果上升为法律。《中华人民共和国税收征收管理法》（修订稿）已向公开征求社会意见。

但从整体上看，实体税制改革是增值税改革单兵突进，尤其个人所得税、房地产税两个直接税的改革至今方向不明。

3. 调整中央与地方政府间财政关系

中央与地方事权和支出责任进行合理划分、规范各级政府间财政关系，对促进国家治理体系与治理能力现代化、实现国家长治久安具有重要意义。如果说分税制改革主要聚焦"财"的话，当前的中央与地方财政事权和支出责任划分改革则瞄准了"政"，是对政府公共权力进行纵向配置，属于涉及面广、利益关系复杂的重大改革。十八届三中全会以来围绕建立事权和支出责任相适应的制度，改革的主要进展有以下几个方面：

第一，将界定和划分政府间财政支出责任的直接依据划定为财政事权，降低了改革难度。2016年8月，国务院发布了《关于推进中央与地方财政事权和支出责任划分改革的指导意见》（以下简称《指导意见》），不仅对央地财政事权和支出责任如何划分提出了原则性的指导意见（见表1），如明确了"谁的财政事权谁承担支出责任""适度加强中央的财政事权""减少并规范中央与地方共同的财政事权"等重要原则。《指导意见》对中央财政事权、地方财政事权、中央地方共同事权进行了明确划分；在此基础上，文件还为央地事权与支出责任改革的分步实施勾画了具体的时间表和路线图，即2016年先从国防、国家安全等领域着手，2017—2018年深入到教育、医疗、环保、交通等领域，2019—2020年基本完成主要领域改革，形成央地事权和支出责任划分的清晰框架。目前，央地事权和支出改革实践正沿着上述原则和路线图循序渐进地展开，并初步总结出了一些改革经验。

表1　　　　　　《指导意见》对中央地方财政事权的划分

中央财政事权	国防、外交、国家安全、出入境管理、国防公路、国界河湖治理、全国性重大传染病防治、全国性大通道、全国性战略性自然资源使用和保护
中央与地方共同财政事权	义务教育、高等教育、科技研发、公共文化、基本养老保险、基本医疗和公共卫生、城乡居民基本医疗保险、就业、粮食安全、跨省（区、市）重大基础设施项目建设和环境保护与治理
地方财政事权	社会治安、市政交通、农村公路、城乡社区事务

资料来源：《国务院关于推进中央与地方财政事权和支出责任划分改革的指导意见》（国发〔2016〕49号）。

第二，将部分领域的事权划分改革与该领域的深化改革同步推进。比如2014年10月，十八届四中全会提出，优化司法职权配置，推动实行审判权和执行权相分离的体制改革试点,最高人民法院设立巡回法庭;此后,巡回法庭成为推进司法体制改革的重要平台。巡回法庭是最高人民法院的派出机构,其人财物由最高人民法院统一管理,与地方政府没有直接利益关系,司法权运行不易受到地方干扰,极大地促进司法公正。实施环保监察省以下垂直管理、环境监测全覆盖和环境督察制度,建立国家公园体制等,都是为了配合环保监察等领域的事权划分改革而推出的配套改革事项。即把中央和地方财政关系改革,与中央和地方其他关系改革捏在一起谋划,并注重发挥财政的基础和支柱作用。

第三,国家基本公共服务清单已明,支出责任分担方式正在探索。2017年3月,我国出台了《"十三五"推进基本公共服务均等化规划》(以下简称《规划》),首次推出国家基本公共服务清单,将81个项目明确服务对象、服务指导标准、支出责任、牵头负责单位;随后多省跟进,出台了各省"十三五"基本公共服务清单。与具体服务相对应的是支出责任,已公布的支出责任表述包括,有"市、县(市)政府负责,中央和省级财政适当补助",有"中央、省和市政府共同负责",也有"中央和地方政府分级负责"等,在一定程度上对支出责任主体予以界定,相关部门正在探索针对不同的基本公共服务,采取差异化分担机制。

第四,全面规范财政转移支付制度。比如,明确规定财政转移支付以一般性转移支付为主体,提出了增加一般性转移支付规模和比例;严格规范了专项转移支付的设立,并要求建立健全专项转移支付定期评估和退出机制;要求上级政府安排专项转移支付时,除按照国务院的规定应当由上下级政府共同承担的事项外,不得要求下级政府承担配套资金。这些规定有利于优化转移支付结构,提高转移支付资金分配的科学性、公平性和公开性。

(二)地方层面推进和落实财税体制改革的主要进展

总体来看,在全国31个省(自治区、直辖市)中,有20个省份出台了《深化财税体制改革实施方案》(大多数省份未披露全文)。内容大多围绕"完善预算管理制度改革、完善税制改革和深化省以下财政管理体制"等展开。地方推进和落实财税体制改革的主要进展及其特点体现在:

1. 各地改革进展不一

在深化财税体制改革方案设计上,有的省份加入了"加强财政收入管理、转变支持经济发展方式、严控政府性债务管理"等内容;有的省份不仅出台了财税体制实施方案,还出台了建立现代财政制度的意见等(如浙江省);有的省份从

2014年起，每年出台一次深化财税体制改革实施方案（如福建省）。未出台《深化财税体制改革实施方案》的省份，也大多出台了"十三五"财政规划（如上海市），或与财税体制改革的相关的改革内容。

从实施方案和内容上看，地方改革举措确保其财税改革的方向与国家治理体系和治理能力现代化的总目标一致，尽可能实现财税改革与各项改革的协调衔接，并通过财税体制改革推动地方治理体系和治理能力的提升。

从实施成效上看，地方财税体制改革在优化资源配置、维护市场统一、促进社会公平等方面有明显推进，例如，多省财税体制改革实践中以深化预算管理制度改革为主体，同时优化预算执行流程、强化现代信息技术支撑，各项财政改革扎实有序推进，财政管理水平明显提升，资源配置效率得以提高。再如，多省大力推进支出管理改革，推进了政府与市场关系与新时代的发展要求相契合，明确财政支出责任范围，充分发挥了财政在稳定经济、提供公共服务、调节收入分配、保护生态环境、维护长治久安等方面的职能，更好地发挥政府的作用；并充分体现市场在资源配置中的决定作用，财政资金逐步退出竞争性领域，减少政府对资源配置的直接干预，让政府和市场发挥各自优势，提升公共福利水平。

2. 地方因地制宜，推进财税体制改革

地方在预算管理改革、事权与支出责任划分改革方面，结合各自特色不断探索，丰富了我国财税体制改革的伟大实践。主要进展体现在：

其一，多省结合自身发展战略与定位，完善政府预算体系，增强财政调控能力。多省把中期财政规划编制作为预算管理制度改革的重大举措，将预算编制的视野由1年拓展到3年，改进了预算资金管理机制，提高了财政政策的前瞻性、有效性和可持续性。加强专项资金管理，全面清理整合专项资金，积极清理盘活财政存量资金。深入推进预决算公开，北京、山东等省市全部公开了政府预决算、部门预决算、"三公"经费预决算，有效提高财政透明度。

其二，多省加强地方政府性债务管理。多地完善债务管理机制，将政府存量债务还本付息纳入年初预算，根据批准的限额编制预算调整方案，新增债务和存量债务分类纳入全口径预算管理。对政府性债务进行限额管理，建立区级政府性债务限额管理机制，严控新增债务规模。规范地方政府债券发行机制，保持政府融资较低融资成本。合理确定政府债券发行规模、结构和节奏。如湖南、北京等地，建立债务风险预警指标体系，评估债务风险状况，制订债务风险应急处置预案。完善政府性债务统计报告制度，加强对政府性债务的动态监测。建立政府债务限额及债务收支情况随同预算公开的常态机制。建立对违法违规融资的问责机制，加大对政府性债务管理的监督检查力度，切实防范化解财政风险。

其三，多省以文件形式明确了省以下财政事权和支出责任划分改革的时间表和路线图，不断推进省以下财政体制改革。如陕西省推进事权划分改革的主要方面包括：一是依据省级安排的财政支出，梳理了省级单位财政事权清单；二是对全省支出数据进行了纵向和横向分析，理清支出责任现状；三是2017年9月，陕西省出台了《陕西省省以下财政事权与支出责任划分改革实施方案》，明确了该项改革的时间表和路线图，强调了要建立财政事权划分的动态调整机制，落实各级政府责任，明确了2020年以前完成省以下财政事权改革任务分解表。贵州、河南等地完善省以下转移支付制度，注重新增改革因素对市县财力的影响。再如，上海针对特大城市经济社会特点，深化财政体制改革，印发《上海市人民政府关于推进市与区财政事权和支出责任划分改革的指导意见（试行）》（沪府发〔2017〕44号），其基本公共服务供给的主体责任格局是区级财政为主、市级财政发挥统筹与补充作用、市级对各类保险基金进行兜底；浦东新区先行先试，坚持问题导向，因地制宜，采取统筹核心发展权和下沉区域管理权，逐步理顺区镇财政事权与支出责任分担机制，强化镇公共服务、公共管理、公共安全以及社会治理职能。

其四，各省不断提高财政管理效率和效益。2014年以来财政部积极推动国库尤其是地方政府国库管理，各省推进国库集中收付、国库集中支付电子化，国库现金管理效益提升。逐步建立权责发生制政府综合财务报告制度，逐步扩大试点部门范围和报表填列事项范围，加强合并报告研究，应用政府综合财务报告分析，全面反映政府财务状况，评估政府绩效，提高政府财政管理水平，为提高地方治理能力夯实了基础。

3. 地方创新和完善财政管理机制

十八届三中全会以来，地方财政管理机制的创新做法主要体现在：

第一，多地积极推进PPP和政府购买服务，实现政府与市场的多元融合。绝大部分省份都在探索政府、企业和社会力量合作模式，拓宽PPP改革领域。在公共服务领域全面推广政府和社会资本合作（PPP）模式。从各省2015年财政预算报告来看，仅有5个省没有提到PPP，而提到PPP的省市，主要目的在于创新筹措资金渠道、用活财政资金等。如具体探讨PPP于政府预算与融资模式、创新投融资体制机制、深化政府债务管理、将财政资金"用活"等处提及,强调注重财政资金使用与运用金融工具相结合,通过基金、PPP等多种形式,多渠道筹措经济建设资金,放大财政资金的使用效益,或旨在通过PPP模式着力解决公共建设资金不足问题。多地下发PPP合作指导意见,研究PPP实施的项目范围和论证,确立项目流程、优惠政策和保障措施等,部分省市表明为PPP等政府与社会合作的新模式优先安排预算;并着手进行项目筛选,部分省市推出试点推荐项目,主要集中于交通运输、基础设施和公共服务的行业领域。多省逐步扩大政府购买服务的范围和规模,修订政府购买服务指导性目录,制定重点公共服务领域政府购买服务实施方案,逐步加大教育、社会保障、文化、市政市容等重点领域政府购买服务力度,推进选取社会影响力大、具有示范性和带动性、市场机制成熟的示范项目,并对示范项目实施情况进行后续跟踪。

第二,多地积极设立和运用政府引导基金,发挥财政资金杠杆作用。政府引导基金已成为各级地方政府发展创业投资产业,解决中小企业融资难题的重要途径。截至2017年上半年,中央政府层面已先后设立了9支政府引导基金,据投中网数据显示,截至2016年底,国内共设立政府引导基金901支,披露的总规模达到23960.6亿元,平均单支基金规模为26.6亿元①。(见图3)。另外,政府

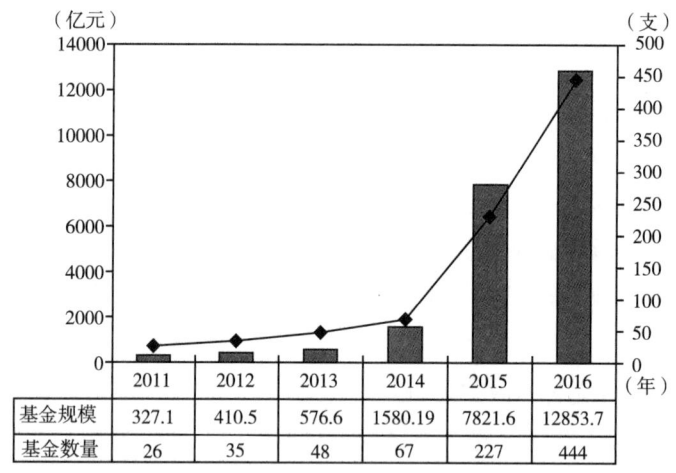

图3 2011—2016年全国政府引导基金设立情况

资料来源:CV Sourse 数据库。

---

① 投中网研究院,2016年政府引导基金专题研究报告,https://www.chinaventure.com.cn/。

引导基金的设立主体也由省级单位逐渐延伸至市级及区级单位，掀起了发展政府引导基金的新浪潮。在政府引导基金的设立形式上，各地方政府根据投资方向和重点，设立了股权投资基金、产业投资基金、天使投资基金等。

第三，多地分类推进事业单位改革，完善政府与社会间的治理结构。多省围绕形成中国特色公益服务体系的目标，在完成省直事业单位分类的基础上，统筹协调、分类施策，针对不同类别事业单位特点完善政策、推进改革，既有效激发事业单位生机活力，又推动形成鼓励社会力量兴办公益事业的政策和制度，为群众提供多层次多样化公益服务。

| 专栏二：多省积极推进中期预算管理 |

2014年10月，国务院印发《关于深化预算管理制度改革的决定》，明确提出要实行中期财政规划管理。2015年1月，国务院发布《关于实行中期财政规划管理的意见》，明确了推行中期财政规划管理的基本原则、主要内容、责任主体和相关程序。这标志着我国中期预算改革的全面启动。随后，各省相继出台文件，对实施中期财政规划管理作出部署。

北京、陕西、福建、吉林、湖北等省、直辖市出台了关于实行中期财政规划管理的相关实施意见。如在深化财税体制改革中，陕西省把推进中期财政规划管理作为重点，出台了《陕西省人民政府关于实行中期财政规划管理的实施意见》。在收入方面，陕西省财政厅编制了2016—2018年财政收入规划，税务、人社、国资以及其他收入征管部门积极参与，配合做好规划期收入预测。在支出方面，省级各部门以2015年为基期，围绕中省各项重大决策部署，科学预判2016—2018年分管专项资金的投入情况，综合考虑省级预算安排、中央专项转移支付、结余结转资金、政府性基金等收入，统筹研究三年规划期内拟实施的支出项目，实行滚动调整，确保重点支出需要，优化资金分配，提高财政支出的前瞻性、有效性和可持续性。并先行在水利、义务教育、卫生、社保就业、环保等重点领域开展部门三年收支滚动规划编制试点。我国的中期财政规划已从理念走向实践，提高了预算编制的科学化水平，也有利于消除多年来财政支出上年末"突击花钱"的种种解读。

> **专栏三：湖南省结合中期财政规划，以资本预算制度防控债务风险**
>
> 2015 年，湖南省本级在交通领域开始试编重大基础设施建设项目融资债务预算，2016 年扩大到水利、能源、保障性住房等领域，并启动省级重大公共基础设施建设项目融资债务中期规划（2016—2018 年），就是积极向资本预算过渡的尝试。
>
> 湖南省已公布 2016 年上半年的省本级政府性债务综合报告，以提高政府债务性债务的透明度。并尝试通过测算未来年度省级收支增幅和偿债能力，确定省级融资规模上限，以在此上限内综合运用政府债券、PPP、股权投资基金等各种方式融资，兼顾融资需求和风险约束，使各种方式筹措的建设资金统统纳入预算管控。
>
> 在资本预算制度下，防控债务风险的意义至少体现在以下方面：第一，通过对一般债券、专项债券、政府引导基金债务、PPP 债务等分类管理，打开规范举债的"明渠"，堵住变相举债的"暗道"。第二，通过融资规模上限约束和中期融资规划，对政府债务风险实施"双线"管控，避免地方政府在债务限额管理制度下的无序腾挪资金用途，从而大大提高政府预算的约束性、前瞻性和可持续性。第三，通过对债务举借与资产形成、当前成本与未来收益的动态反映，促进债务风险与预期收益的匹配，以提高债务资金使用效率。

三、十八届三中全会以来财税体制改革的效果评估

按照 2013 年 11 月党的十八届三中全会通过《决定》和 2014 年 6 月中共中央政治局审议通过的《总体方案》提出的"2016 年基本完成改革重点工作和任务，2020 年基本建立现代财政制度"的任务和时间要求，截至目前，本轮财税体制改革任务要求已经过半。总结、梳理过去五年财税体制改革轨迹，对取得的阶段性成果做出恰当的评估，找出改革中的问题所在，从而调整、规划好下一阶段改革的后续安排，确保改革整体目标的最终实现，无疑意义重大。

（一）评估的标准

既然是评估，那么就需要界定评估的标准。财税改革的效果评估要基于问题导向的逻辑。本轮财税体制改革的最终目标是到2020年基本建成现代财政制度，《总体方案》对现代财政制度做出了如下描述："建立统一完整、法制规范、公开透明、运行高效，有利于优化资源配置、维护市场统一、促进社会公平、实现国家长治久安的可持续的现代财政制度。"这可以理解为现代财政制度的特征或功能，也可以理解为，当时财税改革还存在这些方面的问题，需要通过财税体制改革解决这些方面的问题。

以此为基础，财税体制改革应该解决的最主要的问题是，是否能够有效防范化解风险？具体来说，可以从如下三个方面入手：

一是财税体制改革的制度框架（包括体制、机制和管理层面）是否确立？

二是是否解决了财税体制改革功能方面的问题？即财税体制改革是否有利于"优化资源配置"，是否有利于"维护市场统一"，是否有利于"促进社会公平"，是否有利于"实现国家长治久安"？

三是财税体制改革对整体改革的支撑作用发挥得如何，是否对其他方面改革形成牵引、辐射和倒逼？

（二）改革效果评估

1. 堵塞制度漏洞

《决定》中有关财税体制改革目标的阐述是："财政是国家治理的基础和重要支柱，科学的财税体制是优化资源配置、维护市场统一、促进社会公平、实现国家长治久安的制度保障。必须完善立法、明确事权、改革税制、稳定税负、透明预算、提高效率，建立现代财政制度，发挥中央和地方两个积极性。"这揭示了本轮财税体制改革大不相同于以往财税体制改革的三个重要方面和突出特点：一是从国家治理全局高度布局的财税体制改革。二是从发挥基础性和支撑性作用高度布局的财税体制改革。三是从全面认知现代财政文明高度布局的财税体制改革。根据《决定》和《总体方案》明确界定现代财政制度应具备的基本特征，深入到财税体制所涵盖的三方面内容——预算管理制度改革、税收制度改革和财政体制改革，共同构成本轮财税体制改革的主体框架。

我们认为：五年的财税体制改革，主要是通过制度完善弥补制度层面的漏洞。制度完善又可分为三个层面，一是体制框架层面，可理解为一个国家或一个单位的"四梁八柱"，解决的是普遍性、支撑性问题。二是机制层面，指的是一个国家或一个单位内部"程序运转"，解决的是工作流程性的问题。三是管理层面，解决的是更细致层面的日常运行，即就事论事的问题，修修补补的问题。

经过五年的改革，可以得出如下结论：解决普遍性、支撑性问题的体制层面的改革框架即"四梁八柱"已经确立，形成了预算制度改革、税制改革和财政体制改革三位一体的改革框架，且已取得实质性进展。解决程序性、运转性问题的机制层面的改革即"程序运转"也基本顺畅。解决就事论事、修修补补问题的管理层面的改革还需进一步深入，效率还有待提高。

（1）预算制度层面：初步搭建了现代预算管理制度基本框架。预算管理制度改革动手最早、力度最大，是本轮财税体制改革推进最快、成效最为显著的领域。其中，最重要的进展是2015年正式实施了修正的《预算法》，国务院相继公布了一批文件，等等。预算制度改革的目标是全面规范、公开透明的现代预算管理制度。经过几年的努力，阶段性效果已开始显现。一是现代预算管理制度的若干基本理念得以确立。二是以"四本预算"构建的全口径政府预算体系得以建立，预决算公开透明取得一定成效。三是地方政府债务管理体系及风险预警制度得以建立。四是多项具体制度改革有序推进。

（2）税制改革：搭建了"六税一法"改革框架。围绕"建立公平统一、调节有力的现代税收制度"这一目标，纳入本轮改革的内容可归结为"六税一法"：即启动六个税种的改革，包括增值税、消费税、资源税、环境税、个人所得税、房地产税等。同时，配合相关改革，修正《中华人民共和国税收征管法》。迄今为止，已经取得的进展有：一是营改增全面推开，与国际主流接轨且有中国特色的现代增值税制度已渐入定型阶段。二是资源税改革顺利推进。三是环境税已立法，2018年全面实施。四是消费税征收范围逐步拓展。五是税收征管体制机制改革已经启动。总体来看，营改增、资源税改革任务接近完成；环境税立法已完成；消费税改革部分启动，但主要改革任务方案尚未出台；税收征管体制改革已启动，但法律修订工作尚未结束；个人所得税、房地产税尚处于改革方案制定阶段。

（3）财政体制改革：中央与省级政府财政事权划分框架基本建立。相对于预算改革和税制改革而言，财政体制改革推进相对滞后。截至目前，可以提及的实际进展可归结为如下两项：一是公布了《全面推行营改增试点后调整中央与地方增值税收入划分过渡方案》。国发〔2016〕26号文明确规定，自2016年5月1

日起,作为未来 2~3 年内的过渡方案,以 2014 年为基数,采取增值税增量五五分成的方式重新划分中央和地方收入。这对弥补营改增后的地方财力亏空,在过渡意义上兼顾中央和地方利益,是比较有利的一项举措。二是 2016 年 8 月,国务院发布了《关于推进中央与地方财政事权和支出责任划分改革的指导意见》,在将事权与支出责任聚焦于财政事权和支出责任的条件下,主要搭建了中央和省级政府间财政关系的框架。2018 年 1 月,国务院办公厅印发《基本公共服务领域中央与地方共同财政事权和支出责任划分改革方案》,将八大类 18 项主要基本公共服务事项,首先纳入中央与地方共同财政事权范围,制定基本公共服务保障国家基础标准,规范中央与地方共同财政事权的支出责任分担方式。

2. 弥补功能缺陷

优化资源配置、维护市场统一、促进社会公平、实现国家长治久安,可被视为现代财政制度的四大特征或可称之为财政的四大功能(职能),也是新的历史时期评估财税体制改革的标准。尤其在当前,我国经济已经迈入新常态,财政收入增速也开始减缓,但是人口老龄化、经济结构调整、贫富差距代际传递、生态环境保护等方方面面的风险开始凸显,财政化解公共风险的压力很大。化解全社会公共风险,实现国家在推动现代经济发展和社会关系重构中的作用,就必须使国家拥有与之相称的国家能力。国家能力主要体现为资源汲取能力、政治渗透能力和危机解决能力。所有这些能力的提升都要依靠财政活动加以支撑,要依靠财政的四大功能的优化得以实现。而推动财政改革,就必须权衡财政风险与公共风险的关系。这涉及财政规模和财政结构的优化问题。一方面,要通过结构性减税来实现稳增长的目标;另一方面,又不能降低政府公共服务和化解公共风险的能力,要避免财政风险急剧扩大反过来威胁经济和社会稳定。

对照上述四个方面来评估,当前的改革已经阶段性完成了改革目标,相关功能得到了完善,现代财政制度的职能作用得到了初步发挥。如通过设立政府引导资金、PPP、政府购买服务等方式,优化财政资源配置;通过营改增改革,从制度上解决货物和服务税制不统一和重复征税问题,促进社会化分工协作,激发企业活力,优化产业结构,维护市场统一;通过推进基本公共服务均等化,进而缩小全国各地的投资和消费水平的差距,促进社会公平;通过税收法定、预算法定等改革,消除隐患,避免公共风险和危机,为实现国家的长治久安奠定基础。

3. 牵引、辐射和倒逼其他方面改革

本轮财税体制改革是在财政第一次从根本上被摆正了在国家治理体系中的位

置之后，作为全面深化改革的重点工程和基础工程来部署的。财税体制改革之所以成为重点工程和基础工程，无非是因为，全面深化改革是经济、政治、文化、社会、生态文明和党的建设等各个领域改革的联动。在其中，作为国家治理的基础和重要支柱，财税体制安排体现并承载着政府与市场、政府与社会、中央与地方等方面的基本关系，深刻影响着经济、政治、文化、社会、生态文明和党的建设等领域的体制格局。因而，在国家治理的总棋局中，它是一个具有"牵一发而动全身"之效的关键和基础要素。

经过五年的改革，财税体制改革的基础性、支撑性作用已初步显现，对其他领域改革的牵引、辐射和倒逼作用也初露端倪。尤其在供给侧结构性改革中，去产能、去库存、去杠杆、降成本和补短板这五大方面，财税改革均在其中发挥了积极作用。如去产能，2016年，中央财政安排去产能人员分流安置资金1000亿元，有力地促进了压减产能工作，维护了社会稳定。如降成本，其中的降低税收负担，本身即是财税改革的内容之一，经过两年的努力，实现了所有实体经济企业税负只减不增；其他降低融资成本、物流成本、人工成本、制度性交易成本等等，均离不开财税改革的支撑和呼应。再如补短板，2016年财政专项扶贫资金投入超过了1000亿元，涉农财政资金整合到位2300亿元，中央财政专项扶贫资金增长43%，地方扶贫资金增长56%，全年减少贫困人口1240万。此外，为应对经济下行压力，中央适当提高财政赤字率，扩支减税，避免经济失速风险等等。

四、财税体制改革中存在的问题分析

财税体制改革是实现国家长治久安的一项基础性工程，其复杂性、综合性也不言而喻。因此，从整体上来看，本轮财税体制改革存在一些瓶颈性问题亟待解决。

（一）改革整体设计层面存在的问题

从财税改革的整体设计来看，存在不到位的问题。这其中有两个层面的不到位：一是将财税改革当成一个部门工作性质的改革，而不是作为国家治理的基础和重要支柱，这样在整体设计上就是先天不足；二是将财税改革仅作为经济领域的改革一部分，而不是作为经济、社会、政治、生态等各个领域改革的基础，"矮化""窄化"财税改革。

1. 财税改革"小马拉大车"，靠一个财政部门去解决国家治理的基础性问题很难

如预算问题，是以维护"公益"为主要目的，调整国家与公民之间、政府与社会之间、以权力为轴心、以"公法"为基础的综合性政治契约。从某种意义上说，预算问题就是政府问题、是国家治理问题。预算改革应从国家治理的高度加以设计和实施。但从目前的改革进展来看，只是将预算改革作为财政部门的改革事项。如取消重点支出挂钩，财政部门在2014年修正的《预算法》的指引下，取消了各类重点支出的挂钩机制，但由于其他相关法律没有修改，相互掣肘。如《教育法》对教育支出的考核仍然沿用挂钩机制，各级人大依据该法来审核财政的教育支出，使得这项改革推进缓慢。再如中央专项资金从2013年的226项减为2017年的76项，但其中一部分还是项目之间的简单合并，大项套小项，由于长期以来形成的专项名目较多、结构较为固化等问题突出，加之存在部门利益的影响，仅靠财政部门很难推动。

2. 有些财税改革发文件多于实际推进

财税改革作为全面深化改革的排头兵，自党的十八届三中全会以来，密集出台了一系列政策文件，涉及预算、税收和财政体制的方方面面，节奏很快。但改革的步骤都是一上来就分到各个部门，定时间、定任务，按时间出文件、出方案，要求地方落实。一方面，这样的改革方式是否合适值得探讨；另一方面，改革文件过于密集，有些改革方案或政策在出台之前没有经过充分的调研和论证，只是要"卡"上出台的时间点，就急于出台，导致与地方实际脱节，落地效果不佳；有些改革政策出台后，出现了"但闻楼梯响，不见人下来"的"文件空转"现象；有些方案或政策在出台之后，没有进行及时的跟踪评估，导致改革"虎头蛇尾"，中央对改革的质量和效果也很难有一个通盘的把握。

3. 改革存在"碎片化"，缺乏整体观

把财税改革变成了细碎的工作层面的事情，没有基于整体设计的通盘考虑，只有时间表，没有施工图。事实上，改革推进中的"碎片化"是最大的问题。即看起来是有序推进，实际上是见招拆招。预算制度改革、税收制度改革及事权与支出责任划分改革，没有有机关联起来，各管一摊，各自推进，导致推进进度不一。

诚然，本轮财税体制改革的三个方面内容不是简单的并列关系，不可能齐头并进。但三者之间是有机联系、相互贯通的统一体，需在改革之初制定通盘的整体的改革方案。因为任何一方面的改革若不能与其他两个方面步调一致，形成合力，则不仅会障碍改革的总体效应，而且难免拖曳整体改革进程，甚至陷整体改革于"跛脚"状态。事实上，财政体制改革的相对滞后已经对本轮财税体制改革的整体进程以及宏观经济政策的有效运行产生了十分明显的"瓶颈"效应。比如，作为税制改革中的一条主线索，"营改增"直接牵涉到地方主体财源结构的重大变化。这种变化，当然要以央地财政关系的同步调整为前提。恰是由于包括财政体制改革相对滞后在内的诸种因素的掣肘，"营改增"的全面推进才不得不放慢脚步。后来，虽在各方力量的强力推动下破茧而出，也不得不以一个"过渡"的收入划分方案先行推出。

又如，作为预算改革的一个基本目标，全面规范和公开透明直接牵涉到以政府性基金预算为代表的非一般公共预算格局的重大变化。这种变化，当然要牵动中央财政和地方财政格局，尤其是中央和地方财政之间关系格局的调整。也是由于包括财政体制改革相对滞后在内的诸种因素的掣肘，非一般公共预算的规范和透明进程才不得不在一定程度上打了折扣。在2014年修正的《预算法》公布实施将近两年之后，作为其配套文件的新《预算法实施条例》仍驻足于征求意见阶段。改革的"碎片化"掣肘，已经影响到了改革的整体进程。

4. 财税改革社会参与度不够，治理理念体现不足

在党的十八届三中全会所确定的改革蓝图中，财税领域的改革任务可以说是最为繁重，涉及面最广，也最需要先行一步。相对于其他部门，财税管理部门虽在短期内密集出台了一系列范围广泛、影响深远的改革方案，相关文件多达几百项，但是，或许是由于时间紧、任务重，这些改革方案的设计和制定，事实上基本由财税管理部门自身主导，未能如以往历轮改革那样有效落实专家、社会的广泛参与，综合协调性不足。再者，《总体方案》至今并未公布全文，也未就改革事项征求社会公众意见，这与国家治理的理念多少也不太吻合。再如，多项改革方案的出台，主要是基于财税管理部门内部的讨论和设计，外部专家和社会公众参与度不足；改革方案也未能充分进行社会协商。这也是导致部分改革出现反复的原因之一。一方面，影响改革举措自身落地的权威性，甚至可能导致越来越多的后改革博弈，另一方面，也会障碍财税体制改革与全面深化改革之间的彼此互动，在一定程度上，使得财政在国家治理体系中的基础性和支撑性作用停留于字面。

（二）改革的认识层面存在的问题

全面深化改革是一个复杂的整体，财政作为国家治理的基础也是复杂的系统，必须要有整体设计，不能把"方向"当作"设计"，把"设计草图"当成"施工图"。这样易导致整体设计不到位，改革碎片化。即改革的文件发了不少，相关落实层面的会议也开了不少，但改革的实质进展不大。

1. 改革存在线性思维

当前，学术界和实际工作部门，都有将财税改革拆分为各个单项改革分不同的部门、单兵推进的倾向和做法，这种改革措施是基于一种直线的、单维的、片面的"线性思维"方式，微观层面和短期来看能够起到一些作用，但从宏观层面和长期来看效果不佳。如维护市场统一方面，2014年底推出了清理税收优惠政策规范方案，但受稳增长压力较大等因素的制约，出台不久即被要求暂缓进行。再如前面提到的清理重点支出挂钩，也是因为各个部门没有联动，导致改革效果不佳。财政作为国家治理的基础和重要支柱，应尽量避免进入这种误区，应以非线性思维，整体、系统、辩证地看待和推进财税改革。

2. 改革的协同性、协调性作用发挥不够

财税改革不能孤立推进，应与其他改革协同。党的十八大报告提出的"五位一体"总体布局和习近平总书记提出的"四个全面"战略布局，都是基于"整体观"。财税改革作为国家治理的基础和重要支柱，应该渗透到经济建设、政治建设、文化建设、社会建设、生态文明建设的各个领域，协同其他领域改革，全面深化。然而，当前的不少改革，都是财政部门唱独角戏，基本处于财政领域的改革财政部门自己出台政策；其他领域改革，财政只负责"买单"，没有渗透和参与到其他领域改革的全过程。对其他领域改革的支撑、牵引和协调作用发挥不够，与国家治理的基础和重要支柱的定位不相吻合。

3. 改革欠缺不确定性思维和风险管理思维

当前，全球已进入风险社会，面临越来越多的不确定性。随着中国经济走进"新时代"，改革也应转向风险管理。从历史上看，全球宏观经济政策曾经历两次大的转型：第一次转型是转向需求管理，第二次是转向供给管理，现在进入新时代，将迎来第三次转型，即转向风险管理。从社会学角度看，人类发展已经进入新的历史阶段，也就是"风险社会"，其特征是高度不确定性。经济风险、社会风险、环境风险和政治风险相互交织、叠加放大，并在各国之间传递。全球化的大背景下,没有一个国家能独善其身、置身于风险之外。从经济学角度看,全球经济也成为"风险经济"。财富虚拟化、资产评估化、定价金融化,整个经济金融化程度加深,经济运行面临越来越多不确定性,从而面临越来越多的风险。

在风险社会中,不确定性是其本质所在,即国家治理所面临的问题本身是不确定的,改革本身也是不确定性的过程。但现在把它当成了确定性的过程。这既是认识问题,也是方法问题。改革的目的是在不确定性中寻找确定性,因此,不能用"草图"代替"施工图"。

财政作为一种公共风险防御机制,其作用就是减少不确定性、防范公共风险。党的十九大报告已多次提到"风险",如"坚决打好防范化解重大风险""守住不发生系统性金融风险的底线""增强驾驭风险本领,健全各方面风险防控机制"等。然而,现阶段的财税改革,还未站在风险经济和风险社会的角度,实行风险管理,这也是导致财税改革"碎片化"和"部门化"的根源所在。

(三) 财税改革具体领域存在的问题

除了前述财税改革整体设计和认识层面存在问题外,改革的三大领域,即预算制度改革、税收制度改革、事权和支出责任划分改革,也还不同程度地存在一些问题亟待解决。

1. 预算制度改革

以现代预算制度的原则反观迄今的预算制度改革进程,可以发现,在此领域,尚有不少"老大难"问题需要解决。

一是"四本预算"的统筹尚不到位。2014年修正的《预算法》虽然明确了四本预算各自的编制要求,提出加大统筹力度,建立有机衔接的预算管理体系。但一旦从原则层面深入到操作环节,则会发现,四本预算之间的有机衔接还未实现,管理标准各异。比如,2014年修正的《预算法》虽明确了"预算包括一般公共预算、政府性基金预算、国有资本预算、社会保险基金预算",但具体到预算收支范围,一般公共预算可以细化到类、款、项、目四个预算级次,而其他三本预算则,以"政府性基金预算、国有资本经营预算和社会保险基金预算的收支范围,按照法律、行政法规和国务院的相关规定执行"等相对宽泛的语言予以规定。

二是地方债管理制度设计尚需优化。按照2014年修正的《预算法》规定,由全国人大确定地方债总额度,仅省级政府有公开发行地方债券的资格。这相当于将原来省、市、县均有的通过地方融资平台举债决策的权力，集中到几十家省级单位。这就涉及地方债管理制度的若干环节如何优化设计的问题。首先，发债额度如何合理确定与分配，在风险控制与满足地方实际需求之间如何平衡。额度过高，地方政府举债过多，加大债务风险；额度过低，满足不了地方政府的资金需求，影响经济发展和民生改善。如何科学测算地方债的总额度，如何设立额度分配规则以激励约束地方政府，是地方债制度有效运行的第一重大挑战。其次，地方融资平台的清理规范不到位。一些新型的类财政债务资金，如国开行、农发行的开发性金融，特别是专项建设基金，其性质如何界定？对于政府债务的长期影响如何？这些问题都急需评估。

三是预算管理基础尚待夯实。若干新推出的预算管理制度改革措施，需要良好的预算和财政管理基础与之配套，难以单兵推进，否则易出现改革理念先进而实质效果不佳问题。如政府综合财务报告制度，需以权责发生制的政府会计为支撑。但目前多地预算基础数据不全面，很多信息没有反映出来。再如中期预算制度、预算绩效管理、清理规范重点支出同财政收支增幅或国内生产总值挂钩事项等领域，同样存在相关管理基础薄弱、政府治理模式不相适应等问题。

2. 税收制度改革

本轮税制改革相对于以往历轮税制改革的最重要变化，是以"稳定税负"为前提"逐步增加直接税比重"。在迄今为止的税制改革进程中，间接税中的"营改增"、资源税、环境税改革已陆续启动，但直接税中的个人所得税、房地产税改革则基本未有实质进展。

个人所得税、房地产税都属于直接与老百姓收入息息相关的税种。本轮税制改革的启动恰与经济的持续下行相遇，这也给本来不易的直接税改革增加了困难。经济的下行，带来的是财政收入增速下滑。反映在财政收支平衡上，就是财政处于紧运行状态。故而，在此背景下，出于缓解财政收支压力和维护社会稳定的需要，举凡有可能进一步增大减收压力、有可能引致人心浮动的举措，便可能被缓行或暂时搁置。再者，关于税制改革的基调对于"减税降负"的政策效果强调较多，相对忽视了通过完善税收结构，发挥调节功能以及促进结构性改革方面的效果。"减税降负"似乎成了衡量所有税种改革的标准。这种舆论环境也使得具有增税效果的个税和房产税改革方案难以出台。

3. 事权和支出责任划分改革

相对于预算制度改革和税收制度改革而言，事权与支出责任改革的推进相对滞后。2016年8月国务院发布的《关于推进中央与地方财政事权和支出责任划分改革的指导意见》，也只是聚焦于财政事权和支出责任划分，主要搭建了中央和省级政府间财政关系的框架，对于省以下事权与支出责任如何改革，并未给出实质性意见。

从某种程度上说，事权与支出责任划分改革也属于历史遗留问题。1994年的分税制改革，面对收入划分、事权划分两项重大改革，挑选了相对容易的收入改革，对政府间财政收入进行了划分。改革效果立竿见影，"两个比重"翻番的改革目标迅速实现。一是财政收入占GDP的比重从1994年的10.8%提高到了2016年的21.5%，二是中央财政收入占比从改革前1993年的22.0%提高到了1994年的55.7%，此后略有下降，2016年仍保持在45.3%。相比较而言，当时的改革并未触动难度大的、决定政府间财政关系的事权划分，致使地方的支出责任越来越大。从地方财政支出占全国财政支出的比重来看，高达85%，这在世界上是绝无仅有的，这表明国家的大量事权主要是靠地方尤其是基层政府来履行的，其治理失灵的风险隐患越来越大。

事权改革滞后反映在现实的财政关系上，就是"上面点菜、下面买单"和基层政府的"小马拉大车"情况普遍，在2000年以后尤为突出。如义务教育、社会保障、"三农"问题、生态环境等新增事权的制度设计，大都采取自上而下的命令形式，并以"上级决策、下级执行，经费分区域分级分比例负担"的原则维系。表面上，可以较好地实现改革目标，但不加区别的把事权层层下移，导致地方政府尤其是基层政府有心无力。而且上级政府下移的事权通常是刚性强、支出大、管理严、责任重，比如中央和省两级政府不断推出的惠民政策、环境治理、产业转型等，对基层财政尤其是经济欠发达地区的基层财政来说无异于雪上加霜，"小马拉大车"让基层财政"压力山大"，其结果至少导致了以下两方面的问题。一是财政事权过度下沉，既超出了地方的办事能力，也超出了地方的财政能力，加大了地方尤其基层治理失灵的风险。二是越到基层政府，其可支配财力越小、支出责任越大。财产性收入成为地方政府的重要收入来源，基层财政的脆弱性越来越大，难以持续。

此外，本轮财税体制改革的目标虽然定位于"有利于发挥中央和地方两个积极性"，但究竟怎样"发挥两个积极性"、以怎样的方式"发挥两个积极性"，迄今并未有明晰的说法。这些问题都急需明确和解决。

五、财税体制改革展望与建议

关于深化财税体制改革,党的十八届三中全会提出"必须完善立法、明确事权、改革税制、稳定税负、透明预算、提高效率,建立现代财政制度,发挥中央和地方两个积极性",并从改进预算管理制度、完善税收制度和建立事权和支出责任相适应的制度三个方面提出了具体的改革要求。党的十九大进一步提出,要"加快建立现代财政制度,建立权责清晰、财力协调、区域均衡的中央和地方财政关系。建立全面规范透明、标准科学、约束有力的预算制度,全面实施绩效管理。深化税收制度改革,健全地方税体系"。

财政是国家治理的基础和重要支柱,突出体现财政在公共风险治理中的重要作用。而我们所面临的公共风险不能从哪一个领域的风险孤立地看,特别是财政风险、金融风险和经济风险之间是相互转化和相互穿透的。由于各种风险本身就存在不确定性,且常相生相克,因此,必须从整体上把握公共风险,提升化解公共风险的能力。具体来说,需要放在新时代背景下,站在新的历史方位当中,从财税体制改革入手,打通各种风险治理之间的壁垒和屏障,使财政作为基础更牢固,作为支柱更结实。

(一) 以化解公共风险为着眼点,为改革注入确定性

深化财税体制改革是全面深化改革的突破口,是一场关系国家治理体系和治理能力现代化的深刻变革,是立足全局、着眼长远的制度创新。自十八届三中全会以来,财政部门在完善预算法推进依法理财、实施规范完整的预算制度、规范地方债务管理、加强预算执行绩效、有序推进税制改革、完善转移支付制度等方面都提出了改革新举措,取得了一定成效,并得到社会各方面的积极评价,构建现代财政制度取得了新进展。由于整个改革进入"深水区",加上经济进入新常态和国际环境的复杂多变,构建现代财政制度仍面临着风险与挑战,改革的任务依然十分艰巨。在当前时代,人类社会进入风险社会,不确定性是风险社会的本质所在,即国家治理所面临的问题本身是不确定的。国家治理的本质是公共风险治理,风险社会中风险的复杂程度与影响范围决定其必须从国家层面来解决。国家治理的逻辑是"改善社会治理结构—注入确定性—治理公共风险"。在这一过

程中，财政本身特点决定它位于经济、政治制度发挥作用、自我更替的中枢。从这个角度看，国家治理的本质得到揭示，财政作为国家治理的基础和重要支柱的地位也不言而喻。深化财税体制改革必须以化解国家治理中的公共风险为着眼点。

第一，最大的确定性是统一国家财权。改革实际上是利益的调整，推动改革必须注重调动各方的积极性，使改革能顺利进行。但调动积极性不是以肢解国家财权为代价。从长期来看，完善国家治理体系、维护国家长治久安，统一国家财权是最大的确定性。国家财权，包括预算权、税费权、所有权、专卖权等内容，总体上看，国家财权至今未能实现统一。过去长期存在的自收自支的预算外资金，就是国家财权分散割裂的集中表现。现在，这个问题名义上解决了，"预算外资金"已经被取消，但预算"切块"的问题仍以各种形式存在，并形成了难以撼动的既得利益和权力。部门的"二次分配权"，严重肢解了预算的统一性，成为预算中的"预算外"，妨碍全面完整统一预算的真正实现，导致财政资金和政策严重"碎片化"，资金安排使用上重复、脱节和沉淀问题突出。"二次分配权"使得很多部门把注意力放在了分钱上。财政资金异化为一种权力，而不是责任。统一国家财权，就要统筹财政资金、减少专项资金、从法律上取消各种挂钩支出以及一般公共预算中专项收入以收定支的规定，这肯定会触动各地方、各部门的权力和既得利益。但这个问题又不能回避，拖延和置之不理不仅影响全面深化改革的进程，也会给国家治理带来风险。

第二，权衡好财政风险与公共风险的关系。当前，我国经济迈入新常态，财政收入增速也明显减缓。但是人口老龄化、经济结构调整、贫富差距代际传递、生态环境保护等方方面面的风险开始凸显，财政化解公共风险的压力很大。积极财政政策加力增效，应以改革的方式更多地落在转方式、调结构上，避免变成"解困""救难"和"止痛"的政策。在任何时候，都应当把改革挺在前面，全面推进结构性改革。化解全社会公共风险，实现国家在推动现代经济发展和社会关系重构中的作用，就必须使国家拥有与之相称的国家能力。国家能力主要体现为资源汲取能力、政治渗透能力和危机解决能力。所有这些能力的提升都要依靠财政活动来加以支撑。推动财税体制改革，构建现代财政制度，就必须要权衡财政风险与公共风险的关系。这涉及财政规模和财政结构的优化问题。一方面，要通过结构性减税来实现稳增长的目标；另一方面，又不能降低政府提供公共服务和化解公共风险的能力，以避免财政危机反过来威胁经济和社会稳定。权衡财政风险与公共风险，需要处理好国家与市场、国家与社会的关系。哪些职责和支出应该由国家负责、哪些职责和支出应该由社会承担，目前还缺乏清晰的界定和规范的制度规定，社会预期模糊。这很可能加大公共风险，进而放大财政风险。国家与市场、社会之间的职责分担，实质上是风险分配，会导致不同的风险变化趋势。这不仅是经济问题，更是社会问题，这对构建现代财政制度是一大挑战。

第三，处理好民生与发展的关系。推动财政改革，应该在动态中处理好民生与发展的关系，涉及发展和稳定、短期和长期、利益与风险等重大问题。当前，容易出现两个误区：一个是过分追求发展的速度和规模，忽视民生问题的解决，陷入为发展而发展的误区，偏离了本原的目标；另一个是过分强调改善民生的力度和时限，把促进发展的必要资源过多地用于当下民生问题的解决，陷入"杀鸡取卵"的误区。一旦落入这两个误区当中，就无法处理好民生与发展的关系，就会产生另一种公共风险：既不能实现良性发展，也不能从根本上持续改善民生，从而背离可持续发展和长治久安的战略目标。当前，推进人口城镇化是财税体制改革中处理民生与发展关系的一个重要问题。人口城镇化的实质是农民市民化，农民市民化过程存在的不确定性也容易引发公共风险。对于农民来说，尽管已经有 2.7 亿农村人口在城里工作和生活，但他们在公共服务待遇上还不平等，长期处于漂泊状态，这本身就是一种巨大的公共风险。对于国家来说，这还容易导致产生城市内部"二元化"、扩大内需受阻、宏观效率难以提升等公共风险问题。财政改革是化解这些公共风险的基础条件。长期以来，划分政府间收支、中央对地方实行转移支付制度都以户籍为依据，这与城镇化过程中的人口流动不相适应。人口城镇化要求各级政府的责任，尤其是财政责任要重新界定，中央与地方的事权、财权和财力要重新组合，以适合民生与发展的动态调整。

第四，强化财政、金融和经济风险统筹管理。系统性金融风险防范与危机救助，财政与货币当局缺一不可。而且国家财政作为系统性金融风险的最终救援者和成本承担者，应当对金融风险防范有整体把握，做到事前防范、事中跟踪、事后处置三位一体，避免单纯危机救助带来的道德风险，应充分借鉴欧美国家财政监管经验，发挥财政在财务信息方面的优势，在金融稳定及金融监管过程中，发挥财政的独特作用。

第五，形成改革合力。推动财税体制改革，构建现代财政制度，必须从长期、整体分析出发，凝聚各方面力量，防范和化解中国发展过程中各种不确定性和公共风险。这涉及多个层面：一是"政府之手"与"市场之手"如何形成合力。从整体上来看，现代经济都是"混合经济"，离不开"两只手"——有形之手与无形之手，两者应在分工基础上形成合作。两者怎么协同？这个世界性的问题至今没有解决好。如果这"两只手"不协调，就不能形成合力，经济、社会各个方面问题的解决都找不到出路。这种不确定性成为财税体制改革面临的重大挑战。二是公共部门如何形成合力。形成有序的国家治理结构，应该在公共部门之间和各级政府间合理配置权责，形成合力。合作不是传统意义所说的事权共担，而是分清责任，形成合力。国家财权不统一、预算资金碎片化使用、部门权力和利益难以触动、上有政策下有对策，如此等等，都意味着部门之间、中央与地方之间的合力还没有真正形成，甚至还在产生内耗，政府运行成本和社会成本都在加大。这是一种看不见的公共风险。三是公平与效率如何相融合。效率与公平是发展的两个轮子。真正的可持续发展，不是相互兼顾问题，更不是相互替代，而是两者必须融合，要把效率和公平变成两个动力。而效率与公平的融合主要靠财政改革，财政像是一根扁担，一头挑着效率，一头挑着公平。如果一头沉，则国家难以走远，很可能落入"中等收入陷阱"。四是经济资本与社会资本的有机结合。我们一谈到发展，就想到资金问题，一谈到经济总是和资本联系在一起。从经济学视角中，我们看到的可能都是经济资本。其实，社会资本也会影响经济资本，也会影响经济增长。文化、教育、人力资源、社会诚信，这些实际上都是社会资本。这些社会资本会影响经济资本的效率。没有社会资本作为支撑条件，经济资本效率会越来越低。财税体制改革既要促进经济资本、社会资本积累，更重要的是要把二者融合起来，形成一种合力。这种合力是看不见的社会生产力，转型升级的动力蕴藏于此。

（二）以构建中央与地方财政关系为主线，按照"一体两翼"的路径推动财税体制改革

以往，我们从改进预算管理制度、完善税收制度和建立事权和支出责任相适应的制度三个方面并行的路径推进财税体制改革，事实这种改革很难以有效协同推进，使改革陷入原地转圈的情况。党的十九大提出，要"加快建立现代财政制度，建立权责清晰、财力协调、区域均衡的中央和地方财政关系。建立全面规范透明、标准科学、约束有力的预算制度，全面实施绩效管理。深化税收制度改革，健全地方税体系"，把构建中央和地方财政关系摆在首位，这不仅是一个摆布顺序的问题，实际上也反映出财税体制改革应有的逻辑和路径顺序。

财税体制改革按照预算、税制、财政体制的顺序依次进行，这与实际情况不适应。应当将三者视为整体，以财政体制为主体，以预算改革、税制改革为两翼的方式来推动整个财税改革，达到"一体两翼"的效果。以财政体制改革为主体，特别需要进行中央与地方的事权、财权的改革，理顺各级政府的职责。在财政改革中，中央与地方的这种财政关系，越来越成为主要的矛盾和问题，所以它必须排在首位，做整体的谋划。

划分财政事权和支出责任时，会涉及中央政府各个部门与地方的关系，哪些归中央、哪些归地方。这同时涉及中央、地方的本级支出，以及转移支付。各部门的职责界定清楚了，就可以计算部门预算到底要花多少钱，中央与地方就可以更好地规划清楚。否则中央与地方的关系可能错位，事权紊乱。

地方政府"缺钱"不能从地方政府收入的角度来考虑，而应该从中央与地方的事权、财权分配考虑。现在，地方支出占比达到85%，几乎每年提高一个点。在这种情况下，要有一个多大的地方税体系才能支撑地方的支出责任？如果按照这种支出情况来"补偿"，这意味着85%的税收要交给地方，中央收入占15%就够了，这就会使20世纪90年代分税制改革的成果毁于一旦，导致中央对地方的控制力下降，这显然是不现实的。

要解决上述问题，应该让更高层级的政府来承担更多的支出责任，也意味着中央要履行更多的事权。要通过实体化方式加强中央事权。我国作为单一制社会主义大国，必须坚持统一领导，适度加强中央事权。按照事权属性，涉及国家主权、经济总量平衡和区域协调发展、全域要素流动等领域的事务，必须要完整集中到中央，以加强国家的统一管理，确保法制统一、政令统一、市场统一，维护和巩固中央权威。为避免在事权履行过程中因"中央发令、地方执行"导致的权利不清、责任不明、推诿扯皮、效率低下等问题，要通过实体化方式，改组或设立专门的机构和人员队伍，负责具体事务的执行。特别是在国防、外交、国家安全、职工社会保险等关系全国统一市场、海域和海洋使用管理、食品药品安全、生态环境安全、跨区域司法管理等领域，在维护中央决策权的同时，要重点强化中央的执法权，合理配置机构，增强执法一致性，提高行政效能。按此调整后，不仅强化了中央事权，还可以明显压缩中央和地方共同事务以及委托事务数量，降低清晰划分中央地方事权的难度。省以下的事权调整也应遵循实体化的原则，同时深化行政执法体制改革，按照减少层次、整合队伍、提高效率的原则，推进综合执法，合理配置执法力量。通过上述努力，推动从"计划经济分权制"

向"市场经济分权制"转变,最终形成"原则上谁的事权就由谁的队伍(含派出机构)执行"的实体化职能配置模式,从而建立决策和执行相统一、权利和责任相一致、事权和支出责任相适应的体制机制。

目前我国事权调整的特点是,部分决策权下移,部分执行权上移。适合交给地方决策的事情,更多地将决策权下放给地方;通过上收部分事项的执行权,增加中央政府直接的支出责任,以此提高中央政府的支出比重,减轻地方政府的支出负担。应该说,在推动财政体制改革,划分财政事权和支出责任的过程中,实际上就能反推预算改革和税制改革应该改革的地方,前者也为后者提供了目标和方向。

(三)从两级治理出发,完善中央与地方财政关系

从国家治理来观察,深化财政体制改革,要强化两级治理架构。虽然我国有五级政府,但在国家治理架构上是两个层级,实行两级分权,即中央与地方;而地方是一个整体,省级、地市级、区县级、乡镇级之间的权限划分在不同地方可以不同,属于地方内部的事务性分权,地方立法权归地方的最高政府——省级政府,省以下政府不能分享。因此,财政体制改革要分两个层次来进行:一是国家层面的财政体制要与国家治理架构相适应;二是地方层面的财政体制要与地方治理架构相匹配。

第一,国家层面的财政体制改革,即中央与地方之间的财政关系改革仍要坚持分税制,这一点不能动摇,其基本框架依然适用于中央与地方之间行政分权的要求,符合激励相容,有利于调动地方的积极性。

第二,地方层面的财政体制改革,则不一定要照搬国家层面的分税制,可因地制宜。因为地方内部不具有同质性,如行政体制上有省、直辖市、自治区、特区等不同存在形式,以及在人口规模、区域面积、经济发展水平及发展条件等方面更是差距甚大,分税制无法从国家层面贯穿到地方内部的各级政府之间。因此,地方财政体制可以有地方特色,可因地制宜而不必一刀切。地方财政改革应充分考虑人口、面积、发展水平、社会条件和自然生态状况,创造性推动地方治理能力的现代化与地方财政改革。在中央统一领导下,让地方有充分的自主权和责任约束,这是调动地方积极性,让国家充满活力的前提,也是保障国家稳定统一、活而不乱的条件。

第三,建立事权与支出责任相适应的制度。事权、财权与财力是财政体制的

三要素。事权改革是现行财政体制改革的一个重点,其改革的基本方向应当是决策权与执行权在中央、地方之间进行调整,在"中央决策、地方执行"的基本框架下,对部分决策权下移,尤其是一些行政审批,可以交给地方,以扩大地方决策的自主权;对地方的部分执行权上移,由中央来直接履行,减少地方过多的执行事项,从而减少地方支出责任。在地方内部,即省以下政府之间也应进行同样的事权改革,分门别类、因地制宜,可把一些决策权下移到市一级或县一级,同时把一些执行权上移到市一级或省一级。这样,也有利于地方治理中实现财力与事权的匹配。

第四,以宪法为统领完善事权划分的法律框架。按照十八届四中全会提出的"推进各级政府事权规范化、法律化,完善不同层级政府特别是中央和地方政府事权法律制度"的要求,建议在宪法中明确事权划分原则,对中央事权、地方事权、共同事权和委托事权等形态做出原则规定,并以此为指导,通过立改废等多种形式,在各相关单行法律中具体规定该领域的事权划分,以法律的权威性保证事权划分的稳定性和连续性。另外,以立法形式,规范上级政府对下级政府事务的干预方式,并明确纠纷协调和仲裁救济办法。比如,明确在行政法规与地方性法规不一致时,由全国人大常委会以事权划分为依据确定两者的适用问题。

(四)建立全面规范透明、标准科学、约束有力的预算制度

推进国家治理现代化,深化财政改革,预算权的完整和统一当务之急,迫切需要改变目前法定支出挂钩以及存在部门二次分配权的局面,真正实现预算的完整性。

一是理顺预算权力结构。一方面,国家治理层次,立法机关与行政机关的权力划分,过去一直在强化人大对预算的审批和监督,受各种因素制约进展并不尽满意,随着2014年修正的《预算法》实施,这方面总体上都有了法律规定,但关键是实践中落实到位。另一方面,在政府治理层次,要统筹政府部门间预算权力的划分,彻底取消部门二次分配权以及法定挂钩机制,真正实现预算的完整性。

二是完善预算决策机制。提高预算分配决策的层次,在部门之上成立预算分配决策管理委员会,加大协调力度。要科学配置部门职能,并能动态调整。要敢于动部门职能和人员机构,以部门职能、机构设置合理化为基础保障资金统筹的高效到位。

三是强化公民对预算的参与。按照契约理论,公权力是民众赋予的,预算权

自然应该体现民众意愿，2014年修正的《预算法》对基层预算审查需要吸收民众参与等提出了要求。当前，一些地方尝试参与式预算改革探索，加强了公民、社会参与预算审核的过程，是有益的探索，下一步可以加强。

四是实施全面绩效管理，解决办事和花钱两张皮的问题。在预算实施的过程中，办事是目的，花钱是手段。但是，在实际运行过程中，经常出现把手段当作目的，而忽略了目的本身。例如，为了盘活存量、用好增量、支持实体经济提质增效和促进经济社会持续健康发展，国务院先后出台《关于进一步做好盘活财政存量资金工作的通知》和《关于印发推进财政资金统筹使用方案的通知》等文件，目的是激活存量资金，通过这些资金来"多办事""快办事"，实现促进经济发展和改善民生的作用。但是在操作过程中，我们对花钱进度考核要求非常严格，对财政库款考核提出了明确要求，按各地库款水平进行考核排名和约束。至于这些钱是否花在应该花的地方、花的效果如何却没有相应完备的考核机制。只考核"花钱"进度，而不考核"办事"的能力、基础和观念改变，这是舍本逐末。这涉及财政与其他部门之间的关系与责任问题，同时也有可能产生和放大财政风险。

（五）建立辖区财政责任机制，构建和完善地方税体系

防止省以下各级政府的"层级化"行为倾向，应建立有效的辖区财政责任机制，这是省以下财政体制改革的核心。

一是明确辖区内的横向财政平衡责任。在既定的中央与省的财政体制条件下，省一级政府对其辖区内的横向财政平衡应首先负责，保证省域范围内的各地区之间具有大体相同的财政能力和基本公共服务。

二是明确辖区内的纵向财政平衡责任。也就是说，不能只顾本级政府财政能过日子，还要保障辖区内下级政府财政能过日子。例如，在省域范围内，应做到省市县乡各级政府的财政都能实现财力与其应承担的事权相匹配。在市域范围内，要做到市县乡镇政府财政之间的财力与事权相匹配。

三是从完善国家治理体系高度推进地方税改革。目前，地方税改革已经到了非常紧迫的时候。因为这不仅涉及"钱"的问题，还涉及许多与国家治理相关的重大问题。应适当扩大地方的税收权限。中国的地方治理结构有很大的区域异质性，全国各个地方经济社会以及自然状况不同，应赋予地方因地制宜的能力，有必要适当扩大地方的税收权限。涉及全国性的税收立法权集中在中央，而仅仅

涉及区域的税种可以由地方自行开征，但中央保留否决权，需报中央审议，中央同意方能开征。要构建以消费为税基的地方税种，动产消费、不动产消费、服务消费、文化消费、健康消费等等，都可以成为地方税基。这与当前扩大消费战略、转变经济发展方式以及推进人口城镇化是相吻合的。

（六）强化资金统筹，提高财政支出效率

资源的有限性与需求的无限性是经济学面对的一个基本矛盾，财政资金也面临这样的约束，要求财政资金使用做到效用最大化。财政资金使用又是一个庞大而又有机的系统，如同战役需要各部队、兵种协同作战形成合力才能打赢一样，统筹财政资金使用需要将任务目标分解成不同职能、不同活动、不同项目来具体推进，其使用的财政资金要统筹，做到充分、有效使用。根据系统论原理，系统的功能与结构密切相关，结构决定功能，因此，财政资金使用必须围绕功能目标统筹各主体的活动和行为，有序协同、形成合力。财政是国家治理的基础和重要支柱，统筹财政资金，不是简单归堆集中，也不是简单集权，更不是放松预算约束随意调整预算，而是要立足眼前化解存量资金，更要放眼长远健全体制、机制，明确主体职能，强化责任，发挥财政在国家治理中的作用，减少新存量生成的内在机制效应，形成财政资金充分、有效使用的良性循环。

统筹财政资金使用，应该根据"系统"目标，空间上分层（"职能""活动""项目"），时间上分步（近期和远期），对策上要通过体制、政策和管理分别施策，做到"分层、分步、分策"有序推进，实现一个"系统"在两个维度、三个层面的有机统筹。一是完善体制，促进部门或地方政府职能配置优化和运行协同化，推进宏观统筹；二是创新政策，强化主体责任，强化机制，实现中观统筹；三是加强管理，促进项目资金充分、有效利用，突出绩效管理，做好微观统筹。这样宏、中、微观统筹协同推进，近远兼顾，分策应对，配以财政管理制度健全和技术改进，共同促进财政资金充分有效利用和财政可持续发展，实现财政资金保障国家运转和职能实现的功能目标。

强化资金统筹，健全资金使用绩效与分配挂钩机制。一是存量资金或结余资金与预算安排挂钩。提高财政资金统筹使用，要建立存量或结余财政资金与以后年度预算分配挂钩机制，存量或结余财政资金规模大的要适当减少预算安排的规模，形成自我约束的良性机制。二是探索建立预算安排与支出绩效挂钩机制，防止部门利益绑架财政安排。在部门利益的作用下，财政资金安排的规则

约束就容易扭曲,比如部门重资金分配而轻绩效管理问题;有的部门为了争取部门资金,不注重规划、可行性研究,什么钱好申请就申请什么,导致资金与业务脱节,所以需要建立机制,对项目部门项目进行绩效评价,评价结果公开,并且绩效结果与后续预算安排挂钩,结余多或绩效差的部门就要相应扣减以后年度预算。

(七)与其他相关改革的协调

财税体制改革虽然是总体改革的切入口和牛鼻子,但也不能单兵突进,还需要其他改革的协调配合。国际、经济、社会的不确定因素都会影响改革的效果。改革不怕慢,就怕站,改革慢一点没关系,但不要停下来。要避免"驴推磨"式的改革,不能表面上进了一步,但最后又绕回来,这样浪费了时间,也造成成本损失。

一是加快要素市场化改革,促进金融"血液"有效循环。要素的市场化是保证市场在资源配置中发挥决定性作用的关键。十八届三中全会就提出要让市场在资源配置中发挥决定性作用,主要是在要素市场。但目前,要素市场并没有真正做到市场化,还受很多的体制机制的这种束缚。在这种情况下,市场在资源配置中发挥决定性作用就大打折扣,同时,全要素生产率、劳动生产率、潜在的经济增长率都会因此而受到影响。最终导致整个社会的公共风险上升。

在要素改革中,利率的市场化改革是关键。在现代经济中,资金或金融是经济的血液,利率没有实现市场化,就等于血液不畅通,经济也就会产生重大风险。金融体制改革的一个重要方面是监管体制的改革,具体来说就是要弱化对资金的监管,而强化对风险的监管。对于资金的流动来说,尽可能放松监管,而发挥市场对于资金配置的决定性作用。同时,着眼于整体防风险,改革监管体制、优化监管方式,提高风险监管能力。在推进金融体制改革的过程中,完善信贷政策也很重要。货币政策管流通中货币量的问题,是总量控制。而信贷政策是坚持商业银行按照国家法律和现有规则,遵循商业规则可以自由放贷,但在监管当局指导下可有一定差异的,发挥信贷政策对结构调整的促进作用。

二是推动政府治理改革,警惕政府自身制造风险或产生"合成谬误"。要注意区分个体风险向公共风险转化的条件。政府要防的是公共风险,而非个体风险。不可眉毛胡子一把抓,不分层次。如果讲防控风险把个体风险也包括了,这可能导致政府越位,过度承担风险。

一方面，在防范重大风险过程中，要警惕政府自身制造风险。通常，人们关注的是市场本身的风险，强调政府在化解风险和维护社会公平正义中发挥的积极作用，同时，一些政策制定部门总以为政府只要出手，就能发挥正面作用，而没有反向思考。党的十八届三中全会和十九大都提出了"更好地发挥政府作用"，对此要正确理解。应当充分认识到一些不当的政策可能会给经济社会运行带来严重的负面作用，尤其要谨防政府各个部门对企业给予资金支持可能导致的负面效应，例如妨碍公平竞争、扭曲企业行为动机、破坏市场运行规则等，同时要防止宏观经济对政府政策产生依赖性。特别是在风险社会背景下，应树立风险思维，政府在政策制定过程中应遵循审慎原则，避免由于政府自身制造的风险而引发社会更大的公共风险。

另一方面，要防范宏观经济政策实施过程中的"合成谬误"。当前我国宏观经济政策制定和实施过程中一个突出问题是，大量政策是各级各部门从自身角度出发制定出台的，从各自部门角度看也许是有道理的，也符合政府与市场关系等传统经济理论，但每个部门都认为各自所为是正确的事情，合在一起可能就是错误的，即对局部来说是正确的事情，对总体而言却未必正确，这就是"合成谬误"。按照现代财政理念，财政是国家治理的基础和重要支柱，财政的主要任务是治理公共风险。因此，宏观政策要着眼于整体化解经济发展的公共风险，而不是局部促进某个产业、产品、工艺甚至企业、项目的发展，应在客观上起到避免和化解经济发展的公共风险，而不是积聚或激发经济发展的公共风险。因此，宏观政策应致力于维护市场公平竞争的环境，促进市场决定性作用的发挥，即为产业发展营造良好的市场环境，建设统一公平的市场体系，充分发挥市场发现价格、配置资源、公平竞争、自动出清的作用，防范和避免宏观经济政策实施过程中的"合成谬误"。

三是将宏观调控升级为宏观管理，并把防范重大风险放在首位。宏观调控是为了促进市场发育、规范市场运行而对社会经济总体的调节与控制，主要是针对经济领域。宏观调控如果运用不当会加剧经济的不确定性，历史上多次经济不景气，都与宏观调控政策运用不当有关。当前，我国由高速发展阶段进入高质量发展阶段，要求经济、社会、文化、生态等各领域统筹、协调、全面发展，社会风险也呈现多领域互相作用、更加复杂的特征。这种情况下，应将宏观调控升级为宏观管理。宏观管理包含经济、社会、文化、生态等各领域，把防范重大风险摆在首位，通过对短期的调控政策和对中长期规划的落实，来稳定预期和引导预期，注入确定性来减少各类不确定性及其带来的公共风险，从而体现全局性、长远性和整体性，也符合"五位一体"的总体布局要求。

参考文献

［1］高培勇，汪德华．本轮财税体制改革进程评估：2013.11－2016.10［J］．财贸经济，2016（11、12）．

［2］张德勇．新一轮财税体制改革的阶段性系统评估［J］．财政监督，2016（21）．

［3］刘尚希．财政与国家治理：基于三个维度的认识［J］．经济研究参考，2015（38）．

［4］刘剑文．财税改革的政策演进及其内含之财税法理论——基于党的十八大以来中央重要政策文件的分析［J］．法学杂志，2016（7）．

［5］王光坤．财税体制改革进展及下一步取向［J］．中国财政，2015（23）．

［6］刘尚希．不确定性：财政改革面临的挑战［J］．财政研究，2015（12）．

［7］刘尚希．基于国家治理的财政改革新思维［J］．地方财政研究，2014（1）．

中国财政改革透视
——基于社会化与公共化的逻辑

李成威

到 2018 年，中国的改革开放已经走过整整 40 年。回眸过去的 40 年，财政改革在中国改革开放中发挥了重要作用，既为社会化提供了动力，推动了中国市场经济的建立和完善；又为公共化提供了基础，为化解中国改革和发展过程中的各种重大风险提供了保障。

一、端起历史的"透视镜"：社会化与公共化的逻辑

端起历史的"望远镜"，我们可以看到中国改革开放 40 年来所发生的一桩桩财政改革事件，这些改革事件可以列一长串的关键词，如："分灶吃饭""利改税""税制改革""分税制""公共财政"和"营改增"等。但是如何透视这些改革事件背后的逻辑关联，如何评价这些改革措施的重大意义，只有历史的"望远镜"是不够的，还需要历史的"透视镜"。基于社会化与公共化逻辑的分析框架，就是这样一架"透视镜"。

（一）人的发展的二重性：社会化与公共化

在《资本论》当中，马克思对商品进行了高度抽象，认为商品是用来交换的劳动产品，具有使用价值和价值两种属性，商品是使用价值和价值的统一体。商品之所以具有使用价值和价值，是由劳动的二重性所决定的。"物的有用性使

物成为使用价值",而"作为价值,一切商品都只是一定量的凝结的劳动时间"①。马克思对商品高度抽象,并以此为基础展开的分析框架,形成了其研究资本主义生产方式的一架"透视镜"。

与马克思分析商品的思路相似,对人和人的发展进行高度抽象之后,可以发现人以两种方式存在——个体与群体,人的发展具有两重性——社会化与公共化(见图1)。社会化以个体为逻辑起点、以个体逐利为动力、以产权为保障、以社会分工为基础、以个体理性为指引;公共化则以群体为逻辑起点、以公共风险为动力、以公共权力为依托、以民主为形式、以公共理性为指引②。

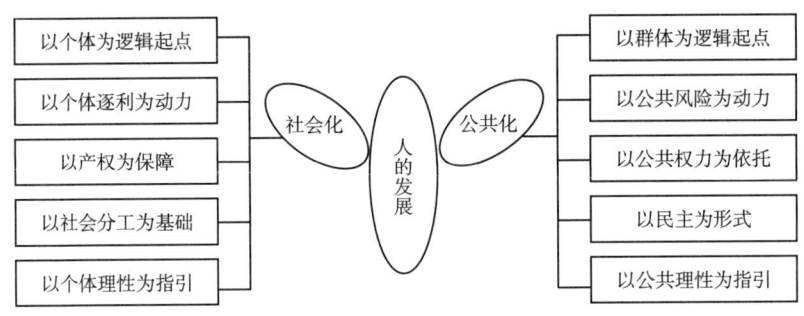

图1 人的发展的二重性:社会化与公共化

社会化与公共化虽然是人的发展的两个方面,但这两个方面是互相联系的,公共化与社会化应该是同步的、相协调的。人的发展需要社会化。社会化强调在各个领域充分调动个体或者各个主体的积极性,只有这样社会才有活力,人的自由全面发展才有基础。社会化以社会分工为基础,随着社会分工的扩大,分工带来的系统性风险也越大,公共风险就会不断累积,对公共化的要求就会更高;与此同时,公共化也对社会化形成约束,表现为公共风险、公共制度安排对个体行为的约束。

(二) 财政改革分析:社会化与公共化逻辑是一架"透视镜"

财政是国家治理的基础和重要支柱。从"以人为本"和"促进人的全面自由发展"出发,促进人的发展是国家治理的重要目标,也可以说是终极目标。在《德意志意识形态》和《共产党宣言》中,马克思、恩格斯都阐述过人的自由而

---

① 马克思:《资本论》第一卷,人民出版社1975年版,第53页。
② 刘尚希:"公共化与社会化的逻辑",《学习与探索》,2008年第5期,第122–124页。

全面发展的问题。按照马克思主义学说,促进人的自由而全面发展是我们社会中人的生存与发展状态的本质要求。对财政改革的回顾和评价,应该从促进"人的发展"中寻找逻辑起点和分析框架。对于人来说,财政既与群体有关,又与个体有关;对于人的发展来说,财政改革一头连着社会化,一头连着公共化。社会化与公共化的逻辑是分析财政改革的最佳"透视镜"。归纳起来,可以从以下三个方面进行透视:

第一,从社会化的角度透视财政改革,可关注:对于个体来说,财政改革是否有利于激发个体和社会的经济和创新活力,是否建立了有利于社会化的产权制度安排,是否有效促进了社会分工,是否促使经济、社会和政治得到了极大发展。

第二,从公共化的角度透视财政改革,可关注:对于群体来说,在公共风险推动公共化的过程中,财政改革是否与之相适应,是否建立了相应的财政制度安排,是否提升了公共理性水平,并使公共风险不断得到化解。

第三,从社会化与公共化协调的角度透视财政改革,可关注:财政改革是否促进了社会化与公共化的协调同步发展。

二、社会化视角的财政改革:功劳莫过于为市场化奠基

40年中国财政改革推动社会化表现在多个方面,既包括经济领域,也包括社会领域和政治领域,但最主要的贡献则体现在促进经济领域的市场化改革。可以说,中国的财政改革为中国的市场化奠定了基础,也为中国经济的起飞铺就了跑道。

(一)计划经济最大的问题是社会化不足,造成短缺风险

中国改革开放之前,实行高度集中的计划经济体制,绝大部分资源都掌握在国家手中。这种经济体制可以集中力量办大事,但缺陷是造成社会化严重不足,个体的积极性发挥不出来,最终导致经济短缺,人民群众存在严重的生存风险。从经济水平来看,1978年中国人均GDP排名靠后,人民生活水平处于联合国有关部门和世界银行等组织划定的贫困线之下[1]。邓小平就强调,"中国的国门必

---

[1] 周天勇:"三十年前我们为什么要选择改革开放",《学习时报》,2008年8月25日。

须打开，不然就有被开除出球籍的危险"①。

(二) 财政改革促进社会化的关键词之一：放权

计划经济体制社会化不足的根本原因在于配置资源的权力牢牢掌握在各级政府尤其是中央政府的手中。打破计划经济体制促进社会化的关键在于放权，而财政改革在放权改革中起到了核心作用。财政的放权改革主要包括三个方面，一是中央向地方放权，如"分灶吃饭"改革，使地方政府相对脱离于中央政府，调动地方政府的积极性；二是政府向企业放权，如企业的基金制和利润留成改革、"拨改贷"以及之后的两步"利改税"改革和承包制等，使企业脱离于政府，调动企业的积极性；三是企业向个人放权，如工资制度改革和用工制度改革等，使个人脱离于企业，调动个人的积极性。

(三) 财政改革促进社会化的关键词之二：市场经济

财政的放权改革是从计划经济体制中撕开一个口子，放权有利于推动社会化。但放权毕竟还有一个放权的主体，放与不放、放多少还是取决于放权的主体，并不能从根本上解决社会化问题。要真正建立促进社会化的制度和机制，必须从根本上打破原来的格局，重构社会的产权基础和经济运行机制，这就是实行市场经济，我们称之为社会主义市场经济。在建立和完善社会主义市场经济的过程中，财政同样发挥了核心和基础作用。一是推动产权制度改革，打破所有制界限，促进多元化市场主体的形成。一方面，按照"产权清晰、权责明确、政企分开、管理科学"的目标，推进国有企业改革；另一方面财政大力推动政府退出竞争性领域，将更多的空间留给企业特别是非公有制企业。二是实施"统一税制，公平税负"的税制改革，为市场主体创造统一、公平的运行环境。三是推动分税制改革，形成了相对稳定和规范的中央与地方财政分配关系，促进全国统一市场的发展。

(四) 财政改革促进社会化的关键词之三：城镇化

在财政改革促进社会化的关键词中，还有一个是城镇化。改革开放以来中国的城镇化飞速发展。1980年中国的城镇化率只有19.39%，而当年发达国家平均

---

① 余玮："邓小平和特区的故事"，《党史纵横》，2008年第4期，第6页。

城镇化率已经达到了70.9%。2017年中国的城镇化率达到了58.52%，虽然与发达国家平均城镇化率80%还有差距，但差距已经大大缩小。

中国的城镇化与社会化和市场化密切相关，而这与财政改革又是密切相关的，包括与土地流转相关的土地出让制度改革和与商品房市场化相关的住房制度改革，都是财政改革促进社会化的结果。有很多民众甚至一些学者对土地出让制度和住房制度提出了很多质疑，但他们没有意识到，中国的城镇化是建立在土地出让制度和住房制度基础上的城镇化，没有土地出让制度和住房制度就没有今天的城镇化辉煌成就。在这个过程中，财政"收获"了土地出让金，但却背上了较为沉重的地方政府性债务。

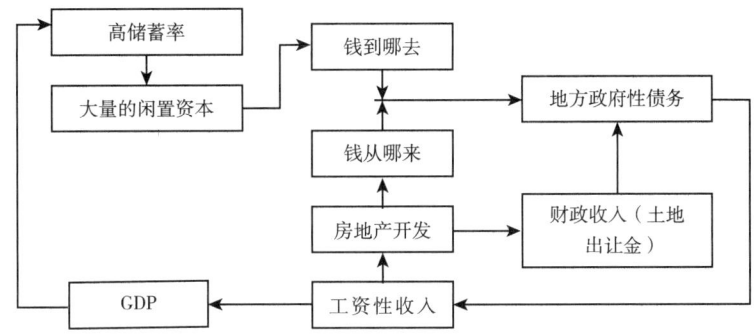

图2　中国的城镇化与财政改革关系图解

在图2中可以看出，随着经济（GDP）的快速增长，中国的储蓄率也快速增长，出现了大量的闲置资本迫切需要寻找出路。这个时候就出现了钱到哪去的问题，要为大量的闲置资本寻找出路。同时，随着中国城乡二元结构的打破，大量的人口涌向城市，城镇化搞基础设施和盖房子需要大量的资金，出现了钱从哪来的问题。在这种背景下，有三项重大改革与财政改革有关：一是建立了土地出让收入制度；二是虽然《预算法》不允许地方政府负债，但地方通过变通的手法举借地方政府性债务；三是改革住房供给制度，建立住房商品化制度。正是上述改革措施，将钱到哪去和钱从哪来的问题得到了很好的结合解决，促使中国的城镇化和经济发展实现同步腾飞。

有人说在中国的市场化改革之路上，财政改革发挥了排头兵和突破口的作用，这只是看到了其中的一部分作用。实际上，财政改革对于中国市场化改革具有奠基作用，相当于给市场经济这架让中国经济起飞的飞机铺上了跑道。市场经济体制建立和完善的过程中，中国经济领域的社会化飞速发展，相当于在经济领域走了群众路线，充分调动了全社会（包括各级政府、企业和广大人民群众）发展生产的积极性，中国经济发展从此走向了发展的快车道。国际货币基金组织公布的 2017 年全球十大主要经济体的排名中，中国排名第二，人均 GDP 也由 1978 年的倒数第 2 上升到了第 71 位①。

三、公共化视角的财政改革：化解不断变化的公共风险

与社会化进程相伴随，中国的公共化程度不断加深，公共风险也在不断累积。正是这些公共风险推动了财政改革，也是财政改革使得这些公共风险不断得到化解，保证了经济的可持续发展和国家的长治久安。

（一）社会化和市场化使公共风险不断累积和升级

随着中国社会化程度的提高和市场化的推进，公共化的内涵与外延也在不断扩大。从理论上来说，社会化直接对公共化的发展动力——公共风险产生影响。因为随着社会分工的深化，公共风险也在不断累积，公共化的内涵与外延也就不断扩大②。

在实践中，随着中国社会化程度的提高，经济发展的水平得到很大提高，短缺的风险得到了化解，但其他的公共风险则不断产生和累积，这表现在多个方面。一是过度依赖资源投入的发展模式使得经济风险不断累积。特别随着我国经济进入新常态，经济领域积累的潜在风险也在不断显现，突出表现为产品供需错配、产能过剩；企业成本畸高、盈利下降；杠杆率过高、风险剧增等。二是随着改革的深入和社会转型的加速，我国面临的社会风险也日益增多。一段时间，贫富差距拉大、社会保障滞后、腐败特别是司法腐败问题严重、社会焦虑加剧等对中国社会的稳定构成了巨大的潜在风险。三是并未从根本上摆脱发达国家工业化的宿命，先污染、后治理，生态破坏和环境污染问题突出。四是债务风险和金融风险不断累积，成为经济社会发展的重大隐患。例如，按照国家审计署的审计结果，2010 年底地方政府性债务余额 10.7 万亿元，与地方政府可支配财力和地方

---

① 国际货币基金组织官网，http：//www.imf.org/external/index.htm。
② 刘尚希："公共化与社会化的逻辑"，《学习与探索》，2008 年第 5 期，第 125 页。

政府性基金收入两者基本持平。2007年到2010年间年度增长均超过万亿规模，累计增长了1.38倍。金融方面，从总量看我国宏观杠杆率呈现快速上涨趋势，从2002年的154%，上涨到2017年的242.1%①。处于新兴市场经济体的中国，宏观杠杆率已达到发达经济体水平，特别是2008年以来杠杆率直线上升。

（二）财政改革推动公共化的关键词之一：公共财政

由社会化内生或导致的公共风险，在社会化的过程中不会自行得到解决，唯有通过加深公共化的程度才能化解。随着市场经济体制改革的不断深化，经济社会主体和城乡关系发生了深刻的变化，要素、人口流动日益频繁。建立在原所有制和城乡关系基础上的体制机制和财政制度难以适应新的所有制关系和动态社会的要求，社会矛盾日益尖锐。在这一背景下，财政改革以"公共财政"为导向，深入推进。改革重点向财政支出领域转移，通过财政改革推动社会改革。中国在20世纪90年代末正式提出了尽快建立公共财政框架的目标要求，强调财政要突出公共性、公平性和公益性。党的十八大以来，财政改革坚持以人民为主体和以人为本，始终围绕"不断满足人民日益增长的美好生活需要"来展开，大力实施精准扶贫、加强社会保障体系建设等，社会风险等得到了极大化解。

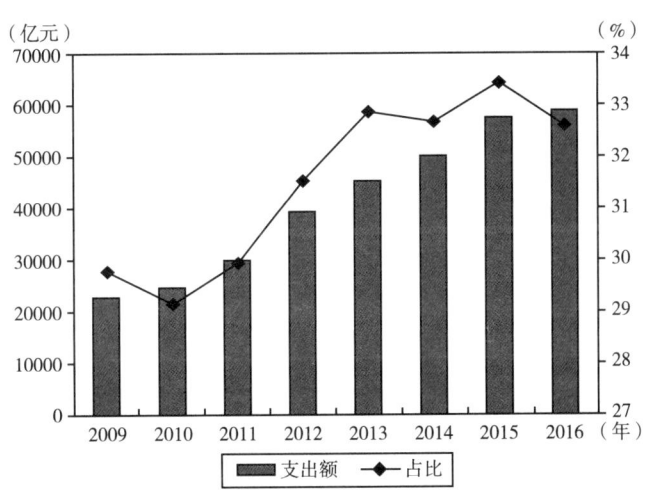

图3 三项社会性支出变化

资料来源：根据相关年度《财政年鉴》数据整理。

---

① 张晓晶、常欣、刘磊："总体稳杠杆、局部去杠杆"，《经济参考报》，2018年4月4日。

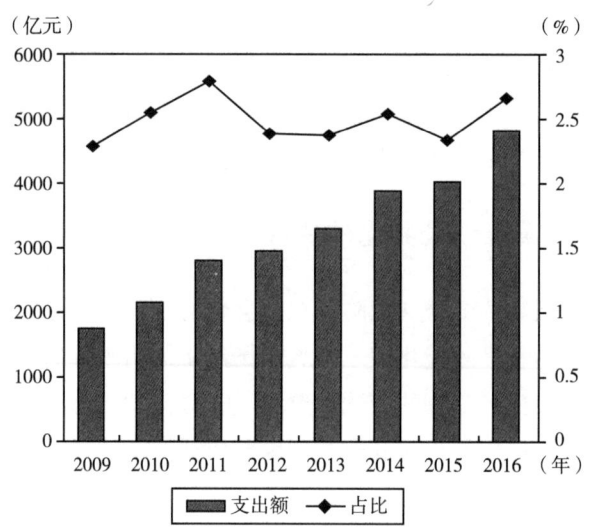

图 4 环保节能支出变化

资料来源：同图 3。

图 3 反映我国教育、医疗卫生及社保和就业支出额合计及占财政支出比重变化趋势，说明社会性支出的比重在不断上升；图 4 反映我国环保节能支出额及占比变化趋势说明财政在美丽中国建设的作用不断增强。

（三）财政改革推动公共化的关键词之二：法治财政

实行公共财政是化解公共风险的途径之一，用的是公共权力对全社会的资源进行配置，以消解社会化过程中不可避免出现的公共风险。但要从机制上化解公共风险，还必须依赖于制度的创新。这种制度的创新应用于中国的财政改革，体现为中国特色的法治财政之路。

社会化过程之所以产生公共风险，是与社会化中的个体和集体行为有关的。个体行为的外部化会产生公共风险，集体行为的脆弱性也会导致公共风险，同时社会化导致社会分工的高度关联性也会放大个体和集体行为产生的公共风险[①]。中国特色的法治财政是基于行为规范的法治财政，其对行为的规范主要体现在三个方面，与国家治理的三个维度（政府与市场关系维度、政府与社会关系维度和

---

① 刘尚希、李成威："基于公共风险重新定义公共产品"，《财政研究》，2018 年第 8 期，第 7 页。

中央和地方关系维度）是一致的。一是对政府与市场关系的行为进行规范，通过涉企税收、收费和企业补贴等方面的财政制度改革，如"营改增"等，既规范和引导政府对企业的行为，也规范企业的经营行为。财政改革通过对政府与市场关系的行为进行规范，不断提升经济的运行效率，使得经济领域风险得到有效化解。二是对政府与社会关系的行为进行规范。通过涉及个人和社会组织的税收、转型性支出等方面的财政制度改革，既规范和引导政府对社会的行为，也规范社会自身行为。财政改革通过对政府与社会关系的行为进行规范，不断提升社会公平，使得社会领域风险得到有效化解。三是对中央与地方关系的行为进行规范。40 年来，我国不断深化财政体制改革，既强化各级政府的责任，又调动各级政府的积极性，使各级政府形成了协同化解公共风险的内在机制。

（四）财政改革推动公共化的关键词之三：大国财政

以上都是基于封闭条件下的公共化分析。如果放在中华民族伟大复兴和全球化背景下来考虑，还有一个重要的维度是不可忽视的，即全球公共风险。改革开放初期，财政改革主要是如何利用全球化力量化解内部风险；随着我们日益融入全球化，如何防范和化解全球风险成为财政改革的新命题，这就要求我们必须要有"大国财政"思维。大国财政虽然是最近几年才出现的名词，但改革开放以来中国在实践着不断升级的大国财政。尤其是党的十八大以后，我国大国财政实践有了突破性进展，更加关注全球风险治理问题，在分化的世界中提倡和推动"命运共同体"构建。大国财政标志性事件包括"一带一路"倡议的提出、亚洲基础设施投资银行（AIIB）和金砖国家新开发银行（NDB）的组建等。在世界政治、经济和文化舞台上，中国不断展示着大国形象。大国不仅体现在体量上，更多地体现在国力、软实力和影响力等方面，而大国财政是其中重要的内容[①]。

我国的公共化之路与中国传统文化中的"阴阳合一""天人合一"等理念是相通的，强调的是事物之间的对立统一和转化关系。凡事都要因势利导，同时还要注意未雨绸缪、居安思危等，这些在我国财政改革推动公共化过程中得到了充分体现。

[①] 刘尚希、李成威："大国财政：理念、实力和路径"，《地方财政研究》，2016 年第 1 期，第 9 页。

四、社会化与公共化问题与财政改革要求

改革开放 40 年来，财政改革促进和推动了中国的社会化和公共化，对于促进中国经济快速发展和保障社会稳定发挥了巨大作用。凡是过往，皆为序章。中国依然是最大的发展中国家，并处在一个公共风险频发的风险社会，面对的是一个不确定性的未来。中国的社会化与公共化还有很多问题需要解决，并且这些问题随时变化。如果把国家和社会比作一架高速行进的飞机，社会化和公共化就分别是两侧的"发动机"，只有随时保持风险理性，对"发动机"进行定期保养和维护，才有可能将各种风险降到最低。

（一）社会化与公共化方面存在的问题

中国经济领域的社会化走在前面，对于促进经济发展发挥了重要作用。但即便从经济领域来看，一些领域社会化不足的问题依然存在。特别是在一些生产要素领域，"生产要素市场发展滞后，要素闲置和大量有效需求得不到满足并存"。① 党的十八届三中全会明确提出要让市场在资源配置中发挥决定性作用，显然目前还存在一定的差距。社会化的基础是产权制度，党的十八届三中全会提出产权是所有制的核心，要健全归属清晰、责权明确、保护严格、流转顺畅的现代产权制度。这一方向无疑是对的，但产权改革还有很长的路要走，这点在国有企业改革的过程中表现较为突出，如何打破传统所有制的思维，以产权思维推进国有企业改革值得探索。

在经济领域之外，其他领域的社会化则更为不足或滞后，突出表现在社会领域和科技创新领域。在中国，强调政府与市场之手的作用，但经常忽视在政府与市场之外还有第三只手，即社会之手。因此，在我们的社会事业发展当中，如教育、医疗、养老、扶贫等方面，常常有时强调发挥政府作用，有时强调全面放开，出现一管就死、一放就乱的情况，造成人民群众对一些领域的不满意。这种局面与在这些领域的社会化不足有关，对相关领域的相关社会组织

---

① 习近平：《关于〈中共中央关于全面深化改革若干重大问题的决定〉的说明》（2013年11月9日），习近平谈治国理政，外文出版社 2014 年版，第 76 页。

培育不够，没有发挥出社会的自组织功能。另外一个社会化严重不足的领域是科技领域。政府掌握了大量的科技资源。在科技方面很多部门手里都有"一把米"（支持资金），政府对科技创新的扶持做法不是下功夫创造出有利于科技创新的环境，而是对科技创新进行干预甚至主导。如果把科技创新比作蘑菇生长，推动科技领域社会化，政府需要做的应该是营造出有利于蘑菇生长的温度、适度环境，这样蘑菇会自动生长。但现在的做法类似于政府亲手去栽蘑菇，效果大打折扣。

在公共化方面，同样存在一些问题，表现为一些方面的公共化不足或与社会化不协调，导致公共风险不断积累，突出表现为地方政府债务风险、宏观金融风险和生态环境破坏风险。如，各方反映企业融资成本高，根本原因在于金融生态体系出现问题，与金融领域的公共化与社会化不协调、不同步有关。金融领域社会化过度而公共化不足，导致金融领域野蛮生长。金融与实体企业没有实现良性循环，金融与实体经济脱节，融资环境恶化，资金在金融体系内循环，风险剧增[1]。此外，政府治理方面，还存在政出多门、九龙治水的问题，政策之间容易产生合成谬误，即从某个部门看，政策出发点是好的，但政策汇集到一块就产生掣肘。这在一定程度上影响公共风险的治理，不利于公共化的推进。

（二）未来财政改革要求

针对中国的社会化和公共化存在的问题和未来趋势，财政改革要继续围绕推动社会化和公共化、促进社会化与公共化相协调做文章。具体来说主要有：一是进一步推动经济领域的社会化，促进生产要素市场化改革，深入推动产权制度改革，按照现代产权制度要求深化国有企业改革；二是推动社会领域的社会化，给政府和市场之外的社会部门留出更多的空间，发挥社会部门的自组织功能；三是大力推动科技创新领域制度改革，促进科技创新社会化，政府和财政更多地关注创造有利于科技创新的环境，而将更多的创新活动放手交给科研机构、企业和社会；四是强化对公共风险的统筹治理，特别是国家财政作为系统性金融风险的最终救援者和成本承担者，应发挥其在治理中的基础性作用，对金融风险防范应有整体把握，强化财政、金融和经济风险统筹管理；五是以财政权统一为纽带推动

---

[1] 李成威："中国政府公共风险管理能力上台阶"，《中国财经报》，2018年5月8日。

政府治理改革，促进各项改革和政策之间协调，减少合成谬误，提高公共风险治理水平；六是致力于构建新型大国关系，大国财政要主动作为，促进形成命运共同体，在国际经济和财政金融问题上寻求更广泛的共识，通过合作共赢实现利益最大化。

财政学的旧逻辑与新逻辑
——中国财政学会新时代中国特色社会主义财政基础理论研讨会观点综述

孙 维

2018年2月3—4日，中国财政学会在河北廊坊召开"新时代中国特色社会主义财政基础理论研讨会"。会议以构建新时代中国特色社会主义财政理论体系为主题，重点围绕财政学的旧逻辑与新逻辑展开讨论。中国财政学会副会长兼秘书长刘尚希同志作主旨发言，来自财政部、国家行政学院、中国社会科学院、中国人民大学、中央财经大学、东北财经大学、辽宁大学、中南财经政法大学、西南财经大学、广东财经大学、山东大学、山东财经大学、厦门大学、安徽大学、首都经济贸易大学、河北经贸大学、河北大学、河北省财政厅等单位的30余位专家学者参与研讨。现将会议主要观点综述如下。

一、坚持理论自信，重构财政学新逻辑

当前，我国的发展和改革皆从局部转向了整体，从物转向了人。党的十八大提出"五位一体"总体布局，这意味着从过去只以经济为中心、单一追求GDP增长的发展观转向整体发展观。整体发展观不仅包括物的发展，更包括人的发展。习近平同志在党的十九大报告中把坚持以人民为中心作为新时代坚持和发展中国特色社会主义的重要内容。与此相适应，改革也从过去以经济改革为中心转为全面深化改革，也就是涵盖经济、社会、政治、文化、生态文明、党建、军队、国防、司法等方方面面的整体性改革。

我国改革开放的发展实践是人类文明史上的大事件，改变了只以西方文明为中心的认知模式。然而40年来，虽然在实践中取得了伟大成就，学术理论和思想还是依赖国外引进，"做好了中国的事情，却没有讲好中国的故事"，与中国特色的发展实践创新极不相称。同样，财政理论也落后于财政实践，对中国财政改革和发展的理解和认识，普遍停留在现象和事实描述层面，未能有效提炼总结，没有从理论高度说明中国财政发展改革的伟大实践，导致财政理论无法有效指导财政实践。

我国的财政学在改革开放后一直遵循西方财政学的理论思想和研究方法，然而不同国家的历史、文化、国情、发展阶段不同，社会科学所处的经济、社会、财政空间也不尽相同，并不存在像自然科学那样放之四海而皆准的普世理论，因此只有跳出以西方哲学、理论和方法体系为中心的传统财政学的束缚，才能建立真正符合我国国情的财政学理论体系，充分发挥财政学对国家的治理和发展尤其是中华民族伟大复兴的重要作用。

迈入新时代，财政学的发展处在新的历史方位上，构建新时代中国特色社会主义财政基础理论体系，首先要坚持理论自信，重构财政学的新逻辑。传统财政学将财政问题归为经济范畴，财政学被当作经济学的一个分支，往往被称作财政经济学或公共经济学，从政治、法律、社会视角对财政学的探讨也被划归到其他学科，如财政社会学、财税法学，分散在各个学科的财政学实际上只是看到财政学的某个局部，是碎片化的认识，严重制约了财政学发展，实际上财政学并非是哪个学科的分支，而是一门基础学科。构建现代财政学，要形成一整套逻辑严密、运用综合、整体思维范式的理论体系，这套理论体系应有别于西方知识体系分类方法和确定性世界观，真正站在"国家治理的基础和重要支柱"的高度，从多维度呈现财政学的全貌，而其中对财政学不同维度的阐释相应可以命名为经济财政学、法财政学、政治财政学等。

二、传统财政学的旧逻辑与缺陷

传统主流财政学的逻辑从政府与市场关系出发，将市场失灵作为财政学的逻辑起点，认为政府之所以存在，是因为市场失灵，需要提供公共产品，用于弥补或纠正"市场失灵"。上述财政学的旧逻辑存在以下五个缺陷。

第一个逻辑缺陷是将政府与市场二元对立。传统财政学把政府看成是与市场没有内在关系的外在主体，这种二元对立的思维来自西方哲学，而我国传统哲学提倡的是"和而不同"。实际上政府与市场是一种分工与合作的依存关系，即和而不同，而非相互对立。从历史上来看，群居的人类内含着政府，社会个体之间的分工合作内含着市场，二者在思想上可以出于不同偏好而剥离开，但现实中彼此须臾不可分离，我国改革开放的实践充分证明了政府与市场的这种分工与合作关系。

第二个逻辑缺陷是在假设"市场万能"的基础上推导出"市场失灵"。"市场失灵"背后隐藏的假设是"市场万能"，由于市场做不到万能，就说市场"失灵"了，为政府干预创造了理论依据。然而市场本来就不是万能的，当"市场万能"论破产时，再祭出市场失灵，这显然是不合逻辑的，且政府也不应是外生变量。事实上政府和市场是一体的，因此从整体角度来看无所谓干预或不干预，就像产业链的上下游进行分工与合作的关系进行调整一样，有的方面需要政府更多地发挥作用，有的方面需要市场更多地发挥作用；有的时期需要政府作用强一些，有的时期需要市场作用更强一些。

第三个逻辑缺陷是片面地认为政府与市场构成整个社会。西方传统的财政学认为整个社会仅仅包括两个方面：政府和市场；一个社会也只有两个主体或者两个机制：不是市场就是政府。上述逻辑是片面的，财政学的逻辑要有社会整体观，必须从社会共同体出发。共同体社会除了政府活动和市场活动以外，还有社会活动（例如社保、教育和就业等）。同时，在社会共同体中，不能以集体否定个体，也不能以个体否定集体，所有人的自由发展与每一个人的自由发展互为条件，且这两个过程内在统一，在交互影响的过程中推动人类文明螺旋式上升。

第四个逻辑缺陷是福利角度的公共产品在逻辑上不存在。从"市场失灵"推导出来的公共产品是从福利的角度定义公共产品，存在着严重的缺陷。一方面，社会秩序、制度、规则这些公共产品是市场的前提，把前提看作是市场失灵的结果，逻辑上陷入循环悖论；另一方面，以选票代表钞票的办法来决定公共产品，会形成投票悖论，最终不可能形成一个结果。另外，从福利视角定义公共产品易导致在提供公共产品时过度强调个体权利本位，从而对改革和社会发展造成不利影响。

第五个逻辑缺陷是从机械唯物论来理解社会共同体。机械唯物论认为一切都要还原到个体才有价值，集体没有独立存在的价值，集体仅仅是为个体服务的。

上述逻辑只是强调了原子化的个体的权利，否定了集体作为人的生活方式和存在发展方式的意义。如果财政理论的哲学基础只是从个体权利本位出发，那么由于个体的偏好不能形成集体的偏好，集体就无法决策，社会和政府都不可能存在。因此不能从机械唯物论的角度理解社会共同体，个体与集体的价值是并存的。

三、现代财政学的新逻辑

现代财政学的三大逻辑基石是整体观、公共风险论和行为主义。

第一，在集体基础之上体现整体观。西方哲学的起点是一个圆，只有一个圆心，就是一切围绕个体，从个体出发来考虑所有问题。现代财政学的哲学起点，必须要从个体与集体的关系来认识这个社会，它应该是个椭圆，应当是围绕集体与个体这两个中心。既不能以个体否定集体，也不能以集体否定个体；既不能以个体的权利否定集体的权利，也不能以集体的权利否定个体的权利。

第二，在风险社会背景下以公共风险为逻辑起点。风险社会是人类文明的新阶段，其基本特征是不确定性。不确定性引发了风险，包括个体风险和集体风险，前者当然可以由个体承担，集体风险也就是公共风险则必须由集体来承担，也就是由政府和社会共同体整体承担。以公共风险作为财政学的逻辑前提，财政的基本职能是防范化解公共风险，实现公共风险最小化就是人民福利最大化。在化解公共风险的过程中形成的一系列制度、法律、规则都是基于公共风险的公共产品。公共产品是防范化解风险的一种结果，任何一个历史时期的公共产品都取决于公共风险，当公共产品背后的公共风险不复存在的时候，这个公共产品就变成了个体产品。

第三，基于行为主义分析公共风险的产生和治理机制。现代财政学的分析范式应从制度主义转向行为主义。制度主义只讲了外，没有讲内，靠外在的东西实际上是机械唯物主义的观点，即一切靠制度去规范和约束行为体。行为主义与制度主义的差别在于任何行为都是外与内的综合，正视并不受制于制度的行为内在因素，如价值观。中国的传统文化恰恰是讲天人合一、内外综合，所以行为主义视角也与中国传统文化更为契合。因分工和信息的不对称导致的个体行为、经济行为、社会行为的公共风险是公共产品存在的基础，防范化解公共风险需要集体行为应对，所有的政府行为，包括财政的行为，实际上都是为了防止公共风险的积聚扩散。

四、财政学的新逻辑要兼顾现实和未来

有专家指出,财政活动本身始终与国家(或政府)的意志紧密相关,因此财政学的发展实际上受政治、经济、社会、文化的影响,财政学不同流派的逻辑形成自然也与其所处时空的经济发展阶段和主流意识形态有极大联系。

有专家认为,传统财政学的思想、价值观和制度框架都是在特定的历史条件下产生的,如果还用古人的思维方式思考现在面临的各种各样复杂的问题是很难指导实践的,因此要对其赋予新的时代内涵,进行思想上的创新。要进行思想上的创新首先要转换思维方式,然后才是分析范式的转化,而转换思维方式则是哲学层面要解决的问题。财政学新逻辑要站在历史的高度和人类文明发展的高度,既不能脱离现实,还要保持前瞻性。

还有专家指出财政理论各流派不同的逻辑起点直接影响了财政如何处理国家与经济、社会的关系,比较分析了共同需要论和公共需要论的逻辑起点:前者认为财政的雏形早于国家,社会的共同需要是财政的本源;后者则认为财政是以国家为主体的分配关系,财政随着国家的产生而产生,国家的作用和决策要满足公共需要。

五、新财政学的研究任务和方法论

有专家指出,财政基础理论研究要以问题为导向,这里的问题既可以是逻辑问题,也可以是现实问题,如果是现实问题则应该是基本的现实问题,不是细枝末节的现实问题,只有这些问题才真正有可能触发新思想,对实践有指导意义。有专家认为,财政学知识的生产和创造是财政学发展的核心,既受知识内在创新逻辑的驱动,也就是需要在基础理论创新方面有实质性的突破,同时又受现实重大问题的外部需求驱动,也就是要解决社会主要矛盾。财政学基础理论研究要建立本学科的核心命题和若干个基本公理。

有专家认为,财政学首先就要研究与"国家"相关的理论,包括国家的本质、职能、行为目标,国家与政府、产权、交易费用的关系等等。没有解释清楚

国家理论，财政研究根基不稳，财政学很难有强大的解释力。财政不只是国家治理的工具，而是"决定着国家的性质、前途和命运"。财政制度作为国家的基本制度，通过预算规范政府收支行为、活动和范围，决定着国家的治理结构和模式，财政的治理水平直接影响国家的治理水平。财政对公共资源的配置不只是物理意义上的提高资源运用效率的过程，更是一个利益分配过程，所有资源配置格局的变动，都会带来不同主体和群体得益的绝对或相对增减，具有社会意义。

有专家认为，人的价值和需求是财政本源，财政学应采取个人主义方法论。且人的行动是主观和有创造性的，同样的情景下每个人的行为并不一样，财政学应解释每个人的不同行为汇集成社会的结果。但也有专家指出，现代社会中人与人之间是互相依赖的，很难独立追求或实现个人价值。公共利益和私人利益并非二元对立，谋求公共利益，比如国防、产权制度等更有利于保护私人利益。私人与公共的关系的界限也经常发生改变，之所以会在特定范围内形成公共领域，只是当时私人行动不具优势，比如风险的抵御。还有专家认为要考虑东西方文化差异。西方文化崇尚个人主义，先个体、后集体，先地方、后中央，先微观、后宏观，东方文化是大一统的文化，先有国，后有家，重视国家主义和集体主义。

还有专家指出要澄清财政学和公共经济学的区别，比如从研究对象来看，财政学的研究对象是财政活动及其运行规律，公共经济学的研究对象是公共经济活动及其运行规律。

六、新财政学要创新研究视角

有专家认为，新财政学应采取跨学科或超学科的研究视角。财政基础理论是研究讨论财政思想，不能从学科的角度划定边界，要跳出学科范畴的束缚，从超学科的视角剖析各种财政现象和活动。另外许多学科的研究方法是相通的，财政学可以有所借鉴，但要注意财政基础理论的研究不能只追求物理或数学意义上的科学化，要建立在社会科学自身的逻辑上。有专家指出，以公共风险作为逻辑起点更具理论包容性。公共风险的来源、类型、研究范式涉及经济、政治、社会、文化、历史、心理等因素，与财政基础理论的超学科属性相契合。还有学者认为，财政学要设置合理的边界，并不是越大越好，过大就可能什么都是财政学，但也有什么都不是之虞。

有专家指出，财政是一个古老的话题，某些经过历史锤炼的基本内核不受体制变迁、政权更迭等因素的影响，比如我国古代"量入为出、量出制入"的财政思想依然有现实意义。构建中国特色社会主义财政基础理论要采取高度综合和开放的态度，必须坚持马克思主义，将马克思主义基本原理，如社会再生产理论、社会总产品分配原理等同中国具体实际相结合，但是对于西方的以及我国古代历史上的理论和实践的精华也要兼收并蓄，形成高于现实的新时代中国特色财政基础理论体系。

有专家认为，新财政学研究要有国际视野。当前国家之间的竞争表面上看是国力之争，实际上还是制度之争、理论之争，因此要以开放的态度和全球的视野进行财政理论的研究和创新。大国财政受制于政府和外交因素，不仅是简单的对外提供国际公共产品，还要和综合国力和国际地位相适应。

七、关于政府、市场的关系与公共产品的提供

有专家认为，构建科学、有解释力的思维模式，要摒弃传统财政学话语体系中政府和市场二元对立的思维模式，将市场看作一个平台，而长期以来政府与市场边界讨论中所谓的"市场"实际是指"企业"，政府、企业、社会组织、家庭、个人等主体在市场这个平台上要遵循同样的规则。

有专家指出，政府是内在于市场的，市场出现失灵后并不一定要由政府进行干预。资源配置的背后是产权归属问题，没有政府对于产权的强制保护，市场就不能正常运转。市场本质上是资源配置的一种组织机制，而非一类主体，政府则是可以参与资源配置的一类主体。表面上看市场上的交易行为是自愿的，政府行为具有强制力，但实际上选民投票是也是自愿的，因此政府行为也可以看成是一种"自愿交易"，哪种交易方式的成本低，就由谁来提供公共产品。

还有专家认为，财政基础理论对于政府与市场关系的认识已经从割裂逐步发展到选择或是匹配，政府的角色不再是弥补市场、调控市场，而是与其他主体比较效率和合作（如政府与社会资本合作）。而不同时期不同国家所提供的公共产品之所以不同，还与影响决策的技术进步、文化、路径依赖等因素有关。

从整体观和风险观认识降成本

刘尚希

"三去一降一补"是供给侧结构性改革的重要内容，其中的"一降"是指降成本。需要政府推动降成本，自然是当前成本太高了。从去年到今年，国务院及地方都出台了降成本的政策措施。那怎么理解成本太高？为什么成本会高？这些问题搞不清楚，可能无法真正实现降成本。从去年到今年本人一直在调研成本问题，在调研中思考，在思考中调研，从现有的理论中没找出一个可以解释上述问题的答案，尝试着从理论与实际的结合上做出新的解释。

一、降成本是整体性问题

过去我国的发展是低成本、低附加值，现在变成高成本，但依然是低附加值。一些地方当年的经济增加值已经低于当年的总投资，经济发展的成本越来越高。为什么从低成本变成了高成本？很显然，这个高成本不能说是税收导致的，因为这些年来都在不断减税，我国并没有整体地进行制度性加税，这只能从其他方面来解释。直观地从会计成本的角度来看，成本高就是原材料成本高、能源成本高，还有销售费用、管理成本、财务费用高，这些都构成企业的成本。严格来说，在会计核算上的成本和费用还有区别，我们不那么严格区分。

单从一个企业的角度来看，降成本是很难的，因为企业之间的成本，以及企业的各项成本之间都是相互关联的，这是一个整体性的问题。当然，企业内部成本控制则是另外一回事。其实成本问题，还是一个分配问题。比如人工成本，对企业来说是成本，对劳动者来说就是收入；原材料成本对下游企业来说是成本，对上游企业来说又是收入；融资的成本，对实体经济企业来说是财务费用，无疑地属于成本，而对金融企业来说是收入。

所以，从整体来看，降成本同时也是利益分配关系的调整。这边降了，那边就少了，比如降了工资，人工成本虽然下降了，但是劳动者的收入也会减少，这就涉及分配的比例关系。如果仅仅是从财务会计的角度去看待降成本，就很可能形成一个翘翘板，按下葫芦浮起瓢。因此，降成本要整体考虑，统筹施策，很难针对局部去降成本。

二、高成本形成的直观原因

从我国发展阶段以及经济社会发展这个整体来看，以下六个方面导致成本趋势性上升。

（一）产能过剩、杠杆率高、库存多

"三去一降一补"的"三去"都是和成本关联在一起的：产能严重过剩意味着有大量的无效成本，无效成本不能带来增值；杠杆率很高意味着财务费用很高，成本就上去了；库存多显然导致资金周转慢，成本也上去了，这些都会带来高成本。从经济学的角度来说，由这些问题导致的成本是经济成本，是资源错配的成本。僵尸企业就是典型的资源错配现象，大量宝贵的社会资源消耗在这些企业里，产能不能有效发挥出来；杠杆率高实际是资金的配置出了问题。从经济成本的角度来说，这还带来很高的机会成本。社会资源是有限的，不能用在合适的用途上，实际上就是资源错配，经济运行成本就会很高。

当前企业成本高，与资源错配密切关联，与市场扭曲有深刻联系。

（二）研发投入不足

研发的短缺会导致成本的增值效率低。试想一下，企业如果没有新技术、新产品、新工艺、新模式，长期一贯制，一方面，生产过程消耗就会很高，单位产品的原材料消耗、能源消耗、管理费用等等，都会居高不下；另一方面，成本的增值率，或者说转化率低，带来的附加值低。这样的成本是低效成本，甚至可以说是无效成本。这同时产生两个结果：企业成本高、产品附加值低。因此，企业技术进步缓慢导致的这种高成本、低利润，是研发不足的结果，是长期跟随、模仿形成路径依赖而产生的结果。

靠跟随、模仿而生存、发展的时代已经从整体上结束了。没有研发,没有创新,企业成本就会越来越高,利润越来越薄,直至被淘汰而退出市场。从现实来看,越是重视研发的企业,日子越是好过,而相反,陷入困境的企业,都是不重视研发的企业。这也证实了研发与企业成本的相关性。

(三) 人口老龄化

人口老龄化也会带来高成本。我国在不到 20 年的时间之内就进入了老龄化社会,而发达国家进入老龄化社会,一般用长达几十年至一百多年的时间。我们在还没有富起来的时候就进入老龄化社会了,而这些养老的成本是由全社会来负担的,最终是由企业来承担的。不仅如此,老龄化的另一面是适龄劳动力减少,劳动力市场发生逆转,从买方市场变为卖方市场,企业雇工不愁的时代结束了,人工荒时常发生,工价越来越贵。当这种现象变为一种普遍现象时,不只是企业雇工成本上升,而且还会衍生扩大,使各项企业成本同时上升。如人工贵导致物流成本上升、原材料成本上升、销售费用上升,等等。缺少劳动力,一切都会变得更贵。

从社会加持到企业身上的成本与从市场加持到企业身上的成本,两者叠加在一起,致使企业的人工成本快速上升,并连带引发各项成本上升。

(四) 资源匮乏

我国已经成为世界第二大经济体,生产、生活所需的资源不断增扩,我国自有资源已远远满足不了发展的需要。相对于我国的生产规模和生活水平,我国已经成为一个资源匮乏的国家。当资源供应越来越依赖于国际市场时,这不能不导致资源成本上升。

例如我国石油、铁矿石对外依存度超过 60%,国内的资源不够,要到国际市场上去购买,这不仅决定于国际市场供求状况,还取决于国际政治格局以及国与国之间的关系。其中既有市场风险,也有国际政治风险,充满了各种不确定性。国内资源不足,国际资源争夺加剧,全球风险水平上升,整体导致资源使用成本提高。而地球上的资源许多是不可再生的,尽管技术进步为资源节约、资源替代提供了可能性,但我国生产、生活对资源的需求是快速扩增的,从长期趋势看,资源成本是上升的,只是有的成本没体现在资源价格中,如外交、护航等。

国际大宗商品价格的波动，也不会改变这个趋势。

（五）环境污染

环境污染带来的是环境成本。环境成本一部分是由社会来承担的，付出的是大众健康代价和政府治理代价，一部分是由企业来承担的，转变为企业的成本。随着环保要求越来越高，企业用于环保方面的支出会不断地扩增，企业承担的环境成本也就越来越多，以达到生产不污染，或者尽可能少污染环境，降低社会成本。这就是环境成本内部化的过程。

环境成本内部化，体现多个方面，如缴纳环保税、环境保护的研发投入、环保设备购置、更换工艺流程等等。在其他条件不变时，这方面的成本开支多了，企业利润就减少了。有的企业因此而陷入亏损，最终退出市场；有的企业会被迫转型升级，转向清洁生产，得以生存发展。我国生态环境污染日积月累，已经形成很高的污染存量，对现有企业来说，意味着再也不能通过外部化的方式来转嫁环境成本。环境污染的存量现在不得不靠政府大量投入来治理，而环境污染的增量治理势必将由企业来承担。企业承担的环境责任越来越大，其承受的环境成本也将越来越高。

（六）社会诚信缺失

社会诚信缺失，整个经济社会运行成本就会全面提高。比如契约意识淡薄，签了合同不履行，导致企业之间的相互拖欠增加、法律诉讼增多。经济运行是一个大系统，企业与企业之间通过投入产出链、供应链、价值链紧密地栓在一起，相互依存。其中一个企业不守契约，会影响一串企业。若企业普遍不讲诚信，则企业之间的关系将会面临不确定性程度的整体上升，风险扩大，交易成本会大大增加，由此导致企业高成本。融资成本高，就与诚信不足直接相关，这导致过度的增信措施，如抵押、担保、认证和公证，这些都不是免费的，最终都会添加到融资成本的账单上。

劳资关系同样如此，无论是资方、还是劳方，一旦双方之间契约关系因社会诚信而受到不良影响，不只是给企业带来成本，也会给收入分配、居民收入增长以及消费需求都会引致不确定性影响的衍生扩展。政府的诚信水平对经济社会运行的不确定性影响，具有类似于基础货币那样的乘数效应。若政府诚信水平下降，会增大公共风险，导致生产、生活成本全面提升。

市场经济就是信用经济。诚信缺失，信用不足，风险上升，最终都会转化为企业成本。

三、高成本的根本原因是制度变迁滞后，降成本的关键是要降广义的制度性成本

资源错配的成本、养老的成本、资源的成本、环境的成本以及诚信缺失带来的成本等等，之所以会越来越高，根本原因是制度变迁滞后。这里所说的制度变迁滞后是相对于风险而言的，制度变迁跟不上风险的衍生、扩大，而风险会转化为生产、生活的成本。前面所说的六个方面的成本，其实都是风险凝结沉淀的结果。今天的结果，是因为我们昨天没看到风险，制度没有跟进，风险没有及时地化解，甚至风险还在衍生扩大。风险水平的整体上升，全社会的整体成本就会上升，微观主体的成本也就会水涨船高。

事实上，现在人类社会已经进入"风险社会"，全球经济及我国的经济也进入"风险经济"状态，这也是经济新常态的一个基本特征。但我们的制度变迁无疑是慢于风险产生的速度，这时整个经济社会的不确定性就会放大，行为方式也会转变，这就会导致成本快速上升。

从定价的角度来看，我们过去说的定价就是按照历史成本来定价，或者说是以历史成本为基础的。而现在的定价机制已经改变，是按照风险来定价的，或者说是以未来风险为基础的。企业的成本也不是过去的历史成本，而是转化为风险成本。何以见得呢？学会计的人都知道，会计准则里面有八项减值准备，如坏账减值准备、固定资产减值准备、存货减值准备等等。也就是说，账面价值预期贬值，导致和实际价值不符的时候，就要计提减值准备计入成本。这个成本很显然不是过去的历史成本，而是按照风险来确定的成本。在这种情况下，传统意义上的那种定价方式已经悄然改变了，我们要重新认识市场的定价机制。

按照历史成本定价与按照未来风险定价，是两种完全不同的定价机制。一旦按照风险来定价，就不是以前那种所谓的供求规律——供大于求就会降价，供小于求就会涨价，而是供求双方的风险判断，风险上升，就会是涨价，风险下降，则会是降价。比如煤炭、钢材的产能是过剩的，政府正在推动去产能，结果去年下半年出现了煤炭、钢材价格大幅度上涨，这用流行的经济学原理是无法解释

的。是去产能,减少了产量,导致价格上涨,还是需求突然大增所致?这恐怕都难以自圆其说。这其中更具有决定性的因素是供求双方对风险的判断。对风险的预期比实物交易行情更能决定价格的走势。风险预期改变了行为,行为改变了供求关系,从而改变了价格。从期货与现货价格的关联中不难发现这一点。再比如现阶段的资金是相对过剩的,但是当银行给企业贷款的时候,首先要评估企业的风险状况,中小企业风险大,利率就要高,大企业风险低,利率就低。除此之外还有抵押,抵押要评估,担保还要有再担保,这就产生了交易费用,所以整个实体经济的融资成本就很高。

当定价机制不是按照历史成本,而是按照未来风险在定价的时候,风险水平全面上升,就意味着所有的生产要素都会变贵。在这种情况下,包括实体经济在内的成本就都会提高。

上述是从经济的角度来观察的。从社会的角度来看,风险社会意味着有很多的风险要内部化,比如说老龄化的风险要企业承担,就是社保缴费,导致企业的成本上升。还有环境污染的风险要内部化,也会导致企业的成本上升,不能让企业去污染,而让政府来治理。社会领域的风险都在内部化,内部化就意味着转化为企业的成本,这些都会导致成本上升。社会诚信水平下降,信用风险普遍增高,所有企业的成本都会由此而增加。

经济、社会各种各样风险的扩大,也就是不确定性的增加,会使整个经济的运行成本上升,会使整个实体企业的成本上升,由此也就进入了一个高成本的时代。

高成本的时代实际上和高风险的时代是一致的。从这个意义上讲,现在的成本不是会计学意义上的成本,而是风险的转化。在这种情况下,如果不能降低整个社会的公共风险水平,那么,高成本是无法降下来的。

而要降低整个社会的公共风险水平,那就要加快改革,加快制度的创新,推进制度变迁,使制度和风险之间形成一种良好的匹配,充分发挥制度及时地防范化解风险的功能,避免风险累积和集聚。当经济社会的不确定性程度总体下降的时候,即公共风险呈收敛状态时,那么经济社会整体的成本水平才能够下降。从这个角度来分析,我们当前面临的高成本,其实归结起来可称之为广义的制度性成本。

从分析得出的结论来看,我们现在降成本的着力点,应该是怎样降低广义的制度性成本,这与"制度性交易成本"概念是有所区别的。成本的普遍上升,都是制度变迁滞后所造成的,所以都属于广义的制度性成本。只有加快改革,降低制度性成本,才可能实现我国经济的转型升级。

从"逆全球化"看2018年国际经济形势

课题组

一、"逆全球化"思潮泛起,国际经济和全球治理面临诸多不确定性

2008年国际金融危机之后,全球经济进入"新平庸时代"(拉加德,2014)。英国脱欧,法国、意大利等国的民族主义、民粹主义上升,特朗普"美国优先"战略和贸易保护主义大行其道,发达国家和发展中国家间跨境资本流动下降,国际经济从全球化向"逆全球化"转向,加上新技术革命及气候危机等因素的影响,使未来国际经济和全球治理面临很大的不确定性。

一是日益抬升的"贸易保护主义"。数据显示,国际金融危机爆发十年来,各国出台的贸易保护措施不下3000项,导致全球经济增长因贸易和跨境投资减少而放缓,多边贸易体系屡遭挫败。

二是毫无顾忌地"税收本位主义"。为了保护美国本国利益,鼓励本国制造业发展和吸引海外资金回美国,特朗普政府将企业所得税从35%降至20%,年收入个人所得税起征点翻倍至1.2万美元,取消房产遗产继承税等,引发全球税收竞争。

三是不断增强的"政治分离势力"。2017年9月德国大选中极右翼政党意外胜利,10月奥地利大选右派大胜,同月捷克议会选举中反建制派ANO党获得压倒性胜利,11月加泰罗尼亚地区政府宣布独立,欧洲的政治风险似乎再度死灰复燃。经济不平等和政治两极化双管齐下,进一步放大全球风险①。

四是颠覆传统的新技术革命。在当今世界中,生产、通信、能源和其他系统

---

① 世界经济论坛:《全球公共风险报告(2017年)》。

正在以前所未有的速度和规模改变及颠覆就业模式、社会关系和地缘政治稳定性等方方面面，技术革新给风险格局带来乘数效应，受影响产业和地区的收入下降、失业率上升，进而引发破坏性的社会不稳定。

五是持续加大的气候危机。自2008年以来，每年有2150万人因气候变化或气候危机事件流离失所。联合国减灾办公室报告称，2015年有接近10亿人受到自然灾害的影响。由于海平面不断上升，从阿拉斯加到斐济和基里巴斯的多个社区都已经或计划迁离。世界银行预计，水资源危机将会给包括中东和荒漠在内的地区造成极端的社会压力，到2050年之前，水资源稀缺造成的经济影响可能占其GDP的6%。水资源稀缺、气候变化、极端气候事件和非自愿移民相关的风险交汇产生催化剂，进一步放大"风险乘数"。

从根源上看，此次"逆全球化"，以美国、欧洲部分国家为中心，是西方国家内部经济结构失衡、社会两极分化等诸多矛盾累积的现实反映，为2018年国际经济运行增添了极大的变数，甚至可能成为引发社会动荡和国家冲突的导火索。对此，我们绝不能掉以轻心。

二、全球经济延续整体复苏态势，处于两个经济增长波段的"交汇期"和"博弈区"

（一）美国的经济形势分析

在美国，"逆全球化"主要表现为"美国优先"，集中体现在特朗普政府实施的一系列政策上，一定程度上推动美国经济呈现出稳定增长的态势。2017年上半年美国经济先抑后扬，一季度经济增速仅为1.2%，二季度大幅反弹至3.1%，三季度约为3.2%，这是两年多来美国GDP首次连续两个季度达到3%的增速，四季度增速为2.5%。美国经济2017年表现不俗，主要得益于个人消费表现强劲，企业投资增长超过预期，商品和服务净出口达到2014年以来的最高增速，共同推动了美国经济的稳定增长。

然而，美国经济的隐患也是显而易见的。一是全要素生产率趋势的估计大幅度下降。研究显示，关于美国全要素生产率趋势的估计大幅度下降，这增加了人们对这种下降是永久性下降的担忧。二是高额的家庭负债对美国经济带来重大的负面影响。截至2017年6月，美国家庭负债总额与去年同期相比，增加了5000多亿美元，达到12.84万亿美元，约是美国GDP的2/3。IMF最新发布的《全球金融稳定报告》认为"美国家庭消费负债若持续维持高位，会导致经济持续下行并更为深化"。三是美国一系列以邻为壑的政策，如税收、贸易、移民、气候、能源及货币政策等，对世界经济发展将会造成极大的负面影响，也不利于美国经济的平稳增长。

（二）欧盟的经济形势分析

在欧盟，"逆全球化"主要表现为反欧洲一体化，内部凝聚力不断降低，为欧盟经济带来种种不确定性。2017年，一些有利于经济增长的因素开始发挥作用，如石油价格持续走低，欧元兑美元有所贬值，量化宽松政策带来积极的刺激作用，财政政策逐渐回归中性，欧盟经济开始复苏。欧盟委员会在2017年2月曾预测[1]，欧元区的GDP增长率在2017年将有0.1个百分点的回落，从2016年的1.7%回落到1.6%，并有望在2018年上升到1.8%。但根据欧盟统计局在2018年1月份的最新估计，欧元区在2017年的经济增长率为2.5%，创下近10年来最快增速，2018年预计增长2.3%，2019年为2.0%。2018—2019年的经济增长可能略为放缓。整个欧盟的GDP增长率也将从2016年的1.9%增长到2017年的2.5%[2]。

在驱动力方面，私人消费是欧盟经济增长的主要动力，投资则表现不佳，政府消费将继续保持其对GDP的稳定贡献，对外贸易对欧盟GDP增长的贡献率接近零。2018年，欧元区的就业增长率预计从2017年的1.3%降至1%，欧盟的就业增长率会降至0.8%。劳动力工资水平预计将温和增长，带动通货膨胀率的上升。欧元区政府债务率预计会达到89.25%，比2016年降低2.25个百分点。通过对欧盟的财政结构性平衡指标进行判断，欧盟财政政策已经从2015年开始逐步从紧缩转向中性。货币政策短时间内将继续保持量化宽松。

然而，欧盟经济也面临着诸多风险。一是美国减税及贸易保护主义将使欧洲经济遭受打击；二是特朗普的上台削弱了西方的自由共识，助长欧洲右翼势力的兴起，给欧洲经济的稳定增长带来隐患；三是英国"脱欧"程序正式启动，将对英欧贸易产生负面影响，甚至会引发其他欧盟国家效仿；四是欧元区一体化改

---

[1] European Commission, European Economic Forecast, Winter 2017, 02. 2017。

[2] GDP up by 0.6% in both the euro area and the EU28, http://ec.europa.eu/eurostat/documents/2995521/8627394/2-30012018-AP-EN.pdf/0374d17b-ba86-4aab-8837-c4865e087ceb, 30 Jan. 2018。

革存在分歧,欧盟内部改革已经"迫在眉睫"。

(三) 日本的经济形势分析

在日本,主张全球化和"逆全球化"同时并存。由于外向型经济一直占据主要地位,日本很大程度上是受益于全球化发展的,为了应对"逆全球化"带来的影响,日本积极采取措施,启动日美经济对话。但"逆全球化"并非和日本没有关系,正在实施的安倍增长战略实际上就带有"逆全球化"的色彩,安倍晋三主张的"一亿人总活跃社会"总目标就是变形的"日本第一",类似于"美国第一"。

根据日本内阁府统计,2017 年日本经济实际 GDP 增长率为 1.7%[1],连续 3 年实现正增长,但上涨节奏正在放缓,经济复苏实力仍欠缺力度。日本经济的驱动力是以个人消费和设备投资为中心的内需,由于出口增长缓慢,其外需对经济增长的贡献度预计将出现负值。公共部门方面,在老龄化不断发展的背景下,政府消费正在缓慢增加。2018 年日本经济实际增长率预计为 1.0%,较 2017 年下降 0.7 个百分点。如果除去缩减指数 (0.5%),预计基本和 2017 年增速相当。东京奥运会场馆建设将拉动基础设施投资,推动经济增长。受世界经济继续复苏的影响,预计出口将继续增加。设备投资方面,为了应对人手短缺,促进人工智能及物联网利用的研发投资预计将持续增加。

日本经济也面临着诸多不利因素:一是世界经济减速,日本出口减少;二是个人消费较为低迷;三是劳动力短缺问题日益严重,给部分行业造成供给制约。这些不利因素可能引发日本经济近期存在下行风险。

(四) 部分金砖国家的经济形势分析

金砖国家是应对"逆全球化"的主力军,正在创造和引领新的全球化。受美欧贸易保护主义及自身结构调整等因素的影响,金砖各国今后 10 年平均增长率预计将从过去 10 年的 6.5% 左右有所下降。

俄罗斯正在实施进口替代政策,推进产业结构转型,摆脱资源依赖,但欧美国家对其进行的经济制裁导致无法保证充分的资本投入,推进基础产业培育和提升国际竞争力有难度。另外,生产年龄人口也将继续减少,这些都将导致俄罗斯潜在增长率缓慢降低。俄罗斯今后 10 年的平均增长率预计将高于过去 10 年的

---

[1] 日本内阁府网站,http://www.esri.cao.go.jp/jp/sna/menu.html。

1%左右的增长率。

巴西在2016年特梅尔就任总统之后，修订了《巴西劳动法》，推行基础设施经营权转让、民营化等改革，预计将扩大外国资本的流入。如果导致巴西财政赤字的最大因素——养老金改革成功，紧缩财政政策有所放松，将可能带来劳动投入的增加，潜在增长率将缓慢上升。世界银行预测①，巴西2018年经济将增长2%，2019年增长2.3%。综合来看，巴西今后10年的平均增长率预计将略低于3%，高于过去10年的1%左右的增长率。

印度莫迪政府正在推进经济改革，放宽对外资的管制、引进商品服务税等，加之外界对其"超越中国"的增长期待，外国投资持续流入，基础设施投资需求旺盛，城镇化、工业化以及服务业发展加快，预计将带来劳动生产率的上升。从中长期看，上院、下院的"不和"将缓解，土地收用法、就业法等改革取得进展，有利于生产率的进一步提高。印度今后10年的平均增长率预计将高于过去10年的7%以上的增长率。

（五）部分新兴国家的经济形势分析

新兴国家是全球化的受益对象，也是抵制"逆全球化"倾向的重要力量。"逆全球化"必然损害新兴国家的贸易利益，但也是一种机遇，亦是一种强大的激励，促使新兴国家进行必要的结构性改革，提高生产力，实现国内工资及消费水平增长（见表1）。

2016年之后，国际经济复苏，跨国资本再次流入新兴国家。预计新兴国家整体今后10年的平均增长率将低于过去10年的5%的增长。在新兴国家，随着老龄化的出现，劳动投入量的减少，将压低潜在增长率；而基础设施投资增长，城镇化、工业化加快发展，又为经济增长提供重要支撑。如果石油价格逐渐上涨，今后10年的前半段受资源贬值最直接影响的国家、地区将成为增长率上升的核心；但后半段，中国经济进一步减速将波及以亚洲为中心的地区增长率开始减速。

在ASEAN4国家（马来西亚、泰国、印度尼西亚、菲律宾），生产年龄人口的增加推动潜在增长率上升的效果将逐渐减弱，劳动生产率的上升将成为增长的支撑力。在柬埔寨、老挝、缅甸，劳动成本低廉的优势非常突出，但面临着高附加值产业不足、家庭债务负担高以及贪污腐败等缺陷。上述国家今后10年的平

---

① 世界银行2018年1月9日《2018年全球经济展望》。

均增长率预计在5%左右,保持与过去10年相同的水平。

韩国和中国台湾地区以出口导向型发展模式实现了经济高增长,但其出口所占比重过大,受国际贸易的影响显著,潜在增长率面临下行压力。另外,受老龄化程度加剧、储蓄率低迷等影响,资本投入也将放缓。政府致力于推动新兴产业发展以及通过教育改革实现人力资本质量提升,未来经济增长将会有所改善。

表1 主要国际组织及机构对经济增长主要指标的预测值   单位:%

指标	预测机构	2016年	2017年	2018年	指标	预测机构	2016年	2017年	2018年
经济增长率	国际货币基金组织				通货膨胀率	国际货币基金组织			
	世界	3.2	3.6	3.9		发达国家	0.8	1.7	1.7
	发达国家	1.7	2.2	2.3		发展中国家	4.3	4.2	4.4
	美国	1.5	2.2	2.7		联合国			
	欧元区	1.8	2.1	2.2		发达国家	0.7	1.5	1.9
	日本	1	1.5	1.2		发展中国家	5.2	4.4	4.3
	发展中国家	4.3	4.6	4.9	贸易	国际货币基金组织			
	世界银行					世界	2.4	4.2	4
	世界	2.3	2.7	3.1					
	发达国家	1.6	1.8	2.2					
	发展中国家	3.4	4.2	4.5					
	美国	1.6	2.2	2.2					
	OECD								
	世界	3.3	3.5	3.7					
	美国	2.5	2.1	2.5					
	欧元区	1.8	2.1	2.1					
	日本	1	1.6	1.2					
	联合国					联合国			
	世界	2.4	3.0	3.0		世界		1.2	
	美国	1.5	2.2	2.1		美国		1.9	
	欧元区	1.9	2.2	2.1		欧元区		1.8	
	日本	1.0	1.7	1.2		日本		0.9	

注:贸易和通货膨胀率见国际货币基金组织《世界经济展望——寻求可持续增长:短期复苏及长期挑战》2017年10月版;贸易见联合国《世界经济形势与展望(2017)》2017年1月版。

资料来源:国际货币基金组织《世界经济展望》2018年1月;世界银行《2018年全球经济展望》2018年1月;OECD《OECD经济展望报告》2017年11月;联合国《世界经济形势与展望(2018)》2017年12月。

(六) 对 2018 年国际经济形势的预测

综上分析，我们认为：源于各国货币政策、财政政策以及结构性改革等有效支撑和拉动，加之市场在一些领域实现了自我出清，全球主要经济体将继续保持复苏态势；由于以智能制造和新能源技术为代表的新一轮科技革命以及新产业、新业态、新商业模式，尚未成为推动全球经济进入新增长周期的主导力量，全球新旧动能转换仍在进行之中，特别是经济结构失衡问题没有得到根本解决，表明全球经济复苏的基础并不牢固；以美欧为中心的"逆全球化"，对国际贸易、投资等带来一定的负面影响，加大了全球经济风险，加剧了全球资本和产品竞争，但不会逆转全球化大势，也不会逆转国际经济复苏的趋势。全球化的未来不再仅由西方决定，新兴世界既有保持全球化进程的巨大利益，也具备捍卫它的空前力量和决心①。可以说，全球经济总体处于两个经济增长波段的"交汇期"和"博弈区"。

三、增强应对不确定性的能力，主动参与和推动"新全球化"

当前国际经济形势的发展，对我国既有有利的因素，也有不利的因素。适应全球化发展中的新情况、新变化，我国需增强应对不确定性的能力，主动参与和推动"新全球化"。

（一）对我国的有利因素分析

一是"逆全球化"为中国提供了新全球化"引领者"和"塑造者"的重大历史机遇。与传统的全球化不同，"新全球化"应当建立在平等相待、利益共享、包容互惠、互商互谅等原则之上、以新型伙伴关系为基础的全球化，是打造"人类命运共同体"的必然选择，但"新全球化"并未成形。中国应抓住这一历史机遇，提供"新全球化"的中国方案，增强在全球治理中的话语权。

---

① 透视"逆全球化"表象，http://finance.eastmoney.com/news/1351，20170322722474380.html，2017 年 3 月 22 日。

二是国际经济整体回升带来"共振"效应,有利于我国经济增长与发展。我国自 2016 年下半年以来延续的良好经济发展势头,其中一个重要原因是全球经济整体好转,促进了我国进出口的回升。2018 年,全球经济继续好转,将会给我国经济发展创造一个良好的国际环境,有利于我国经济持续发展。

三是美欧等国的再工业化以及新兴经济体的成长,有利于我国经济结构优化和升级。一方面,为中国制造、创造和智造提供了广阔的市场空间,同时也提供了推动中国制造转向中国创造和智造的强大动力;另一方面,为中国企业"走出去"、参与"一带一路"建设及推动全球治理变革等提供了新机遇,符合我国发展的长远利益。

(二)对我国的不利因素分析

一是"逆全球化"及贸易保护主义抬头给我国的对外贸易带有一定影响,但这一影响不会太大。由于当今世界各主要经济体之间复杂交织、相互嵌套,我国与欧美主要国家在资源禀赋和产业结构方面的差异,决定了我国与之在经贸方面互补性与竞争性并存。特别是鉴于我国经济体量的增大、在全球治理中话语权的提升,以及欧洲国家被自身的一些问题所困扰,因此,未来我国与欧洲国家发生大的贸易战可能性较小,但小的贸易摩擦可能会加剧。由于美国特朗普政府奉行"美国优先"理念,并接连出台诸多贸易保护措施,增加了中美发生贸易战的风险,给我国经济发展带来负面扰动因素。

二是发达经济体"再工业化"加速趋势,以及可能出现的减税、全球税收竞争等因素,对我国的制造业带来新的挑战和压力。如果美欧企业所得税税率下降,在其他条件不变的情况下,必然会提升制造业资本的税后利润,从而对全球制造业资本的配置产生影响,促进制造业资本流向美欧,不利于我国工业转型升级。但由于制造业的竞争力,除了税制等因素外,还取决于人才、供应商网络、基础设施建设、创新政策和本地市场吸引力等诸多因素,因此,对我国制造业的竞争力影响不会过大。

三是我国经济发展的国际环境面临的不确定性增加。全球性宽松货币政策的退出、全球债务迅速增加,可能削弱吸引外资能力,引起资本外流和企业外迁加剧,从而削弱我国发展的优势和动力。此外,民粹主义、分裂主义等全球政治问题,也会使我国的发展环境面临的不确定性增加。

(三) 我国的应对策略

依据全球经济形势的发展和变化，制定有针对性的国内和全球策略。在国内策略方面，以提升我国企业竞争力为根本目标，以供给侧结构性改革为主线，建设现代化经济体系，激发创新动力和经济活力，培育新竞争优势，提升防范财政金融风险的能力；在全球策略方面，以"一带一路"建设、金砖国家合作等为抓手，积极参与全球经济治理，引领、塑造"新全球化"。

一是以推进供给侧结构性改革为主线。一方面，通过调整、优化国有资源配置结构，消除资源配置中的"挤出效应"，为民营企业发展提供相对宽松的资源环境，进一步释放经济活力，稳定当前经济增长；另一方面，通过提升国有资源配置效率，化解结构性失衡，解决经济发展中的深层矛盾，为中长期经济发展积聚新动能，实现经济持续健康发展。

二是以技术创新为引领经济增长的动力之源。以简政放权与能力建设相结合，加快推进政府综合改革，规范和明确政府的权力边界和职责范围；建立健全创新创业的法律体系，打破不合理的垄断和市场壁垒，促使社会资本在公平竞争中实现创新；实施乡村振兴战略，继续推进土地制度和农村产权制度改革，激发农村活力；优化财政、金融、产业等宏观政策，支持创新以及转型升级和结构调整；针对可能发生的全球税收竞争，做好税收调整预案，根据中央与地方的承受能力、纳税人税负结构、税收征管以及国外税制等多种因素，适当调低增值税和企业所得税税率；完善支持自主创新的科技金融政策体系，构建多层次风险分担与政策支持机制。

三是以防范财政金融风险为重点。进一步强化地方债务管理，既要强化流量管理，切实把债务风险关进笼子里，更应着眼于存量调整，防范地方债出现"灰犀牛"；实行综合系统管理，规范PPP、政府采购和投资基金运行，防止出现新的债务风险；建立省级资源统筹和改革协调机制，削减存量债务，促进融资平台转型；优化财政支出结构，增强财政应对不确定的能力。

四是以G20、金砖国家等合作机制为载体。实施好"一带一路"等重大战略，加快推进"一带一路"建设和金砖国家合作机制步伐，拓展新的贸易伙伴和贸易领域，为新全球化以及全球新的合作发展模式提供"样板"；推动全球经济治理规则改革，加强与新兴国家的联系与磋商，提升中国在经济治理机制中的话语权和资源定价权；积极推进双、多边经贸合作，加快RCEP、FTAAP、中欧 BIT、中加 FTA 等谈判，主动参与 TPP 谈判，构建面向全球的自由贸易区网络。

课题负责人：傅志华
课题执笔人：傅志华　马洪范　李成威　景婉博　于雯杰　陈　龙

货币政策困境与财政政策选择

赵大全

高杠杆是当前经济社会的主要矛盾和风险源。自 2015 年中央经济工作会议将"防风险"作为重大任务强调后,从"黑天鹅"到"灰犀牛"再到"明斯基"时刻,中央将化解金融风险放在了更加重要的位置。按照党的十九大要求,今后 3 年要重点抓好决胜全面建成小康社会的三大攻坚战。其中,打好防范化解重大风险攻坚战是首要任务,重点就是防控金融风险。可以说,去杠杆、防风险,尤其是防范地方债风险已经成为中国社会各界的共识。

一、"速度型增长"方式下的货币政策困境

在现代市场经济中,货币供应量与经济增长有着密切联系。从长期看,GDP 与货币供应量之间存在因果关系,货币供给量是推动经济增长的重要因素。一定意义上而言,改革开放以来中国的"速度型增长"也就是货币驱动型增长。然而,随着后工业化时代投资需求的降低,基础设施逐步完善引致的基建投资需求减少以及房地产引领的投资拉动难以为继,以信贷为主体的货币需求大大降低。而且,经济货币化业已完成,外汇占款趋势性减少,房地产蓄水池效应见顶,这些与"速度型增长"方式相伴生的驱动货币扩张的因素逐渐消失。

首先,后工业化时代投资需求的降低。按照工业化理论,我国总体上进入工业化后期。具体来看,2015 年北京、上海、天津已经步入后工业化阶段,其他大部分东部省份处于工业化后期,而大部分中西部省份基本还处于工业化中期。尽管如此,后工业化时代投资需求降低的趋势已经凸显:后工业化的基本特征是第三产业的产值和就业超过第一、二产业,而第三产业大多是轻资产的,对固投

需求不大，2013年中国第三产业增加值首次超过第二产业。与此同时，工业本身因为通用技术部门的投资效率不断下降，已经成为制约可持续增长的突出问题，投资高积累推动的工业化生产方式越来越不可持续。经历了三十多年的投资高速增长，投资在经济中的占比于2007年达到顶点。2008年4万亿元的刺激计划，使得本来逐渐下降的固定资产投资突然出现了跳升，2012年再次见顶后呈趋势性回落，目前是个位数增长。

其次，基础设施逐步完善引致的投资需求减少。1995年世界银行发布题为《为发展提供基础设施》的研究报告，将基础设施分为经济基础设施和社会基础设施两类。仅对经济基础设施资本存量进行估算，按照2005年的不变价计算，1989年我国的基础设施存量仅9603亿元，1990年时突破万亿，达到1.04万亿元，之后一直至今保持两位数的增速，2010年存量达到25.1万亿元。基础设施资本存量/GDP的比值反映了一个地区基础设施建设与经济发展的关系。Kamps（2006）测算了22个OECD国家41年基础设施资本存量与GDP的比值均值为0.55。据巴曙松等测算（2013），截至2010年西部地区基础设施资本产出比已经超过1，达到1.09，高于全国0.2个百分点。2010年长江三角和珠江三角的资本产出比为0.55，是学术上公认的长期均衡比例。中部六省地区的资本产出比还处于周期性的上升期。具体来看，中国的公路建设已经过剩，每千米道路上行驶的车辆数为16辆，远远低于德国和日本的72辆/千米和63辆/千米，甚至低于一般的中等收入国家。港口建设也趋于饱和，自2010年开始，全国主要港口集装箱吞吐量增速已经开始趋缓甚至下滑[1]。

再次，房地产引领的投资拉动难以为继。1999—2012年房地产投资基本都保持20%以上的增速。2015年见顶之后增速降为个位数，投资增速下降的长期趋势基本确立。近几年的情况进一步确证这种趋势，2015年，全国房地产开发投资95979亿元，比上年名义增长1.0%。其中，住宅投资64595亿元，增长0.4%，增速回落0.3个百分点。2016年，全国房地产开发投资102581亿元，比上年名义增长6.9%。其中，住宅投资68704亿元，增长6.4%，增速提高0.4个百分点。2017年，全国房地产开发投资109799亿元，比上年名义增长7.0%。其中，住宅投资75148亿元，增长9.4%，增速回落0.3个百分点。2018年1—6月份，全国房地产开发投资55531亿元，同比名义增长9.7%，增速比1—5月份

---

[1] 巴曙松、杨现领：《城镇化大转型的金融视角》，厦门大学出版社，2013年9月。

回落0.5个百分点。其中，住宅投资38990亿元，增长13.6%，增速回落0.6个百分点①。

最后，支撑货币扩张的基础性因素消失。经济货币化业已完成，外汇占款趋势性减少，房地产蓄水池效应见顶。改革开放初期，农村的联产承包责任制、乡镇企业的兴起，个体经济的发展，使大家对现金的需求大大增加，中国经济迅速货币化。商品市场货币化结束之后，生产要素市场的随之启动，随着资产和资源货币化程度的不断加深，货币需求量不断增加。而且，加入WTO之后外币占款的需求也不断增大。自从金融改革以来，我国经济货币化进程十分迅速。资源、资产、能源从无"价格"向有价格过渡，这些领域的货币中介从无到有。一旦有了股票、债券、期货，就需要一定的货币供应量来支持金融市场对流动性的要求。时至今日，经济货币化的进程基本结束。

加入WTO之后，随着出口的大幅增长和顺差的不断增加，以及国际热钱的大量流入，外汇占款成为增加货币供给的重要渠道。1997—2000年，受亚洲金融危机影响，外汇流入持续减少，M2增速终值持续低于预定值，1997年M2增速目标为23%，实际增速只有17.3%；1998年M2增速目标调降至17%，实际增速只有15.3%。外汇占款快速增长年份情况正好相反，如2005年M2增速目标为15%，实际值高达17.6%；2006—2008年M2增速目标均为16%，实际增速均分别为16.9%、16.7%和17.8%②。但是，近年来外汇占款的因素逐渐消失：2008年央行放弃强制结汇之后外汇占款渠道投放基础货币出现趋势性减少；金融危机后原有国际经济模式改变，中国包括劳动力成本在内的要素价格快速上升，导致经常项目顺差积累能力下降；人民币贬值阶段外汇占款趋于减少。另外，2015年之后从一线到四五线城市房价的全面大幅上涨，房地产价格已经见顶，其沉淀资金的蓄水池效应趋于极限。

上述对货币需求减少的趋势性因素叠加之后，如果再通过宽松的货币政策刺激经济，过多的货币进入市场必然会诱发通胀。更为根本的是"速度型增长"方式难以为继，典型表现是以下几个标志：产能过剩、房价高企与土地财政危机、中美贸易摩擦凸显的"卡脖子"问题、高杠杆（企业、家庭和地方政府的

---

① 2015年房地产开发投资95979亿元比上年名义增长1.0%，http：//business.sohu.com/20160119/n435019446.shtml。

② 外汇占款减少的经济收缩效应，http：//forex.cnfol.com/120614/134，2044，12579112，00.shtml。

负债率)、投资效率屡创新低。与此同时,为应对金融危机,中国先是企业加杠杆,2012年之后政府开始加杠杆,2015年之后家庭加杠杆。企业、政府和家庭负债率全面高企,金融风险凸显,叠加经济下行和中美贸易摩擦升级,我国经济"风险三角"的特征日趋明显,即近期国际清算银行提出的所谓"风险三角":一是生产率在不断下降,二是杠杆率在不断上升,三是宏观经济政策的空间在明显的收缩[①]。在此宏观背景下,货币政策陷入两难困境。

二、货币政策遇到困境,财政尤须保持稳健

金融就是收益与风险平衡之间加杠杆的问题。在"速度型增长"方式下资金风险偏好不断放大,加之国企和地方政府融资平台作为目标投放的"兜底"幻觉,信贷资金在有了"安全"幻觉之后,就放心大胆地追逐高利润,为此不断进行金融"创新",金融自我衍生严重,金融资产快速膨胀,融资贵问题更加突出,货币政策在金融机构内部存在消融机制,货币政策的效果走不出金融机构的内部消融效应,实现不了脱虚向实的政策目标。

金融自我衍生严重。由于金融创新层出不穷且日新月异,金融体系内部的杠杆层层叠加,层层获利,激发了金融业的爆发和突变。近几年中国金融体系无论是规模还是复杂化程度,均非线性地迅速上升。金融业态呈现非银机构"银行化",央企和龙头企业"信用套利化",保险公司"对冲基金化",网络小贷遍地化,房地产金融化等新特点,这些变化超乎业界、监管者和政策制定者的普遍想象。

金融资产快速膨胀。金融业增加值占比来看,我国金融业所占比重1996年至2002年在5%左右,2003年至2006年接近4%,2007年以来不断走高至2015年的8.4%。从2005年4%的低点至2015年8.4%的高点,在这11年间,我国的金融业增加值占比翻了一番。与美英日等发达国家相比,我国金融业增加值占比于2013年超过美国,于2015年超过英国。2015年,中美日英四国的金融业增加值占比分别为8.4%、7.2%、4.4%、7.2%,我国已超过另外三国,我国经济

---

① 黄益平:经济已陷"风险三角"宏观经济政策空间收缩,http://finance.ifeng.com/a/20161117/15014821_0.shtml。

存在过度金融化倾向①。我国金融业的高增长是在制造业快速下滑的背景下发生的,这意味着金融稳定、可持续发展的基础正在丧失,预示着风险爆发的可能性正在增大。

融资贵问题更加凸显。信贷资金通过网贷、P2P等追逐高利润,民间融资、小微企业融资尽管解决了融资难的问题,但凸显了融资贵的矛盾。从运行机制来看,银行把钱借给小银行,小银行把钱借给租赁公司,租赁公司把钱给了小贷公司,小贷公司把钱贷给各种金融业,自我循环过程中每一个金融企业都要有利润,都要有用工成本,这些成本就是金融业的GDP②。而且,由于央企和龙头公司具有很高的信用,银行愿意把钱以较低的利率贷给它们,这些央企和龙头公司通过自身金融公司或财务公司甚或社会上的信托公司把低成本的资金转贷出去,实现信用套利,整个社会的融资成本大大提高。这种金融"创新"尽管解决了融资难问题,但融资贵的问题进一步凸显。

现实表明,货币政策遇到困境。但是,不能说货币政策出现困境,就是央行尽职尽力了,财政尚且稳健,就是财政"不积极"。这个逻辑是有问题的,尽管得到了不少的回应和附和。2008年财政4万亿元投资,不可谓不积极,但也留下了很大的后遗症,至今仍广为诟病。这表明财政如果不顾自身政策的特性,奋不顾身的为"积极"而"积极",不但解决不了当前的问题,还会带来更严重的新问题,最终真的变为财政问题。

从现实看,只是半个财政稳健,即中央财政比较稳健,地方财政风险积累不容忽视。从地方财政来看,当前的最大问题是省市两级债务占比和总量都比较高,与10年前相比,地方债务主要集中在县乡两级,也就是所谓的县乡财政困难,今天尽管县乡财政仍然困难,但因为县乡两级融资难度大,地方债的比例和总量反而不高,省市两级因为信用等级高,融资门槛低,债务更为严重。这种情况下,地方财政出现问题,只有等待中央财政救援,地方本身已经没有回旋余地。因此,耒阳公务员工资的停发,黑龙江养老金的缺口,六安等地教师的集体讨薪等,无一不在等中央财政解急救困。笔者个人认为,中央财政不宜再安排赤字,尤其不能扩大赤字,中央财政作为社会风险的最后承担者必须以稳健为

---

① 31省份金融业增加值占GDP比重大排名,http://www.xinhuanet.com/fortune/2017-08/21/c_1121518423.htm。

② 黄奇帆最新发言实录,经济热点全都说透了,http://www.cb.com.cn/guojijingji/2017_0804/1193222_5.html。

核心。

从根本上看,财政危机的后果难以承受。近有欧债危机,其危害程度远超作为"元凶"的美国次贷危机。远有17世纪伴随财政危机走向灭亡的明王朝和18世纪财政危机引发的法国大革命。中国的王朝衰亡,必然是财政危机引起的失衡已经到了山穷水尽的地步才会发生。稳健的财政状况和先进的财政制度不仅是大国竞争的利器,更是大国崛起的必要条件。在《大国的兴衰》中,保罗·肯尼迪说道:在100多年的英法争霸中,英国最终胜出,首先是因为法国"没有适当的公共财政制度"。布罗代尔在《15—18世纪的物质文明、经济和资本主义》中也肯定地说:"公债正是英国胜利的重要原因。"今日观之,这种判断说明两点:一是英国战胜法国主要源于英国财政制度的优势;二是与其说一个国家的好的财政制度来自于国力强盛后的自然结果,不如说它是一个国家走向强盛的必要举措。

三、要破解"政府掌控资源,市场配置资源"难题

处理好政府和市场关系是经济体制改革的核心,也是建立和完善市场经济体制的主线。要处理好政府和市场的关系,最根本的就是使市场在资源配置中起决定作用。长期以来,我国政府在资源配置上存在着行政性配置较多、市场化配置不足、竞争机制滞后、配置效率低下等问题。政府掌控资源太多和政府边界模糊,必然使资源配置遭遇扭曲之困。

要处理好政府与市场的关系,首要解决政府掌控资源太多的问题。据不完全统计,中国政府掌控的资源至少包括:土地(矿藏、水流、森林、山岭、草原、荒地、海域、无人海岛、滩涂)等自然资源、无线电频率以及空域资源等非传统自然资源、信贷资源、财政资金、基金、费、国债、能源等的定价权、政府采购权、特许权、排污权、专卖权、石油等进出口权、资本市场、金融类和非金融类经营性国有资产、实施公共管理和提供公共服务目的的非经营性国有资产、数据资源,等等。中国政府掌控的这些资源纷繁复杂,有些颇具中国特色,很难进行分类,但对市场经济体制的完善和市场配置资源的决定作用都具有重要意义。中国政府大量掌控资源的根源,既有历史原因,也有现实因素。由于中国特色社会主义市场经济脱胎于计划经济,又由于中国的改革是渐进式改革和增量改革,计

划经济的痕迹比较明显，市场的部分大多是增量改革而来，而政府掌控资源的计划经济部分始终没有大的触动和改革，这也就是改革进入深水区的要义。

政府掌控如此繁多的资源，市场对其无权配置，而政府自身难以有效配置，因而更多地表现为资源的闲置浪费或扭曲配置。一方面表现为资源价格与效率的扭曲，政府直接配置资源过宽、过多，难免对资源要素市场形成干扰和破坏，市场作用机制受压制，配置效率难以释放，尤其是市场属性比较强的经济资源，在过多行政干预下效率较低。另一方面表现为政府行为的扭曲，政府直接配置过多，形成政府对配置资源的路径依赖，衍生出权力寻租和腐败问题。不仅如此，也扭曲了市场主体的行为，以银行为例，银行要想在地方生存，必须和当地政府搞好关系，因为与地方政府之间的业务占比较高。不少地方政府一年有数百亿的土地出让金要存到银行，公积金缴存也达上百亿，地方财政资金缴存和拨付数额更是高达上千亿。地方政府掌握了太多资源，其对银行的存款业绩至关重要。

政府边界模糊带来资源配置扭曲。中国政府与市场边界模糊的根源既有市场经济体制不完善的因素，更有中国文化公私不分的基因。当前政府边界模糊突出表现在PPP上，从英国来看，撒切尔夫人上台之后的PPP实践，其出发点是私有化，即以公私合作关系为导向引进私人资本来实现公共部门的私有化。而中国的PPP实践却是引导私人资本融入政府主导的公有资本。可以设想，本来私人资本可以投入到研发，可以投入到扩大再生产，而通过PPP方式进入到以政府为主导的基础设施建设当中后，资金的使用效率大为降低，风险明显增大。好在中国多数PPP参与方是银行和国企，不至于产生明显的挤出效应。尽管如此，原本模糊的政府与市场边界更加模糊，不难想象，如果PPP继续作为基础设施建设的主要方式，PPP就可能演变为下一波财政危机的风险源。

要破解"政府掌控资源，市场配置资源"的难题，根本出路就在于用管资本的方式来实现国有企业改革的突破。资本属性就是一股一权，中央提出混合所有制改革，就是一个资本概念，而不是单纯的企业实体的视角。要完善物权、债权、股权、知识产权等各类产权的相关法律法规制度，形成清晰界定所有、占有、支配、使用、收益、处置等产权权能的完整制度安排[①]。要通过深化"放管服"改革激活创新动力，杭州和深圳能够引领互联网创新（电商、互联网金融、大数据、云计算等），而条件更为优越的北京和上海却难以望其项背，根源就在

---

① 完善产权制度和要素市场化配置，http://www.sohu.com/a/213200894_118392。

于北京上海地位的特殊性,在敢闯敢试方面多有顾忌。要对自然资源、经济资源和社会事业资源这三类公共资源实行分类施策:在自然资源方面以建立产权制度为基础,实现资源的有偿获得和使用;在经济资源方面明确委托代理关系的制度安排,建立健全国有资本形态转换机制;在社会资源方面引入市场化手段和方法,实现更有效率的公平性和均等化①。政府配置资源上的"有为",最终体现在政府边界的清晰、市场监管的完善和公共服务的优化。

四、要通过消除公共性危机来化解公共风险

不确定性与风险是一对同义语,用不确定性难以解释公共风险的成因。其实,公共风险来自公共性危机。公共性具有的公开性、整体性、均衡性、公平性等内在属性成为促进社会健康发展的内在动力。公共性缺失必然导致非均衡式发展,易陷入"国富民穷"的发展主义陷阱,随之而来的是社会贫富分化、公共服务萎缩、公共秩序遭到破坏等公共风险。不平衡不充分既是我国社会的主要矛盾,也是我国公共性危机的典型表现。不平衡是城乡、东西、贫富等多方面的不平衡,不充分主要是乡村发展不充分,西部发展不充分,贫困人口发展不充分。贫困地区的居民只能涸泽而渔才能维持生存,必然带来环境的破坏。利益集团追求短期利益,更是破坏环境的重要原因。当代环境恶化难以从技术上得到根本解决,正是源于自然环境的公共性缺失。从根本上说,公共机构的运行困境、公众参与度的日益降低、分配不公和贫富差距、人与人之间的关系冷漠、环境污染及能源短缺等问题都是当代公共性缺失的投射与表现。

瓦格纳法则表明,随着时代发展,社会日趋复杂,经济规模日渐庞大,跨界、跨领域以及跨国交流合作、对抗博弈亦越发复杂,社会总管理成本十分高昂。因此客观地需要更多的公权力机构统一规范社会与经济生活中的各种行为、应对更多的突发紧急情况、调节与约束各类人员或团体间的利益以及在国际竞争下保障本国国民的利益。国家权力的日益扩张甚至大包大揽,使得政府拥有了诸多合法的行政力量与管理手段,并为保障这些权力的执行而掌控了大量资源。公众本身只能偶尔被纳入权力决策的循环运动之中,由无数独立的个体组成的公

---

① 关于创新政府配置资源方式的指导意见, http://www.gov.cn/zhengce/2017-01/11/content_5159007.htm。

众,已经难以保证政治层面公共性的实现。这就是当今社会公共性危机的政治层面的根源。

从政治角度理解瓦格纳法则更有现实意义,既然公权力的日益扩张难以避免,就需要公民的有效政治参与来保障公共性的实现。然而,由于政治权力社会化与个体平等化之间不同步造成的矛盾,政治参与的消极化和过激化并存的矛盾,再加上制度的不健全,公众无法从公共性的角度出发提出自己的观点与看法,进而在协商和妥协的基础上解决问题。公众不得不像处理私人事务那样,优先考虑自身利益、纯粹着眼于自身要求的最大化。而且,政治参与是表达公民意愿的活动,政治参与主体的逃避会使任何有关政治参与的讨论失去意义。民众对某些特定政治事件关注过度、表达过度则是过激化的表现。政治参与消极化与过激化的矛盾存在造成了政治参与的困境,这表明我们现在既缺少连接个人和国家的有效的组织模式,也缺少民意整合的方法来充当公民的代言人,由此导致有效反映民意的通道匮乏,使政府很难对碎片化的社会个体给予及时而有效的回应。这是政治参与层面公共性缺失的集中体现[1]。

要消除公共性危机,首先要解决贫富差距过大的问题。在收入分配较为合理的社会中,财政收入的来源主要来自中高收入阶层,收入的来源广泛稳定且可持续,既获得了提高优质公共服务的资金,又可以有效控制财政赤字规模。即使因为自然灾害或者外部经济波动,造成财政突发大规模支出,财政也有承担这笔债务的能力和弹性,爆发巨额赤字风险和债务危机的可能性较小。一旦财政风险恶化,中等收入群体和高收入群体可以通过个人能力和家庭储蓄渡过难关。因此,注重收入分配的公平有助于减轻财政风险的危害程度,避免财政内部的不确定性,以应对高度复杂化的外部风险。改善收入分配结构需要从财政补贴的公平性上着手,尽量做到注重社会保障机制的公平性。在养老保险、医疗保险方面覆盖尽可能广泛的人群。在基础教育方面,缩小教育投入的城乡差异,让生活在不同区域、不同家庭的孩子具有相对公平参与竞争的起点和能力。

要消除公共性危机,还要着力提高预算的透明度。预算不透明对财政风险的影响主要是通过财政幻觉和财政监督缺位体现的。一是预算越不透明,越容易给公众造成财政幻觉。财政幻觉表现为税收和支出分离导致的财政幻觉、债务导致的财政幻觉、复杂的税制和间接的支付结构导致的财政幻觉、公共收入获取形式

---

[1] 丰琰:《人的公共性的哲学思考》,中共中央党校博士论文,2016年6月。

导致的财政幻觉。财政幻觉让纳税人感受到的负担比实际的负担轻,从而倾向于更大规模的财政支出,忽视了由此带来的财政风险。财政收支的不透明,容易给纳税人产生错觉,高估了享受到的公共服务的效应,低估了为了供给公共服务所需要支付的税收。政府债务融资可能会导致纳税人只会感到资产的增加,而忽视了未来的纳税义务。二是透明度不高的公共预算无法给社会公众提供足够的信息去进行财政监督,也无法让研究者得到足够的资料进行财政收支状况研判,从而导致财政预算越不透明,财政风险真实状况就越难以掌握,财政风险恶化的可能性就越大的恶性循环。财政风险一旦爆发,透明不足的政府预算容易导致公众对预算体制的不信任和对政府数据的不认可,老百姓一旦变成"老不信",就会陷入"塔西佗陷阱",即政府在民众心中失去信用,从而加剧财政风险的蔓延,加速风险向危机转化的进程。

五、"高质量发展"视角下的两大政策配合

"高质量发展"视角下两大政策制定及其配合要实现两大转变:一是由"问题导向"转向"目标导向"。由防止经济增速下降被动采取的刺激政策转向到实现高质量增长的主动作为的政策。二是由"数量型政策"转向"功能型政策"。进入工业化后期,直接"赶超"型的宏观政策的意义逐步衰减,两大政策更为重要的功能是加强物质性、社会性和制度性基础设施建设,健全有利于创新的市场制度、公平竞争的市场环境,宏观政策着力点更多地由数量性政策向功能性政策转变。

"速度型增长"方式下宏观政策调整的基点是"保增长",货币政策和财政政策主要在经济下行时采取宽松和积极的政策刺激经济,尽管在经济过热时也会采取紧缩政策予以调控,但政策的主基调是为了"保增长"。这种宏观政策本质上一是种"问题导向"的调控方式,它缺乏主动性、战略性和前瞻性,是一种被动式、随机应对式的调控。而且,从两大政策本身的特性看,货币政策侧重于短期的、相机抉择式的总量调控,而财政政策更侧重于长远性和战略性的结构调控。因为无论是财政对基础设施的投资还是对经济结构的调整,都不是短期内能实现的,也不是短期内能见效的。货币政策则不然,只要货币闸门一松紧,市场(尤其是股市)马上就有反应,效果可谓立竿见影。正因为如此,在"速度型增

长"方式下货币政策"很忙",也很卖力,而财政政策因为不擅长数量调控,就显得"不积极"。这也是近期有关部门对财政政策诟病的地方。

今天,以中国经济的体量、生产的全球占比、市场的渗透率,想再维持十几年前的那种经济模式和增长速度,根本不现实。随着中国经济逐步迈入后工业化时代,此时的出口、投资、工业生产等与工业化时代根本不同,人为地保持工业化中期高速增长阶段的经济增速,不仅欲速不达,而且会带来严重后遗症。因此,中国经济由速度型增长向高质量发展转型,不仅必要,而且十分迫切。本质上看,后工业化阶段是在物质基础达到一定水平,以知识和技术供给为动力,需求由追求数量向追求质量转变,实现了经济发展方式向高质量迈进的阶段。后工业化要求建立较完善的社会保障网,形成以中产阶层为主的社会结构,构建并完善现代化的经济体系。为此,两大政策迫切需要由"问题导向"转向"目标导向",即要把过去为"保增长"而不断调控,转变为把实现经济高质量发展作为核心目标。具体看,货币政策的首要任务是保障宏观经济环境的稳定,着力防范金融风险;财政政策要起到调控主力的作用,主动作为,善于发挥精准调控的特长,真正做到"积极"。

由"数量型政策"转向"功能型政策",更要发挥财政政策的特长,使财政政策更加积极。从经济结构角度看,我国三次产业之间、轻重工业之间、加工工业与基础工业之间等部门数量比例不协调的矛盾逐步得到解决。当前,我国经济结构问题的主要表现在第一产业基础不稳、第二产业大而不强、第三产业效率不高的矛盾,但在本质上不是数量关系的不协调,而是创新能力不足,经济发展质量不高,发展不平衡不充分的问题。尤其是在我国已经成为工业大国,形成了庞大的投资能力和加工制造能力之后,以前的数量型政策容易导致投资过度和产能过剩。为此,宏观政策亟待由"数量型政策"转变为"功能型政策"。

"功能型政策"以鼓励创新、创造公平的市场竞争环境、培育有效的市场竞争结构、培育人力资本优势、完善体制机制为重点,其政策目标、具体工具、作用方式与"数量型政策"根本不同。要从政策的实际效果出发,发挥财政补贴、税收优惠、政府采购等政策工具对于控制产业制高点、促进新兴产业和主导产业发展的"催化"作用。从发达国家的经验看,其政策重点是扶持前沿技术和新兴产业,统筹解决新兴技术和前沿技术的研发、工程化和商业化问题,有利于研发、技术标准和市场培育的协同推进。为此,财政补贴要改变按行业补贴的做法,不能采取行业普惠型政策,因为按行业或产品来补贴,容易使僵尸企业得到喘息机会，不利市场出清，不能扶优扶强，不利转型升级。要针对高质量发展，针对关键核心技术，针对自主创新，要着重解决"卡脖子"问题。要善于利用政府采购政策扶持芯片、操作系统这类应用市场起关键作用的产品，通过政府先试先用，培养国内应用生态。要高度重视国内市场规模优势，让高门槛大资金量的研发项目通过庞大的市场规模做支撑，增强企业的信心和动力，让规模优势再次成就奇迹。

参考文献

[1] 芦恒. 共生互促：公共性与社会发展的内在逻辑关系探析 [J]. 社会科学，2015（9）.

[2] 丰琰. 人的公共性的哲学思考 [D]. 中共中央党校，2016.

[3] 巴曙松，杨现领. 城镇化大转型的金融视角 [M]. 厦门：厦门大学出版社，2013.

[4] 陈共. 财政学（第九版）[M]. 北京：中国人民大学出版社，2017.

[5] 刘尚希. 公共风险论 [M]. 北京：人民出版社，2018.

中国宏观审慎政策指数构建

陈 旭

一、引 言

2008年全球金融危机对世界经济造成的冲击和影响，不逊于1929年美国的大萧条。即使在危机过去9年之后，世界经济仍未摆脱低迷的泥潭。与1929年大萧条催生凯恩斯主义宏观经济学一样，宏观审慎政策是经济学界对2008年全球金融危机反思的产物。不同于货币政策和财政政策，宏观审慎政策的设计是专门应对系统性金融风险，政策目标明确。根据丁伯根法则①，这样宏观经济政策组合的效果更有效。因此，金融危机之后，各大经济体都开始构建自己的宏观审慎政策制度框架，比如美国设立金融稳定委员会专门制定宏观审慎政策。

宏观审慎政策数据构建是政策制度框架重要的组成部分。政策制定者需要一个指数体系来明确政策目标和评测政策效果。另外，从学术研究角度，构造宏观审慎政策指数体系是研究宏观审慎政策有效性的基础。货币政策和财政政策都有明确的指数来衡量政策的松紧度和方向，如货币政策的利率或货币供给量、财政政策的税收和财政支出。宏观审慎政策也需要一个指标体系来衡量政策的松紧度和方向。

然而，目前为止，关于宏观审慎政策指标构建方面的文献较少。这是由于宏观审慎政策是新生事物，之前各国统计部门并没有将宏观审慎政策相关数据列为统计对象。Cerrutti 等（2017）基于全球宏观审慎政策工具调查（Global Macro-

---

① 丁伯根法则（Tinbergen's Rule）：荷兰经济学家丁伯根指出政策工具数量至少要等于目标变量的数量，而且这些政策工具必须是相互独立的。也就是说两项经济政策目标需要两种经济政策才能更好的得到实现更好的效果。

prudential Policy Instuments，GMPI）构建了一个跨国宏观审慎政策数据库，这个宏观审慎政策数据库涵盖 120 个国家在 2000—2013 年间实施的 12 项宏观审慎政策工具数据，是目前较为全面的数据库之一。Akinci 等（2015）也根据 GMPI、Lim（2011）等资料构建了 57 个国家的宏观审慎政策指数。与 Cerrutti 等（2017）的年度数据相比，Akinci 等（2015）的贡献是提供了季度数据。这两个数据库的缺点是太过粗糙，遗漏一些国家特有的宏观审慎政策工具，比如中国的限购政策。中国在应对系统性金融风险上，运用了很多宏观审慎政策工具。在这两个数据库中，中国的这些政策应用并不能反映出来。因此，本文尝试填补这一空白，挖掘中国的宏观审慎政策工具使用的数据，构建中国宏观审慎政策指数，为以后的宏观审慎政策研究提供数据支持。

本文最重要的工作在基于 IMF、BIS 等国际组织构建的宏观审慎政策工具框架，系统的梳理了中国宏观审慎政策工具，并据此构建了中国宏观审慎政策指数体系，为宏观审慎政策有效性的计量研究提供基础数据支持。这个中国审慎政策体系是根据中国人民银行、银监会财政部和国家外汇管理局等政策制定部门的法律法规文本为基础，从房地产部门、银行部门和外汇部门三个可能引起系统性金融风险部门出发，利用熵值法等方法构造的。中国宏观审慎政策指数体系，包含了 3 个二级指标、11 个三级指标、若干四级指标，可以作为评估宏观审慎政策的关键数据库。

二、指数设计思路和构建方法

国际清算银行（BIS，2011）对宏观审慎政策进行了规范权威的定义：宏观审慎政策是指运用主要的审慎工具防控系统性金融风险，从而降低由于金融系统融资功能中断对实体经济造成严重冲击的发生几率。宏观审慎政策具体针对以下两个维度：在时间维度，抑制金融失衡的形成和构建缓冲机制，以减缓的金融周期下行速度、幅度和对实体经济的影响；在截面维度，识别和应对金融系统的共同风险暴露、风险集中和关联性。因为这些是金融危机传染效应和溢出风险的源头，增大了系统性金融风险。

由于本文构建的宏观审慎政策指数是为了反映政策的动态变化，因此这里主要梳理时间维度的宏观审慎政策工具。综合 IMF 和中国金融稳定报告（2016）的研究，在时间维度上，国际上常用的宏观审慎政策工具分为一般性工具、房地产部门工具、企业部门工具、流动性工具四个方面，共 13 项宏观审慎政策工具，如表 1 所示。根据这一基本的国际通用框架，本文将在下三个部分中详细梳理出中国政策制定部门应用的 11 项宏观审慎政策工具，且归类为房地产部门、银行部门和外汇部门三大部门，这三大部门是影响金融稳定的重要风险源。值得一提的是，当前中国金融市场中，影子银行、证券市场等也是典型的系统性金融风险部门，但是由于学界对这两个市场的宏观审慎政策工具研究不足，没有成熟的宏观审慎政策工具，所以暂时没有将这些部门纳入到中国宏观审慎政策指数体系中。

构建中国宏观审慎政策指数体系的思路就是通过系统梳理房地产部门、银行部门和外汇部门宏观审慎政策工具在中国的应用情况，构造中国宏观审慎政策指数体系。基本步骤如下：第一，梳理中国人民银行、银监会和国家外汇管理局等部门关于宏观审慎政策工具的法律法规文本。第二，根据文本将各项政策工具量化为指标。第三，利用最小最大值正规化法、主观加权法、熵值法等方法构建房地产部门指数（HMPI）、银行部门指数（BMPI）和外汇部门指数（EMPI）三大分项指数和中国宏观审慎政策指数（MPI）。

表 1　　　　　　　　　　时间维度宏观审慎政策工具

工具类型	工具	监测指标	
		收紧	放松
一般性工具	1. 逆周期资本缓冲（CCB） 2. 杠杆率 3. 动态贷款损失拨备（DPR） 4. 信贷增长上限	1. 信贷/GDP 缺口	1. 资产负债表承受压力下的高频指标，如银行 CDS 息差扩大 2. 贷款利率/利差扩大 3. 信贷增长放缓 4. 违约率和不良贷款上升 5. 贷款调查显示信贷供给恶化
房地产部门工具	5. 贷款价值比（LTV） 6. 偿债收入比（DSTI）	1. 住户贷款增长率 2. 住房价格上涨（名义和实际增速） 3. 房价/租金比和房价/可支配收入比	1. 房价下降 2. 房地产交易减少 3. 住户贷款利差增加 4. 抵押支持证券价格下降 5. 净住户贷款增长放缓 6. 新住户贷款增长放缓 7. 住户不良贷款上升
企业部门工具	7. 企业贷款的风险权重 8. 贷款集中度限制（Concentration Limits）	1. 企业贷款增长率 2. 企业贷款占总贷款比重的增长 3. 商业不动产价格上涨 4. 商业房地产信贷增长 5. 外汇贷款占比上升	1. 公司信用违约掉期息差，债券收益率等高频指标 2. 贷款利率/利差增加 3. 公司贷款增长放缓 4. 公司违约率/不良贷款上升 5. 贷款调查显示出信贷供给不断恶化

续表

工具类型	工具	监测指标	
		收紧	放松
流动性工具	11. 流动性缓冲要求 12. 稳定来源资金要求 14. 准备金要求（Reserve Requirement Ratios） 15. 外汇头寸限制 16. 外币资金限制 17. 针对非银行机构的相关工具	1. 存贷比增长情况 2. 非核心融资占总负债比重上升	1. 银行间利率与掉期利率的利差扩大 2. 零售市场融资成本上升 3. 对中央银行流动性窗口的依赖增加 4. 本币与外币掉期利率 5. 总资本流入逆转

资料来源：IMF（2014）、中国金融稳定报告（2016）、作者整理。

中国宏观审慎政策指数既可以评测中国宏观审慎政策的松紧度和方向，也可以反映政策制定者防范系统性金融风险的意图，并作为政策制定者的政策目标。构建的中国宏观审慎政策指数（见图1）体系包含了3个二级指标、11个三级指标、若干个四级指标。指标体系按照实现方式不同大致分为两类：法定指标（De jure）和事实指标（De facto）。本章构建的宏观审慎政策指数是基于中国人民银行、银监会和国家外汇管理局等政策制定部门的法律法规，属于法定指标。

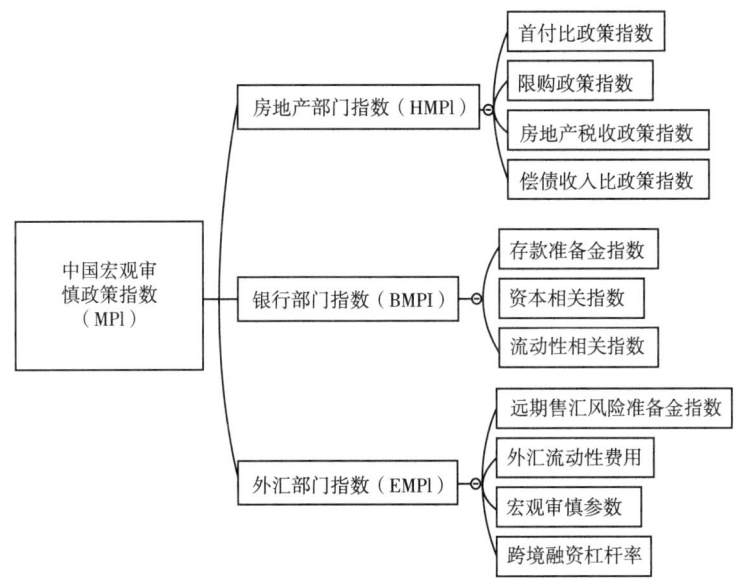

图1 中国宏观审慎政策指数（MPI）构成图

资料来源：作者整理。

三、房地产部门维度

从金融稳定角度来看,房价的暴跌是金融危机的导火索之一,房地产市场大幅下跌会导致银行开发贷款和住房按揭贷款出现违约,更重要的是抵押品价值下跌,从而出现螺旋下跌情景,从而引发系统性金融风险,如 2008 年的美国次贷危机就是由于美国房地产价格下跌导致的违约问题。因此,房地产市场是宏观审慎政策重要的关注领域。在房地产过热时,实施紧缩的宏观审慎政策抑制房价过快上涨;在房地产市场萧条时,实施宽松的宏观审慎政策避免房价快速下跌。

中国针对房地产部门宏观审慎政策工具包括首付比政策、限购政策、偿债收入比率政策和相关税收政策等。本文在全面梳理这些政策的基础上,构建房地产部门的宏观审慎政策指数。

(一)首付比政策指数

1. 中国首付比政策历史

房贷首付比政策是中国人民银行调控房地产市场宏观审慎政策工具,也就是央行提出的差别化信贷政策。房地产与汽车金融处负责房贷首付比政策的研究和制定,隶属于央行的金融市场司。这里所说的首付比也就等于 1 减去抵借比(LTV),调整首付比下限等同于改变 LTV 上限。房贷首付比的高低,直接决定有购房需求的居民最高杠杆水平。在房地产过热,房价快速上涨时,央行会提高商业银行对居民的房地产信贷的首付比下限,限制居民购房的融资能力,进而抑制房地产需求。而在房地产市场萧条时,央行会放松首付比下限,从而刺激住房的购买。从 2000 年以来,中国人民银行频繁使用首付比政策,配合限购等政策,调控房地产市场,抑制房地产泡沫。

中国的首付比政策之所以称为差别化信贷政策,是由于根据不同住房购买面积、首套房和二套房、房贷结算完成与否等条件对购房家庭进行区分,执行不同的首付比政策。2001 年 6 月 26 日央行发布《关于规范住房金融业务的通知》,首次推出首付比政策,规定抵借比(LTV)最高不得超过 80%。到 2003 年 6 月,央行实行对家庭首次购房和购买二套房及以上执行不同的首付比下限政策,二套房首付比下限高于首套房,也就是所谓的差别化信贷政策。2006 年,央行又推出新的差别化信贷规定,对 90 平方米以上的个人按揭贷款执行更高的首付比,而 90 平方米以下的房贷首付比维持原来规定。而到 2014 年 9 月,央行为了宽松房贷环境,又开始规定对拥有 1 套住房并已结清相应购房贷款的家庭,购买二套房的首付比与首套房的相同。从 2001—2016 年的 15 年间,人民银行共 10 次实行首付比政策,其中 7 次紧缩政策,3 次宽松政策,如表 2 所示。

表 2　　　　　　　　　中国人民银行首付比政策调整历史情况

时间	政策条文	政策要点	政策方向
2001/6/26	银发〔2001〕195 号	抵借比（LTV）最高不得超过 80%。	紧缩
2003/6/5	银发〔2003〕121 号	首套房：对借款人申请购买第一套自住住房的,首付款比例执行不低于 20% 的规定。二套房：对购买第二套以上（含第二套）住房的,应适当提高首付款比例。	紧缩
2006/5/24	国办发〔2006〕37 号	90 平方米以上：个人住房按揭贷款首付款比例不得低于 30%。90 平方米以下：首付款比例不低于 20%。	紧缩
2007/9/27	银发〔2007〕359 号	首套房：90 平方米以下,贷款首付款比例不得低于 20%；90 平方米以上,贷款首付款比例不得低于 30%。二套房：贷款首付款比例不得低于 40%,贷款利率不得低于同期同档次基准利率的 1.1 倍。（DSTI）借款人偿还住房贷款的月支出不得高于其月收入的 50%。	紧缩
2010/4/17	国发〔2010〕10 号	首套房：90 平方米以上贷款首付款比例不得低于 30%。二套房：贷款首付款比例不得低于 50%,贷款利率不得低于基准利率的 1.1 倍。	紧缩
2010/9/29	银发〔2010〕275 号	首套房：首付比例调整到 30% 及以上。二套房：首付比例不低于 50%,贷款利率不低于基准利率 1.1 倍。三套房：各商业银行暂停发放居民家庭购买第三套及以上住房贷款。	紧缩
2011/1/26	国办发〔2011〕1 号	二套房：首付款比例不低于 60%,贷款利率不低于基准利率的 1.1 倍。	紧缩
2014/9/29	银发〔2014〕287 号	首套房：贷款最低首付款比例为 30%,贷款利率下限为贷款基准利率的 0.7 倍,具体由银行业金融机构根据风险情况自主确定。	宽松
2015/9/30	《关于进一步完善差别化住房信贷政策有关问题的通知》	首套房：在不实施"限购"措施的城市,最低首付款比例调整为不低于 25%。	宽松

续表

时间	政策条文	政策要点	政策方向
2016/2/1	《关于调整个人住房贷款政策有关问题的通知》	首套房：原则上最低首付款比例为25%，各地可向下浮动5个百分点；二套房：最低首付款比例调整为不低于30%。	宽松

资料来源：国务院、中国人民银行。

2. 首付比政策指标构建

根据央行的差别化信贷政策规定，并按如下加权公式，构造首付比政策指数（RLTVI）：

$$RLTVI = 1 - [0.4 \times 0.5(FU + FD) + 0.4 \times 0.25(SUL + SDN + SUN + SDL) + 0.2T]$$

其中，FU 表示 90 平方米以上的首套房首付比下限；FD 表示 90 平方米以下的首套房首付比下限；SUL 表示已经结清一套房贷款的家庭购买 90 平方米以上的二套房首付比下限；SDN 表示尚未结清一套房贷款的家庭购买 90 平方米以下的二套房首付比下限；SUN 表示尚未结清一套房贷款的家庭购买 90 平方米以上的二套房首付比下限；SDL 表示已经结清一套房贷款的家庭购买 90 平方米以下的二套房首付比下限；T 表示购买第三套及以上住房的首付比下限。

首付比政策指数介于 0—1 之间（$RLTVI \in [0,1]$），指数增加表示房贷政策趋紧，反之则表示政策趋于宽松。如图 2 所示，在 2000 年到 2011 年间，首付比政策指数逐渐增加，到 2011 年 2 月达到最高点的 0.56，并在之后的两年多保持不变。从 2014 年至今，首付比政策指数一直保持下降趋势，2016 年 11 月维持在 0.38 水平。

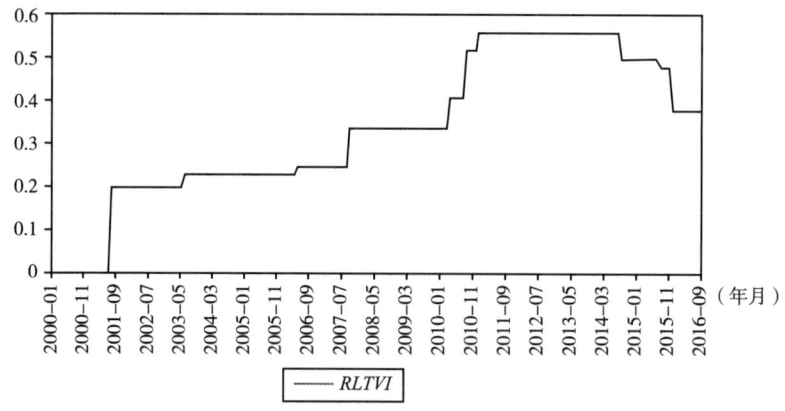

图 2　首付比政策指数（2000—2016 年）

资料来源：作者计算。

(二) 限购政策指数

1. 中国限购政策由来

限购政策（House Purchase Quota Policy，HPQP）是各地方政府直接通过限制房地产购房数量，直接抑制房地产住宅需求的政策。限购政策的目标是打压房地产泡沫，维持金融稳定，因此将其列入中国的宏观审慎政策工具箱。限购政策是中国特有的一种宏观审慎工具，这一方面是因为中国有严格的户籍制度，地方政府可以以较低成本区分外来人口和本地人口，另一方面，地方政府的强行政能力，可以得到居民购房记录，并严格执行限购政策。限购政策主要通过两种方式限制住房购买数量：第一，利用户籍制度，限制外地户籍家庭购房数量，并要求缴纳一定年限的社保或个税证明。第二，分城区限购，对城市主要城区进行限购数量。

截至目前，中国共实行过两轮向房地产限购政策，政策执行主要是各市级地方政府，而且基本为一二线城市。第一轮（2010—2014 年），2010 年 4 月国务院发布的《关于坚决遏制部分房价过快上涨的通知》，规定"地方人民政府可根据实际情况，采取临时性措施，在一定时期内限定购房套数"。深圳在 9 月推出具体的限购细则，对本地户籍家庭限购 2 套房，对外地户籍家庭限购 1 套，而且要求有超过 1 年缴纳社保或个税证明。随后北京、上海、广州、深圳等 40 多个城市都陆续发布"限购令"，形成一轮密集的房地产限购潮。一直到 2014 年 9 月，这些城市中的大部分都取消了限购，只剩下北京、上海、深圳、广州和三亚一直维持限购。第二轮（2016 至今）：随着 2016 年中国一线二线城市房地产价格又一次急速冲高，2016 年 10 月，21 个大中城市又密集推出限购政策。限购政策通常与紧缩的限贷政策相配合。从限购政策实施效果来看，房产限购政策具有良好的调控效果，虽然具有一定的时滞性，但可以有效抑制房价的上涨，有效抑制房地产的过度投机（邓柏峻等，2014；张德荣，2013）。

2. 限购政策指数（HPQP）构建

限购政策指数构造方法不同于首付比政策，限购政策是由各个地方政府制定，不存在中央部委层面的连贯政策文件。因此，这里根据限购城市的数量构造限购政策指数。基本原理是限购城市越多，限购政策指数越大。由于一线城市、二线城市和其他城市限购对全国房价的影响不同，在指数构建过程中各类城市赋予的评分是不同的：一线城市高于二线城市，二线城市又高于三线和其他城市。

第一步：将限购城市分为一线城市、二线城市和三线及其他城市，实施限购分别记 0.3 分、0.2 分和 0.1 分，不限购都记 0 分。在样本中，一线城市有北京、上海、深圳和广州 4 个城市；二线城市包括：杭州、天津、南京、苏州、佛山、广州、温州、福州、厦门、宁波、大连、太原、武汉、昆明、南昌、郑州、济南、合肥、南宁、西安、石家庄、沈阳、成都、长春、青岛、哈尔滨、长沙、重庆和无锡 29 个。三线以及其他城市包括呼和浩特、三亚、海口、兰州、贵阳、西宁、银川、乌鲁木齐、徐州、金华和东莞 11 个。在第一轮限购中，样本中的 40 个城市，4 个一线城市，26 个二线城市，10 个三线及其他城市。在第二轮限购中，样本中 21 个城市包括 4 个一线城市，14 个二线城市和 2 个三线以及其他城市。

第二步：对各个城市的每个时期的得分进行加总，并利用最小最大值正规化方法（Min – Max Method）① 将时间序列数据转化为区间在（0，1）之间的指数。正规化公式为：

$$HPQPI^t = \frac{x^t - \min(x^t)}{\max(x^t) - \min(x^t)}$$

其中，$HPQPI^t$ 是指 t 时期的限购政策指数；x^t 为 t 时期为规范化前的数据。这里 $\min(x^t) = 0$，$\max(x^t) = 1$。从而，得到的限购政策指数如图 3 所示：

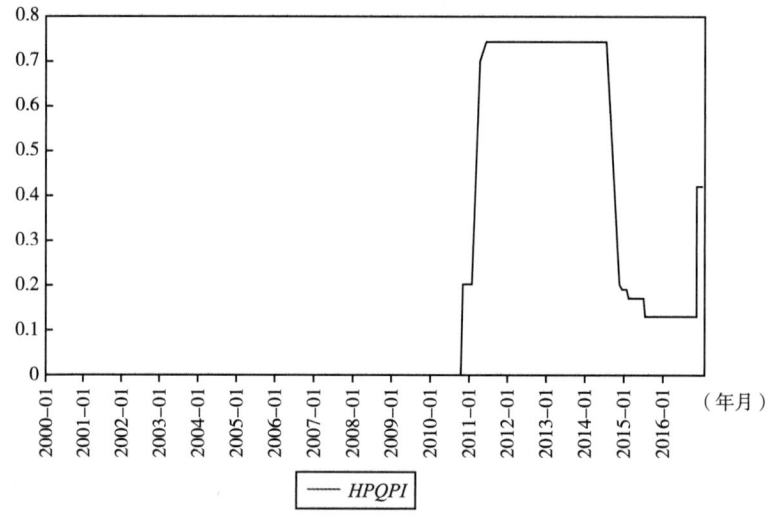

图 3　限购政策指数（2000—2016 年）

资料来源：作者计算。

---

① 规范化方法详细介绍见 European Union：《Handbook on constructing composite indicators：Methodology and User Guide》，OECD Publishing，2008 年。

（三）房地产税收政策和偿债收入比政策指数构建

1. 房地产税收政策和偿债收入比

房地产税收宏观审慎政策就是通过调整房地产转让营业税率和契税税率或改变相关税收优惠政策，以减缓房价快速上涨或迅速下跌。财政部、税务总局和国土资源部负责制定针对房地产税收的相关政策。目前主要通过调整住房转让环节的营业税政策和契税政策，进行逆周期调节。虽然针对房地产持有环节的房地产税也在上海和重庆试点，但并没有大范围推出，这里暂时不列入宏观审慎政策工具箱。另外，国土资源部会对土地开发环节收税，如2012年6月，国土资源部发布《闲置土地处置办法》，对未动工开发满一年的闲置土地按出让或划拨价款的20%征缴土地闲置费，对未动工开发满两年的闲置土地可以收回使用权。尽管收取土地闲置税可以有效打击房地产开发商的囤地行为，但这种税收并不是周期性的，并不具备逆周期特性，这里也不过多讨论。

随着房地产市场过热，财政部发布《关于调整房地产营业税有关政策的通知》紧缩房产转让营业税，规定从2006年6月1日开始，对购买住房不足5年转手交易的，销售时按其取得的售房收入全额征收营业税；个人购买普通住房超过5年（含5年）转手交易的，销售时免征营业税；个人购买非普通住房超过5年（含5年）转手交易的，销售时按其售房收入减去购买房屋的价款后的差额征收营业税。而到2009年全球金融危机期间，为防止房价快速下跌，财政部将销售需要全额征收营业税的年限从5年宽松到2两年。通过调整全额征收营业税的年限，实现税收政策对房价的逆周期调控。除此之外，在房价周期下行期，实行优惠契税税率也是财政部的常用宏观审慎政策。在2006—2016年间，财政部共采用过6次宏观审慎税收政策：3次宽松政策和3次紧缩政策，如表3所示。

偿债收入比（DSTI）是在国际上频繁使用的宏观审慎政策工具，通过贷款收入比限制家庭的杠杆率。在中国这项政策并没有得到太多运用，2007年9月央行下发《关于加强商业性房地产信贷管理的通知》，规定借款人偿还住房贷款的月支出不得高于其月收入的50%，之后一直保持不变。

2. 指数构建

房地产宏观审慎税收政策指数（HMPTI）：第一步，根据税收政策紧缩程度，将六次税收政策分为五档。第二步，对不同档的税收政策赋值，具体见表4。从而得到房地产宏观审慎税收政策指数，数值越大紧缩程度越大。

表 3　　中国房地产税收政策调整历史情况

时间	政策条文	政策要点	政策方向
2006/6/1	财税〔2006〕75 号	个人将购买不足 5 年的住房对外销售的，全额征收营业税；个人将购买超过 5 年（含 5 年）的普通住房对外销售的，免征营业税；个人将购买超过 5 年（含 5 年）的非普通住房对外销售的，按其销售收入减去购买房屋的价款后的余额征收营业税。	紧缩
2009/1/1	财税〔2008〕174 号	自 2009 年 1 月 1 日至 12 月 31 日，个人将购买不足 2 年的非普通住房对外销售的，全额征收营业税；个人将购买超过 2 年（含 2 年）的非普通住房或者不足 2 年的普通住房对外销售的，按照其销售收入减去购买房屋的价款后的差额征收营业税；个人将购买超过 2 年（含 2 年）的普通住房对外销售的，免征营业税。	宽松
2010/1/1	财税〔2009〕157 号	自 2010 年 1 月 1 日起，个人将购买不足 5 年的非普通住房对外销售的，全额征收营业税；个人将购买超过 5 年（含 5 年）的非普通住房或者不足 5 年的普通住房对外销售的，按照其销售收入减去购买房屋的价款后的差额征收营业税；个人将购买超过 5 年（含 5 年）的普通住房对外销售的，免征营业税。	紧缩
2011/1/28	财税〔2011〕12 号	个人将购买不足 5 年的住房对外销售的，全额征收营业税；个人将购买超过 5 年（含 5 年）的非普通住房对外销售的，按照其销售收入减去购买房屋的价款后的差额征收营业税；个人将购买超过 5 年（含 5 年）的普通住房对外销售的，免征营业税。	紧缩
2015/3/31	财税〔2015〕39 号	个人将购买不足 2 年的住房对外销售的，全额征收营业税；个人将购买 2 年以上（含 2 年）的非普通住房对外销售的，按照其销售收入减去购买房屋的价款后的差额征收营业税；个人将购买 2 年以上（含 2 年）的普通住房对外销售的，免征营业税。	宽松
2016/2/22	财税〔2016〕23 号	契税：（1）对个人购买家庭唯一住房（家庭成员范围包括购房人、配偶以及未成年子女，下同），面积为 90 平方米及以下的，减按 1% 的税率征收契税；面积为 90 平方米以上的，减按 1.5% 的税率征收契税。（2）对个人购买家庭第二套改善性住房，面积为 90 平方米及以下的，减按 1% 的税率征收契税；面积为 90 平方米以上的，减按 2% 的税率征收契税。 营业税：个人将购买不足 2 年的住房对外销售的，全额征收营业税；个人将购买 2 年以上（含 2 年）的住房对外销售的，免征营业税。	宽松

资料来源：财政部、作者整理。

表 4　　　　　　　　　　房地产税收政策分档

分档	房地产税收政策	赋值
第一档	财税〔2006〕75 号、财税〔2011〕12 号	0.5
第二档	财税〔2009〕157 号	0.45
第三档	财税〔2015〕39 号	0.35
第四档	财税〔2008〕174 号	0.3
第五档	财税〔2016〕23 号	0.25

资料来源：作者整理。

偿债收入比指数（DSTII）：由于中国的偿债收入比只在 2007 年 9 月变动过一次，从 0 提高到 50%。那么根据如下公式计算偿债收入比指数：

$$DSTII = 1 - DSTI$$

其中，$DSTI$ 为偿债收入比，这样 2007 年 9 月之前的 $DSTII$ 指数为 0，之后为 0.5（见图 4）。与上面的税收指数一样，指数增大代表紧缩的宏观审慎政策。

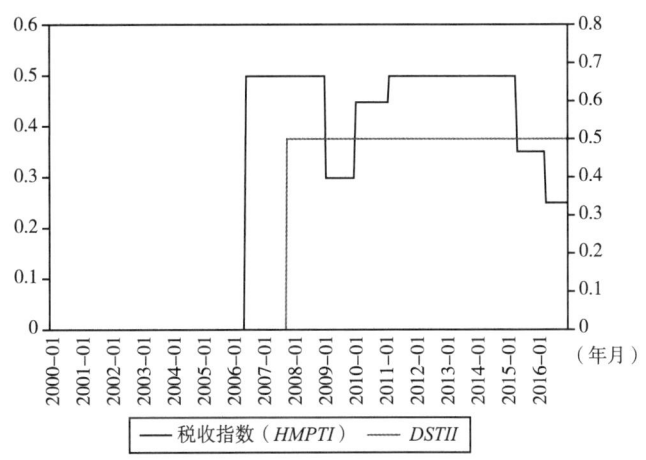

图 4　宏观审慎税收指数和偿债收入比指数

资料来源：作者计算。

（四）房地产部门综合指数

房地产部门宏观审慎政策指数（HMPI）是通过对加权首付比政策指数、限购指数、税收指数和偿债收入比指数得到。计算公式如下：

$$HMPI = 0.3 \times RLTVI + 0.2 \times HPQP + 0.3 \times HMPTI + 0.2 \times DSTII$$

其中，$HMPI$ 为房地产部门宏观审慎政策指数；$RLTVI$ 为首付比政策指数；

HPQP 为限购指数；*HMPTI* 为税收指数；*DSTII* 为偿债收入比指数。综合指数提高，表征政府实行紧缩宏观审慎政策，反之实行宽松的宏观审慎政策。

图 5 为 2000—2016 年间的房地产部门宏观审慎政策指数与 70 个大中城市房价同比变动。我们可以看到，中国的房地产部门宏观审慎政策指数滞后于房价同比上涨。这大致反映了两个问题：第一，中国的宏观审慎政策的制定是在房价出线明显的快速上涨之后，并没有前瞻性。在 2007 年之后，中国房地产部门经历了三轮房价快速上涨，第一轮（2009 年 3 月到 2010 年 4 月）和第三轮（2015 年 6 月到 2016 年 10 月）都伴随着紧缩的宏观审慎政策。第二，中国关于房地产部门的宏观审慎政策在抑制房价上涨方面有明显效果。从图 5 可以看出实施紧缩的宏观审慎政策工具后，房价增长率有明显的下降。而且在第三轮房价的快速上涨的背景是房地产部门宏观审慎政策指数（HMPI）大幅下降，因此，放松的宏观审慎政策可能是刺激房价上涨的重要因素。

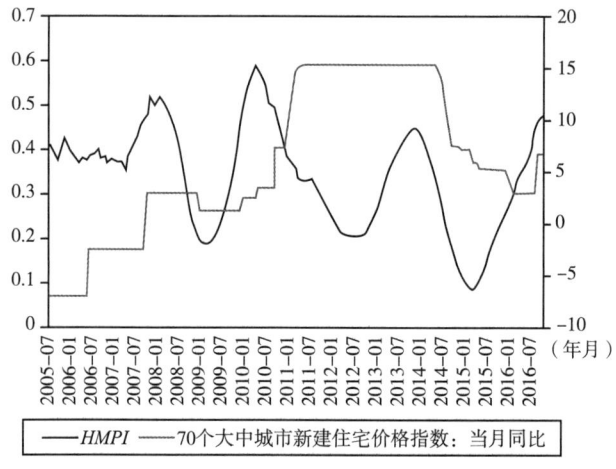

图 5　房地产部门宏观审慎指数与 70 个大中城市房价同比

资料来源：作者计算。

四、银行部门维度

商业银行是中国金融体系的重要组成部分，是宏观审慎政策的目标主体。金融危机后，发布的《第三版巴塞尔协议》（《Basel Ⅲ》），提出了很多针对银行部门的宏观审慎政策工具，包括逆周期资本金要求、系统重要性银行附加资本要求、杠杆率要求、流动性覆盖率、存款准备金要求等，其中既包括资本金相关的工具，也包括针对流动性风险的工具。随后，以银监会为主体监管当局，也迅速根据《巴塞尔协议Ⅲ》制定了中国宏观审慎政策工具框架。本节将根据这些指标构造银行部门宏观审慎政策指标（BMPI）。

（一）人民币存款准备金指数（RRRI）

人民币存款准备金率（RMB Deposit-reserve Ratio，RRR）是中国人民银行调控商业银行信贷重要的政策工具。存款准备金是指为了防范流动性风险，中央银行要求商业银行将存款的一定比例存放在央行账户作为储备资金。央行要求的存款准备金与商业银行的存款总额的比例，被称为法定存款准备金。另外，商业银行可以在央行账户存放准备金，可以超过法定存款准备金率，超过的部分称为超额存款准备金。这里的人民币存款准备金率就是中国的法定存款准备金率。央行可以通过提高或降低人民币存款准备金率，调控商业银行的信贷投放量，实现信贷的逆周期调控。在信贷快速增长时，处于防范金融风险角度，央行可以降低人民币存款准备金率。反之，央行可以不断降低人民币存款准备金率，刺激商业银行的放贷行为。因此，从维护金融稳定目标角度看，人民币存款准备金率是中国央行重要的宏观审慎政策工具。

值得注意的，传统的经济学教材中，这一政策工具通常被认为是货币政策。央行通过改变法定准备金率调控货币供应量，进而影响信贷总量，影响宏观经济。实际上，人民币存款准备金率只是一项政策工具。要判断将其归为货币政策，还是归为宏观审慎政策，关键要看政策制定者的意图。如果处于金融稳定考虑，为防范信贷过快增长造成的金融风险积累，这项工具应被视为宏观审慎政策；如果出于稳定物价或刺激产出，人民币存款准备金率应视为货币政策。针对这一问题，在实施这一政策工具时，政策制定者应该明确政策意图，是为了防范风险，还是抑制通胀等货币政策目标，并向市场明确表达，以形成良好的政策预期。

作为宏观审慎政策工具，法定准备金率被证明是逆周期调控的有效政策工具，是对货币政策的有力补充，尤其在新兴经济体（Mimir 等，2012）。Vegh 和 Vuletin（2015）指出新兴经济体中74%的国家运用了法定准备金率作为逆周期调控工具，发达国家中只有38%。Federico 等（2012）基于1970年到2012年52个国家的样本，分析了作为宏观审慎政策的准备金率政策工具与货币政策之间的关系。研究结果指出，新兴经济体更愿意使用法定准备金率工具作为逆周期调控政策的原因是，相比发达经济体它们的利率政策会导致国际资本流动。这是因为在经济环境不好时，新兴经济体降低利率会导致资本外流，恶化原本就很糟糕的经济；在经济环境好，提高利率会导致更多的资本流入，导致经济过热。

人民币存款准备金指数（RRRI）（见图6）可以直接根据央行公布的人民币存款准备金率，经过规范化方法处理后构建。由于中国人民银行对大型和中小型存款类金融机构实行不同的人民币存款准备金率，因此，要首先对这两个准备金率进行加权计算：

$$RRRI = 0.5BRRR + 0.5MRRR$$

其中，BRRR 和 MRRR 分别为大型存款类金融机构和中小型存款类金融机构的人民币存款准备金率。

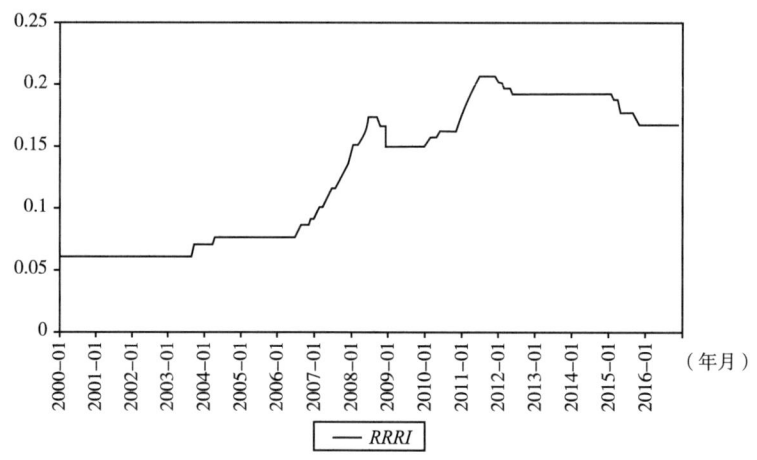

图6 人民币存款准备金指数（RRRI）

资料来源：作者计算。

（二）资本相关指数

1. 逆周期资本金要求和系统重要性银行附加资本要求

逆周期资本金要求是针对银行部门重要的中国审慎政策工具之一。随着巴塞尔委员会在2010年12月发布《第三版巴塞尔协议》（《Basel Ⅲ》），中国银监会也在2011年4月推出《关于中国银行业实施新监管标准的指导意见》，引入了逆周期资本金要求等一系列宏观审慎政策框架。《指导意见》规定银行的资本充足率要求分为三层，明确三个最低资本充足率要求，即核心一级资本充足率、一级资本充足率和资本充足率分别不低于5%、6%和8%。在此基础上，逆周期资本监管框架包括 2.5% 的留存超额资本和 0—2.5% 的逆周期超额资本，与《Basel Ⅲ》的规定相同。若出现系统性的信贷过快增长，商业银行需计提逆周期超额资本。另外，针对截面维度的系统性金融风险，对系统重要性银行征收附加资本要求，暂定为 1%。这一新的监管标准从 2012 年 1 月 1 日开始执行，但给予银行一段时间的过渡期，要求系统重要性银行和非系统重要性银行应分别于 2013 年底和 2016 年底前达到新的资本监管标准。

资本充足率的计算公式为：

$$资本充足率 = \frac{资本 - 扣除项}{风险加权资产 + 12.5 倍的市场风险资本}$$

2. 杠杆率指标

杠杆率是指商业银行的一级资本与总资产的比率。作为保证商业银行资本充足的重要工具，中国银监会在 2011 年 4 月的《指导意见》中，也建立杠杆率监管的标准。随后，在 2011 年 6 月发布了《商业银行杠杆率管理办法》，规定一级资本占调整后表内外资产余额的比例不低于 4%。另外，从 2015 年 4 月 1 日开始，《商业银行杠杆率管理办法（修订）》正式执行，修订后的杠杆率监管标准为：商业银行并表和未并表的杠杆率均不得低于 4%。具体计算公式如下：

$$杠杆率 = \frac{一级资本 - 一级资本扣除项}{调整后的表内外资产余额} \times 100\%$$

（三）流动性相关指数

流动性相关指标包括流动性比例、流动性覆盖率、净稳定融资比例、贷款拨备率、拨备覆盖率和存贷比等。

流动性比例是指流动性资产与流动性负债的比率。在 2005 年 12 月银监会发布的《商业银行风险监管核心指标（试行）》，就提出流动性比例指标，规定商业银行的流动性比例应当不低于 25%。

$$流动性比例 = \frac{流动性资产余额}{流动性负债余额} \times 100\%$$

流动性覆盖率是旨在确保商业银行具有充足的合格优质流动性资产，能够在银监会规定的流动性压力情景下，通过变现这些资产满足未来至少 30 天的流动性需求。在 2011 年 4 月的《指导意见》中，规定商业银行的流动性覆盖率应当不低于100%，在之后的法规中一直保持这一比率。

$$流动性覆盖率 = \frac{合格优质流动性资产}{未来30天现金净流出量} \times 100\%$$

净稳定融资比例是指可用的稳定资金与业务所需的稳定资金的比例。同流动性覆盖率指标一样，净稳定融资比例在2011年4月的《指导意见》中第一次引入中国，规定商业银行的流动性覆盖率应当不低于100%，在之后的法规中一直保持这一比率。

贷款拨备率是指贷款损失准备占贷款的比例。从2011年《指导意见》开始，一直规定不低于2.5%。

拨备覆盖率，也就是贷款损失准备占不良贷款的比例，不低于150%。

存贷比是指贷款余额与存款余额的比例。在2014年3月1日开始实施的《商业银行流动性风险管理办法（试行）》中，商业银行的存贷比应当不高于75%。

$$存贷比 = \frac{贷款余额}{存款余额} \times 100\%$$

（四）银行部门综合指数（BMPI）

综合来看，中国对银行部门的宏观审慎政策框架已经基本构建完成，打造了人民币存款准备金率、资本金相关和流动性相关三大类多项的审慎政策工具箱。由于从目前这些宏观审慎政策工具的实施来看，资本金相关和流动性相关的工具刚刚建立，并没有应用于金融周期逆周期调控。因此，在银行部门维度的宏观审慎政策指标构建中，暂时只利用人民币存款准备金率指标构造银行部门维度的宏观审慎政策指数（BMPI）。

$$BMPI = RRRI$$

五、外汇部门维度

对于新兴经济体，跨境资金流动导致系统性金融风险的重要诱导因素。新兴经济体的国际资本流动具有明显的顺周期（Reihart和Reihart，2010），在经济繁荣时，国际资本大规模流入，而在危机时期，国际资本快速大规模流出，加剧经济下滑。外汇流动性和跨境资金流动也是宏观审慎政策的主要目标领域。

中国人民银行在 2015 年将外汇流动性和跨境资金流动纳入了宏观审慎管理范畴，利用通过引入远期售汇风险准备金、提高个别银行人民币购售平盘交易手续费率等方式对外汇流动性进行逆周期动态调节[①]。另外，在上海自贸区模式试点的基础上，构建本外币一体化管理的全口径跨境融资宏观审慎管理框架，面向在上海、广东、天津、福建四个自贸区和相关地区注册的企业以及 27 家银行类金融机构实施本外币一体化的全口径跨境融资宏观审慎管理政策。这一框架将市场主体借债空间与其资本实力和偿债能力挂钩，通过调节宏观审慎参数使跨境融资水平与宏观经济热度、整体偿债能力和国际收支状况相适应，以控制杠杆率和货币错配风险。2016 年 5 月，中国人民银行正式发布《关于在全国范围内实现全口径跨境融资宏观审慎管理的通知》，在全国范围内实施全口径跨境融资宏观审慎管理，宏观审慎参数和跨境融资杠杆率成为外汇部门更为重要的宏观审慎政策工具。因此，本节基于远期售汇风险准备金、流动性费用、宏观审慎参数和跨境融资杠杆率四个指标构建外汇部门宏观审慎政策指数（EMPI）。

（一）远期售汇风险准备金和流动性费用

远期售汇风险准备金是指对开展代客远期售汇业务的金融机构（含财务公司）征收外汇风险准备金。对远期交易征收外汇风险准备金，实际上是一种托宾税，不论是在即期市场做远期购汇，还是在远期市场做套利交易，成本都增加了，会起到减少银行在即期市场买入外汇的压力。这是外汇市场典型的宏观审慎政策，可以减小外汇市场的金钱外部性，减小市场扭曲程度。为应对资本流出，面对人民币贬值压力，中国人民银行发布《关于加强远期售汇宏观审慎管理的通知》，从 2015 年 10 月 15 日起，对境内的金融机构征收外汇风险准备金，准备金率暂定为 20%。2016 年 8 月，央行再次紧缩这一宏观审慎政策，扩大外汇风险准备金的征收范围，要求境外金融机构的境外远期卖汇头寸在银行间外汇市场平盘后需交纳 20% 的风险准备金，进一步提高外金融机构在境内的远期购汇成本，降低离岸和在岸套利空间，从而缓释人民币贬值压力。具体政策如表 5 所示。

流动性费用，是指提高外汇交易的费用，以达到抑制交易规模的目的。在美联储加息、资本加速流出的环境下，为缓解人民币贬值压力，中国人民银行上调个别银行人民币即期购售业务平盘交易手续费至 0.3%，而此前大多数银行人民

---

① 中国人民银行，《中国金融稳定报告（2016）》。

币即期购售业务平盘交易手续费为 0.0002%—0.0003%[①]。

（二）宏观审慎参数和跨境融资杠杆率

宏观审慎参数和跨境融资杠杆率是中国人民银行 2016 年 5 月建立的全口径跨境融资宏观审慎管理框架中重要的逆周期调控参数。新的全口径跨境融资宏观审慎管理框架规定企业和金融机构按照规定自主开展本外币跨境融资，融资主体的跨境融资风险加权余额不得超过跨境融资风险加权余额上限。

$$跨境融资风险加权余额上限 = 资本或净资产 \times 跨境融资杠杆率 \times 宏观审慎调节参数$$

$$跨境融资风险加权余额 = \sum 本外币跨境融资余额 \times 期限风险转换因子 \times 类别风险转换因子 + \sum 外币跨境融资余额 \times 汇率风险折算因子$$

表 5　　　　　　　　　中国外汇部门政策调整历史情况

时间	政策条文	政策要点	政策方向
2015/10/15	银发〔2015〕273 号	开展代客远期售汇业务的金融机构（含财务公司）应交存外汇风险准备金，准备金率暂定为 20%，利率为 0%。	紧缩
2015/10/15	银办发〔2015〕203 号	对"代客远期售汇业务"进行明确范围，其业务指在未来某一时间形成客户购汇行为的人民币对外币衍生产品业务，包括客户远期售汇业务；客户买入或卖出期权业务，以及多个期权的期权组合业务；客户在近端不交割本金、远端换入外汇的货币掉期；人民币购汇业务中的远、掉期业务；客户远期购入外汇的其他业务。除期权和期权组合按照名义本金的金额作为应交存外汇风险准备金的计算基准。	紧缩
2016/5/3	银发〔2016〕132 号	建立全口径跨境融资宏观审慎政策框架：设定跨境融资风险加权余额上限，通过调节跨境融资杠杆率、宏观审慎调节参数来进行宏观审慎管理，其中宏观审慎调节参数暂设为 1，跨境融资杠杆率对企业和非银行金融机构设定为 1，银行类金融机构设定为 0.8。	不确定
2016/8/15	银办发〔2016〕143 号	扩展外汇风险准备金征收范围：对进入银行间外汇市场的境外金融机构在境外与其客户开展远期卖汇业务产生的头寸在银行间外汇市场平盘后，按月对其上一月平盘额交纳外汇风险准备金，准备金率为 20%，准备金利率为 0%。	紧缩

资料来源：中国人民银行、作者整理。

[①] 资料和资料来源：彭博新闻、《中国金融稳定报告（2016）》。

其中：企业按净资产，银行按一级资本，非银行金融机构按资本。期限风险转换因子突出对短期跨境资金流动的监管，鼓励中长期外债，中长期跨境融资（还款期限 1 年以上）的因子为 1，短期跨境融资（1 年及以下）的因子为 1.5。类别风险转换因子不仅将或有外债全面纳入管理范围，也体现了不同类别外债的风险差异考虑，表内融资的类别风险转换因子设定为 1，表外融资（或有负债）的因子暂定为 1。汇率风险折算因子设定为 0.5，强化对外币跨境融资的管理，体现了人民币外债优先的导向。跨境融资杠杆率：企业和非银行金融机构为 1，银行为 0.8。宏观审慎调节参数为 1。

（三）外汇部门综合指数（EMPI）

外汇部门宏观审慎政策指数（EMPI）（见图 7）由远期售汇风险准备金（FRR）、流动性费用（LF）、宏观审慎参数（MPPI）和跨境融资杠杆率（CFL）四个指数综合得到。具体加权公式为：

$$EMPI = 0.1726 FRR + 0.1726 LF + 0.3449 MPPI + 0.3099 CFL$$

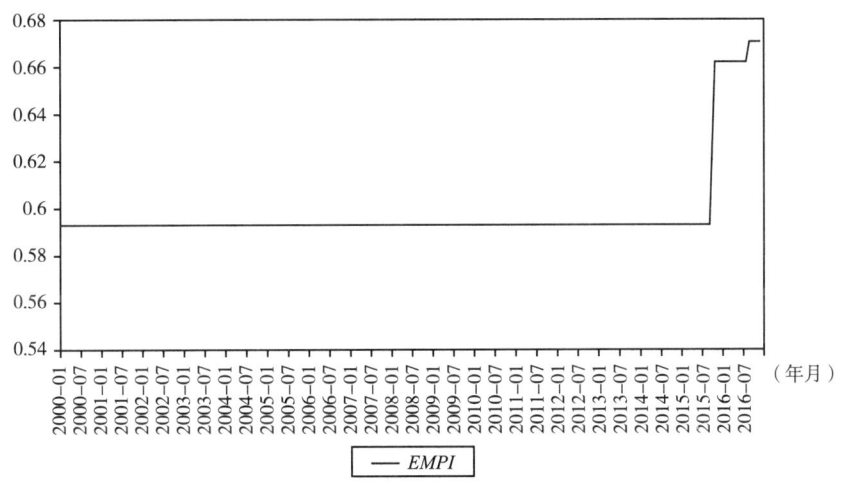

图 7　外汇部门宏观审慎政策指数（EMPI）

资料来源：作者计算。

其中，权数是由熵值法计算确定，有关熵值法的原理和计算步骤见附件。

六、宏观审慎政策综合指数

(一) 宏观审慎政策综合指数构建

基于上面三部分得到的房地产部门、银行部门和外汇部门构造的指数,进而可以加权得到中国宏观审慎政策综合指数。本部分利用熵值法求取三个分指标的权重,并将其加权得到综合指数。熵值法计算过程具体见附件。

中国宏观审慎政策指数(MPI)(见图8)由房地产部门宏观审慎政策指数(HMPI)、银行部门宏观审慎政策指数(BMPI)和外汇部门宏观审慎政策指数(EMPI)三个指标加权得到。权重由熵值法计算得到,熵值法的计算利用 Matlab 软件实现。具体公式如下:

$$MPI = 0.2976 HMPI + 0.236 BMPI + 0.4664 EMPI$$

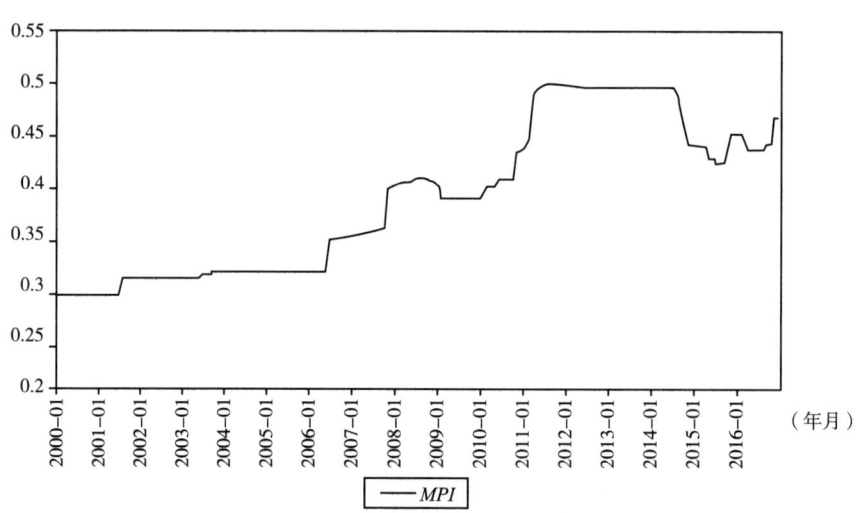

图8 中国宏观审慎政策综合指数(MPI)

资料来源:作者计算。

(二) 宏观审慎政策综合指数剖析

根据宏观审慎政策综合指数的大致走势,可以将2000年1月到2016年10月这段时期大致分为四个阶段:

第一个阶段 2000 年 1 月到 2006 年 4 月，宏观审慎政策综合指数相对平稳，一直维持在 0.3 左右。这主要是因为在这一时期，政策当局较少使用宏观审慎政策工具防范系统性金融风险。另外，由于中国的经济增长处于黄金时期，房地产部门、银行部门和外汇部门的风险也较小，系统性金融风险并没有成为政策当局的重点关注对象。

第二个阶段 2006 年 5 月到 2011 年 6 月，指数在 5 年里逐步升高，从 2006 年 5 月的 0.31 不断提高的 2011 年 6 月的 0.5。在这一时期，全球金融危机爆发，全球经济陷入泥潭，经济增长缓慢，国际贸易萎缩，中国政府推行了 4 万亿投资项目，以拉动经济。尽管中国经济增长依然保持较好的态势，但与财政刺激相配合的信贷扩张，导致银行部门的系统性金融风险不断积累。另外，中国房地产部门的风险在这一时期也不断上升，房价出现了一轮快速上涨。对此，中国人民银行不断提高人民币存款准备金率和房地产信贷的首付比下限，并引入资本金相关、流动金相关等和宏观审慎政策工具。宏观审慎政策综合指数的提高，反映了不断紧缩的宏观审慎政策方向，是中国政策当局积极应对系统性金融风险的结果。

第三个阶段 2011 年 7 月到 2014 年 4 月，宏观审慎政策综合指数稳定保持在 0.5 左右。这段时期，宏观审慎政策指数一直保持高水平，反映政策当局对金融风险的谨慎态度。

第四个阶段 2014 年 5 月到 2016 年 10 月，综合指数先是下降到 2015 年 7 月的 0.42，又波动上升到 2016 年 10 月的 0.47。这一阶段的前期，随着中国 GDP 增长率略有下滑，进入 L 型增长模式，稳增长成为这两年政策当局最重要的目标。因此，各省市限购政策解除、限贷政策放松、人民币存款准备金率下调等宏观审慎政策放松，宏观审慎政策指标降低。而 2015 年下半年和 2016 年，房价再次快速上涨，国际资本外流加剧，面对这些系统性金融风险的源头，各省市又开始新一轮的限购限贷政策，外汇管理局也实施了远期售汇风险准备金、流动性费用等宏观审慎政策紧缩工具，宏观审慎政策综合指标升高。

七、结　　论

本文最重要的工作在于系统的梳理了 11 项宏观审慎政策工具，并据此构建了中国宏观审慎政策指数体系，为宏观审慎政策制度框架构建及其进一步研究政策有效性提供基础数据支持。中国宏观审慎政策指数体系以中国人民银行、银监会财政部和国家外汇管理局等政策制定部门的法律法规文本为基础,从房地产部门、银行部门和外汇部门三个可能引起系统性金融风险部门出发,利用熵值法等方法构造的。中国宏观审慎政策指数体系,包含了3个二级指标、11个三级指标、若干四级指标,可以作为评估宏观审慎政策的重要的时间序列数据。对宏观审慎政策制定当局,该指数体系可以作为衡量政策目标实现与否的标的;对金融市场参与者,该指数体系可用来判断宏观审慎政策的方向和松紧度;对学术研究者,该指数体系可以用来进一步计量各部门宏观审慎政策的有效性。本文只是构造了中国宏观审慎政策指数体系的基本框架,许多影响中国系统性金融风险的部门还没有被纳入进来,如证券市场、影子银行等。在以后的研究中,将着力研究这些风险部门,并将更多的宏观审慎政策工具引入进来。

参考文献

[1] 陈明星,陆大道,张华. 中国城市化水平的综合测度及其动力因子分析 [J]. 地理学报,2009 (4).

[2] 邓柏峻,李仲飞,张浩. 限购政策对房价的调控有效吗 [J]. 统计研究,2014 (11).

[3] 张德荣,郑晓婷. "限购令"是抑制房价上涨的有效政策工具吗?——基于70个大中城市的实证研究 [J]. 数量经济技术经济研究,2013 (11).

[4] 中国人民银行金融稳定分析小组. 中国金融稳定报告 [M]. 北京:中国金融出版社,2016.

[5] Akinci, O. and Olmstead – Rumsey, J., How Effective are Macroprudential Policies? An Empirical Investigation [M], Social Science Electronic Publishing, 2015.

[6] BIS, Macroprudential policy tools and frameworks – Progress Report to G20 [R], 2011.

[7] Claessens, S., " An Overview of Macroprudential Policy Tools" [J], IMF Working Papers, 2014.

[8] Cerutti, E.; Claessens, S. and Laeven, L., "The Use and Effectiveness of Macroprudential Policies: New Evidence" [J], Journal of Financial Stability, Vol. 9, Feb., 2017: 203 – 224.

[9] European Commission, Handbook on constructing composite indicators, OECD, 2008.

[10] Federico, P.; Vegh, C. and Vuletin, G, Macroprudential policy over the business cycle [J], University of Maryland, mimeo, 2012.

[11] IMF, The Staff Guidance Note on Macroprudential Policy, 2014.

［12］Lim, C. H., Costa, A., Columba, F., Kongsamut, P., Otani, A. and Saiyid, M., et al, "Macroprudential policy: what instruments and how to use them? lessons from country experiences"［R］. IMF Working Papers, 2011.

［13］Mimir, Y., "Required reserves as a credit policy tool"［J］, B. e. journal of Macroeconomics, Vol. 13, Jan., 2013: 823 – 880.

［14］Reinhart, C. M. and Reinhart, V. R., "Capital Flow Bonanzas: An Encompassing View of the Past and Present"［J］, NBER International Seminar on Macroeconomics, Vol. 82, 2010, June, No. 2.

［15］Vegh, C. A. and Vuletin, G., "Overcoming the Fear of Free Falling: Monetary Policy Graduation in Emerging Markets"［J］, The Role of Central Banks in Financial Stability: How Has It Changed?, 2015: 105 – 129.

附件

熵值法

熵值法是在综合指标体系测度中的一种客观赋权方法,根据各指标所提供的信息量来决定指标的权重①。采用熵值法可以有效消除确定权重的人为主观因素。在自然科学中,熵的概念来自物理化学中的热力学,是指系统无序状态的一种度量。在社会科学研究总,信息熵在数学含义上等同于热力学熵,但含义上主要是指系统状态不确定性程度的度量。一般认为,信息熵值越高,系统结构越均衡,差异越小,或者变化越慢;反之,信息熵越低,系统结构越不均衡,差异越大,或者变化越快。因此,可以根据熵值的大小,也就是各项指标值的变异程度,计算出权重。其主要步骤如下:

(1) 数据标准化处理:由于各指标的量纲、数量级及指标的正负取向都有差异,需要对初始数据做正规化处理。

$$\text{正向指标计算方法}: X'_{ij} = \frac{X_{ij} - \min\{X_j\}}{\max\{X_j\} - \min\{X_j\}}$$

$$\text{负向指标计算方法}: X'_{ij} = \frac{\max\{X_j\} - X_{ij}}{\max\{X_j\} - \min\{X_j\}}$$

(2) 计算第 i 年份第 j 项指标值的比重:

$$Y_{ij} = \frac{X'_{ij}}{\sum_{i=1}^{m} X'_{ij}}$$

(3) 计算指标信息熵:

$$e_j = -k \sum_{i=1}^{m} (Y_{ij} \times \ln Y_{ij})$$

---

① 陈明星、陆大道、张华:"中国城市化水平的综合测度及其动力因子分析",《地理学报》,2009年第4期,第387-398页。

(4) 计算信息熵冗余度：

$$d_j = 1 - e_j$$

(5) 计算指标权重：

$$W_i = d_j \Big/ \sum_{j=1}^{n} d_j$$

(6) 计算单指标评价得分：

$$S_{ij} = W_i \times X'_{ij}$$

式中：X_{ij} 表示第 i 个年份第 j 项评价指标的数值，$\min\{X_j\}$ 和 $\max\{X_j\}$ 分别为所有年份中第 j 项评价指标的最小值和最大值，$k = 1/\ln m$，其中 m 为评价年数，n 为指标数。

公共风险视角下中央与地方财政事权与支出责任划分研究

课题组

  党的十九大提出，要"加快建立现代财政制度，建立权责清晰、财力协调、区域均衡的中央和地方财政关系"，与以往财税体制改革的相关表述相比，把中央与地方财政关系改革放在了首位，更加突出了中央与地方财政关系的重要性。一方面，全面深化改革的目标是完善和发展中国特色社会主义制度，推进国家治理体系和治理能力现代化；财政作为国家治理的基础与重要支柱，财政体制改革便在全面深化改革中具有"牵一发而动全身"的作用。另一方面，中央与地方财政关系的改革包括政府间财政事权与支出责任的分配，涉及政府间利益与责任的分配，恰恰是全面深化改革中最难啃的"硬骨头"之一。理论界对政府间财政事权与支出责任划分的研究成果汗牛充栋，实践中中央及部分省级政府也出台了财政事权与支出责任划分的意见与实施方案。然而，现实操作中，财政事权与支出责任划分却遇到了前所未有的困难。本文试图突破现有财政事权与支出责任划分研究的思路，从公共风险的视角审视中央财政事权与支出责任划分问题，虽然不能提供一套完整、可操作的中央与地方财政事权与支出责任的划分方案，但希望能给正在进行的中央与地方财政事权与支出责任划分改革提供一些新的思路与启示。

一、国家治理、公共风险及财政事权与支出责任划分

(一) 财政事权与支出责任相关概念辨析

财政事权是一级政府应承担的运用财政资金提供基本公共服务的任务和职责,支出责任是政府履行财政事权的支出义务和保障。2016年8月通过的《国务院关于推进中央与地方财政事权和支出责任划分改革的指导意见》(国发〔2016〕49号)明确,合理划分中央与地方财政事权和支出责任是政府有效提供基本公共服务的前提和保障,是建立现代财政制度的重要内容,是推进国家治理体系和治理能力现代化的客观需要。按照完善社会主义市场经济体制总体要求和深化财税体制改革总体方案,立足全局、着眼长远、统筹规划、分步实施,科学合理划分中央与地方财政事权和支出责任,形成中央领导、合理授权、依法规范、运转高效的财政事权和支出责任划分模式,落实基本公共服务提供责任,提高基本公共服务供给效率,促进各级政府更好履职尽责。

1. 财政事权

1986年,我国学界出现了最早研究"财政事权"的论文,将财政事权理解为国家财政的事权范围,侧重于划清政府与市场的边界(刘戎,1986)。所谓事权,就是事情由谁来做,或者说做事情的权力。基于此,从履行主体来讲,履行事权的主体只能有一个,不存在共同事权。1993年,《中共中央关于建立社会主义市场经济体制若干问题的决定》中提出了事权划分的命题:"近期改革的重点,一是把现行地方财政包干制改为在合理划分中央与地方事权基础上的分税制,建立中央税收和地方税收体系";"社会公益性项目建设,要广泛吸收社会各界资金,根据中央和地方事权划分,由政府通过财政统筹安排"。党的十八届三中全会把政府职能概括为宏观调控、公共服务、市场监管、社会管理和环境保护,这五项职能反映了政府事权范围。

所谓财政事权,就是财政要做的事情由谁来做,最核心的是经费保障由谁来承担。基于此,"中央决策、地方执行"的含义就是中央来决定哪些经费保障需要由中央财政来承担、哪些经费保障需要地方财政来承担。《国务院关于推进中

央与地方财政事权和支出责任划分改革的指导意见》中明确，财政事权是一级政府应承担的运用财政资金提供基本公共服务的任务和职责，属于政府事权的一部分。财政事权的定义突出了"财政资金"和"基本公共服务"两个属性。在一定意义上可以说，财政事权就是基本公共服务事权，是与"人"直接相关的。划分中央地方财政事权，也就是划分中央与地方提供基本公共服务的职责。

财政事权的理解存在三个误区：第一，将"财政事权"理解为"财政部门要干的活"，这种理解仅包括编制预算、管理债务、管理国有资产、组织政府采购、拨付财政资金等，更多是职权、职能。第二，把"财政事权"理解为"财政资金的运转"，那么财政部门的资金到了部门以后，同样有编制部门预算的事权，也要花钱、采购，也要搞基本建设等，自己也有财务活动，因而这种定义实际上演变成了各个部门都有的财务事权。第三，将"财政事权"理解为"花钱的事权，不花钱的事权不算财政事权"，这种理解的问题在于任何一项事权的履行都需要花钱，比如立法权，同样也需要雇佣公务员来起草，也是需要花钱的，政府的事权在履行中没有不花钱的，用是不是花钱来界定也说不通。

2. 财政事权、财权、财力与支出责任的关系

财政事权、财权、财力与支出责任之间的关系逻辑脉络为：财政事权的划分就是划分清楚需要中央财政保障的有哪些、履行主体是中央还是地方，需要地方财政保障的有哪些、履行主体是地方；按照花钱原则，财政事权的履行主体必须与支出责任相适应，谁履行，谁花钱；按照收钱原则，财权必须与财政事权相顺应，钱归中央，但基于财政事权，谁收钱，谁分钱；按照出钱原则，财力必须与财政事权相匹配，财政事权的隶属主体是谁，谁就应当出钱，履行主体在履行财政事权的时候出现的缺口，应通过转移支付来实现均衡。

（二）国家治理与公共风险

1. 治理与国家治理

20世纪90年代以来，在政治学、行政学、经济学、政治经济学、国际关系学、公司结构、社会组织及所有提到公共事务或共同事务的场合，治理概念都频频出现。据统计，目前全球的研究机构和学者提出的治理概念不下200个。根据不同的学科和不同的角度，对治理的理解也不相同。从政治学的角度来看，治理是围绕公共权力展开的，是区分国家和社会的权力划分的机制体制。从组织学的角度来看，治理是围绕组织进行的，是协调组织内部和组织之间关系的一个体

系。从经济学的角度来看，治理是围绕交易进行的，是对国家、市场和社会问题的界定及处理的一系列制度安排。

在关于治理的各种定义中，全球治理委员会的定义具有很大的代表性和权威性。该委员在《我们的全球之家》的研究报告中对治理做出了如下界定：治理是各种公共的或私人的个人和机构管理其共同事务的诸多方式的总和。它是使相互冲突的或不同的利益得以调和并且采取联合行动的持续的过程。它既包括有权迫使人们服从的正式制度和规则，也包括各种人们同意或以为符合其利益的非正式的制度安排。它有四个特征：治理不是一整套规则，也不是一种活动，而是一个过程；治理过程的基础不是控制，而是协调；治理既涉及公共部门，也涉及私人部门；治理不是一种正式的制度，而是持续的互动[1]。

国家治理体系和治理能力是一个国家制度和制度执行能力的集中体现。国家治理体系是在党领导下管理国家的制度体系，包括经济、政治、文化、社会、生态文明和党的建设等各领域体制机制、法律法规安排，也就是一整套紧密相连、相互协调的国家制度；国家治理能力则是运用国家制度管理社会各方面事务的能力，包括改革发展稳定、内政外交国防、治党治国治军等各个方面。国家治理体系和治理能力是一个有机整体，相辅相成，有了好的国家治理体系才能提高治理能力，提高国家治理能力才能充分发挥国家治理体系的效能。

推进国家治理体系和治理能力现代化，就是要适应时代变化，既改革不适应实践发展要求的体制机制、法律法规，又不断构建新的体制机制、法律法规，使各方面制度更加科学、更加完善，实现党、国家、社会各项事务治理制度化、规范化、程序化。要更加注重治理能力建设，增强按制度办事、依法办事意识，善于运用制度和法律治理国家，把各方面制度优势转化为管理国家的效能，提高党科学执政、民主执政、依法执政水平。

2. 公共风险与财政风险

公共风险理论认为，规避公共风险的过程就是制度变迁的过程，某一经济体内部的市场机制是整个社会的风险分散机制。在市场经济社会，只有市场机制化解不了的风险才会转化为公共风险，基于此的公共风险主要涵盖内容包括：外来侵略和内部战争；公共伦理和社会道德衰落，缺乏基本的社会信用；法律机制不健全，公共秩序陷于混乱；失业与贫穷；市场垄断；公共设施与服务的短缺；环

---

[1] 俞可平主编：《全球化：全球治理》，社会科学文献出版社2003年版，第6页。

境污染；经济波动；等等。

基于公共风险理论，财政风险理论进一步认为，财政风险在整个制度结构中具有特殊地位，主要表现在：一是财政承担制度成本，二是财政承担最终风险。财政承担制度是本，是指制度的形成和运行都是有成本的，这种成本不可能由私人来承担，而是以财政为经济基础，须臾不能离开财政的支撑。公共风险导致了制度结构的产生，相关制度成本则可看作是防范公共风险的代价。财政承担最终风险是指在整个制度结构中，财政处于边际位置，是防范公共风险的最后一道防线，是最后兜底的制度，是公共风险的最终承担者。

3. 财政与国家治理

国家与市场、国家与社会、中央与地方是国家治理结构的三个维度，也是财政在新时期的坐标系，财政活动、财政改革、财政法治都基于这三个维度展开。财政作为国家治理的基础，是以社会复杂利益关系的交汇点而存在的。而作为公共利益的化身，财政先天与社会多元利益主体相关联。三个维度则是调节社会各个阶层、各个集团、各个区域的利益关系的总阀门。财政从三个维度影响国家治理结构的变迁，也决定着国家治理的成效。善治与否，也取决于财政上的作为。历史上，横征暴敛导致国家衰亡；而在近现代，财政整治带来国家兴盛。正是财政对国家治理的这种基础性作用，故而无论是过去单一维度的经济改革，还是当前三维的全方位改革，财政都成为改革的突破口和排头兵（刘尚希，2015）。

4. 防范和化解公共风险是国家治理的基本目标

防范公共风险，保障改善民生有两种逻辑，从群体权利出发和从个体权利出发。西方的制度构建、理论探索，都是个人权利本位，从个人权利出发，即第二种逻辑。但是这个逻辑衍生出的问题逐渐凸显，民粹主义、经济危机、金融危机、财政危机以及政治危机等。过去的财政是作为经济学分支的财政，是一种"物本财政"，即追求GDP的扩大，追求物质财富的创造，但却忽略了创造物质财富的初衷。最终，为了增长而增长导致财富的集中，贫富差距过大。实际上，财政是治国安邦的学问，不仅仅是经济学的分支学科。现代财政也是民生财政，即以人为本的财政。中国的历史文化强调"民为邦本"的民本观，现在强调民生福祉是发展的根本目的，实际上是一以贯之的。苏辙在《上皇帝书》中指出："财者，为国之命而万事之本，国之所以存亡，事之所以成败，常必由之"。基于这种历史大视野的认知，党的十八届三中全会将财政定位为国家治理的基础和重要支柱。民生财政的逻辑，就是从防范化解公共风险的角度去保障和改善民生,平衡群体与个体之间的利益关系。总之,公共风险最小化是发展的根本目的,财政就是平衡这种利益的基本制度安排。

新时代,满足人民日益增长的美好生活的需要,既是党的使命,国家的使命,也是财政的使命,要承担好这个使命就要认识到新时代的公共风险,即发展的不平衡、不充分,并解决这个问题。

财政保障和改善民生,可以从不同的维度来观察。从经济维度看,财政是经济改革的突破口。为不断满足人民日益增长的美好生活的需要,就要打破体制机制障碍,做大蛋糕,解决温饱问题,告别短缺。

从社会维度看,公共财政的阳光普照。为促进社会和谐、公共服务均等化、脱贫攻坚、义务教育经费可携带、促进人与自然的和谐等,财政的社会性支出不断扩大。此外,健康中国、美丽中国,也是保障和改善民生重要的内容,都离不开财政的支撑。从法治维度看,促进国家治理的现代化。党的十八届三中全会以来,提出要建立以"法治财政、民生财政、稳固财政、阳光财政、效率财政"为特征的现代财政制度。法字当头,意味着在财政改革的整个过程和各个方面、环节,都要运用法治的思维和理念,建立规则。有规则就可预期。"法治"维度的财政改革是减少未来不确定性,稳定预期,减少浪费和腐败,保障公平正义的根本途径。这也是"人民日益增长的美好生活需要"的内容。

(三) 国家治理体系中的财政事权与支出责任划分

1. 纵向维度的中央向地方分权

从国家治理的角度来看,我国实行的是国家和地方两级财政体制。中央向地方分权,就应让地方成为一个有效的、相对独立的治理主体,使国家治理从集中治理到分级治理,从一级治理到两级治理:一个是在中央层面,也就是国家层面,另一个是地方层面。相对于中央,地方是一个集合概念,是一个完整的治理主体。

财政体制首先应解决的是在治理层面上的体制问题,就是说在国家层面要处理好中央与地方的关系,这是第一个层次;其次是地方内部省市县乡之间的关系,这是第二个层次。适应我国区域之间地理环境、经济社会、历史文化差异大的现实状况,第二个层次的体制应当是因地制宜,不应"一刀切"。

从治理的角度看,我国的两级分权与以美国为代表的联邦制国家是不一样的。美国实际上比我国多了一层分权,即政治性分权。美国联邦和州之间是双主权体制,各自有制定宪法、法律的权力,州在不违背联邦宪法、法律条件下可自行制定宪法和法律。我国作为单一制国家,没有政治性分权。与之对应,我国中央与地方之间的分权是行政性分权。而地方内部省市县乡之间怎么分权?与中央地方之间分权的性质不同,地方内部的分权是一种事务性分权和管理性分权,其事权划分主要遵循效率原则和受益原则。

2. 横向维度的事权划分

从国家治理的角度来看,基于事权主体的划分,除了中央地方之间的事权划分之外,还应包括横向维度的划分,这涉及事权范畴的界定。

我国现阶段事权改革的核心要求是合理划分事权,而这一工作首先需要建立在事权范畴正确界定的基础上。楼继伟(2013)认为"现代国家治理要求科学界定国家公共权力边界",是"实现国家公共权力的合理配置和规范运行"的前提和基础。事权范畴界定在实践层面的落实往往十分棘手,划分中常常出现的"上下一般粗""你中有我,我中有你"、无限延伸等问题,实际上源自事权范畴的不明。

这一方面需要界定政府职能的边界,另一方面需要按照事权要素细分。这方面涉及对政府与市场、政府与企业、政府与社会等多方关系的科学处理。我国幅员辽阔、人口众多,决定了公共事务中待管事项的纷繁复杂,伴随着不断提升的工业化、城镇化、信息化进程,事权范畴的边界随时代变迁和经济社会转轨一直在发生变化,既带有政府经费相对规模扩展的趋势,也包含事权种类的变化扩展。

二、公共风险视角下现行中央与地方财政事权与支出责任的基本特征与突出问题

(一) 现行中央与地方财政事权与支出责任的体系框架

1. 1994年分税制改革确定的事权与支出责任框架

改革开放以来,我国财政体制经历了从高度集中的统收统支到"分灶吃饭"、包干制,再到分税制财政体制的变化,财政事权和支出责任划分逐渐明确,特别是1994年实施的分税制改革,初步构建了中国特色社会主义制度下中央与

地方财政事权和支出责任划分的体系框架，主要是：

（1）按照财权与事权相统一的原则划分中央和地方收入。把维护国家利益、实施宏观调控所必需的税种划分为中央税；把与经济发展直接相关的主要税种划分为中央与地方共享税；把适合地方征管的、与地方经济和社会发展关系密切的税种划分为地方税。

（2）按照中央政府与地方政府的事权划分各级财政的支出范围。中央财政主要承担国家安全、外交和中央国家机关运转所需经费，调整国民经济结构、协调地区发展、实施宏观调控所必需的支出以及由中央直接管理的事业发展支出。具体包括：国防费，武警经费，外交和援外支出，中央级行政管理费，中央统管的基本建设投资，中央直属企业的技术改造和新产品试制费，地质勘探费，由中央财政安排的支农支出，由中央负担的国内外债务的还本付息支出，以及中央本级负担的公检法支出和文化、教育、卫生、科学等各项事业费支出。

地方财政主要承担本地区政权机关运转所需支出以及本地区经济、事业发展所需支出。具体包括：地方行政管理费，公检法支出，部分武警经费，民兵事业费，地方统筹的基本建设投资，地方企业的技术改造和新产品试制经费，支农支出，城市维护和建设经费，地方文化、教育、卫生等各项事业费，价格补贴支出以及其他支出。

（3）建立中央财政对地方的税收返还和转移支付制度。为了保证地方既得利益格局，逐步达到改革的目标，中央财政对地方返还数额以1993年为基期年核定。按照1993年地方实际收入以及税制改革和中央与地方收入划分情况，核定1993年中央从地方净划的收入数额。1993年中央净上划收入，全额返还地方，保证现有地方既得财力，并以此作为以后中央对地方税收返还基数。1994年以后，税收返还额在1993年基数上逐年递增，递增率按全国增值税和消费税的平均增长率的1∶0.3系数确定，即上述两税全国平均每增长1%，中央财政对地方的税收返还增长0.3%。如果1994年以后中央净上划收入达不到1993年基数，则相应扣减税收返还数额。

2. 中央与地方财政事权与支出责任现状

政府间财政事权的配置服务于国家的发展与治理目标，也随着经济社会发展及国家治理目标的转换而调整。1994年分税制确立中央与地方财政事权与支出责任框架以来，也进行了渐进式的优化调整。

（1）中央财政事权。此类财政事权主要关乎国家的整体利益。为确保国家利益的完整性，这些财政事权由中央一级单独行使，主要包括：一是传统的主权性事务的财政事权，即外交和国防。二是涉及单一制政体的财政事权，即涉及中央和地方的纵向权力关系，以及不同地方之间的横向权力关系，都由中央单独决定。三是涉及国家整体利益的全局性财政事权。这方面的典型代表如涉及全国统一市场以及国家安全方面的事务。

（2）地方财政事权。作为单一制国家，地方政府财政事权是中央赋予或下放的，在不同的历史阶段，基于中央所设定的目标，所下放的事权范围和类型也会有所变化。现阶段中央下放给地方单独行使的财政事权主要包括：一是获得专门立法授权的地方财政事权。单一制下，地方基于中央专门授权获得事权比较常见，这样能够保证地方财政事权的法治化和稳定化。现阶段典型的代表是民族自治区域、特别行政区以及自贸实验区相关地方事务。二是区域性公共服务类财政事权。随着社会主义市场经济体系的逐步建立，一些新的公共服务类需求也逐渐形成，如城市建设、城市管理、社区服务等。这引起公共服务类财政事权具有很强的因地制宜特点，适合以地方甚至基层作为其具体的提供主体。

（3）中央和地方共同财政事权。现有财政事权结构中，由中央或地方单独行使的比例较低。绝大部分事权，如产业发展、市场监管、环境保护等，都需要央地双方共同行使。对这类事权来说，要形成一定的职能分工，同时基于财政事权自身特征以及事权运行的适当流程，具体的分工方式又有所不同。

（二）现行中央与地方财政事权与支出责任的基本特征

1. 体现了单一制转轨国家的结构特征

联邦制条件下，政府间地位平等，不具有上下级的隶属关系，地方政府职权相对独立，事权划分也比较清晰。以美国为例，联邦政府事权由宪法规定，州政府相对独立地行使职权。由于各个州在自然环境、经济发展程度、文化、习俗和历史习惯各方面存在不同，使得不同州的事权划分方式差异很大。地方政府更了解辖区民众的偏好，大多数州政府采取鼓励地方自治的办法，允许地方政府在法律范围内行使自治权。具体来说，联邦政府作为最高行政层级，主要承担外溢效益强、服务范围广的全国性公共服务职责，如国防、国际事务、外交、一般公共服务、农业补贴、就业和社会服务、自然资源和环境保护、跨州际的大型公共工程等；州政府主要负责基础设施和收入再分配类公共产品和服务的提供，如医疗保健、公用事业、基础教育、收入保险、监狱事务、医疗保健等；地方政府侧重于提供亲民化和日常化公共服务，如治安、停车设施、家庭和社区服务、教育、污水处理、图书馆和公园等。

单一制国家地方政府的事权是中央政府授予的，中央与地方间是上下级的隶属关系，中央政府不仅在事权划分方面具有决定权，在共担事权中也主要履行决策职能。我国宪法就规定：中央和地方的国家机构职权的划分，遵循在中央的统一领导下，充分发挥地方的主动性、积极性的原则；授权国务院规定中央和省、自治区、直辖市国家行政机关的具体职权划分。现阶段，我国中央政府集中了全国财政收入的50%左右，但中央财政支出占全国的比重还不到20%。我国事权划分一定程度上体现了单一制的国家结构，但在央地关系的处理方面与其他单一制国家存在很大不同。可以说，我国的事权划分既不同于联邦制国家，也不同于一般意义上的单一制国家，更多地体现了单一制转轨国家的事权结构特征。

2. 体现了中央决策、地方执行的政府间关系

作为单一制国家，中央决策、地方执行是我国治理结构的基本模式。一方面，中央的决策范围很大，理论上中央对于任何事务都具有决策权，实践中一些可以由地方决策的事务也被纳入了中央的决策范围；另一方面，中央很少承担具体政策的执行，绝大多数事务是层层委托给基层政府来执行，即使一些具有全国性影响的事务，也都有地方的参与。此种模式之下，与联邦制国家按公共服务项目划分事权不同，我国事权划分主要是依据公共服务提供的决策、执行与监督等要素来划分的，即把公共服务提供的决策、执行与监督等环节分离开来，由不同层级政府承担。以教育事权为例，美国的教育公共服务提供主要由州及地方政府承担，包括教育公共服务项目的决策、执行与监督等；我国教育事权则由中央和地方政府共同承担，中央主要制定教育的政策并监督政策的实施，具体教育公共服务的提供则由地方政府承担。

3. 体现了"两头小、中间大"的事权划分格局

财政联邦主义条件下，事权划分按项目划分，一级政府一级事权，事权含决策权、执行权与监督权。这种模式下，地方政府与中央政府间不具有严格意义上的隶属关系，根据外部性、信息处理复杂性及激励相容原则，该是哪级政府的事权，决策、执行到监督权限都归哪级政府。事权划分呈现"两头大、中间小"的格局，联邦政府及地方政府均拥有较多的独立事权，联邦政府与地方政府的共同事权较少。财政集权条件下，事权集中在中央政府，地方政府仅是中央政府的执行单位，不具备事实上的独立事权与支出责任。这种模式主要存在于人口较小

国家，政府层级较少，由中央政府承担绝大部分事权就能够达到效率与风险控制的要求。这种模式下，事权划分呈现出"一头大、一头小"格局。我国事权划分反映了中央决策、地方执行条件下的"财政共治"特征，是一种"橄榄型"，即"两头小、中间大"的事权划分格局，即中央政府和地方政府的独立事权都相对较少，而中央政府和地方政府之间的共同事权较多。

（三）现行中央与地方财政事权与支出责任划分的突出问题

1. 事权存在重叠，共担事权和委托事权过多

分税制改革对中央和地方政府事权的划分只做出了初步的设计，省以下各级政府事权划分参照中央与地方事权划分模式由省级政府决定，事权划分的不细化导致了政府间事权的重叠问题。政府间事权划分的最大区别体现在行政管辖权上，上级政府的应然事权发展成为下级政府的实然事权，下级政府事权划分模式基本上是上级政府的翻版，且在法律上未对共担事权进行明晰。以教育为例，我国《义务教育法》规定，国务院和各级地方政府负责筹措和保证实施义务教育所需事业费和基本建设投资；该法只规定了义务教育是各级政府的共担事权，事权如何分配、支出责任如何分担则没有做出具体的规定。我国中央政府对1/3的事权承担支出责任，对于教育、卫生、环保和社会保障等共有事权虽然规定了各级政府的承担比例，但40%左右的事权项目是中央政府通过专项转移支付形式履行的。政府间事权重叠且不做明确划分，采用委托事权形式履行支出责任，这种划分方式给各级政府留下了自由裁量和谈判的空间，容易造成事权履行中的相互推诿与责任缺位。

2. 事权层层下移导致基层政府负担沉重

一些全国性事务，如跨流域大江大河治理、跨地区大气污染防治、国际界河管理以及重大疾病防治和食品药品安全问题都是外溢效应强、超越省域范围、事关国家利益的事务，理应由中央政府负责事权的履行，然而现实中却交由地方政府承担，中央政府只给予一定的专项转移支付。如对黄河治理采取"省为单位，分段管理"的办法，中央下拨转移支付，由青海、内蒙古、陕西、山西、河南和山东各省及流经的市、县政府配备资金以形成项目资金来源，缺乏统一的协调和监管，容易形成治理的各自为政。再如医疗保险、养老保险等项目关系到劳动力的跨区域流动，由中央管理更为合适，目前却仍是碎片式的管理模式，并未完全上升到省级统筹，更不必说全国统筹。

分税制改革规范了中央与地方政府事权,对于省以下政府间事权划分未做规定,这为省以下政府间事权错配留下了空间,中央与地方政府事权划分中的种种问题在省以下更加严重。省以下政府间事权层层下移,县乡政府超负荷运转。长期以来,中央和省级政府利用行政权威,将收益少、见效慢的民生保障事权下移至市、县、乡镇政府。市县政府不仅成为社会安全网的主体,还要对地区性养老保险等社会保障服务提供财力支持;不仅负责辖区内居民的教育、医疗卫生、文化发展事项,还要负责环境保护、支农服务和基础设施建设,基层政府支出责任几乎覆盖整个政府事权范围。

3. 事权要素分工不合理

事权的明确划分不仅要做到具体事权项目在政府间得到合理的配置,还要求事权的决策、执行与监督等要素在政府间得到合理的匹配。某项事权属于中央政府,决策权就要集中在中央,且由中央承担支出责任,但具体事权的执行和管理工作交由地方政府可能更有效率,同时中央保留监督权限。某项地方政府事权的履行,需要地方政府据实制定政策后交上级政府审批,考虑到基层政府的实际财力,除了安排本级财力外,上级政府应给予一定的支持并加以监督。但在实际操作中,决策、执行和监督等环节没有得到合理配置,事权主体往往既是运动员,又是守门员,职责的混同加剧了制定安排和政策上的无序。如经济结构调整、全国市场统一等宏观经济调控属于中央事权,中央政府必须把握调控手段的决策权,实践中地方政府却承担较多责任,致使政令不统一,监管不到位。

4. 新增事权缺乏规范协调机制

在政府间事权划分不清晰的条件下,当出现扩展事权、新增事权和突发事权时,这部分事权在不同政府层级间的分配就会成为矛盾中心。我国的新增事权处理往往采取"属地化"原则,对于新增事权、突发事权出台增支政策时,中央政府只负责下发文件,在特殊情况下会增加一部分专项转移支付,却硬性化地方基层政府的财政支出标准,基层政府只能被动接受,导致新增事权的支出责任下移至基层政府。近年来,我国经济快速发展,政府职责的转移使得新型事权不断出现,如农村低保、农村义务教育、食品药品监管、大气污染防治等,由于长期以来政府间事权划分过粗,新增支出责任的划分协调难度很大。

5. 事权划分法律约束力有限

事权的划分需要法律的支持,且这种支持必须是有权威的。我国的《宪法》《预算法》和《组织法》,对各级政府间事权和支出责任的划分规定只是原则性的，缺乏可操作的细致划分，大部分事权划分都是以政府文件、规章等形式发布，法律效力等级低，权力性和约束力有限。比较而言，大多数国家事权划分都建立在宪法和法律的基础之上。如美国通过《联邦宪法》列举政府间事权；德国通过《基本法》《财政宪法》划分政府间决策、支出责任、执行和监督权；日本通过《宪法》和《地方自治法》对中央政府和各级地方政府的专有事权及共担事权做出了详细规定。总体来说，我国尚缺乏一部统一的、完整的明确政府间事权划分的法律规范，事权划分受行政性分权的影响较大。

（四）现行中央与地方财政事权与支出责任划分与国家治理的公共风险最小化目标不完全匹配

20世纪90年代，我国仍处于改革开放深化、经济高速发展时期，当时的社会主要矛盾是人民日益增长的物质文化需要与落后的社会生产之间的矛盾，公共风险主要表现为人民群众的生存与发展的风险，国家治理能力与治理体系与当时的生产力发展水平基本适应。这种背景之下，我国中央与地方财政事权与支出责任的划分，不可能考虑到当前风险社会及社会主要矛盾变化下的国家治理问题，不可能充分考虑到经济社会发展到一定程度后公共风险问题日益突出的现实。在当时看来相对合理的财政事权与支出责任划分，与当前基于公共风险最小化的国家治理目标就越来越不匹配。

1. 财政事权不清导致风险意识淡薄

我国的改革打破了原有的"利益大锅饭"，使得企业与居民都有了越来越强的风险意识，但由于风险责任的界定还相当模糊，甚至部分领域尚没有界定，仍在吃"风险大锅饭"（刘尚希，2004）。这一点在事权与支出责任划分方面更为明显，由于在事权划分上中央决策、地方执行的特征，地方政府在执行中央决策时几乎毫无风险意识，想当然地认为无论什么风险，最终中央政府都会兜底。

"谁决策、谁负责"是现代管理中的一项基本原则。如2014年颁布的《全面推进依法行政实施纲要》就明确，要按照"谁决策、谁负责"的原则，建立健全决策责任追究制度，实现决策权和决策责任相统一。由于绝大部分政府事权中，中央政府都具有决策权，地方政府只是政策的执行者，按照"谁决策、谁负责"的原则，中央政府就理应对政策执行的结果负责。这一逻辑就形成了地方政府的"中央政府兜底"所有公共风险的预期。地方政府尤其是基层政府基于属地责任，不仅承担了大部分公共服务的供给责任，还包揽了很多应急性、突发性的公共服务供给，并履行了相应支出责任，但由此带来的财力缺口，只能寄希望于上级政府解决。

2. 财政事权分散导致应对风险能力缺失

由于造成公共风险责任的因素众多，风险责任往往是一种由多个环节组成的责任链的形式，每个环节都是风险责任的一部分，且相互联系，共同构成风险责任整体。对单个的公共风险，风险责任主体可能并不唯一，而是由多个主体共同承担，各自负责一定比例的风险责任，由此形成了风险责任主体的分散化。风险责任主体的分散化是由于风险本身的特征造成的，现代社会风险具有高度复合性与复杂性，风险涉及的对象由传统的单一主体转变为多重主体。公共风险涉及的利益相关者众多，且相互之间关系密切，每个利益相关者都可能对风险负有一定的责任。社会心理学的研究表明，当责任主体增多时，每个责任主体感受到的责任越少，并倾向于把责任推给别人，导致责任的分散，这就是心理学上的责任分散效应。风险责任主体的分散化会演变成多主体不负责，责任难以落实，客观上导致了风险的暴露和风险损害的发生。

与联邦制国家的"两头大、中间小"的事权结构不同，体现单一制国家的特征，我国现行的财政事权结构呈现"两头小、中间大"的格局，即中央及地方政府的独立事权较少，共同事权较多。共同事权又由中央及地方各级政府共同承担，如基础教育事权，其支出责任就是由中央、省、市、县级政府按比例分担的。特定事权分散在多级政府，由多级政府履行支出责任，也会出现"责任人越多、越无人负责"的局面。

理论上来说，中央与地方政府在各自事权范围内履行公共服务供给职责，都是在防范和化解公共风险，以公共风险最小化为目标。但由于现行财政事权与支出责任划分没有有效地实现"激励相容"，特定时期特定情况下，公共风险越大的地方越能受到中央政府的支持，一定程度上造成了"会哭的孩子有奶吃"的逆向激励。与东部地区相比，当前中西部地区正处于工业化与城镇化快速推进的阶段，举债需求非常大，而近年来地方债务管理的规范化极大地限制了地方政府举债需求，一些地区甚至为没能抓住地方债务管理疏松期而大规模举债进而推动地方经济快速发展而感到惋惜。另外，在逆向激励机制未转变情况下，地方政府仍然倾向于以扩大财政风险来应对公共风险，并在"中央兜底"的预期下以扩大财政风险作为与中央政府博弈的因素。既然中央财政会"兜底"，那么利用各种方式举债更有效地解决区域公共风险问题便是地方政府的理性选择。

3. 财政事权重叠导致风险责任不明

风险责任链的同一环节出现了多个不同风险责任主体，就会导致风险责任的交织，表现为风险责任主体之间责任边界的模糊。随着社会的发展和公众期望的提高，公共事务管理的范围不断扩大，部门管理的职责界限也逐渐呈现模糊化，如互联网金融的兴起一度产生了严重的金融风险，而互联网金融业务的复杂性使其很难准确归入一行三会的监管视野。

> **专栏一：事权分散与重叠带来的管理风险**
>
> 案例一：在被纳入国家公园体制试点之前，神农架因为是国家级的森林保护区，世界地质公园和生态旅游区，同时受到林业局，国土资源局和旅游局等几个部门的多方管理。"谁都不愿少管，真有事又不知道找谁"曾是一种常态：土地是荒土时归国土资源部；土上长了草，归农业局；长了树就归林业局；更有意思的是山里的湖泊，当湖泊里的水超过6米，归水利；低于6米则是湿地，又归林业局；两栖动物青蛙，在河里的时候归水利局管，到了岸上就属林业局管了。
>
> 资料来源：《神农架林区一个博士的挂职日记》，中国青年报，2016-04-13。
>
> 案例二：2016年中国财政科学研究院地方财政经济运行调研中部组在J省某县调研时发现，为了应对上级的耕地面积刚性考核指标，该县不得不投入人力、物力和财力，在一些山上开荒；为了应对上级的森林覆盖率刚性考核指标，又不得不在平原耕地上种树；而上级畜牧业管理部门又以养牛数量作为刚性考核指标，导致该县不得不把一些耕地改为牧场。
>
> 资料来源：2016年地方财政经济运行调研。

4. 现行财政事权与支出责任下地方政府没有成为真正的风险责任主体

随着我国市场经济体制的逐步完成，地方政府已经成为真正的市场主体，与企业、居民，成为市场经济的三大主体。在公共财政体系基本健全的条件下，地方政府主要履行公共产品或服务的供给责任，也已成为真正的公共产品供给主体。然而，由于事权与支出责任划分中风险主体责任的缺失，地方政府尚未成为真正的公共风险责任主体。地方政府有着一定的经济风险、社会风险责任意识，因为区域经济、社会风险的处置是地方政府考核的重要内容，但在财政、金融等风险方面，主要还是寄托于中央政府。可以说，地方政府尚没有成为完整的公共风险责任主体。

三、公共风险视角下财政事权与支出责任划分的主要原则

（一）传统事权划分三原则及其局限性

无论是单一制国家还是联邦制国家，在政府间事权划分方面都有大致的框架，主要是：中央政府是国家安全、经济稳定和收入再分配职责的主要承担者；资源配置（提供公共服务）职责虽然主要是州和地方政府的职责，但全国性公共产品以及具有大范围规模经济和空间外溢的活动需要中央政府承担。在上述框架下，具体的政府职能，以外部性、信息复杂程度、激励相容"三原则"作为标准进行划分（楼继伟，2014）。但现实中，这三个原则存在一定局限性，主要反映了事权划分的效率维度，即哪级政府提供公共服务效率更高，就把公共服务确定为哪级政府的事权。其中外部性主要考虑公共服务的受益范围，信息复杂性主要考虑获取公共服务信息的成本，激励相容主要考虑调动各级政府提供公共服务的积极性。总体看，这三项原则主要反映了财政联邦主义条件下的事权划分问题，对于统一领导，分级治理的"财政共治"模式不完全适用。

1. 财政联邦主义条件下的事权划分原则

外部性、信息复杂性和激励相容三原则来自于西方国家财政理论与实践，是与西方财政联邦主义相适应的。我国在财政改革中借鉴了西方财政联邦主义的一些因素，但并不是完全的财政联邦主义，其三原则在我国中央与地方财政事权与支出责任的划分中的适用性是有限的。我国尚处于转型时期，有自己的特殊国情，无论是政治、经济还是文化等各个方面都与其他发达国家有着很大差别，即使财政体制改革也向分权化发展，其改革阶段面临的问题还是有着自己的特点，受自己国情的影响和制度的制约。因此，传统财政联邦主义理论难以对我国的财政分权给予合理的解释。很多学者提出了与传统财政联邦主义不同的观点，形成了所谓"中国式财政联邦主义理论"，认为中国的政府间财政关系属于"市场维护型联邦主义"（Market – Preserving Federalism）（王守坤等，2009；杨其静等，2008）。持这种观点的学者认为，中国的财政分权同西方的联邦主义相比，更加

注重分权化对地方政府的财政激励,即从制度上约束地方政府的行为,形成地方政府对经济的控制与市场机制之间的微妙平衡,也就是说,中国的财政分权达到了维护市场型联邦主义所追求的效果。

2. 按项目而非要素确定事权的原则

与西方国家先将事权分类,再将事权按类别在中央和地方政府间进行划分的模式不同,我国是单一制国家,国家权力的行使经过多重的委托代理、层层授权。上级政府是委托人,下一级政府是受托人,各级政府实际上存在一种委托代理关系。因此,我国的事权划分在实践中是按照"中央决策、地方执行"的模式进行的。财政体制中上下级之间的行政隶属关系对事权划分的实际操作影响突出,我国无法实现中央决策中央执行、地方决策地方执行的模式。因此在事权划分的具体操作中,不只局限于事权的横向划分,还应当结合中国的国情,将支出责任按照要素分为决策、执行、监督等,决策与监督一般属于中央事权,部分中央和地方政府间事权也可以表现为某项事权决策和执行上的共担。在这个框架下,我国的事权划分与西方市场经济国家不同,主要是按照事权要素来划分和界定的(刘尚希等,2013)。除了国防和外交是按照事权项目划分和界定之外,其他的事权都是按照事权要素来划分的。例如教育的事权,大政策在中央,地方主要是执行,并在权限内可以做出小的决策。无论是哪种类型的教育,高等教育、成人教育、职业教育和基础教育等等,很难归为哪一级政府,各级政府的教育行政管理部门都在履行教育事权。这种不同于西方市场经济国家的事权划分方式,决定了我国事权划分改革的路径不是比照西方,而是在现有国家治理架构内进行。

3. 基于"效率"的事权划分原则

财政联邦主义条件下的事权划分原则主要是基于"效率"的追求,即由哪一级政府提供公共产品成本更低、收益更大。外部经济性原则根据受益范围来确定公共产品供给主体,就是成本—收益理念的体现,全国性公共产品受益范围为整个国家,理应由代表全国纳税人的中央政府来提供,区域性公共产品受益范围为特定地区,区域内的纳税人的代表地方政府就要履行供给责任;显然,由于成本与收益不对等,由地方政府提供全国性公共产品是低效的。外部经济性的成本与收益对等理念,在追求效率的同时,其实也暗含着公平的价值观,谁受益谁承担成本就是公平的资源配置方式。信息有效性则更加强调效率,哪级政府对辖区居民的需求了解更多,提供的公共产品就更能够贴近需求,进而节约信息搜寻成本，等量公共产品供给条件下追求成本最小化，就是追求公共产品供给的效率最大化。激励相容性则主要体现了对收益最大化的追求，各级政府在追求辖区利益最大化的同时实现整体利益的最大化，实际上就是强调等量公共产品供给条件下的收益最大化。由此可见，传统事权划分三原则主要体现的是对"效率"的追求，这与市场配置资源的机制相吻合，是在事权划分中借鉴市场机制的原理。然而，事权划分是基于"市场失灵"的前提来划分政府弥补"市场失灵"的职责，市场失灵的诱因必然也会在事权划分中发挥作用。

4. 忽视了风险责任的分配

传统农业与工业社会中，财富的生产与分配是经济社会运行的主导逻辑。前现代社会，低下的生产力状况决定财富的稀缺性，人类要不断增加财富存量才能满足生存和发展的需求。早期现代化阶段，经济发展中资源、产品等供给不能满足人类有支付能力的需求，社会经济是一种短缺经济。为了解决社会物质匮乏问题，财富生产仍是社会的主旋律，财富分配依旧是社会分配的主导逻辑。但后工业化时代，技术进步、全球化等因素已使人类社会进入"风险社会"，财富分配依然存在，但风险分配正在成为社会分配的主导逻辑（吉登斯，2001；贝克，2004）。如果仍然按照传统社会的财富分配逻辑来指导经济社会发展，忽视现代社会的风险分配逻辑，必然导致经济危机、政治冲突、环境污染、生态失衡等全球性风险进一步强化，最终使人类文明在财富分配的逻辑中迷失自我。现代社会，日益增加和转化的公共风险越来越成为人类效率与福利追求的阻碍，人类效率与福利的追求本身也造成了越来越多的公共风险。公共风险的演变也遵循量变到质变的过程，一旦公共风险积聚，达到临界点后爆发，就会对人类的生存和发展造成致命的影响。核能的利用大大提高了人类利用自然资源的效率，但如果忽视潜在的核泄漏和核污染风险，一旦爆发，就会酿成严重的生态与生存危机。

传统的事权划分三原则是基于工业化时代的经济理论与实践形成的，是与工业化时代的效率与福利追求相匹配的，与日趋进步的现代社会差距越来越大，突出表现为其对公共风险的忽视。利益之所在，风险之所在，是市场经济的普遍规律。效率、福利在一定程度上是与风险成正比的，追求效率意味着在更高层次的不确定性中决策，追求福利意味着风险偏好的升级，基于效率和福利原则的事权划分，也需要考虑到更多的风险责任安排。

我国面临着很多公共风险，特别是近些年来，频繁出现的自然灾害给国人制造了巨大的恐惧与损害。但是，要总结具有我国国情的公共风险的表现，应该说，很大程度上还是由制度缺陷引起的，这一制度缺陷集中表现在三点：第一，风险责任难以落实到人，尽量往政府推，最后政府不得不承担了过多的公共风险，有了政府财政兜底，防范风险的动力自然就不足，进而导致公共风险进一步扩张。第二，政府一定会兜底的预期，这种预期诱致出了大量的公共风险，多数都表现为经济风险，并且有使其不断扩大、变本加厉的趋势。第三，由于防范公共风险需要付出成本，就需要耗费大量的财力，而由于我国财政层级关系还比较模糊，这种财力上的耗费应该由谁来承担界定不清，致使很多该防范的公共风险没有得到足够的重视。

（二）基于国家治理优化目标的财政事权划分应当考虑公共风险

1. 政府是公共风险的最终承担者

公共风险属于社会学的范畴。德国社会学家乌尔利希·贝克和英国社会学家安东尼·吉登斯系统研究了现代社会所面临的风险，形成了经典的"风险社会"理论。中国的经济社会变革是在改革开放后短短的几十年间实现的，传统自然经济与社会结构的崩解，工业化、城镇化、信息化的快速推进，使得中国"风险社会"的特征更加明显，引起了中国学者对公共风险问题的高度关注。国外学者多从法律、社会的视角定义公共风险，并把它与公共安全相对应，Peter Huber（1985）就认为，公共风险是威胁到人类的健康和安全，且单个风险承担者难以控制的风险。刘尚希（1999）从经济学的视角对公共风险进行了研究，认为公共风险是指因某项活动未来结果的不确定性对群体（或社会）产生不利影响，依靠个人和企业无法承担而只能由政府承担的风险。这两个代表性定义都表明，公共风险是超出个体承担能力之外的，应当或必须由政府来承担的风险。事实上，政府不仅承担着带有公共性的风险，一些私人风险在超出个人承担能力后，出于道义或防范私人风险转化为公共风险的需要，最终也要由政府承担，即政府对所有的私人风险都承担着"兜底"责任。

公共安全是社会文明的基本价值。无论是建立在马克思主义基础上的社会主义国家，还是建立在自然法和社会契约论基础上的资本主义国家，都把提供和维护公共安全视为国家产生的基础和国家的本质特征。政府作为国家的代理人和国家权力的行使者，同样应将维护公共安全作为自身的基本使命和神圣职责。自古至今，风险一直对公共安全构成极大威胁。对风险进行管理，成为政府存在的重要基础和理由。政府之所以存在，从根本上是为了帮助社会应对各种风险的威胁和挑战,从抵御外来入侵、维护公共秩序到保护公民健康等,不胜枚举。政府存在的目的之一就是管理公共风险,这不是可有可无的管理,而是政府实现自身宗旨的核心推动力量。作为公共利益的代表,政府具有维护公众利益的天然职责。即使在没有责任的领域,政府也是民众赖以期望的最终对象和保护伞。因此,当风险严重威胁到公共安全时,风险管理就成为政府义不容辞的基本责任。风险管理成功与否,已对政府的公共管理能力形成巨大挑战,影响到人们对政府甚至执政党执政能力的认同,影响到政府的合法性基础。

政府应对公共风险的手段有很多。一是法律手段,即政府通过立法禁止或允许个体的行为,把私人风险约束在可控范围内,防止私人风险向公共风险转化;二是行政手段,即政府通过制度或政策安排,约束或激励个体,使个体按照风险最小化的目标行动;三是市场手段,即政府通过设计市场交易框架,对私人风险进行再分配,以达到均衡、化解风险的目标。但无论采取什么手段,政府都要通过财政收支的安排来实现(武靖州,2017)。

2. "福利陷阱"是现代国家治理面临的重大风险

与传统农业、工业社会中国家治理面临的战争、自然灾害等风险相比,现代社会的公共风险更多是"人造"风险,即由人的需求衍生出的公共风险,最突出的就是"福利陷阱"。个体及国家对福利最大化的需求,超过了自然及社会的可承受能力,并演变为生态和经济、社会危机。一些新兴国家因在中等收入阶段追求过度福利且没有处理好经济社会风险而陷入"中等收入陷阱","中等收入陷阱"只是一种经济表象,其背后的根本原因是"社会福利陷阱"(黎安,2015);一些发达国家的经济金融危机也多因过度社会福利而起。可以说,"福利陷阱"已成为现代国家治理面临的重大风险。

社会福利最大化的目标追求,其实是为防范公共风险而设计的,社会保障制度的设计初衷就是防范私人风险及其向公共风险的转化,但过度的社会福利却又带来了新的风险。因此,社会福利是防范公共风险的手段,不宜把社会福利最大化当作经济社会发展的目标。作为手段的社会福利是与公共风险最小化目标一致的,而作为目标的社会福利最大化则忽视了公共风险的因素,最后形成了"防范风险的风险"和"应对危机的危机"。

首先,以社会福利最大化作为目标,并不能从根本上解决社会矛盾。社会福利是一个没有明确边际的量词,不同的人、不同的收入水平、不同的发展阶段,有着不同的社会福利需求。就个体来说,在基本生存需要都得不到满足时,一片面包就是福利；当情感和归属需求得到满足后，受到尊重才是福利；受到尊重后，一个有利于自我实现的环境才是福利；当自我价值得到实现后，又产生了新的福利需求。就社会发展来说，当九年制义务教育得到满足后，势必会向十二年制义务教育延伸；当大学教学基本普及后，幼儿教育又成为社会矛盾的焦点。

其次，以社会福利最大化为目标，最终会损失社会福利。经济发展的目的在于谋取社会福利，经济发展与社会发展是辩证统一的。但过度追求社会福利，使社会资源过度地投入到改善社会福利之中，会制约经济发展的能力，最终会影响到社会福利的改善。经济资源在经济发展和社会发展之间的投入应当达到一种均衡，经济发展不是越快越好，社会福利也不是越高越优，二者均衡进步才是最佳选择。

最后，以社会福利最大化为目标，最终会破坏政府防范和化解危机的能力。政府应对公共风险、防范和化解公共危机的能力主要来自于其资金与资源的筹集能力。如果政府把过多地资金与资源投入到社会福利当中，势必会弱化政府应对公共风险和化解公共危机的能力，最终又会影响到社会福利改进目标的实现。

3. 从社会福利最大化转向公共风险最小化

要避免现代福利国家的危机，必须纠正以社会福利最大化的国家治理目标，把社会福利当作国家治理的手段，把公共风险最小化当作国家治理的目标（刘尚希，2014）。社会福利一旦提高，便成为刚性需求，正所谓"由贫入富易，由富入贫难"。对社会福利的依赖所造成的政府与人民的矛盾、财政收支的矛盾使得不能减少的社会福利与日益沉重的财政负担成为不可调和的矛盾。一是过度社会福利使社会生产成本上升，弱化了国家的经济竞争力。社会福利投入主要来源于税收，过度社会福利对应的是过度的税收，过度的税收提升了企业成本，会弱化整个国家的经济竞争力。二是社会福利政策往往难以考虑长期的人口结构变迁因素。社会福利政策一旦形成，只能上升不能下降，但人口结构却不是持续优化的。有些社会福利政策是在劳动力占比较大时出台的，当人口结构发生变化，劳动力占比迅速下降时，福利政策就变成了财政压力。三是社会福利会催生出新的福利需求。社会福利实际上是一种自我强化的机制，一种福利需求被满足会产生新的福利需求，基本生存的福利需求被满足反而会激发个体的冒险精神。四是社会福利体系中隐含着道德风险。如果仅靠社会福利就能谋得一定的生活水平，就会使一部分人丧失劳动的积极性，且这种生活水平越高，道德风险就越大。

国家治理的现代化也意味着需要从传统的危机管理转向风险管理（武靖州，

2018）。危机管理其实是一种事后管理，危机发生了才去应对；风险管理才是一种事前管理，在危机到来之前就介入其中。现代社会危机的代价越来越大，重大危机已成为国家治理不可承受之重，危机管理方式对国家治理的冲击需要付出越来越大的资源来化解与应对。从危机管理转向风险管理，也就要求国家治理的目标要从社会福利最大化转向公共风险最小化。因为社会福利最大化目标下的公共政策其实就是一种危机管理，失业保障制度是失业了才予保障，社会福利政策是出现后果了、达到标准了才予以保障。而公共风险最小化的目标才是风险管理，把风险控制住，才能阻止不利后果出现。

也就是说，公共风险最小化目标是兼容社会福利，又避免社会福利最大化目标缺陷的，更加符合国家治理现代化要求的目标。一定程度上，公共风险最小化与社会福利最大化不仅是兼容的，还是一个硬币的正反面，公共风险最小实际上就是社会福利最大，追求社会福利最大就要求把公共风险控制在最小程度。公共风险最小化所追求的社会福利最大化，是自然与社会资源所能承受的社会福利，而不是不加限制的社会福利，既有助于社会福利的实现，也能够避免过度追求社会福利带来的风险。另外，公共风险最小化目标下的社会福利，也要求最大程度地规避道德风险，避免追求社会福利带来的社会资源浪费。因此，如果说社会福利最大化强调公平，公共风险最小化则是追求公平与效率的统一。

4. 财政事权与支出责任划分应以公共风险最小化为目标

基于政府社会福利最大化目标的假定，事权与支出责任的划分一方面要体现社会福利的"公平"原则，另一方面也要体现公共产品提供"成本—收益"的"效率"原则。外部性、信息有效性和激励相容三原则，体现的是"效率"，社会福利最大化体现的是"公平"。公平与效率是在政府目标与事权划分的原则上分别体现的，并不能天然地实现统一，二者的统一仍需政府在公共政策的设计上予以体现。

我国正在进行的社会转型与其他国家历史上的社会转型有所不同，既要完成从传统农业社会向现代工业社会的转变，又要实现从计划经济体制向市场经济体制的转变。这导致了"我国古典阶段的社会问题与后古典阶段的社会问题的复杂扭结与重叠，迫使我们目前不得不同时面对着财富分配和风险分配的双重社会压力（郑杭生，2007）。国家治理的复杂性意味着，在事权划分中既要考虑传统的效率因素，也要结合我国国情，关注现实中的公共风险。财政收支的划分是一种利益的划分，在财政利益划分背后更应当有风险分配的逻辑。因此，我国中央与地方财政事权与支出责任的划分，应当在借鉴财政联邦主义"效率"三原则的基础上，更加突出"公共风险"的因素，把公共风险最小化作为事权与支出责任划分中"效率"与"公平"相统一的基点。

近年来，我国在公共产品供给中出现的新现象，如供给主体多元化、PPP模式、政府购买服务等，在传统三原则的框架下难以得到充分解释。引入市场机构、社会组织参与公共产品供给，很大程度上是基于分散风险的要求，以PPP模式或政府购买服务形式提供公共产品，也不完全是基于外部经济性、信息有效性和激励相容性的原则，而是基于防范和化解财政风险的目的。因此，现代国家治理背景下，财政事权与支出责任划分需要以公共风险最小化作为目标。

（三）基于公共风险视角的财政事权划分原则

科学划分财政事权的目标，是让不同层级政府能够各司其职、高效提供基本公共服务，实现所有国民公平享用基本公共服务，缩小机会不均、能力差距造成的社会不平等，充分体现社会主义制度优越性，提高整个民族的福祉。立足于基本公共服务，财政事权划分偏重于社会目标。这是我国发展到中高收入这个阶段，实现经济、社会发展可持续的必然要求，也是体现以人为中心的发展思想。从中国实际情况出发，财政事权划分原则应从风险角度来考虑。风险是指公共风险，包括基本公共服务区域差距扩大的风险、与人的流动脱节的风险、公共服务可获得性风险、公共服务可及性风险等。从风险来考虑，财政事权划分应遵循以下原则（刘尚希等，2018）：

1. 风险决策原则

依据风险在事权要素中的来源，决策权中的风险要远远大于执行与监督中的风险。正是因为我国"中央决策、地方执行"的事权结构特征才使得地方政府有了中央政府兜底所有公共风险的预期。公共风险最小化目标下事权划分的风险决策原则，是指哪级政府决策更有利于实现公共风险最小化的目标，事务的决策权限就归于哪一级政府。全国性的公共事务决策，只有中央政府能够有效控制，决策权就应当归于中央；省域范围内跨地市的公共事务决策，就不能由地市分散决策，而应由省级政府负责。这就意味着，在我国单一制的国家结构下，中央政府要承担更多地决策权限，同时应根据风险的变化适当向地方政府放权。

2. 风险分担原则

风险是客观存在的，责任问题始终与风险相伴。只有解决了由哪些主体来共同承担风险、承担哪些风险以及多少风险，才能在风险管理中清晰划分各利益相关者的权利与职责，并建立相应的激励与惩罚机制，使相关各方在风险应对中找到自己的定位，从而将预防、规避及减少风险提上议程。传统风险往往是非人为和不可抗力所造成的，而现代风险更有可能与人类的决策和行为有关，因此其中暗含的责任和义务问题就不可避免地产生了。然而，要将制造风险的人与那些不得不承受后果的人彻底分开，实际上是不可能做到的。因为各种条件之间的关系错综复杂，导致制造风险的责任难以确定。从科学和法律意义上说，对风险责任主体的界定应该按照因果关系的原则来进行，如"谁污染谁治理"。事权与支出责任划分是科学分配风险责任的顶层设计。风险管理的根本原则是实现风险—权力—责任三者的统一。在我国现行行政管理体制制度框架之下，三者的统一要求在事权与支出责任划分时充分考虑防范和化解公共风险的需要，从根本上明确各级政府风险责任的界限。

任何风险都应当是分担的，这才有可能实现风险最小化。针对不同类型的公共风险，应有不同层级的政府来分担，这也有利于控制风险。这与上一条原则是一脉相承的。例如教育这项公共服务，有基础教育、职业教育、高等教育，其缺失引发的公共风险是不同的，依次为大、中、小。例如，基础教育缺失引发的经济社会风险是最大的，应当让更高层级政府来分担这项风险。分担风险实际上就是不同层级政府履行事权的过程，最终体现为相应级次政府的支出责任。支出责任划分的背后即是风险分担。这一项原则可进一步延伸到横向的风险分担，例如PPP模式，就是相应级次政府与社会资本合作，通过分担风险的方式来提供公共服务。

3. 风险匹配原则

公共风险是复杂的，而现代公共风险更体现了这一特征。越来越多的公共风险不再是传统的工业化物质生产过程中所产生的，而是来自于技术进步。这意味着风险管理的专业性不是减少了，而是大大增加了。现代社会分工日益精细，专业化水平不断提升，要有效控制风险，必须让风险匹配给最适宜的那一级政府，"让专业的人，干专业的事"。从风险识别、风险防范，到风险处置，不同层级政府的能力是不同的。有效的匹配，可以最有效地控制风险。例如，教育的可获得性风险（是否上得起学），应由较高层次政府来承担；而教育的可及性风险（是否有学上），则可交给较低层次政府承担。

（四）财政事权与支出责任划分原则应兼顾效率与风险两个维度

效率因素在财政联邦主义的解释框架下已经得到充分讨论，并且形成根据效率原则进行中央与地方事权划分的规范理论。然而，中央与地方事权划分过程中的风险因素，却始终没有得到应有的重视。本文试图辨别出在中央与地方事权划分中发挥显著作用的风险因素，将其置于已有的效率解释框架，形成一个结合效率因素与风险因素的统一解释理论来指导我国中央与地方财政事权划分。以公共风险最小化目标来划分事权，不是全面否定传统的三项原则，而是在传统的"效率"原则的基础上，增加"风险"的维度。传统三原则的效率追求存在的核心缺陷是对风险的疏忽，其本身与公共风险最小化的目标并不矛盾，二者共同构成事权与支出责任划分的原则。因此，我们可以构建一个效率—风险两个维度的事权与支出责任划分原则。如图1所示。

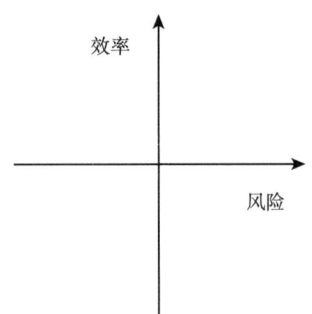

图1 事权划分的"效率"与"风险"维度

（五）支出责任与财政事权划分原则相统一

事权是我国特有的表述方式。在党的十八届三中全会之前，理论界对事权与支出责任并没有明确的区分，西方的研究中事权与支出责任也是同一概念。党的十八届三中全会后，理论界开始了对两者区别的探讨。白景明等（2015）就认为事权是政府按照法律法规进行行政事务管理的权力，即一级政府"该干什么事"；支出责任是指政府承担履行事权的支出责任和义务，即"办事谁花钱"。楼继伟（2013）认为，各级政府的职能是事权，事权与支出责任划分反映的是分层次管理控制社会经济事务在不同级政府间权力的划分。《国务院关于推进中央与地方财政事权和支出责任划分改革的指导意见》中提出，财政事权是一级政府应承担的运用财政资金提供基本公共服务的任务和职责，支出责任是政府履行财政事权的支出义务和保障。因此，可以说财政事权其实就表现为支出责任。支出责任以事权为基础和前提，没有政府间的事权划分就无从谈政府的支出责任（楼继伟，2013）；换句话说，政府间的财政事权划分清晰了，支出责任也就明确了。由于财政事权与支出责任紧密相关，且前者是后者的充分必要条件，财政事权的划分原则也就是支出责任的划分原则。在理论研究与官方文件中，财政事权的划分原则与支出责任的划分原则也都是统一的，一般没有分别讨论和表述的情况。

四、基于公共风险最小化原则的财政事权与支出责任划分思路

党的十九大要求，各级政府都应当"增强驾驭风险本领，健全各方面风险防控机制"。财政是政府是驾驭风险、防控风险的基础，财政事权与支出责任的合理划分则是发挥财政防控风险基础性作用的前提。应当以公共风险最小化为目标，兼顾效率与风险两个维度的原则，把风险管理作为事权与支出责任划分的主线。

（一）基本思路：以促进基本公共服务均等化应对发展不平衡不充分的矛盾与风险

党的十八届三中全会提出，全面深化改革的总目标是完善和发展中国特色社会主义制度，推进国家治理体系和治理能力现代化。随着市场经济的发展、社会结构的变动和利益关系的多元化，当前中国经济社会发展中面临的公共风险也发生了显著变化。与改革开放初期面临的主要是基本生存风险相比，当前的公共风险主要源于社会资源分配不当所引发的社会冲突（张朝举等，2015）。2017年，中国国内生产总值已达80多万亿元，居世界第二位。发展的不平衡、不充分，发展的质量和效益不高，生态环境问题、民生领域的短板、社会利益格局的固化与冲突等已成为新时期公共风险的主要来源。中国的社会主要矛盾已经从改革开放初期的"人民日益增长的物质文化需要同落后的社会生产之间的矛盾"转变为"人民日益增长的美好生活需要和不平衡不充分的发展之间的矛盾"。新的社会矛盾的解决要靠经济总量的增长，更要靠经济结构的优化、利益分配的均衡。财政作为国家治理的基础和重要支柱，就应当在事权与支出责任划分上体现社会矛盾与公共风险的变化。

一方面，我国是一个幅员辽阔、区域要素禀赋差异巨大的国家，区域间、城

乡间经济发展水平差异较大；另一方面，我国还存在社会保障体系不健全、基本公共服务均等化程度不足、贫困人口规模较大等"短板"。经济快速发展中的不平衡与不充分主要是市场机制自发作用的结果。市场经济条件下，具有要素禀赋优势的区域、具备一定能力的个体势必会先行抓住机会先富起来。但解决不平衡与不充分的问题，靠市场自发调节是无效的，政府必须履行好再分配的功能，而财政则是政府进行再分配的主要手段。

现代社会，一个"人"要生存下来，需要基本的营养、基本的教育、基本的健康、基本的居住条件、基本的人身财产安全、基本的生态环境。基本安全属政府的社会管理职能，基本生态环境属政府的环境保护职能，前四项则属于政府公共服务职能，分别对应政府的低保与养老、基础教育、基本公共卫生、基本住房保障事权（见表1）。

表1　　　　　　　基本生存需要与基本公共服务的对应表

基本生存需要	政府职能	基本公共服务
基本营养	公共服务	最低生活保障、基本养老保障
基本教育	公共服务	基础教育
基本健康	公共服务	基本公共卫生
基本居住	公共服务	基本住房保障
基本安全	国防与社会管理	国防、公共安全、法治
基本环境	环境保护	生态建设、环境保护

由于基本生存需要是"人"得以生存的"底线"，所有"人"都不能低于底线，所有"人"都高于底线是政府支配资源所不能承受的，部分人高于底线又使得"人"的起点与机会不公平，故在基本生存需要方面政府提供均等的服务是既满足需求，又可承受，还体现公平正义的最优选择。基本公共服务均等化，是指政府要为"人"（或居民）提供与经济社会发展水平相适应的、体现公平正义原则的、满足人们基本生存需要的大致均等的公共服务（刘尚希等，2018）。

这一定义体现了四重性质：一是基本性。保障"人"的基本生存需要，"人"的发展性需要由非基本公共服务或社会、市场来提供。二是动态性。随着经济社会的发展，政府的承受能力和人的需要都会发生变化，基本公共服务的内容和标准也会相应变动。三是公平正义。市场提供的服务强调效率与竞争，政府提供的服务则要强调公平与正义。四是大致均等。均等不是整齐划一，是历史地、具体地均等，所有社会成员得到大致均等的基本公共服务，允许有差异，但差异不能冲破底线，不能造成机会或起点的不公。

1. 划定基本公共服务的范围

围绕"人"的四项基本生存需要划定基本公共服务的范围，可在表1所列的政府事权中进行适当拓展与收缩，如"人"的文化生活需要日益突出的情况下，可把基本文化服务列入；住房保障涉及面太广且难以标准化，可暂不列入基本公共服务范围。

2. 确定基本公共服务供给标准

在深入调查研究的基础上，根据现有的支出标准，考虑经济社会发展水平、区域间差异等因素，测算基本公共服务的"底线"标准，及现时条件下能达到的最高标准；参考最高标准，确定等于或适当高于底线标准的数值作为基本公共服务的基准。

3. 划分财政事权

把基本公共服务进一步细化分解，根据外部性、信息复杂性、激励相容的原则，考虑公共风险的控制有效性及均等化程度要求，明确各项事权由中央还是各级地方政府承担。

4. 确定支出责任

属于中央事权的，由中央直接支出，列入中央本级支出；属于地方事权的，列入地方财政支出；属于中央与地方共担的事权，中央保基准，并为地方政府定负担系数，可以高于基准，但应限制在一定范围内；属于中央事权，但暂不具备条件由中央直接执行的，由中央委托地方承担，支出纳入中央本级，列入"委托性"支出，地方政府列入"受托性支出"。

5. 划分财政收入

根据财政事权与支出责任，相应调整中央与地方政府间收入。

（二）基本公共服务中的风险识别

清晰划分政府间事权，首先要明确各级政府拥有哪些事权。建议尽快启动编列各级政府基本公共服务事权清单，对清单中的事权项目进行分析，明确各项事权的主要风险点。风险识别是风险管理的基础。在企业风险管理中，通常采用生产过程分析、风险调查列举、资产状况分析、失误树分析等方法进行风险识别。基本公共服务事权的风险识别，应当进行全面周详的考察论证，在专家咨询、公众参与、利益相关者调查的基础上进行。

（三）基本公共服务财政事权划分

对事权清单中的事权项目，先按照外部性、信息有效性和激励相容的效率原则进行细项调整，再根据风险决策、风险分担和风险匹配的原则进行粗项调整，在效率最大化与风险最小化之间进行适当平衡。之所以有先后，是因为效率一般越高越优，而风险则存在临界效应，事权划分不是消除风险，而是明确风险责任、合理控制风险，宜粗不宜细。

1. 根据风险决策原则，适度强化中央财政事权

部分决策权在中央，又体现基本公共服务的普惠性、保基本、均等化方向的事权，执行权也上划中央，由"中央决策、中央执行"，由中央财政在全国范围内综合平衡。

2. 根据风险分担原则，规范并减少中央与地方共同财政事权

共同财政事权过多，难以全面理清风险责任，容易造成风险主体责任缺位。应基于风险分担的原则，逐步减少和规范中央与地方共同财政事权，并根据基本公共服务提供的效率与风险原则，按事权构成要素、实施环节、分解细化各级政府承担的职责，避免职责交叉重叠带来的效率损失与风险空间。

3. 根据风险匹配原则，赋予地方政府充分的自主权

目前的事权与支出责任划分实际上是一种层级财政体制，各个层级政府在财政上只注重本级财政，而对其辖区内各级财政的状况基本上视为"份外"之事。辖区财政体制是指在政府间财政关系中，各层级政府不仅对本级财政负责，而且对辖区内的各级财政状况负责的一种体制安排（刘尚希，2013）。辖区财政体制下，一级财政不仅要综合平衡横向部门间的利益，还要综合平衡纵向辖区各层级政府间的利益。国家治理能力现代化需要发挥财政的综合平衡功能，"风险社会"背景下，财政不仅要在公平与效率间进行平衡，还要在社会福利与公共风险之间进行平衡，在促进经济发展、社会公平的同时，在防范和化解各类公共风险中发挥基础性作用。我国是一个幅员辽阔的大国，区域间要素禀赋差异很大，仅靠中央财政的综合平衡难以全面解决局部的失衡问题。应按照党的十九大提出的"赋予省级及以下政府更多自主权"的改革要求，在事权划分方面赋予省级及以下政府更大的决策权限，让省级及以下政府逐步成为重要的公共风险责任主体。

4. 根据风险的动态变化，对财政事权划分做动态调整

公共风险不是静止不变的。公共风险的变化既有内生因素，也有外生因素。

公共风险是由个体风险的叠加和异化形成的（刘尚希，1999），个体风险的变化必然导致公共风险的变化，这是内生性因素。另外，技术进步、社会分工、社会联系等的强化也在加速或改变着个体风险，进而影响公共风险，这些是公共风险变化的外生因素。内生与外生因素的影响，使得公共风险会以升级、发散、扩散与渗透的形式发生变化。财政事权划分考虑风险因素，就要适应公共风险的变化，形成动态调整的机制。

（四）基本公共服务支出责任的明确

财政事权明晰了，相应的支出责任便可以确定。第一，中央政府的财政事权由中央承担支出责任。由"中央决策、中央执行"的财政事权，由中央财政安排经费，地方不必安排配套资金；必要时，中央财政事权需委托地方执行，应通过中央财政转移支付安排相应经费。第二，地方财政事权由地方承担支出责任。地方财政事权应由地方财政安排经费，在地方财政存在缺口的情况下，资本性支出通过发债等方式解决，消费性支出通过上级政府一般性转移支付弥补。必要时，地方财政事权需委托中央行使，经费应由地方承担。第三，中央与地方共同财政事权依据效率与风险原则划分支出责任。

参考文献

［1］白景明等. 建立事权与支出责任相适应财税制度操作层面研究［J］. 经济研究参考，2015（43）.

［2］党的十八届三中全会《决定》辅导读本［M］. 北京：人民出版社，2013.

［3］吉登斯. 失控的世界［M］. 南昌：江西人民出版社，2001.

［4］贾康，苏京春. 现阶段我国中央与地方事权划分改革研究［J］. 财经问题研究，2016（10）.

［5］黎安."中等收入陷阱"还是"社会福利陷阱"——基于"后发外生型"转型国家的视角［J］. 学术研究，2015（3）.

［6］刘戎. 对国家财政事权范围的看法［J］. 财经问题研究，1986（1）.

［7］刘尚希. 中国财政风险的制度特征："风险大锅饭"［J］. 管理世界，2004（5）.

［8］刘尚希. 论公共风险［J］. 财政研究，1999（9）.

［9］刘尚希. 财政与国家治理：基于三个维度的认识［N］. 中国财经报，2015－7－22.

［10］刘尚希. 央地财政关系的理论解析［N］. 中国财经报，2018－3－10.

［11］刘尚希，赵大全. 如何构建辖区财政体制［N］. 中国财经报，2013－01－26.

[12] 刘尚希. 财政改革、财政治理与国家治理 [J]. 理论视野, 2014 (1).

[13] 刘尚希, 白景明, 石英华, 张立承, 武靖州, 景婉博, 于雯杰. 从基本公共服务均等化入手深化财政体制改革 [R]. 中国财政科学研究院《研究报告》, 2018 (16).

[14] 楼继伟. 中国政府间财政关系的再思考 [M]. 北京: 中国财政经济出版社, 2013.

[15] 王绍光. 国家治理与基础性国家能力 [J]. 华中科技大学学报（社会科学版）, 2014 (3).

[16] 王守坤, 任保平. 财政联邦还是委托代理: 关于中国式分权性质的经验判断 [J]. 管理世界, 2009 (11).

[17] 武靖州. 论积极财政政策的转型——基于公共风险与财政风险的权衡 [R]. 中国财政科学研究院《研究报告》, 2018 (18).

[18] 武靖州. 社会主要矛盾与风险变化下的财政政策 [J]. 中国经贸导刊, 2018 (11).

[19] 乌尔里希·贝克. 风险社会 [M]. 南京: 译林出版社, 2004.

[20] 杨其静, 聂辉华. 保护市场的联邦主义及其批判 [J]. 经济研究, 2008 (3).

[21] 姚选民. 中国国家治理现代化向何处去——一种政治哲学层面追问 [J]. 社会科学论坛, 2017 (1).

[22] 张朝举, 祁毓. 转型期中国公共风险指数测试及财政治理效应评估 [J]. 财政研究, 2015 (9).

[23] 郑杭生. 中国人民大学中国社会发展研究报告 2007 [M]. 北京: 中国人民大学出版社, 2007.

[24] Peter Huber. Safety and the Second Best: the Hazards of Public Risk Management in the Courts [J]. Columbia Law Review, 1985, 85 (2): 277 - 337.

中国财政科学研究院《基于公共风险最小化的中央财政事权与支出责任划分研究》课题组

课 题 指 导: 刘尚希　白景明

课题负责人: 石英华　王志刚

课题组成员: 王宏利　张　鹏　梁　强　武靖州　苏京春

本报告执笔人: 石英华　武靖州　苏京春

关于预算绩效管理的几点思考

刘尚希

全面实施预算绩效管理，不只是解决公共资金利用效率、配置效率问题的一种方法，而且还是撬动公共部门责权利重构的有效途径，是实现钱与事、权与责、决策与执行、服务与需要有机融合的一种机制。全面实施预算绩效管理，不只是财政部门的行动，而是公共部门职责行使方式的改革，从"敞口花钱"到"看菜吃饭"。从公共职责到公共活动、公共项目，都是在资金约束下进行的，公共部门的任务目标、活动方向和范围整体上是受公共预算约束的。在这个意义上，预算绩效管理是嵌入到整个公共部门的一种约束机制。这种约束是多层面的，不只是预算约束——资金的多与少，而且是各部门作为预算主体的责任约束——花钱必问效，还是如何花钱的方式约束——群众参与。很显然，这既是建立"约束有力的预算制度"，建设现代财政制度的重大举措，也是提升国家治理能力，推进国家治理现代化的重要一步。通过全面实施预算绩效管理，提升公共部门管理、服务效率，避免和大众当前需要及未来期待脱节，从而防范化解因政府公共服务与群众需要可能脱节而导致的公共风险，使人民群众有更多的获得感和更好的体验感。

最近，中央发布了《关于全面实施预算绩效管理的意见》（中发〔2018〕34号），这无疑是预算绩效管理实施过程中具有里程碑意义的文件。这个文件的发布，表明预算绩效管理从部门推动上升到国家层面，从局部探索到全面实施，从事后评价到目标管理与评价相结合，从资金绩效拓展到政策绩效，从项目绩效覆盖到单位、部门整体绩效，并在管理机制上从"要我有绩效"变成"我要有绩效"。然而，文件的发布只是全面实施预算绩效管理的万里长征第一步，还面临着不少的困难和挑战。这需要随着预算绩效管理的推进，不断深化其认识，不断创新拓展其理论，为解决实践中问题提供理论指导。从当前预算绩效管理的实践来看，至少有下面几个问题需要深入研究，值得认真探讨。

一、预算绩效的内涵究竟是什么

这是一个前提性的问题，涉及预算绩效管理的出发点和落脚点，也关系到绩效的确认和计量。传统理论有"3E"或"4E"的说法，受经济学观念和成本效益方法的影响很深，侧重于当前的资金所产生的结果，只是考虑现在与当下，与未来没有关联，只是考虑生产、提供公共服务成本、效率，与利益相关者当前需要及未来期待的表达没有关联。这样的绩效定义和评价是以当前的支出结构或资金分配使用符合利益相关者未来期待为假设条件的。而从历史实践来看，这样的假设并不成立，支出结构往往不反映未来的要求，资金分配使用往往在原有路径下不断偏离未来所要求的状态。可以说，当前流行的绩效概念，是指公共部门当下与过去相比的一种结果，如办事的成本是否降低了或效率是否提高了，而不是利益相关者当前及未来所要求的某种状态的实现。真正的绩效，应当是指向未来的，利益相关者参与其中的，是基于政府与民众共同对未来的分析判断而预期的某种结果。

要准确把握预算绩效的内涵，还须把"预算绩效"作为一个整体来认识，而且要把"预算"视为动词来理解，预算的是未来，预算的是实现战略和政策的行为绩效。即从以资金为对象内容来编制、执行预算，转向以支出和政策行为绩效为对象内容来编制、执行预算。这样，预算绩效的重心就从"资金"转移到"目标"上来了，预算模式也就从"过去—现在—未来"转变为逆向的"未来—现在—过去"，即转变为未来导向的预算。这种预算模式与当前的预算模式有本质的区别，更加注重对未来风险变化趋势的分析与预测，并以此为基础来规划和设计可预期的绩效目标。从现在来看未来，与从未来来看现在，是完全不同的两种思维。前者是一种确定性思维，把未来看成是现在为起点的一根延长线；而后者是一种不确定性思维，未来的状态是一种概率，甚至没有概率，通往未来的路也有多种可能性，可以有多种选择。未来是不确定的，是风险的世界。站在未来的立场上看，预算的目的就不是今天的成本效益，而是防范化解明天的公共风险，对冲公共风险。企业预算对冲的是市场风险，公共预算对冲的是公共风险。在这个意义上，预算是防范化解风险的工具，是从不确定性中找到确定性的工具，实现未来目标。从项目预算、单位预算、部门预算到总预算的编制、执行，不应是追求当下的某种结果，而是对冲未来世界的公共风险。这就需要考虑我们现在怎么做，才能有未来。预算的这种性质决定了预算绩效的基本内涵。

我国经济已由高速增长阶段转向高质量发展阶段，当前正面临"三大攻坚战"，即防范化解重大风险、精准脱贫和污染防治。这是今后一个时期的重点任务，也是重大战略目标。具体讲，防范化解重大风险，重点是防控金融风险，这是化解经济金融领域的风险；精准脱贫，是化解社会领域的风险，如果有大量贫困人口存在，就意味着社会公平正义没有随着经济增长而改善；污染防治，是防范化解生态环境领域的风险，事关人的基本生存条件和健康中国建设。这"三大攻坚战"，实际上是针对经济、社会、生态环境领域三大公共风险的攻坚战。

财政作为对冲公共风险的一种制度安排，其绩效管理自然也是同样的目标指向。当前经济社会发展阶段各种任务面临的挑战，本质上都是风险挑战，预算绩效管理应为此而服务。因此，财政钱花得好不好，整体上就看三大风险攻坚战有没有取得进展；如果没有取得实质性进展，再怎么评价，都谈不上有绩效。由此不难看出，预算绩效的本质内涵应指向未来公共风险，衡量绩效的最终标准是能否有效对冲公共风险，能否使公共风险收敛。如果能对冲公共风险，那么绩效就实现了。对冲公共风险的程度越大，缩小公共风险的程度越明显，预算绩效也就越高。通过财政资金的征集和使用，使得整个社会的公共风险能够最小化，这是财政的基本职能。公共视角的经济效益、社会效益和生态效益也就是经济领域、社会领域、环境领域公共风险收敛而呈现出来的一种确定性结果，如果公共风险得不到有效的控制，任何效益都是空谈。当前多量纲的绩效评价和绩效目标，实质上反映出预算绩效管理的一种困境。若转向未来风险逻辑，这种困境则可化解。

当前人类社会最大的特点就是充满了不确定性，公共风险就是不确定性带来的可能代价。风险有概率和无概率之分，也有宏观与微观之分。宏观层面风险就是公共风险，政府首要职责是防范公共风险，如促进经济社会稳定、发展，保障人民自由与权利等，都属于公共性的风险问题；政府职能的转变就是要搞好公共风险管理，如果只是追求效益而忽视风险管理，就会"竹篮打水一场空"。因此，预算绩效管理首先要解决的问题，就是重新定义其内涵。鉴于新时代预算管理制度改革的综合性、复杂性和艰巨性，要探索构建起符合新时代发展需要的预算绩效管理理论和方法，必须从中国的实际情况出发，形成中国特色的预算绩效管理新内涵。应当从未来风险的视角来定义预算绩效内涵：对冲公共风险，即降低或减少风险，提升经济社会运行和发展的确定性。做到了这一点，预算绩效提高了；若相反，说明绩效降低了。

二、以问题为导向，推动预算绩效管理全面实施

公共风险是一个抽象，在现实实践中反映为各种特殊的具体问题。问题之所以成为问题，背后都是系于风险，否则，问题就是假问题或伪问题。以问题为导向，本质上是以风险为导向。全面实施绩效管理必须以具体问题为导向，根据不同领域、不同地方的问题，要创造性地实施预算绩效管理，避免"一刀切"。

以问题为导向，必须分清问题主次和轻重缓急，抓住当前重大问题，使预算绩效显现出来。从当前情况看，全面实施预算绩效管理应当优先解决如下问题：一是打破预算支出安排的基数依赖，优化支出结构。多年积累下来的支出结构刚性化导致资金配置难以优化，是导致资金沉淀闲置的重要原因。闲置就是浪费，更谈不上绩效。这些年在不断清理沉淀资金，规定过期收回，但新的资金沉淀仍没得到根本解决。二是实现资金使用整合，避免专项资金使用的碎片化。专项转移支付带有专用性，多是通过各部门条条下达资金指标，县乡政府无法统筹使用。这些年各专项资金大都实行绩效评价，审计也很严格，但碎片化使用导致资金使用的整体绩效不高，尤其是一些地方的"三农"资金，尝试着整合已经试点多年，仍收效不大。三是对扶持产业转型升级的资金实行公平竞争审查。政府各经济部门都有各种扶持企业创新和产业转型升级的资金，从各自部门的任务目标来看，都具有合理性，但有可能妨碍市场公平竞争。市场效率来自于公平竞争。如果妨碍公平竞争，无论从局部看多么合理，绩效评价多么高，从整体来看则表明不但没绩效，而是在制造风险。四是对用于民生保障和改善的社会性支出，应从受益群体范围来分析，避免扩大分配差距和社会不公。这些年，政府用于民生保障和改善的支出力度不断加大，民生涉及不同群体，加大民生保障和改善力度，并不等于促进社会公平。在城乡分治没解决、社保制度还未能完全统一的情况下，有可能出现改善力度越大，导致社会愈加不公平。如城乡居民之间的养老、医疗、救助、救济以及农村扶贫等，稍不注意就可能导致原有差距扩大，

并导致更加不公平。从局部看，产生了明显的社会效益，但从整体看则可能是相反的。上述列举的四大问题，实际上都是公共风险在不同领域的反映。从现实来看，我们意识到了风险的存在，但我们的实际做法并未能有效对冲那些风险，在努力解决问题的同时有意无意地在制造风险。这说明现有的预算绩效理论可能已经产生了某种误导。

由此可见，顺着现行体制下的资金链去实行追踪问效，用各种量纲的绩效指标去进行所谓的绩效评价，可能产生误导，给人幻觉，看似局部绩效会有所改善，但从整体看则未必如此，甚至可能是在掩盖风险、制造风险。因此，要真正使预算绩效管理收到实效，必须以风险问题为导向，坚持"实质重于形式"的原则，注重宏观绩效和整体绩效。无论是事前的绩效目标分析，还是事后的绩效评价，应超越会计学意义上的指标导向，从重大风险问题出发，落脚到未来重大风险问题的解决上来。

三、在预算绩效管理机制上，要从"要我有绩效"向"我要有绩效"转变

"要我有绩效"主要是指财政部门和审计部门对支出部门绩效的评估与评价，以及上级对下级的要求和督查问责。这是来自于外在的压力和约束。若这种外在压力和约束不能转化为内在动力和激励，被推着走，全面实施预算绩效管理就会流于形式，甚至会陷入到会议多、文件多、督查多、问责多，而实质落实少的困局之中。中央对预算绩效管理的重视程度前所未有，不同层级出台的文件规范也越来越多，财政、审计部门的推动力度也越来越大，预算绩效管理取得了一定的成效。

但若预算绩效管理主要沿着"要我有绩效"的路径来推进，将会导致一系列问题无法解决。这至少有以下问题难以解决：一是实施成本高。截至2017年年末，我国"四本预算"支出年度规模已经超过30万亿元，项目数量巨大。如果其绩效都主要靠外部专家来评价，则耗费的人力、物力将是一个很大的数字。绩效管理本身就要讲绩效，不惜代价搞绩效管理有违绩效初衷。二是严重的信息不对称。绩效评价中存在严重的信息不对称，外部专家无论具备什么专业技术特长，始终不如预算编制执行主体自己了解的程度。一个单位、部门的钱该怎么分

配、怎么用才最有效果，只有预算编制执行主体才知道。而且，在外部评价过程中，被评价者总是存在有意隐瞒和歪曲重要信息的动机，进一步加大信息的不对称，使绩效评价的效果大打折扣。三是过程控制。在无内在动力的情况下，预算绩效管理将会陷入到事无巨细、什么都需要文件来做出规定，最终回到传统的过程控制上，而不是结果导向。绩效管理的高阶文件和法律应该是也只能是原则性、准则性的，加负面清单，给预算编制执行主体因地因时制宜的自由空间。放开过程，只问结果，这本就是绩效管理题中应有之义。

不难想见，预算绩效管理机制若是不能尽快从"要我有绩效"转换到"我要有绩效"，那我们所做的一切都是新瓶装旧酒，越是努力，将越是背离绩效管理的初衷。因此，机制的转换是全面实施预算绩效管理的关键，是我们所有努力是否有效的前提。

转向"我要有绩效"，这应当成为全面实施绩效管理的正确目标。实现绩效管理机制转换，有几个必要条件：一是把资金和决策从一种行政权力转变为一种法律责任和道德义务，变成一种"风险"，让决策主体小心谨慎地决策和申请资金、分配资金、使用资金和管理资金。二是提高绩效目标的透明度。只有在目标透明的条件下，花钱和办事才不会脱节，并产生一种无形的压力，从而转变为内在动力，主动地、创造性地把钱花好把事情办好，才可能避免胡乱拍板乱花钱。三是权力与责任对称。有责无权，或有权无责，都会导致绩效低下。过程干预往往导致有责无权，无法实现绩效，而且难以问责。责任可以推诿或层层下移，也往往导致不讲绩效。如利用专家打分方式来分配转移支付资金，就是利用程序来推卸责任的典型做法。这涉及行政体制的改革和业务管理流程的再造。只有积极打造上述条件，绩效管理的目标才能实现。

制度主义公共债务管理模式的失灵
——基于公共风险视角的反思

刘尚希　石英华　武靖州

2010年以来,欧洲主权债务危机爆发并不断扩散,使全球经济的复苏进程至今仍不明朗;近年来,美国不断提高债务上限,甚至在2011年出现因国会不能通过而面临联邦政府"停摆"的局面;日本公共债务水平一直处于高位,也是全球经济风险的重要因素;我国地方政府债务水平近年来不断攀升,虽总体风险可控,但在经济下行情况下其潜在风险不容忽视。不仅全球主要经济体公共债务高企,其他新兴市场国家债务问题缠身的也不在少数。公共债务问题成为自2008年金融危机以来世界经济不稳定的主要风险源之一。世界各国,尤其是发达国家,都有着相应的公共债务管理制度。制度约束之下,风险仍不断积聚,使我们不得不反思,制度为何不能有效约束公共部门的举债行为?是制度本身的问题,还是政府行为的问题?只有找到了问题的根源,才能通过优化公共债务管理模式,有效控制公共债务风险。

一、公共债务管理中的制度主义

(一)公共债务管理模式

世界各国对于公共债务的管理尚没有统一的模式。各国公共债务管理模式的选择多受经济发展水平、市场机制完善程度、财政体制及财政管理的历史[①]等因

[①] 一般来说,发生过债务危机或公共债务问题大面积暴露的国家,公共债务管理制度会趋于更加严格。

素影响。总体来看，各国主要通过法律规制、行政控制与市场约束等模式管理公共债务（Teresa Ter-Minassian，Jon Craig，1997），但由于各国国情不同，所采取的模式也具有一定的特性。发达国家市场机制比较完善，倾向于在进行法律规制的同时，运用市场手段约束政府举债行为；发展中国家虽然也通过法律的形式约束政府举债行为，但在法律不够完善的情况下，倾向于通过行政手段控制政府举债行为。

1. 法律规制

即通过法律法规对政府举债行为进行约束。各国政府一般都会通过宪法和法律对政府举债进行约束，以防政府支出过度。我国《预算法》就规定，中央一般公共预算中必需的部分资金，可以通过举借国内和国外债务等方式筹措，举借债务应当控制适当的规模，保持合理的结构；地方各级预算按照量入为出、收支平衡的原则编制，不列赤字，经国务院批准，省级政府可以在国务院确定的限额内，通过发行地方政府债券举借债务的方式筹措；除发行债券外，地方政府及其所属部门不得以任何方式举借债务，且不得为任何单位和个人的债务以任何方式提供担保。

美国宪法第一条第八款规定："国会有权……以合众国信用举债"。美国国会批准一定时期内的债务上限，州和地方政府拥有债务管理自主权，可以自主发行市政债券，但许多州的法律规定，州或地方政府本身不能决定举债，必须得到相关机构或全体居民的授权或批准。19世纪40年代美国州政府发生了债务危机，许多州从此次错误中吸取了教训，开始修改本州宪法对政府举债行为进行限制（J. Richard Aronson，John L. Hilley，1996）。目前，美国联邦、州和地方政府关于发债的法律规定已经十分完善。

在应对三次债务危机的过程中，巴西不断完善了对地方政府举债的法律法规。2000年颁布的《财政责任法》规定，地方政府每年的预算必须与本地多年的预算计划以及联邦政府的财政货币规划一致；对地方政府财政赤字进行事前预防；对地方政府不良财政行为进行惩罚。巴西国家金融管理委员会还规定：中央政府应限制各银行向公共部门贷款，对于违规举债、突破赤字上限或者无法偿还联邦政府或任何其他银行借款的州，各银行禁止向其贷款。

各国通常也以立法的形式对债务的用途做出限制，遵守债务融资的"黄金法则"，即举借的债务只能用于公益性资本支出，不得用于经常性支出。我国《预算法》在2014年修正时加入了这一点，美国、日本、德国、加拿大、法国等国也都遵守债务融资的"黄金法则"。此外，各国还禁止中央政府为地方政府进行债务担保，明确规定举债主体的偿债责任，一旦违约中央政府没有救助义务。

2. 行政控制

由政府运用行政手段对公共债务进行管理的模式，即政府对债务规模、水平、结构、用途等进行事前的审批与事后的监管。行政控制有多种形式，有的是由中央政府对地方政府的债务水平进行控制，有的是对额外的举债行为进行管制，有的是对地方政府的举债行为进行审批，有的是通过中央政府转贷国债给地方政府。

我国中央政府对地方政府举债的约束除在《预算法》中有相应的规定外，还通过多种行政措施予以控制。2014 年 4 月，国务院发布了《关于加强地方政府性债务管理的意见》，其中就包含了多种行政控制措施。该《意见》规定了地方债的发行主体、债务规模、债务资金的使用方向、债务综合统计与报告制度、风险预警及行政问责等。发债主体方面，规定为省一级行政单位，省以下的地方政府只能通过省级代发；发债规模方面，规定由国务院确定全国债务总规模，由财政部确定分地区规模，并报各级人大审定；地方债务风险预警方面，规定由财政部建立针对各省的债务风险预警机制；偿债措施方面，规定地方政府出现偿债困难时，要通过控制项目规模、压缩公用经费、处置存量资产等方式，多渠道筹集资金偿还债务。

在 2006 年进行分权改革之前，日本地方政府债务管理主要是行政控制，未经中央政府批准，地方政府不得举债；中央政府制定年度地方政府贷款计划，明确地方债发行额度、用途、发行方式等。

3. 市场约束

通过金融、保险等市场对政府的举债行为进行约束，主要有信用评级、信息披露、债券保险、地方政府破产等制度。采取这种管理模式要求市场化程度较高、金融市场比较完善，同时要有明确的债务退出机制及政府债务信息的透明化。

美国政府在对公共债务进行法律法规及行政监控的同时，还依靠信用评级制度、信息披露制度和债券保险制度等市场手段对政府的发债行为进行约束。美国州和地方政府采用市场化方式通过发行市政债来举债，借贷双方完全按照自愿的原则借贷资金，债券利率完全由供求双方共同决定。这种市场化的举债模式为利用市场手段约束政府举债行为创造了条件，政府不当的负债会招致市场的反应，发行人信用度的下降直接会削弱其举债能力。美国的市政债券具有完善的信用评级制度，投资者一般依靠评级机构的信用评级判断市政债券的信誉程度；市政债券保险制度则明确在债券发行人实际未支付债券本息时，由保险公司承担偿付义务；地方政府发行市政债要向市场披露信息，遵循政府会计准则委员会确立的政府债务报告标准，向投资者报告政府债务相关信息，并按照证券监管法规披露信息。

对于地方政府发债造成的债务危机，一般由地方政府自行解决，美国联邦政府不干涉或救助。地方政府无力偿债时，技术性或暂时性的可由政府与债权人直接协商解决；地方政府还会采用设立新税种或调高原税率等形式筹措偿债资金。但在多种补救措施都无法解决问题的情况下，依据联邦破产法的规定，可由发债政府提出破产请求，实施地方政府破产程序。美国地方政府破产制度的核心原则是在确保公共服务的基础上对政府债务进行重组。在破产状态下，地方政府财政行为受到各种限制，限于维持基本的公共服务提供，在投资新公共事业、购买公共资产以及聘用新公务人员等方面受到诸多限制。通过债务重组与财政调整，地方政府摆脱财政危机的情况下，可以向法院申请终结破产状态。

（二）公共债务管理工具

1. 债务指标控制

指标一般有负债率、债务担保率、偿债率、资产负债率等，每个指标都从不同的角度反映了债务风险的大小。各国在指标控制方面的标准不太一致。关于指标的判断标准使用较多的是《马斯特里赫特条约》中提出的"指导线"，即年度财政赤字率不能超过3%，政府债务率不能超过60%。

2. 财政风险预警

财政风险预警借鉴了国民经济预警理论，把预警的指标分为经济总量指标、财政总量指标、显性财政风险指标和隐性财政风险指标，根据这四类指标划分红灯区、绿灯区和黄灯区三个警度，根据指标所属区间做出预警。

表1　　　　　　　　日本早期预警和财政重建计划的限制

财政监控指标	早期预警	财政重建
财政赤字率 （赤字额/标准财政收入）	都、道、府、县 3.75% 市、町、村，根据财政收入规模不同从11.25%—15%不等	都、道、府、县 5% 市、町、村 25%

续表

财政监控指标	早期预警	财政重建
综合实际赤字率 （赤字额/政府综合财政收入）	都、道、府、县8.75%	都、道、府、县15%
	市、町、村，根据财政收入规模不同从16.25%—20%不等	市、町、村30%
实际偿债率 （用于偿还债务的一般财政收入/标准财政收入）	都、道、府、县和市、町、村25%	都、道、府、县和市、町、村25%
未来债务负担率 （债务余额/标准财政收入）	都、道、府、县和政府指定区域400%	—
	市、町、村350%	

资料来源：根据张志华等（2008）《日本地方政府债务管理》整理。

2007年，为防范债务风险，日本颁布了新法案来提升地方政府债务状况，其中融入了新的监控指标和风险预警体系。

哥伦比亚1997年358号法（"交通灯"法）、2003年795号法和819号法（《财政透明与责任法》）中关于债务指标预警的设置是财政风险预警的一个典型案例（财政部预算司课题组，2009）。根据795号法，哥伦比亚选择两个指标来评估地方债务风险。

表2　　　　　　　哥伦比亚地方政府债务评价体系的预警指标

指　　标	绿灯区	红灯区
债务利息/经常性盈余（流动性指标）	小于40%	大于40%
债务存量/经常性收入（持续性指标）	小于80%	大于80%
借债规则	地方政府自行举债	禁止地方政府举借新债

3. 国家资产负债表

国家资产负债表是用以衡量国家在某一时点的资产负债规模、结构以及分布状况的表，通常包括政府、居民、金融企业与非金融企业等部门。政府资产负债表是国家资产负债表的一个组成部分。早在1963年，Raymond W. Goldsmith和Robert E. Lipsey就对美国的国家资产负债表进行了系统的研究，并编制了详细的美国国家资产负债表。20世纪70年代起，美国、加拿大、澳大利亚等国也开始编制本国的资产负债表。目前，绝大部分OECD国家都会编制国家资产负债表。我国于1995年把国民资产负债表核算正式纳入国民经济核算体系，1997年国家统计局编制发布了《中国资产负债表编制方法》，并编制了1997—2005年的国家资产负债表。近年来，国内一些研究机构也开始探索编制国家资产负债表，代表性的有以马骏为代表的中国银行研究团队、以曹远征为代表的复旦大学研究团队和以李扬为代表的中国社会科学院研究团队。

按照联合国、国际货币基金组织等国际组织联合制定的国民账户体系（SNA2008），一国的资产负债表可划分为六个部门，即金融部门（包括中央银行）、非金融企业、政府（包括各级政府、社保基金和政府控制的非营利机构）、居民、面向居民的非营利单位以及国外部门。

4. 政府财务报告制度

政府财务报告是以财务会计信息为主要内容、以财务报表为主要表现手段、系统完整地反映政府受托责任履行情况，以供信息使用者做出决策的综合性报告。政府财务报告能够以财务报表和附注的形式分别提供财务信息和非财务信息。在西方政府财务报告改革中，主要有三种模式：美国政府财务报告主要以信息使用者特别是外部信息使用者的需求为导向；澳大利亚、英国政府财务报告是双重导向，不仅为使用者做出及评估公共部门资源配置决策，也为报告主体管理所属机构解除受托责任；德国、法国政府财务报告则主要为服务预算管理的需要。

美国联邦政府财务报告主要由财务报表及报告附注、管理层讨论与分析、公民指南、未审计的补充信息、政府托管信息等组成。财务报表包括资产负债表、净运营成本与统一预算盈余调整表、财务状况变化表、统一预算和其他业务现金和筹资情况表。而报表附注则提供了政府或有负债等表外信息，以更好地说明财政的风险防控能力。除政府财务报告外，联邦部门还提供《绩效与受托责任报告》作为绩效评价信息供使用者评价政府受托责任履行情况。

我国目前还未建立起权责发生制的政府会计制度和报告制度，但近年来一直在推进此项工作。2014年12月，国务院发布了《权责发生制政府综合财务报告制度改革方案》，确立了建立健全政府财务报告体系、政府财务报告审计和公开机制、政府财务报告分析应用体系等改革任务。2015年12月，财政部印发了《政府综合财务报告编制操作指南（试行）》，明确从2017年起开始编制2016年度政府财务报告；政府综合财务报告包括财务报表和财务分析，财务报表包括会计报表和报表附注，会计报表包括资产负债表、收入费用表、当期盈余与预算结余差异表和资产差异表；财务分析主要包括资产负债状况分析、运行情况分析、相关指标变化情况及趋势分析等；在政府部门资产负债状况分析部分，要求分析政府部门债务规模和债务结构等信息，并运用资产负债率、现金比率、流动比率等指标，分析评估政府部门当期及未来中长期财务风险及可控程度及需要采取的措施等。

（三）现行公共债务管理模式强调用制度约束公共部门的举债行为

从上述公共债务的管理模式及管理工具看，核心都是通过制度来约束公共部门的举债行为。法律规制模式是通过法律条文规定政府必须怎么做或必须不怎么做，一般是允许政府举债，但又通过规模、水平、方式、结构、程序等方面做出限制；行政控制模式也是用制度规定的形式，要求地方政府遵守举债规则，在举债的事前、事中或事后接受中央政府的审批与监管；市场约束虽然是利用市场的力量，市场工具的使用也是由一系列的制度规定来规范的，无论是信用评级、债券保险，还是信息披露、政府破产，都有明确的制度规定，市场在制度的规范下自行运作。依据制度主义管理模式所运用的公共债务管理工具，自然脱离不开制度的轨道，债务指标控制虽然一般不写入制度条文之中，但往往形成了约定俗成的管理规则。管理工具实质上成了制度的细则。

（四）现行公共债务管理制度假定公共债务是确定的

一般来说，制度主要是约束确定性的行为，在行为不确定的情况下，制度的约束由于没有对象便会"失灵"。因此，上述以制度主义为核心的公共债务管理模式便有一条隐含的前提假定，即政府举债的行为是确定的，公共债务的规模是可量化的。对政府举债行为的法律规制一般都会规定政府应当或不应当举债，应当通过什么途径举债，不应当通过什么途径举债等；行政控制措施则是对地方政府的举债行为由中央政府进行审批；市场手段也是运用市场工具对政府的确定性举债行为进行约束，只是不像法律与行政手段那样刚性。不管是法律规制、行政控制还是市场约束，前提都是针对确定性的政府举债行为，当政府通过一种创新或隐蔽的方式进行举债时，上述模式往往就失灵了。各种公共债务管理的工具强调对债务的规模与水平进行控制，其前提是公共债务的规模与结构是可以被量化的；如果公共债务不可被准确测度，指标控制与预警便失灵了；政府资产负债表与政府财务报告都是对公共债务的透明度要求，其原理也用确定性的数字指标表示公共债务的风险程度。

二、作为政府应对公共风险的工具，公共债务具有不确定性

（一）政府的双重主体身份与多重责任

现代社会政府或国家具有双重主体身份，既是一个经济主体，也是一个公共主体（刘尚希，2004）。作为经济主体，政府与企业、个人等经济主体在法律上处于平等的地位，拥有相应的权利与义务。政府拥有自己人力与财产，也有自己的责任，要受到私法约束与调节，其与企业或个人签订的合同就受私法保护。如果政府侵害了其他经济主体的权益，政府要做出赔偿。同时，政府还是一个公共主体，拥有公共主体的权利，也要承担相应的公共责任。这些权利与义务不仅包括法定的，也包括法律没有规定或认定，即推定的责任和义务。

政府的双重身份是对政府的一种双重约束。政府是公共权力的拥有者和执行者，为约束政府不侵害其他经济主体的权益，就必须在法律上给政府设定一种身份，即规定政府"怎么做"，把它视为一个普通的经济主体与法律主体。另外，为解决政府的不作为问题，还必须从法律上给政府另一种身份，让政府去承担社会其他经济主体所无法承担的公共风险，以公共主体的身份承担"兜底"的作用。政府以其经济主体的身份，是以经济理性来面对所有的风险，严格维护公共产权的经济利益，承担作为经济主体的风险；作为公共主体，政府必须从平等、公平、正义等原则出发，以"公共理性"来面对所有的风险（刘尚希，2004）。

责任从内涵上来说，可分为法律责任、经济责任、契约责任和道德责任。政府作为市场经济中的经济主体，按照经济规则与合同履行经济与契约责任是其份内之事，在履行责任的同时，政府也拥有相应的权利。政府的法律责任则是强制性的，是宪法和法律明确规定的政府应当履行的责任，法律在规定政府履行责任的同时，也赋予了政府相应的权力。但道义责任则是在没有明确的责任主体的情况下，政府作为公共主体应当履行的责任，道义责任没有相对等的权利。也就是说，法律、经济与契约责任是对称性的，而道德责任则非对称性的。

（二）风险社会中的公共风险

与传统社会相比，现代社会的风险不是减少而是大大增加了。社会分工在促

进入人类社会进步的同时，也使得风险分散化，风险主体更难以界定。传统手工业生产中，一个生产者操作所有的生产流程，生产者有包揽全部工序的责任，风险集中但责任也集中。社会化生产条件下，一个生产过程被细分成多个过程，每个过程由不同的人负责，各个环节的衔接就存在诸多不确定性，风险的责任也难以准确界定。传统社会的风险主要来自于自然界，而现代社会的风险则更多地具有"人化"的特征，人类在提高自身应对自然风险能力的同时，也在改造自然中衍生出其他领域的风险，经济运行、社会管理、国际交往等领域都存在风险。

刘尚希（2004）认为，风险社会至少具有这样几个特征：一是风险无处不在、无时不有。任何经济主体都无法回避风险，风险已经由一种偶然现象变为一种普遍现象。二是经济风险对人类社会的影响已大大超过自然风险。人类应对自然风险的能力大大提升，但经济运行的复杂化使得一些经济危机的影响要远远超过自然灾害。三是风险累积速度加快且具有传染性。分工的细化使社会生产过程中的链条越来越长，每一个环节面对的不确定性都在增加，传统社会一个环节或领域的风险分散到多个环节或领域之中，使得风险出现了倍增的态势；而随着人与人之间、地区之间、国家之间的交往日益紧密，风险传导的途径更加顺畅，其传染性显著增加。

依据风险发生的领域可分为私人风险和公共风险。私人风险发生于私人领域，一般表现为一种相对孤立的事件，不会产生社会性影响。这类风险一般需要个体承担，或者通过市场机制将风险在时空上分散、转移。公共风险则是发生于公共领域、产生公共性影响的风险。公共风险一方面具有内在的关联性，使得个体相互影响；另一方面是不可分割的，个体无法游离于公共风险之外。公共风险的这些特征使其难以通过市场机制来转移与分散，需要政府和公共部门加以应对。因此，政府的存在意义在于提供公共产品与服务，而提供公共产品与服务的很大一部分是用于管理与应对公共风险。

现代风险社会的另一个特征是私人风险大量转化为公共风险。当多数社会公众认为私人风险应当由政府出面救助或承担最基本的支出责任时，私人的事务就变成了社会的事务，即私人风险转化成了公共风险。政府对私人风险的救助一旦变成法律的规定，就成为政府法定的公共责任与义务。贫困、失业在历史上曾经是纯粹个人的事情，在现代社会，都需要政府给予最基本的救助（刘尚希，2004）。

私人风险主要是通过个体应对与化解风险的行为渠道向公共风险转化的。现代社会，居民或企业可以通过一系列的市场或社会手段应对生产、生活与经营中的不确定性，进而化解风险，但个体不确定性减少、风险降低的同时，公共风险却相应增加了。可以说，风险也遵守一种"守恒定律"，某个个体或领域的风险减少了，不是风险凭空消失了，而是转向了其他个体或领域。企业在通过金融创新化解市场风险的时候，这种风险不是消失了，而是转化成了公共风险，而这种公共风险一旦爆发，由于其公共性，它的影响远比个体风险更大；居民通过社会保障体系化解个人不确定性风险，个人风险也不是消失，而是转化成了公共风险。

（三）政府对公共风险有着法律和道义上的责任

理论上来说，只要风险能够界定其责任主体，就能够有效地应对。但现实中具有公共性的风险难以界定其责任主体，政府作为公共产品与服务的提供者，对公共风险具有法律上与道义上的责任。私人风险一般由个体来承担，公共风险则由作为公共主体的政府来承担，私人风险转化为公共风险后也由政府来承担。也就是说，法律规定的公共事务中的风险是由政府承担的，但法律没有规定的，在风险责任人难以界定或风险责任人能够界定但个体无法承担的情况下，政府有着推定的"兜底"责任。自然灾害作为公共风险主要由政府来承担，但个人与企业的破产作为私人风险，在产生公共影响时，政府也有着救助的道义责任。

（四）举债是政府应对公共风险的重要工具

政府不具有经营性质，其收入主要来源于税收，而政府具有应对公共风险的责任，在税收收入不足以应对公共风险的情况下，举债便是必然的选择。因此，政府适当举债是承担公共风险的表现也是促进经济社会可持续发展的手段，公共债务管理也不是研究如何彻底消除债务风险，而是如何识别并控制风险程度。

从风险代际责任的视角来看，政府举债也有其合理性。公共风险按照时间跨度可分为当代风险与代际风险，前者是目前人们所面对的公共风险，但当代风险有时会对后代造成影响，有些风险则是跨代的。当期的税收主要用来应对当代的风险，但当风险具有跨代特征时，当期的税收既不足以也不应当主要用来应对跨代风险。举债，即用未来的税收收入应对现时的跨代风险便是唯一的选择。这也是各国普遍把公共债务用于资本性支出，而限制其用于消费性支出的原因。资本性支出主要是基础设施建设投入，基础设施建设具有代际受益特征，当期的税收收入不仅不足以承担一次性巨大投入的基础设施建设资金需求，也不应当用挤出当代人消费性公共支出的方式建设代际受益的公共基础设施。

（五）公共风险的不确定性意味着政府举债行为难以准确预测

公共风险的不可预测性意味着政府的举债行为是不确定的，举债行为的不确定性也就意味着公共债务的规模、结构与使用方向是难以准确预知和测度的。不确定性是风险的基本特征，我们不仅无法预知私人风险，更无法预知公共风险。在无法预知风险的情况下，作为应对公共风险的举债行为也具有不可预知性。政府无法预知何时会发生自然灾害，进而无法预知自然灾害的损失程度及政府需要救助的支出；政府也无法预知何时经济和社会风险会爆发，进而产生经济和社会危机，政府也无法预知需要多少支出用来救助经济和社会危机。近年来各国公共债务的快速增长，就与金融危机的突然爆发有关。2008年之前，没有哪个国家的政府能够预知危机的发生及对本国经济社会发展的影响，也无法预测应对危机需要多少财政支出。我国公共债务的快速增长主要源于2008年后的一揽子经济刺激计划，虽然存在许多遗留问题，但它的确是政府在履行应对金融危机带来的公共风险的责任；危机爆发之前，没有人能够预测到它对中国经济社会的影响程度如何，政府应当因此增加多少支出。

政府在以公共主体身份应对公共风险的过程中，面临着两个方面的不确定性：公共资源的不确定性和支出责任及义务的不确定性（刘尚希，2004）。这两个方面的不确定性是不对称的，前者在法律范围之内，而后者却超出了法律的范围，即包括法律规定的支出责任的不确定性和社会道义支出责任的不确定性。因此，公共资源的不确定性在一定程度上是可以预测的，可以大致计算其变动的可能范围；而支出责任的不确定性是不可预测且无法计算的，所以政府在编制支出预算时往往要安排一笔不指定用途的"预备费"或"机动费"。但"预备费"或"机动费"只能应对小规模的公共风险，当大面积或大规模的公共风险暴露时，用举债的方式来应对是政府难以回避的责任。

三、公共债务的"冰山模型"

传统的公共债务管理理论隐含着一个前提假定，即公共债务是确定性、可计量的，政府公布的债务数据与实际状况一致。但实践证明这一假定并不成立。

Hana Polackova（1998）就认为一些国家的政府将大量赤字转化为隐性负债,针对传统理论的不足,提出了新的财政风险分析矩阵。

Hana将隐性债务和或有负债纳入公共债务研究范围,而不是单纯从预算表的会计视角出发,对于公共债务研究是一个重大突破。隐性债务与或有债务,虽不是政府目前需要偿还的债务,但从长期看,还是会构成政府的支出义务。因此,从持续性的角度,将或有债务、隐性债务包括在公共债务风险控制的范围之内是合理的。上述财政风险矩阵虽然囊括了比较全面的公共债务用途,但由于各个国家的情况千差万别、公共风险也具有其历史特征,现实的举债需求要大于表中列举的项目。

表3　　　　　　　　　　财政风险矩阵

债务	直接负债	或有负债
显性 （由法律规章和合同所确认的政府负债）	1. 国家主体的内债和外债（包括贷款以及政府债券）； 2. 政府支出责任； 3. 法律规定的长期性支出（公职人员工资和养老金计划）。	1. 国家对次级政府或其他经济实体债务的担保（国家发展银行）； 2. 国家提供的各类保护性担保； 3. 其他国家担保（对私人投资、贸易和外汇以及外国政府贷款的担保）； 4. 国家保险体系（存款保险、最低退休金保证、农作物自然灾害保险、战争保险等）。
隐性 （反应公众利益和利益集团诉求的政府责任）	1. 政府投资项目未来的现金流需求（项目运行与维护）； 2. 暂时未纳入保护的未来养老金需求； 3. 暂时未纳入法律的未来国民医疗和社会保障资金需求。	1. 次级政府、公共实体、私营实体未担保负债的违约； 2. 私有化的债务清偿； 3. 银行破产（保险未负担的部分）； 4. 未担保的养老基金、就业基金、社保基金及中小企业保护基金的破产； 5. 中央银行债务违约（外汇合约、国际收支差额、货币保护）； 6. 私人资本外逃时的政府求助； 7. 环保、灾后重建、军费支出。

（一）公共债务的"冰山模型"

由于公共风险的不确定性,导致政府的举债行为部分是确定性的,大部分则是不确定性的,我们尝试用一个"冰山模型"来表述公共债务问题。

冰山上层的债务是确定的,它包括直接显性债务和或有显性债务,由于它是法律或合同所确认的,我们能够确定相应的政府举债行为,也能够相对准确地测度其规模、水平与结构。这部分债务主要是由政府提供一般性公共产品与服务所举借或积累的债务。

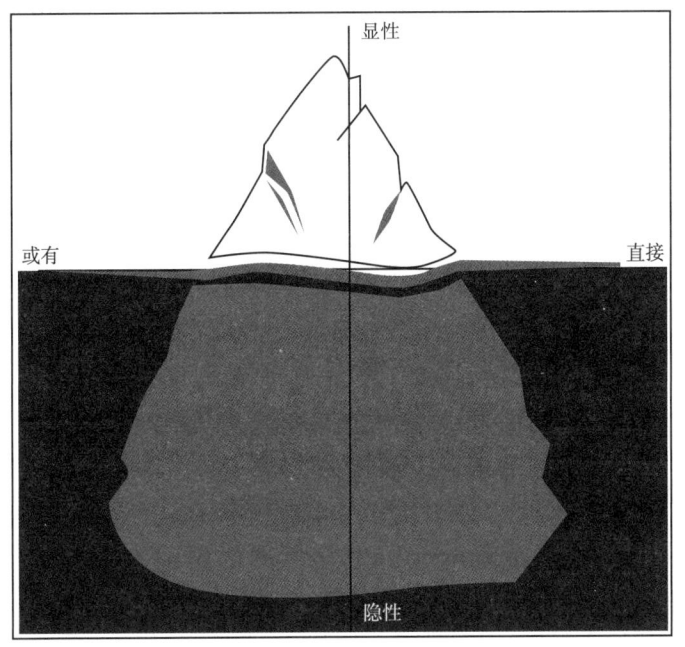

图1 公共债务"冰山模型"

冰山下层的债务是不确定的,它包括直接隐性债务和或有隐性债务,由于它反映的是公众利益和利益集团诉求的政府责任,而利益诉求则是多元和变化的,我们难以确定相应的政府举债行为,也难以比较准确地测度其规模与结构。这部分债务主要是由政府应对公共风险所举借或积累的债务。

用"冰山模型"(见图1)来表述公共债务问题,是公共债务矩阵的一个补充。因为在公共风险不确定、政府举债行为不确定、公共债务难以准确测度的情况下,用公共债务矩阵把所有的现实的与潜在公共债务都列举出来是十分困难的。把更多不确定的政府举债行为与难以度量的公共债务以底层冰山的形式展示出来,更能够警示政府在有效应对公共风险的同时,更加关注公共债务的风险。

(二) 确定性债务只是公共债务的一小部分

如图1模型所展示,确定性的举债行为与可量化的债务规模只是公共债务的一小部分。由于具有确定性且可度量,其风险容易控制。国际经验也表明,债危机的爆发很少来自于确定性公共债务。发达国家的高债务率就没有必然带来危机，源自希腊主权债务危机的欧债危机也主要是希腊隐性债务显性化导致的；我国的公共债务风险也不在于确定性债务，中央政府有着良好的资产负债结构，地方政府确定性债务风险也处在可控范围之内。

（三）不确定性的债务是财政风险的主要来源

不确定性债务与确定性债务有着本质的不同，确定性债务是财政运行的直接结果，不确定性债务则不是财政本身的问题，它是政府在应对政治、经济、社会发展中的诸多公共风险所造成的。由于它是不确定性的，政府无法提前预知其风险的来源及大小，也就无法提前进行相应的财政安排。这部分债务不是财政管理能够控制的，但最终却要求财政来负担，这种不对称性的责任才是财政风险的主要来源，也更加需要管理的协同性。我国当前的财政风险就主要来自于地方政府债务中的融资平台债务。由于融资平台作为企业，其举债行为与规模更加不确定，在不加以控制的情况下，更容易受到经济波动、房地产市场的影响，一旦风险爆发，容易产生连锁反应，产生区域性或系统性金融风险，在财政"兜底"的情况下又会演变成财政风险。

四、确定性的思维模式难以解决公共债务的不确定性

（一）制度主义的公共债务管理模式不仅无法应对不确定性债务的积累，也难以有效地控制确定性债务的增长

现行公共债务管理制度无法有效应对不确定性债务的增长。从国际经验来看，政治家所持有的财政机会主义立场使得政治家往往存在一种道德风险，即过度积累财政隐性风险的一种倾向（Hana Polackova，2000）。很多国家的财政状况表面上看没问题，但其背后却可能掩藏着政府利用预算外资金或在预算外向金融市场融资的行为，或以担保、推迟支付等形式维持财政账面虚假平衡。

但仅从财政机会主义的角度解释不确定性债务的增长是偏颇的。公共债务的增长通常与经济周期有关。经济衰退时，公共风险进一步增加，为使公共风险不

进一步演化为公共危机,遵守公共债务管理规则与应对公共风险相比显然处于下风。如图2所示,美国2008年以来公共债务的增长,就与政府应对金融危机有关,突破指标上限、持续调整国债上限,不是不遵守财经规则,而是与遵守财经规则相比,政府应对公共风险的责任更加紧迫。

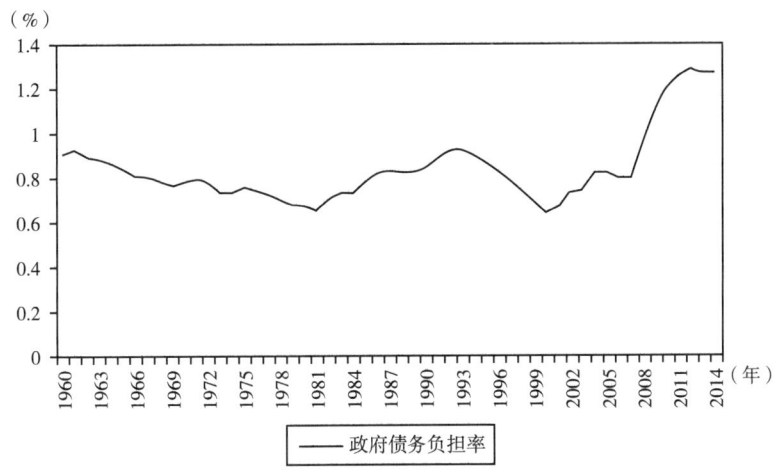

图2　1960—2014年美国政府债务负担率

资料来源:Wind经济数据库。

|专栏一:债务指标控制"失灵"|

欧债危机的爆发,使我们有必要反思公共债务管理模式,其所确定的债务控制指标并没有提高公共债务监管的有效性,依据这些指标所做出的信用评级反而成为债务危机的推手之一。

《马斯特里赫特条约》和《稳定与增长公约》确立了欧盟各国的公共债务约束框架。但随着信用经济的不断发展与扩张,上述框架中的债务监管预警指标在实际运用中过于刚性,尤其是在欧债危机进一步发酵的情况下,各国财政赤字和公共债务占GDP的比重与警戒线指标的背离程度也越来越大。意大利、西班牙、比利时等国的债务负担率始终处于60%以上,欧元区两大重要经济体德国与法国,也相继出现债务负担率超过标准的问题。德国作为"《稳定与增长公约》之父",其债务负担率自2003年增至60.8%后,就几乎再没有回到60%的标准内。2009欧债危机爆发时,德国和法国的债务负担率分别为72%和79%，赤字率为3.3%和7.5%。当指标控制一而再地突破时，就应对其有效性进行反思。事实上，由于每个国家的具体情况千差万别，用一个恒定的指标并不一定对每个国家都合适（Obstfeld，Rogoff，2002）。

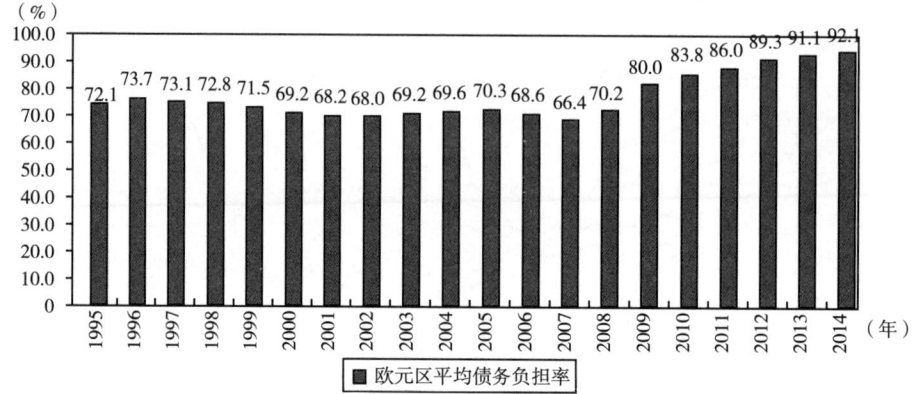

图3　1995—2014年欧元区平均债务负担率

资料来源：Wind经济数据库。

1995—2014年间，欧元区的平均债务负担率（见图3）都是处在60%的监管警戒线之上，但2006、2007和2008年则是比较接近警戒线的年份。如果按照这一指标判断，欧债危机爆发之前欧洲的债务风险反而降低了，这也说明了监管标准事实上难以达到预警的效果，一定程度上反而会让人们放松警惕。

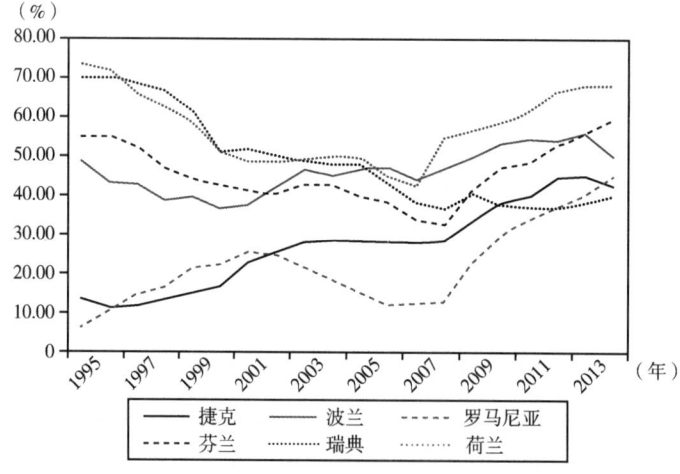

图4　1995—2014年部分欧盟国家债务负担率（一）

资料来源：Wind经济数据库。

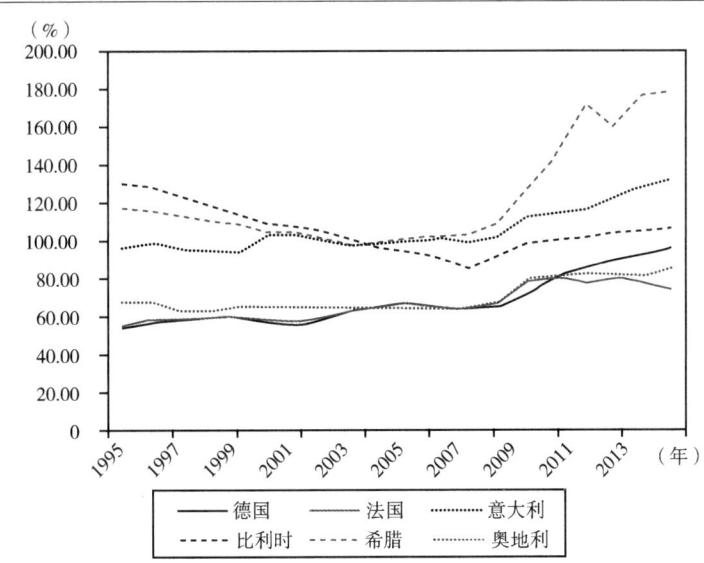

图 5　1995—2014 年部分欧盟国家债务负担率（二）

资料来源：Wind 经济数据库。

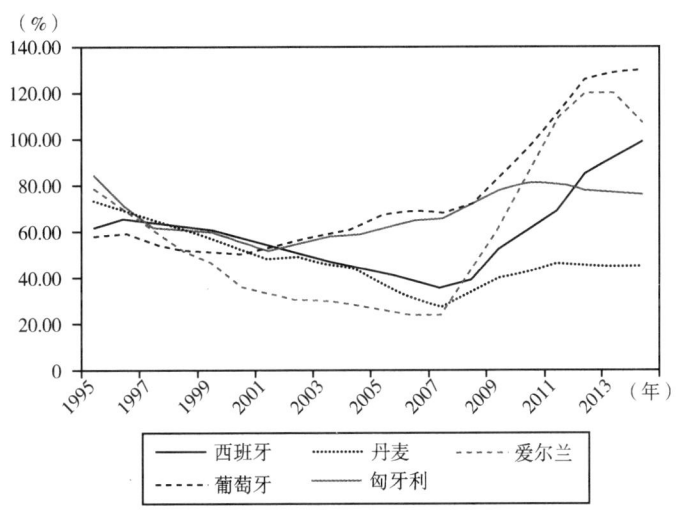

图 6　1995—2014 年部分欧盟国家债务负担率（三）

资料来源：Wind 经济数据库。

从 2000 年到欧债危机爆发之前的 2008 年，欧盟一些国家债务负担率的总体表现是，意大利、比利时、希腊一直处于 60% 以上，德国、法国、葡萄牙大部分年份处在60%以上，匈牙利、奥地利少部分年份处在60%以上，西班牙、英国、捷克、丹麦、爱尔兰、荷兰、波兰、罗马尼亚、芬兰、瑞典一直处于60%以下（见图4）。我们知道，欧债危机是2009年从希腊开始的，逐步蔓延至葡萄牙、意大利、爱尔兰、希腊、西班牙等国。但从各国债务负担率指标看，德国和法国大部分年份也处于60%以上（见图5），而西班牙、爱尔兰则大部分年份处于60%以下（见图6）。单从指标看，在2009年之前很难准确预警到哪些国家会发生债务危机。由此可见，债务负担率的高低与债务违约及债务危机的爆发并无必然联系。另一方面，2006—2008年，大部分欧盟国家的债务负担率都有所下降，危机爆发前债务负担率反而下降也说明预警失灵；2008年之后各国债务负担率则大幅上升，按照预警指标，危机爆发后的后几年反而是风险更大了。总体来看，《马斯特里赫特条约》所设定的预警指标基本上失灵了。

债务指标控制往往是与经济周期逆向而行的。经济衰退时，实施积极的财政政策，指标控制反而限制了财政政策发挥作用余地。在国际社会遭受金融危机冲击，世界经济增长速度放缓之时，欧洲各国在不能使用独立的货币政策时纷纷重启赤字财政政策，力求通过财政工具刺激国内需求。赤字财政复归的后果是赤字率的迅速提升，导致欧洲国家的债务负担率纷纷超过欧盟使用的债务风险警戒线——国债余额/GDP的60%，且呈现居高不下的态势。国际评级机构根据现有监管指标降低欧洲各国的债务评级，信用评级的下降对欧盟各国的经济和金融运行又造成了严重冲击。

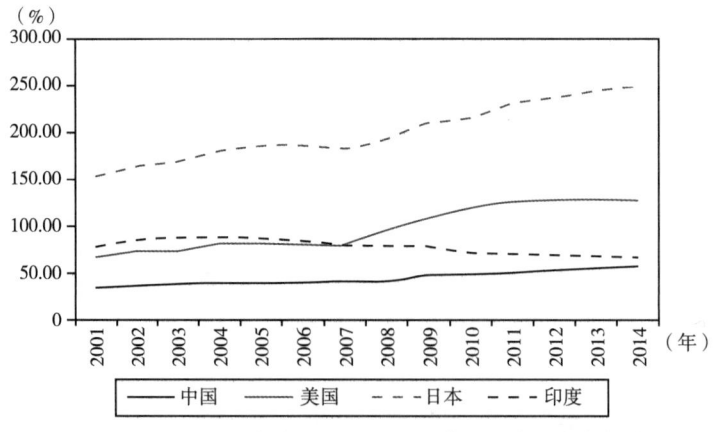

图7　2001—2014年中国、美国、日本及印度债务负担率

资料来源：Wind经济数据库。

欧元区国家用《马斯特里赫条约》中的债务监管警戒线作为公共债务的控制指标，很多非欧元区国家也参考这一指标。近20年来，由《马斯特里赫特条约》和《稳定与增长公约》所确定的债务风险监管标准逐渐成为国际公认的政府债务警戒线，世界上绝大多数国家以及主要的评级机构都将这条警戒线的值作为衡量债务风险的权威标准。我们选择欧盟之外的代表性国家进行分析。

在欧债危机爆发的前后几年，美国、日本和印度的债务负担率都是超过60%的，中国的虽然低于60%，但呈现快速增长的态势（见图7），风险也受到各方关注。而到目前为止，这四个国家都没有出现债务危机。从日本来看，其政府债务负担率一直处于高位，远远高于任何发生债务危机的欧元区国家且持续保持增长态势，2014年已接近250%，依据现有的债务风险监管指标，日本早就应该发生严重的债务危机了，现在也应该处于严重的危机状态。但日本的政府债务一直处在可控的范围内。日本多年来政府债务的规模一直居于世界前列，但国债利率却一直保持特别低的状态，其10年期国债收益率在2012年5月已低于0.9%。这种较低的国债利率保证了日本政府一直以较低的成本扩大举债和融资。从美国情况看，其债务问题似乎也不亚于欧元区国家，2008年以来一直处于100%以上，但美国债务危机一直没有发生。虽然这与美国在国际经济中的特殊地位及其提高债务上限有关，但也说明债务指标控制对于很多国家来说是"失灵"的。

（二）制度主义的确定性思维与公共债务的不确定性无法有效匹配

以确定性思维为基础的公共债务管理制度之所以失灵，不仅不能控制不确定性债务的增长，也难以控制确定性债务增长，更没有阻止债务危机的发生，就在于它与公共债务的不确定性是不匹配的。政府的收入是确定的，政府提供公共服务的责任也是确定的，但现实社会中的风险却是不确定的，来自于各个领域的风险，最终都要政府这一公共主体来"兜底"，以确定性的制度去框定不确定的"兜底"责任，不仅不确定的行为游离于制度之外，所框定的确定性的行为也会扭曲。事实也证明，公共债务管理制度只框定了确定性的举债行为，但对不确定性的举债行为却无能为力；制度对举债行为的框定，不仅不能限制举债行为，反而限制了应对公共风险的举债需求，可以说其失灵是"双重"的：一方面没有效控制债务的增长，另一方面又在一定条件下限制了政府应对公共风险的能力。

（三）化解公共风险、履行公共责任使得政府有着强烈的举债需求与意愿

任期制条件下的财政机会主义是政府举债需求的重要原因，但并不能解释所有的公共债务增长问题。如前所述，举债是政府履行公共主体责任、应对与化解公共风险的主要工具，举债的需求与公共风险的大小及其爆发的程度是紧密相连的。国际经验就表明，在经济繁荣时期，政府的债务水平往往是下降的，公共债务爆发式的增长一般是在经济衰退时期，就是因为经济繁荣时期是公共风险消散并积聚的时期，经济衰退期才是公共风险爆发和消退期。显然，公共风险的分散与积聚并不需要政府的应对，最多只是识别与预警；公共风险爆发后，才是政府公共主体责任必须履行的时期，通过扩大财政支出，把公共风险爆发的影响降低到最低限度并逐步释放风险。

（四）制度的刚性约束指向政府的确定性举债行为，并没有解决政府应对公共风险的无限责任和机会主义行为

现行的公共债务管理制度主要是通过法律、行政及市场等手段约束政府的举债行为，并没有考虑经济周期与公共风险的问题。在经济稳定增长时期，制度约束是有效的，而在经济下行时期，公共风险逐渐暴露，政府责任更加凸显，在突破制度约束与应对公共风险之间，政府往往选择后者。因为突破制度约束的后果要远远小于公共风险向危机转化的后果。

制度只能约束少数人，当大部分人都突破制度时，制度便是失灵的，即所谓的"法不责众"。《马斯特里赫特条约》规定的债务控制指标，当大部分欧元区国家突破时，它就"失灵"了；我国1994年的《预算法》规定地方政府不得发行债券，当大部分地方政府绕开它，利用融资平台举债时，它也就成为了一种形式；美国法律设定了国债上限，但由于美国政府长期的赤字财政，国债上限持续提高，也证明了制度约束的无力。自1960年至2011年，美国债务上限已经上调了79次，几乎平均每隔8个月就要上调一次。其中，2001年至2011年，美国国债上限上调了11次，仅奥巴马总统的第一任期就上调了3次。

专栏二：举债需求大、偿还能力强的地区反而受到约束

一般来说，越是发达的国家或地区，其政府应对公共风险的责任越大，举债需求就越大，债务水平也越高，偿还能力也越强；经济相对落后的国家或地区，其公共风险还未充分向各领域扩散，政府应对公共风险的责任相对较小，举债需求就小，债务水平也相对较低，其偿还能力也相对较弱。但现有公共管理模式往往是"一刀切"，用一套指标来控制所有的国家或地区的债务水平。这一方面会弱化经济发达国家或地区政府应对公共风险的能力，也会强化经济不发达国家或地区的债务风险。还有一个必须关注的事实是，越是经济发达的国家或地区，其公共债务的透明度就越高，确定性债务相对大，不确定性债务相对较小；相反，越是不发达的国家或地区，其公共债务的透明度也较低，政府举债的行为更加隐蔽化，不确定性债务相对较大。因此，仅从公布的统计数据管理公共债务也是偏颇的。

从中国地方政府债务规模看（见图8），越是发达的东部地区规模越大，江苏、广东和浙江排前三位；越是相对不发达的中西部地区规模越小，甘肃、新疆、和青海排在后几位。

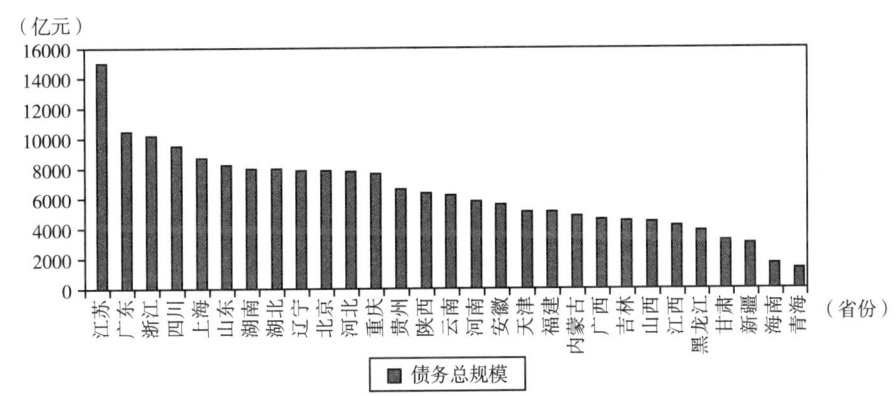

图8　2013年中国29个省/市地方政府债务余额规模排序

资料来源：各省/市审计局政府性债务审计结果。

从地方政府债务与地区生产总值之比来看（见图9），西部地区省份反而居于前列，贵州、重庆、云南、青海和甘肃居前五位；东部发达地区省份则排在后面，如江苏、福建、广东和山东就处于最后五位。

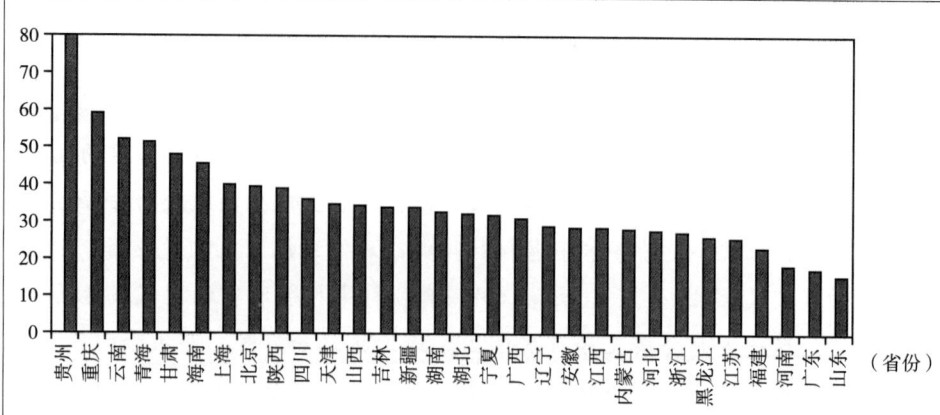

图9　2013年中国30个省/市地方债务与地区生产总值之比排序

资料来源：各省/市审计局政府性债务审计结果；《中国统计年鉴2014》。

如果采用统一的公共债务管理模式，用公共债务规模、负债率或偿债率等指标"一刀切"地针对所有地区，对经济发展潜力好、举债需求大但偿还能力也强的地区就会形成限制。

（五）制度之外的举债手段反而强化了财政风险

制度失灵不是它没有约束住政府的举债行为，它在很大程度上还是限制了政府的举债行为，否则债务危机可能会更加严重；制度的失灵主要表现在它无法避免游离于制度之外的举债行为。一方面是制度的刚性约束，另一方面是政府庞大的公共主体责任，一方面限制"开源"，另一方面无法"节流"，势必造成政府支出缺口，在合规的手段无法弥补支出缺口时，规避制度便成为政府无奈且现实的选择。《马斯特里赫特条约》在确定政府债务风险监管的量化标准并把它确定为加入欧元区的门槛后，一些国家为了能够加入欧元区，就采取了各种隐蔽的方式降低本国的赤字率和债务负担率；中国地方政府债务的最大部分则是由融资平台这一绕过法律规制的融资方式形成的。

| 专栏三：中国的地方政府融资平台 |

1994年，中国颁布了《预算法》，其中规定：中央政府公共预算不列赤字；中央预算中必需的建设投资的部分资金，可以通过举借国内和国外债务等方式筹措；地方各级预算按照量入为出、收支平衡的原则编制，不列赤字；地方政府不得发行地方政府债券。

上述禁止性规定和地方政府的实际举债行为存在不一致性，《预算法》对地方政府债务融资的约束软化。在合法融资渠道不畅通的情况下，地方政府采取了各种变通方式实现对公共支出的融资，使得地方政府债务隐性化。各种变通方式中尤以地方融资平台的形式最为突出。各级地方政府通过注册成立各种投融资公司，搭建地方融资平台，由这些企业通过发行企业债、向金融机构借款等方式融资。加之中国预算体制是以收付实现制为基础的，各级政府的预算报表无法全面反映其实际负债情况。

地方融资平台，是一些资产规模与财务状况都达到融资标准的公司，它们一般由地方政府控股，以特许收益权、财政补贴以及偿债基金等作为保证，向银行贷款或发行企业债，举债款项一般用于基础设施建设或公益性项目。中国国家审计署2013年的公告显示，截至2013年6月，地方融资平台债务69704.42亿元，占所有地方政府债务的39%（中国地方政府债务结构见图10）。

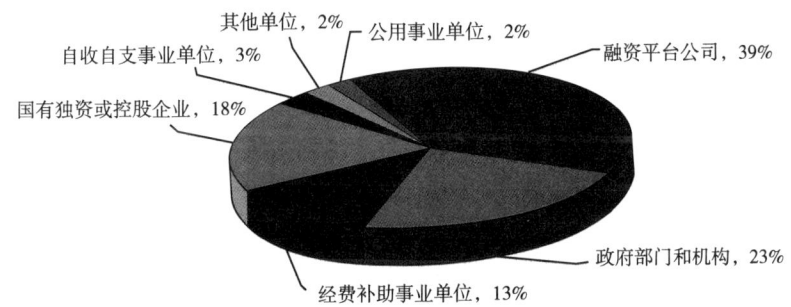

图10 2013年中国地方政府债务结构

资料来源：《全国政府性债务审计结果》（审计署2013年第12号公告）。

在中国现行财政体制下，地方政府以融资平台举借债务也有其必然性。1994年分税制改革后，中国地方政府支出责任有所增加的情况下，财政收入则更加向中央倾斜，导致地方政府收支缺口日益增加。另外，《预算法》又限制了地方政府发行债券的权限。为推动当地经济发展，应对地方公共风险，地方政府要履行相当的事权，存在着巨大的融资需求。一方面法律禁止，另一方面有巨大的需求，这就使得地方政府另辟蹊径，规避法律的限制，把举债行为隐蔽化。地方融资平台就是地方政府以企业的名义对外举债。与地方政府发行债券的融资方式相比，隐性化的地方融资平台的风险反而更大了。

从金融风险看，地方融资平台采取银行信贷、债券、信托产品等多渠道融资，看似分散了金融风险，但从金融体系看，商业银行依然是主要的风险承担者。商业银行不仅为融资平台提供贷款，还是融资平台发行债券的承销商和主要购买者，在依托产品发行中也扮演了重要角色。由于对地方政府融资平台的融资规模缺少约束，很多地方都最大限度地提高杠杆率，把信贷资金通过一定渠道转化为其他融资平台的资本金，一旦出现系统性金融风险，将会对中国的银行体系带来巨大的冲击。

从财政风险看，地方融资平台实际上是地方政府的融资代理人，无论怎么变化融资方式，其增信方式都是政府财政收入，地方财政是融资平台风险的"兜底"人。因为有财政担保，金融机构对融资平台项目的风险评估也大多不按业内标准规范进行，融资风险往往被掩盖。融资平台最主要的手段是土地抵押融资，与房地产市场紧密联系，一旦房地产价格下行，土地出让价格下跌，就会削弱融资平台的偿债能力，进而引发地方财政风险的连锁反应。

地方融资平台的融资行为还存在道德风险问题。融资平台的背后是地方政府，平台的负责人由政府任命，并接受政府的领导。在融资还款由财政统一承担的情况下，资金使用、管理与偿还存在主体不一致的问题，有的资金使用管理部门不承担还款责任，造成责任感不强、资金使用效率低的问题。另外，宏观经济的波动及地方政府的任期与更替也会增加道德风险。融资平台中的中长期贷款与政府官员的任期并不一致，存在"前人借钱、后人还债"的情况，由于任期内没有还款压力，政府官员的举债行为就容易扩大化。

结语：风险社会的不确定性导致公共债务管理"制度失灵"，公共债务管理应更加关注政府应对公共风险的不确定性行为。

现实世界充满各类不确定性且不断变化，作为制度设计者难以掌握全面的信息，只能依据所掌握的信息用相对确定的方式来设计制度。制度的本意是提供一种确定性的规则，但现实的复杂性难免出现"制度失灵"的尴尬局面，制度设计者认为出台的制度可以实现其初衷，制度涉及的行动各方将共同遵守规则，这只是一厢情愿的想象，以确定性来捕捉不确定性本身就是一个不可解的问题。因此，公共债务过度增长的问题，如果不能放到公共风险的视角去解决，制定再多的制度可能最终都会失灵。只有通过政府治理体系的优化，更加明确地界定风险责任、更加有效地识别和预警公共风险、更多地利用市场和社会的力量协同治理公共风险，通过分散风险、共担风险、转移与转化风险，适当减少政府应对公共风险的责任，才是减少公共债务的治本之道。

参考文献

［1］财政部预算司课题组. 约束地方的财政责任法：哥伦比亚［J］. 经济研究参考，2009（43）.

［2］李萍. 地方政府债务管理. 国际比较与借鉴［M］. 北京：中国财政经济出版社，2009.

［3］李扬等. 中国国家资产负债表2015：杠杆调整与风险管理［M］. 北京：中国社会科学出版社，2015.

［4］刘尚希，于国安. 地方政府或有负债：隐匿的财政风险［M］. 北京：中国财经科学出版社，2002.

［5］刘尚希. 财政风险及其防范问题研究［M］. 北京：经济科学出版社，2004.

［6］Hana Polackova Brixi，马骏. 财政风险管理：新理念与国际经验［M］. 北京：中国财政经济出版社，2003.

［7］张志华等. 日本地方政府债务管理［J］. 经济研究参考，2008（62）：24－31.

［8］Hana Polakova Brixi. Gontingent Government Liabilities：A hidden Risk for Fiscal Stability［M］. The world bank，1998.

［9］Hana Polakova Brixi. Gontingent Government Liabilities：A Fiscal Threat to the Czech Republic［M］. The World Bank，2000.

［10］Hana Polakova Brixi，Allen Schick. Government at Risk：Contingent Liabilities and Fiscal Risk［M］. The World Bank，2002.

［11］J. Richard Aronson & John L. Hilley. Financing State and Local Government［J］. Washington，DC：The Brooking Institution，1996：160.

［12］Mattea Kramer，John Silver. The Federal Budget. Northampton［J］. Massachusetts：Nterlink Publishing Group，inc，2012：115.

[13] Maurice Obstfeld, Kenneth Rogoff. Global Implications of Self – oriented National Monetary Rules [R]. University of California, Working Paper 2002, No. C01 – 120.

[14] Raymond W. Goldsmith, Robert E. Lipsey. The national Balance Sheet of the United States During the Postwar Period [M]. In Studies in the National Balance Sheet of the united states, Volume1, Princeton University Press, 1963: 41 – 106.

[15] Reresa Ter – Minassian, Jon Craig. Control of Subnational Government Borrowing [M]. Fiscal Federalism in Theory and Practice, 1997.

参与讨论：

王志刚、李成威、张　鹏、梁　强、樊轶侠、苏京春、彭　鹏等

以拆弹的精准和耐心化解地方隐性债务风险

刘尚希

化解风险，好比拆弹，要求精准性和耐心，操作不慎就可能会发生爆炸，引发危机。我国当前面临的风险形势不容乐观，风险点多面广，而且相互关联，相互嵌套，通过债权债务关系链条成为一个整体。实体企业风险、地方政府隐性债务风险、金融风险、房地产风险、家庭债务风险等等，本质上都是资产负债表风险，是相互关联的。化解风险，不能仅看表面，要看到风险的整体性、各个领域风险的穿透性和传染性。各自为政来防范化解风险，可能会引发巨大的操作性风险。对此需要高度关注和予以警惕。当前比任何时候都要协同协调协作，而且需要以改革创新的思维来统筹风险防控。

当前地方政府性债务的透明度就如一座冰山，水面上的是显性债务，而水面下的就是隐性债务。隐性债务究竟有多大规模，缺少权威的说法，但其危险性不言自明，尤其在债务管控急刹车的情况下更是显著上升。据地方反映，一些市县为了维持资金链不断裂，不得不借利息高达20%甚至50%的高利贷。预期到三季度，不少地方就会发生资金断流的风险。按照2016年国办转发的地方政府性债务应急处置方案，估计有一些市县达到了启动"财政重整计划"的应急级别，只是在当前问责机制下，谁也不愿意成为倒下的第一块骨牌。多部门同时发力，用操之过急的行政方式遏制隐性债务增长，有可能提前引爆风险炸弹。

下面拟从三个方面谈点看法：

一、地方隐性债务主要是或有债务

虽然缺乏完整的数据，但从地方案例分析，地方隐性债务增长很快，规模巨大，一些地方远超显性债务规模。这包括三大类：一是建设性债务，如投融资平台的债务、棚改债务、政府购买服务项目的债务、政府与社会资本合作项目的债务、地方国企僵尸企业债务、金融扶贫项目等等。二是消费性债务，主要是养老金缺口，已经有10多个省出现缺口，这个数字还会不断增加。三是地方政策性融资担保形成的债务，如过桥贷、银政担等。

从法律上看，这些债务大都表现为经济法人的债务，融资平台整改之后，与行政法人做了适当的切割，因而大都不属于地方政府的直接显性债务，但因都与政府行为直接相关，一旦出现偿债危机引发连锁反应，政府势必要承担救助责任。从专业视角看，隐性债务大都是政府的或有债务，不能直接归为政府债务。政府的债务与政府的或有债务在性质上不同，不能简单相加。以前常说的"政府性债务"包括了前述两种性质不同的债务，故而这个概念不能当作统计口径来使用，也不能把隐性债务简单直接地归结到地方政府头上，而必须根据或有债务类型的代偿概率分布来估算地方政府可能承担的风险。

当前面临的问题是地方政府的或有债务没有可操作的权威定义，导致底数不清，更谈不上或有债务代偿概率的测算分析，无法全面准确揭示其风险。这既可能夸大地方政府的债务风险，也可能缩小风险。2014年审计地方债务时就已经面临这个问题。这种风险遮蔽本身就是巨大风险，当炸弹与西瓜分不清的时候，防控风险的政策措施就会无的放矢。这与政府会计准则的不完善有关，也与政府宏观管理的粗放不专业有关。一些部门制定的文件通知，仅仅依据大概的情况，原则性地作出规定和提出要求，通常就是几页纸，政策细节和可操作的条款都要靠被规范对象自己去揣摩和领悟。

二、大量或有债务产生是"风险大锅饭"
　　体制造成的

按照"开前门、堵后门"的思路对地方政府性债务实行整改之后，仍产生大量或有债务，这表明"风险大锅饭"体制依旧。在计划体制下，有利益大锅饭，现在没了；而风险大锅饭却没有被端掉。这与体制机制的创新性不够相关。从风险视角观察，体制的功能不但要明晰风险责任，更要有内在的防范风险机制。如点菜、买单，当两者关联一起时，买单的风险就可以得到控制；而当两者分离时，买单的风险将无法揭示和防范。当前的体制缺陷就在于此。

在现实生活中，自己本应承担的风险尽量让他人来承受，趋利避害，这是任何行为主体的本能，政府也不例外。要遏制这种风险外部化倾向，需要体制机制创新，并界定和明晰行为主体的风险责任，自担风险。而现实是谁也不愿意承担风险，也存在以种种方式规避风险责任现实性的可能性，导致公共风险扩大。公共风险具有隐蔽性，往往等到相当严重之后才采取措施，形成运动式控制风险，治标不治本。

当前大量隐性债务，也就是政府的或有债务快速扩大，至少有以下几个具体成因：

一是事权过于下沉，财政责任不清晰。上面文件多、要求多，不断增加新事权，扩大地方支出责任。事权层层下移，市县成为发展责任、民生责任、生态责任、扶贫责任等各种责任的主要承担者。当地方政府难以承担时就会以或有债务的方式转移风险，向下转移或向市场主体转移或向未来转移。当然，这同时也为地方政府追求政绩创造了条件。

二是财政风险评估机制缺失。这是当前宏观管理的功能缺陷。对重大项目、政策的社会稳定风险评估开始在做，环评也得到重视，而唯独财政风险评估没被重视，未来支出责任有多大，谁来承担，缺少清晰的分析评估。无论是政策制定，还是政策执行，都缺少财政风险维度的思考。各种政策大都是在"钱不是问题"的假设条件下出台的，自然也就不会做财政风险的评估。一旦失去财政风险评估的约束，就意味着点菜的不考虑买单。在这种机制下，随意点菜就不可避免，隐性债务也就成为买单的一种方式。

三是预算约束不完整。对预算约束的理解，仅仅停留在当前确定的支出事项，而忽略了政府履行职能过程中的或有支出事项，没有一个机制和程序来揭示或有支出事项，这就会产生大量的"表外"债务，也就是隐性债务，隐匿财政风险。而我们面临的现实环境是不确定性的，各种不确定性因素都可能引发政府的或有事项，从而产生政府的或有支出。如果我们漠视这种现实，没有不确定性思维和风险思维，在政策制定和执行上就不会形成防控风险的机制。当预算约束的对象具有不确定性特征时，约束就会失效。

四是难以预期。预期和行为是紧密相连的。下级在预期上级政策的变化，上级也在预期下级政府的行为。宏观政策目标的排序变化、上级部门之间的文件打架、支出标准不稳定等等，面对诸多的不确定性，下级政府无法形成稳定预期，就会以机会主义方式行事。下级越是这般，上级对下级就越是不放心，从而制定出严厉的规定，导致激励不相容。这样一来，就会陷入一放就乱，一管就死的循环之中。隐性债务就是这个循环衍生出来的一个结果。

三、债务不等于风险，风险在于债务使用低效

债务风险多大，不取决于债务规模，而要看未来的偿还能力，而偿还能力从根本上决定于债务资金如何使用，使用是否有效。建设性债务都会形成资产，只要资产质量高，未来的偿还能力就会增强，债务风险就不会扩大。因此，要防控隐性债务风险，短期看，要控制增量，平衡好债务增长与偿还能力增强之间的变化，保持两者之间的动态匹配。而从中长期看，关键是用好债务资金，使债务与承债能力之间形成良性循环。

具体而言，应关注以下几点：

一是债务控制不能搞急刹车。有地方把问责风险放在首位，中止工程、中止合同，全力还债。这导致工程款没着落，拖欠工资，加大社会风险。政府公信力受损，将给以后地方的发展造成难以弥补的损害，恶化地方的营商环境。

二是盘点资产负债，分类分层编制可变现资产负债表。评估地方政府的或有债务代偿率以及政府或有支出事项，把显性债务、隐性债务纳入统一的债务管理框架，优化调整开前门堵后门的思路，在总额控制条件下，给予地方适当的融资方式创新选择权。把地方政府性债务管理的重点放到或有债务的风控机制建设上来，形成精算式的债务管理模式。中央应加大对地方政府性债务的风控机制建设的管理和评价上来，从直接管理地方债务转向直接管地方"风控机制"，间接管地方债务。

三是督促地方编制投融资项目总体规划，做到精准融资精准建设精准控制风险。当前大量地方国企事实上承担了政策性融资机构的作用。应把政策性功能剥离出来整合为统一的政策性平台机构，也可把以前的融资平台加以改造，以此来

承接地方政府的一部分建设职能，如投融资总体规划，以及在具体项目上实现融资、投资、建设、维护、偿债、风控等一体化管理。转变政府职能，专业的事情让专业的人来干。

四是防范隐性债务风险应与经济形势、国际环境的变化关联考虑，不应孤立起来。如下半年可能经济下行、房地产市场变化、金融风险防控等，都可能使地方隐性债务风险爆发的临界值会降低。对此应有两手准备，需以不确定性思维来应对，才可能获得我们希望的确定性。

民间固定资产投资增速下滑原因透视

王宏利　崔立昕

一、民间固定资产投资下滑趋势不减

在过去的 10 年中，民间投资曾经是我国经济发展的重要推动力。然而，2016 年上半年民间投资出现了断崖式的下跌（如图 1 所示），引发了社会的广泛关注。随着 2016 年 5 月国务院常务会议提出要采取有力措施促进民间投资回稳向好，在这之后，国家发展和改革委员会、银监会和财政部等部委都相继出台措施促进民间投资活力的恢复。在 2016 年 8 月，民间投资下滑的趋势有所放缓，但并未出现明显反弹的迹象，这种情形延续至 2017 年。根据国家统计局发布的数据，2017 年 1—10 月份民间固定资产投资 313734 亿元，同比增长 5.8%，增

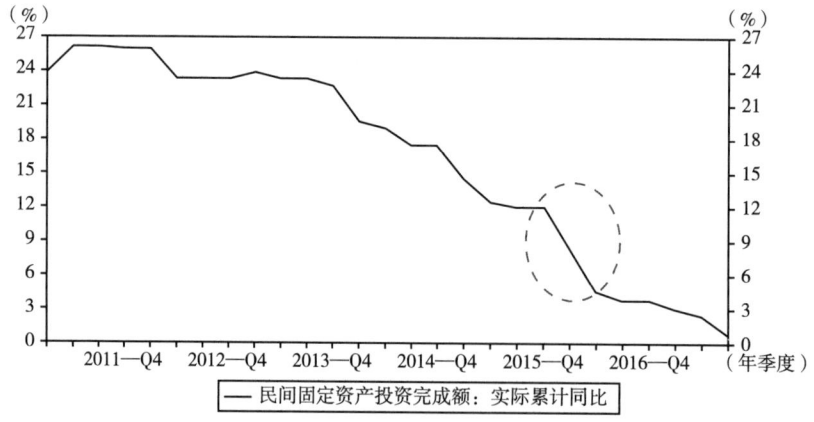

图 1　2011—2017 年民间固定资产投资完成额累计同比

资料来源：Wind 经济数据库。

速比1—9月份下降了0.2%。可见，民间投资下滑趋势仍在延续，长此以往，不利于我国经济的平稳增长。

自2016年以来，民间固定资产投资的增速始终低于全国固定资产投资增速。（如图2所示）。自2017年以来，在一系列利好政策的支撑作用下，民间固定资产投资增速同全国固定资产投资增速之间的差额有所缩小，但民间固定资产投资的活力尚有待激发。随着"去产能""去杠杆"的推进，民间固定资产投资的空间可能会被进一步压缩，如何改善这种"国进民退"现象，如何激发民间投资的活力成为摆在我国经济发展的重要课题。

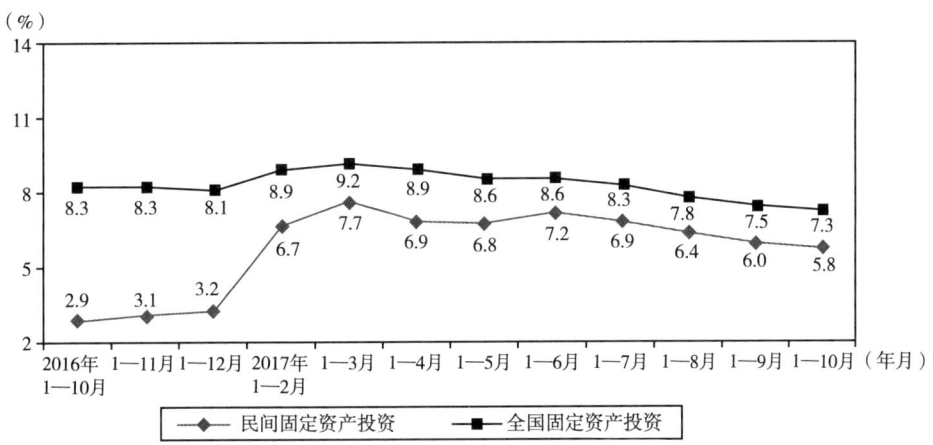

图2　民间固定资产投资和全国固定资产投资增速对比

资料来源：国家统计局。

从区域结构来看，自2012年以来，东、中、西部民间固定资产投资完成额都出现不同程度的下降，其中西部地区下降程度最为严重（见图3）。虽然在2017年初有所回升，但西部地区累计同比增速低于东部地区和中部地区。按照一般的经济规律推测，由于西部地区经济不发达，基数较小，其民间投资累计同比增速应该高于东部和中部地区，但实际却与之相悖。这一现象出现的主要原因应该在于我国正处于产业结构转型期，西部地区以资源和劳动密集型产业为主，如采矿业、制造业等，相比东部和中部地区，对于产能过剩和劳动力成本上升的反应更为强烈。

从产业结构来看，自2012年以来，三次产业中的民间固定资产投资完成额均出现增速放缓的现象，其中第二产业所受冲击最为严重（见图4）。我国民间固定资产主要投资于第二产业，因此第二产业的增速下滑成为民间固定资产投资额下滑的重要因素。第一产业虽然增速放缓，但仍保持了较高的增长速度，应该

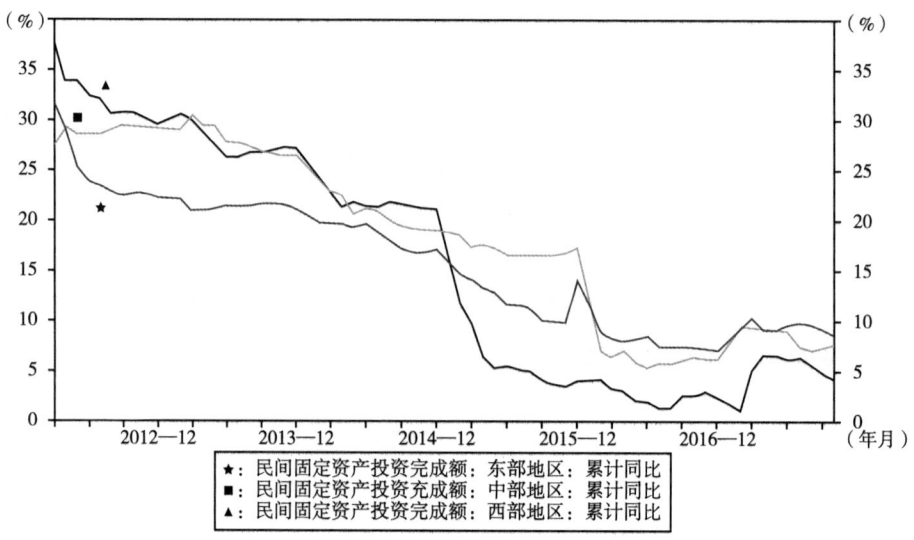

图 3　我国东、中、西部民间固定资产投资完成额累计同比增速

资料来源：Wind 经济数据库。

同我国近几年推进的一系列支农政策密不可分。第三产业增速也下滑较为严重，且其趋势同第二产业基本一致，这种一致的走向背后代表了相似的产业结构，说明我国目前民间固定资产投资于第三产业中的部门，仍同第二产业结构较为相似，多为劳动密集型产业，因此受劳动力成本上升的冲击较大。

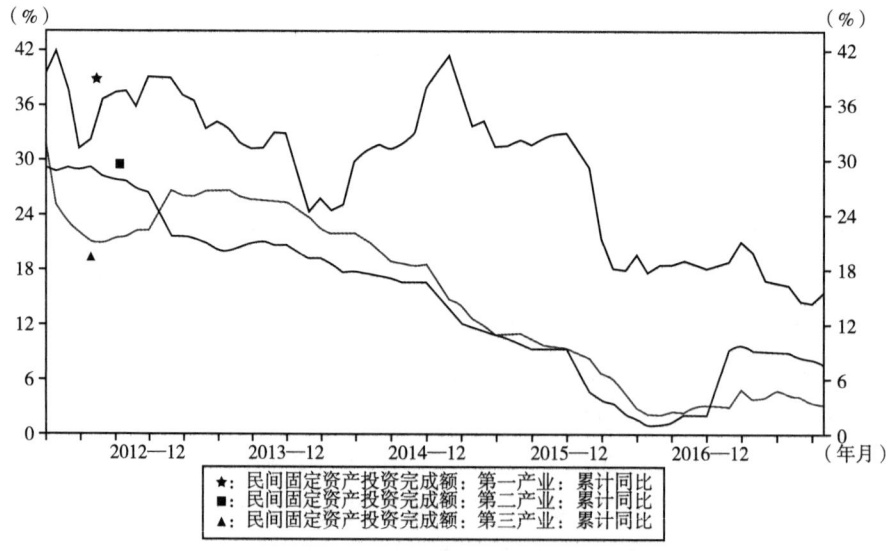

图 4　我国三次产业民间固定资产投资累计同比增速

资料来源：Wind 经济数据库。

二、民间固定资产投资下滑的原因透视

(一) 政府投资对民间投资存在挤出效应

根据凯恩斯的 IS - LM 模型,政府投资对私人部门的投资存在一定的挤出效应。自 2016 年以来,随着我国政府投资规模的扩大,民间固定资产投资增速却发生了下滑。

这种效应主要表现在两个方面:一是我国民间固定资产投资主要集中于第二产业的传统经济部门,而我国政府投资主要投资于第三产业,与民间投资难以产生共振。另外,根据国家统计局数据,民间固定资产投资与全社会固定资产投资在第三产业中的走势出现了明显的区分。在第三产业中,全社会固定资产投资增速从 2015 年的 10.6% 升高到 2016 年上半年的 11.7%。与之相对应的是,民间投资增速从 2015 年的 9.4% 到 2016 年的 1.6%。其背后的原因在于,第三产业的政府投资对民间投资产生了挤出效应,使得民间投资难以获得充足的发展空间。

二是随着 PPP 项目进程的加快,政府投资迅速涌入了 PPP 发展较快的第三产业,而相关配套机制尚不完善。虽然 PPP 项目的初衷在于鼓励和引导民间投资发展,但 PPP 项目中政府资本和民间资本地位并不平等,退出机制尚不完善,民间资本仍存在一定的进入障碍。2016 年上半年,民间投资增速在 PPP 项目较为活跃的教育、卫生、文体等行业均出现了不同程度的下跌(如表 1 所示)。因此,政府投资和 PPP 项目带动国有投资增速上升的同时,对民间投资产生了挤出效应,不利于民间投资发展。

表 1 2015—2017 年 10 月份教育、卫生、文体等行业民间固定资产投资

行业	2015 年		2016 年		2017 年 1—10 月份	
	绝对量	同比增长 (%)	绝对量	同比增长 (%)	绝对量	同比增长 (%)
教育	2165	15.8	2462	13.7	2231	12.9
卫生和社会工作	2048	53.3	2455	19.9	2249	27.2
文化、体育和娱乐业	3899	11.3	4059	4.1	3701	14.2
公共管理、社会保障和社会组织	2161	25.9	1608	-25.6	1075	-23.3

资料来源:国家统计局。

（二）上游产业"去产能"发力，中下游民营企业利润空间缩小

随着"去产能"的推进，国企和民企的利润增速走势发生了分化，由于国企和民企的利润分配不均，传统经济部门中的"国进民退"现象越来越明显。在"四万亿"浪潮之后，2016年末，国企利润总额再次超过了私营工业。

表2　　2017年3月和10月上中下游工业企业利润同比　　　　　　　　单位：%

	采矿业（上游）	电力、热力、燃气及水生产和供应业（中游）	制造业（下游）	总计
3月	扭亏为盈	-33.50	26.70	31.50
10月	405.40	-16.30	20.10	23.30

资料来源：国家统计局。

这一现象产生的原因在于，"去产能"带来了上游行业产品价格的上涨，根据国家统计局数据，我国2017年工业企业利润的增长大部分来自于上游产业利润的增加（如表2所示）。然而，我国下游产业的需求并未大幅增加，中游产业的利润空间受到挤压，相比于上游产业而言，下游产业的利润增加具有一定的滞后性。另外，无论从资产占比还是企业数量占比来看，我国上市公司中的国有企业主要集中在上游（如图5所示）。因此，"去产能"带来了国企和非国企利润的重新分配，在这一轮改革中，上游的国企获益良多，由此产生了更为强烈的投资冲动，而民营企业分布较多的中游和下游利润收到挤压，产生了投资收缩的压力。

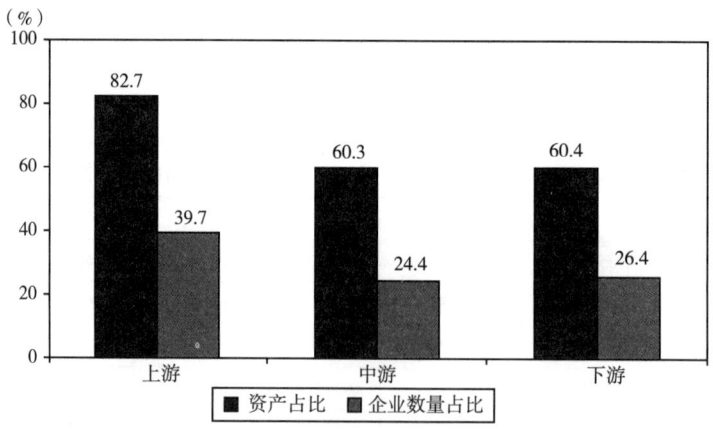

图5　上市公司中国有企业上中下游对比

资料来源：Wind经济数据库。

(三) 金融行业"去杠杆"挫伤民间投资

2015年的股票热和2016年上半年的房地产热促使大量民间资本"由实转虚",进入股票市场和房地产业,然而随着央行金融政策的缩紧和房地产业的降温,民间资本投资的活跃度也出现了下降。这种政策上的变动,带来了不确定性,影响了民间投资的信心。根据芝加哥大学和斯坦福大学三位经济学家编制的中国经济政策意外指数,将其同民间固定资产投资完成额进行比较(如图6所示)。不难看出,自2016年以后,随着EPU指数的增长,我国民间固定资产投资完成额出现下降趋势。

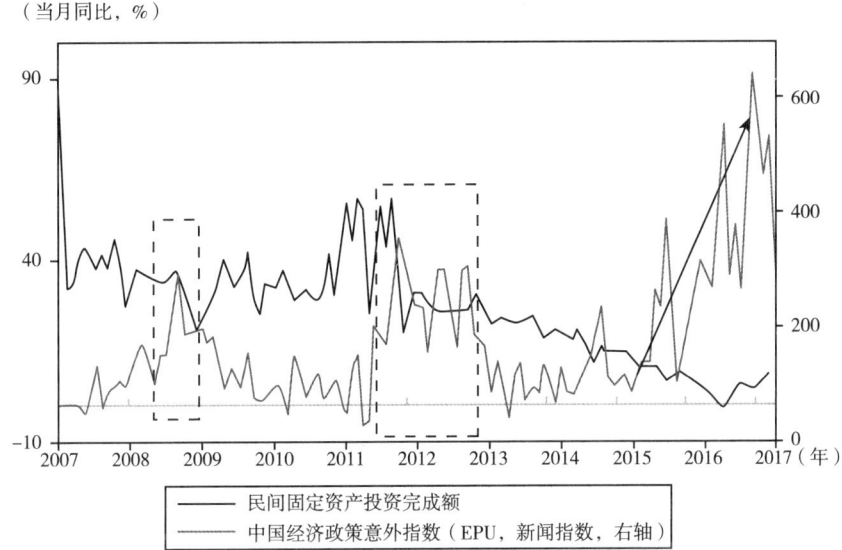

图6 2007—2017年经济政策意外指数对民间投资的影响

资料来源:Wind经济数据库。

另外,金融行业的"去杠杆"也使民间投资的融资渠道受到了限制,融资成本增加。随着货币市场利率的走高,以此为基础的票据利率也出现上涨,这使得许多依赖票据作为融资渠道的民营企业的融资成本大大增加。同时,随着央行对信贷额度的从严监管,相比于风险更高的民营企业,银行把更多的信贷额度分配给国企,这样就造成了信贷的不均。一方面,企业融资成本增加,减少了票据融资;另一方面,企业难以获得银行的短期借款,只能投向中长期借款,不利于民间投资活力的发挥。

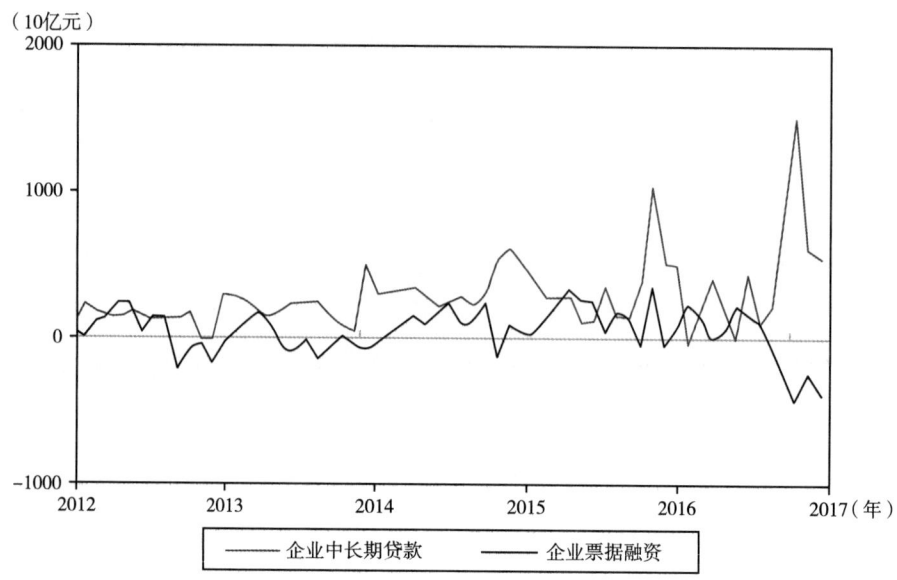

图7 2012—2017年企业中长期贷款和企业票据融资

资料来源：Wind 经济数据库。

总而言之，民间固定资产投资下滑的原因是多方面的，单纯依靠政策拉动，难以获得理想效果。为更好的激发民间投资活力，还需要从制度层面进行全方位的改革，民间投资本身的结构也需进行完善，以适应我国经济发展和产业转型的要求。

参考文献

［1］许祥云，谢静，李立恒. 我国民间投资下滑的因素分析及对策优化研究［J］. 财政研究，2017（7）.

［2］刘德伟. 我国民间投资下滑的特征、原因和对策［J］. 清华金融评论，2016（11）.

［3］中国人民大学宏观经济分析与预测课题组. 供给侧结构性改革下的中国宏观经济［J］. 经济理论与经济管理，2016（8）.

［4］刘树成. 民间投资增速严重下滑与宏观经济波动［J］. 中国工业经济，2016（11）.

日本地方政府债务管理经验的比较与借鉴

许安拓

一、引 言

在经济建设过程中，我国地方政府由于各种历史原因积累了大量的债务，这些债务虽然对促进我国经济发展和城镇化建设起到了积极作用，但也在一定程度上使得地方政府将精力过多地投向短期产出，导致民间投资挤出效应、金融风险积累等问题日益突出。2014年修正的《预算法》实施标志着我国地方债务管理取得了重要进展，但相比于管理较为成熟的日本还有很多不足。中国与日本是一衣带水的邻邦，自古以来便交流频繁，相互影响，在社会、文化等方面尤其在单一制行政治理体制上更表现出一定的相似性，这种相似也使得两者之间的债务问题具有可比性，值得借鉴和学习，具体表现在以下四个方面：

（一）经济发展

中日两国经济体量都处于世界前列，并且在经济增长方式上有着相似之处，特别是从历史演进的角度考察时，这一共同点尤为明显。从产业结构的演进看，两国都选择了优先发展重工业，而后通过调整，走上了全面外向型发展格局的道路：以1978年为节点，中国在之前30年里实行的是重工业优先发展的战略，1978年后，开始实行改革开放政策，通过在农村推行家庭联产承包责任制和鼓励兴办乡镇企业，在城市推行国企改革和发展集体经济及个体经济，并依靠"三来一补"的外向型发展模式，逐步实现从依赖重工业到各产业较为均衡、全面发展的格局；日本在战败之后，基于当时的国内和国际形势，采取了重工业和外向型发展战略模式，并将其作为促进经济增长的主导产业策略，从20世纪70年代开始，优先发展知识密集型产业，形成新的经济增长点。从经济发展过程来看，两国在发展阶段的变迁上也有一定的相似性。日本经济经历了从依赖自身人口红利起飞，历时几十年的经济高速增长，再到后人口红利期经济转型以质取胜的阶段。中国经济也是如此，从改革开放经济的迅猛发展，到未富先老的后工业阶段，经济转型压力也与日俱增。

（二）财政体制

日本与中国一样均属单一制国家，中央权力的集中度较高，主要收入由中央掌握，因此其财政体制也表现出一定的相似性。从收入上看，日本财力高度集中于中央，中央政府掌握全国财政收入的2/3左右；而中国经过1994年的分税制改革，中央的财政收入占全国总财政收入的比重提高到60%左右。两国都是由中央政府掌握大量收入，且中央收入占全国财政收入的比重大致相同。基于地方债务管理的目标考察，中日均属于行政控制型，其特点为中央政府在事前审批、事中监督、事后检查等各个环节都对地方政府性债务进行全面管理，地方政府自主权和独立性相对较弱。

二、中日地方债务规模和结构的比较

我国地方政府在2015年以前是不允许独立发债的，但由于历史原因，在2014年修正的《预算法》颁布前实际上就已经积累了大量的债务，再加上近年来政府与社会资本合作模式（PPP）发展不规范带来的债务，致使地方债务规模迅速攀升，2017年年末官方统计债务余额就接近37万亿元人民币，虽然占GDP总量只有36%，但如果考虑到大量隐形债务，其风险依然不可小觑。此外，从各省份数据看，不同地区差异也十分明显。

从各级政府债务比例上看，主要集中在市县两级政府的情况仍然很大。由于缺少日本相应年份数据，再加上本文主要侧重地方债的风险管理，因此，在下面的债务管理分析中，仅采用2013年两国地方债的情况做分析说明。

从 2013 年数据看，我国地方政府债务规模 10.89 万亿元人民币，日本 201 兆日元，我国负有偿还责任的债务余额占比远远低于日本：负有偿还责任的债务余额占当年财政收入的比重不到日本的一半，仅为 93%，负有偿还责任的债务余额占 GDP 的比重 18.50%，而日本则高过一倍不止（见表 1）。但日本地方政府债务压力并没有我国这样大，其中的缘由引人深思。在管理方面，本文会给出详细的介绍。

表 1　　　　　　　　2013 年中日地方债务规模和结构比较

负有偿还责任的债务余额	108859 亿元人民币	201 兆日元
负有偿还责任的债务余额占当年 GDP 的比重	18.50%	41.40%
负有偿还责任的债务余额占当年财政收入的比重	93%	200%
增长速度	较快	很慢

根据审计署审计数据，截至 2013 年 6 月底，中国地方政府负有偿还责任的债务余额 10.89 万亿元，或有负债 7 万亿元。负债主要集中在省级以下的市县政府，其中市级政府占全部负有偿还责任债务的 45%，县级占 36%，两者合计占 80% 以上，与日本明显不同；负有偿还责任的债务占 2013 年 GDP 总额 58.80 万亿元的 18.5%，加上全部或有负债，占 GDP 的比例 30.4%，比日本要低。债务余额占当年一般公共预算收入的比重为 93%，加上全部或有负债，这一比例仅为 153%，比日本 200% 要低（见表 2）。但从速度来看，近年来中国地方政府债务增速较快，日本由于行政控制，基本没有增长，较为稳定。

表 2　　　　　　　　中国各级地方政府债务余额以及占比

	规模（亿元）	占比（%）
负有偿还责任的债务余额	108859.00	100
省级政府负有偿还责任的债务余额	17780.84	16.30
市级政府负有偿还责任的债务余额	48434.61	44.50
县级政府	39573.60	36.40
乡级政府	3070.12	2.80

资料来源：审计署. 全国政府性债务审计结果，2013 年 12 月 30 日公告。

日本地方债的余额近十几年基本维持在 200 兆日元上下，占 GDP 的比重保持在 40% 左右，地方债余额与地方财政收入的比重（债务率）基本维持在 200% 左右。以 2013 财年为例，地方政府债务余额为 201 兆日元，包括地方政府借款、地方公营企业借款和地方交付税借款,其中都道府县政府借款占比45%最高,市町村占28%,公营企业债占11%(见表3)。2013财年日本地方债务余额占全国GDP总额483兆日元的41.4%(见表1)。

表3　　　　　　　　　日本地方政府债务结构表

	规模(兆日元)	占比(%)
负有偿还责任的债务余额	201	100
都道府县债券	90	44.78
市町村债券	56	27.86
交付税特别借款	33	16.42
公营企业债	22	10.95

三、中日地方政府债务风险管理比较

(一)指标设计

中日均建立了地方政府性债务风险预警机制,但两国指标的具体设计以及配套机制存在差异,日本更侧重于提前预防与发现,并在指标中考虑了未来的情况。

中国是由财政部根据各地区一般债务、专项债务、或有债务等情况,测算债务率、新增债务率、偿债率、逾期债务率等指标,评估各地区债务风险状况,对债务高风险地区进行风险预警。对列入风险预警范围的债务高风险地区,敦促要积极采取措施,逐步降低风险。债务风险相对较低的地区,要合理控制债务余额的规模和增长速度,中国具体指标如下:

债务率=地方政府债务余额/地方政府综合财力

新增债务率=当年新增债务额/年末债务余额

偿债率=当年偿还债务本息额/当年综合可用财力

逾期债务率=年末逾期债务余额/年末债务余额

日本对于地方债的监管注重提前预防与发现,具体是通过稳健财政指标来实现,即利用四种稳健财政的指标判断比率。此外,还有相关配套机制。一是地方公共团体每年都会在上一年结算的基础上,接受监察委员对健全化判断比率的审查，并将其上报议会，进行公布；二是都道府县以及政令指定都市向总务大臣汇报健全化判断比率，指定都市以外的市町村以及特别区向都道府县知事汇报；三是接到报告的都道府县知事以及总务大臣，每年要对报告进行总结发布；四是用标准财政规模进行判读。标准财政规模，为地方公共团体提供标准行政服务所花费一般财源金额的基准。四项指标如下：

实质赤字比率＝一般会计等的实质赤字额／标准财政规模

合并实质赤字比率＝合并实质赤字额／标准财政规模

实质公债费比率＝一般会计等负担的本利偿还金以及准本利偿还金／标准财政规模

将来负担比率＝一般会计等将来需要负担的实质性负担／标准财政规模

（二）资金偿还

中国地方政府发行一般债券融资，纳入一般公共预算管理。有一定收益的公益性事业发展的确需政府举借专项债务的，由地方政府通过发行专项债券融资，以对应的政府性基金或专项收入偿还。具体的，一般债务收入、安排的支出、还本付息、发行费用纳入一般公共预算管理，一般债务本金通过一般公共预算收入、发行一般债券等偿还。一般债务利息通过一般公共预算收入等偿还，不得通过发行一般债券偿还。专项债务收入、安排的支出、还本付息、发行费用纳入政府性基金预算管理，专项债务收入通过发行专项债券方式筹措，专项债务本金通过对应的政府性基金收入、专项收入、发行专项债券等偿还，专项债务利息通过对应的政府性基金收入、专项收入偿还，不得通过发行专项债券偿还。

而日本，为确保有足够能力偿债，地方政府在编制财政预算时，需要将还本付息总额以及新增债务额列入当年财政预算，此外，对于某些地方债，中央采取了地方交付税等保障措施。特别地，日本还建立了偿债准备金制度。

偿债准备金是日本确保能够有效按时偿债的重要措施。地方政府通过每年按照债务余额的1/3提取偿债准备金，中央政府也专门设立偿债准备基金，按照发行地方债总额的1/30提取，从而确保能有效偿还债务。

从偿还期限看，政府性基金偿还期限较长，短期内对地方政府偿债压力较小。政府性基金作为地方债重要资金来源之一，利率明显低于金融市场资金利率，而且偿还期限较长，最长高达30年，因此，对于地方政府十分有利。

近年来，日本政府在偿债资金来源上又有着新动向，资金来源的重心逐步开始向民间资金转移，政府性资金和公营企业金融公库等公共资金开始减少，外资机构可以直接为地方自治体融资，投资者范围扩大，发行方式更多样。

（三）规模控制

中日两国对地方债务都实行严格的行政管理，但二者有所差异，中国对地方政府债务实行限额管理，日本 2005 年之前对地方政府债务施行许可制，之后施行协商制。

中国对地方政府债务实行规模控制。地方政府债务规模实行限额管理，地方政府举债不得突破批准的限额。地方政府一般债务和专项债务规模纳入限额管理，由国务院确定并报全国人大或其常委会批准，分地区限额由财政部在全国人大或其常委会批准的地方政府债务规模内根据各地区债务风险、财力状况等因素测算并报国务院批准。地方政府债务总限额由国务院根据国家宏观经济形势等因素确定，并报全国人民代表大会批准。年度预算执行中，如出现下列特殊情况需要调整地方政府债务新增限额，由国务院提请全国人大常委会审批：当经济下行压力大、需要实施积极财政政策时，适当扩大当年新增债务限额；当经济形势好转、需要实施稳健财政政策或适度从紧财政政策时，适当削减当年新增债务限额或在上年债务限额基础上合理调减限额。

中央政府严格限定地方政府举债程序和资金用途。地方政府在国务院批准的分地区限额内举借债务，必须报本级人大或其常委会批准。地方政府不得通过企事业单位等举借债务。地方政府举借债务要遵循市场化原则。建立地方政府信用评级制度，逐步完善地方政府债券市场。地方政府举借的债务，只能用于公益性资本支出和适度归还存量债务，不得用于经常性支出。

日本在地方政府债务规模控制上实行严格的计划行政管理。2006 年后，由许可制变为协商制，但本质仍是严格的行政管理。协商制，即地方公共团体发行地方债，不一定要得到现任总务大臣（都道府县）或者都道府县知事（市町村）的许可，但对于财务状况不佳，存在困难的公共团体，发行地方债依然要取得总务大臣（都道府县）或者都道府县知事（市町村）的许可，只有如此，债务还本付息才会纳入地方政府预算中。未得到许可的不作为标准财政需求。因此，虽然由协议制改为了协商制，但对于是否同意地方政府发债和之前并没有本质区别，都是通过自治大臣和财务大臣协商，以编制《地方政府债务计划》和《地方政府债务审批方针》确定的。具体包括：(1) 未按时偿还债务本金或被发现通过不实申请获准发债的地方政府，发债不予批准；(2) 债务依存度（债务余额/一般财政支出）在20%—30%的地方政府，不得发行基础设施建设债券，在30%以上的地方政府，不得发行一般事业债券；(3) 当年地方税征收率不足90%或博彩收入较多的地方政府，严格控制发债规模；(4) 出现赤字的地方政府和亏损的公营企业，严格限制发债规模（见图1）。

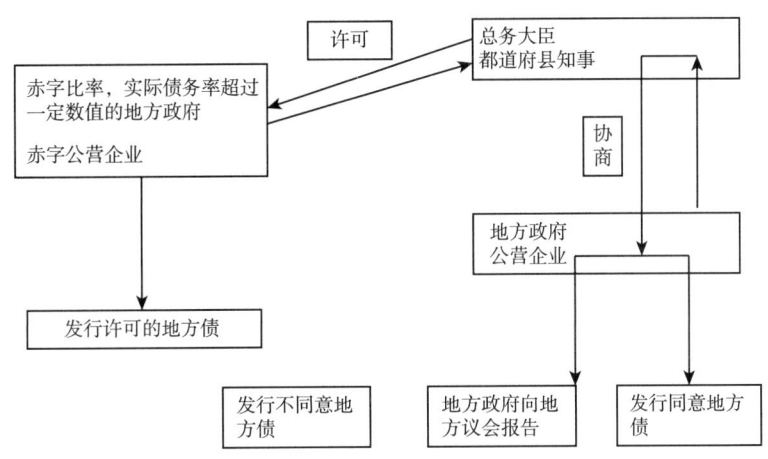

图1　日本地方债发行协商制流程图

由此可见，虽然提交国会的地方政府债务计划没有严格的法律约束，不属于国会的审议对象，只能作为参考，但由于它是大藏大臣与地方政府财务大臣之间协商制定的结果，并且还规定中央政府从中认购地方政府债务的规模和实际用途，所以在实际管理中具有相当的"自我约束性"。

表4　日本地方债发行审批制和协商制对比情况

审批制（2005年以前）		协商制（2006年以后）	
举债限制比率	政策规定	实际偿债率	政策规定
高于20%	限制发行一般债务事业债，其他债务严格审批	高于25%	在已制定财政健全化计划的前提下，根据一般的债务控制标准决定是否允许发债
14%—20%	在已制定债务负担减轻计划前提下，根据一般的债务控制标准决定是否发债	18%—25%	在已制定债务负担减轻计划的前提下，根据一般的债务控制标准决定是否允许发债

续表

审批制（2005年以前）		协商制（2006年以后）	
举债限制比率	政策规定	实际偿债率	政策规定
低于14%	根据一般的债务控制标准决定是否发债	低于18%	根据一般的债务控制标准决定是否允许发债，但即使未获批准也可以自主发债

值得注意的是，协商是有条件的，当地方政府实际偿债率低于18%时可直接举债，无需上级审批；当该指标高于18%时，仍需审批方可举债。

（四）预算管理与债务透明度

中国把地方政府债务分门别类纳入全口径预算管理。具体地，一般债务收支纳入一般公共预算管理，将专项债务收支纳入政府性基金预算管理，将政府与社会资本合作项目中的财政补贴等支出按性质纳入相应政府预算管理。地方政府要将债务收支纳入预算管理。或有债务确需地方政府依法承担偿债责任的，偿债资金要纳入相应预算管理。中国正在逐步完善政府债务报告和公开制度。

日本通过推行权责发生制会计制度来提高预算透明度。早在2008年，日本就开始引入权责发生制会计制度，力图使得政府的资产负债情况更加公开透明，通过渐进的改革方式推行，目前已经完全实现权责发生制会计制度。在改革中，出于会计信息质量谨慎性的要求，绝大部分政府资产、负债、或有负债都被包括进来，使得政府加强了对于债务风险的管理，提高了效率。

（五）关于财政兜底问题

中国目前坚持中央不救助原则，做到"谁家的孩子谁抱"，坚决打消地方政府认为中央政府会"买单"的"幻觉"，坚决打消金融机构认为政府会兜底的"幻觉"。建立市场化、法治化的债务违约处置机制，依法实现债权人、债务人共担风险，及时有效防止违约风险扩散蔓延。

在日本，地方政府债务资金来源有：中央政府、共营企业金融公库、银行和其他资金等，其中，中央政府资金是地方政府债务资金的主要来源，它几乎占据了地方政府债务余额的一半左右，如果再加上实际属于财政投融资资金的公营企业金融公库资金，那中央资金就要占到地方政府整个债务余额的65%以上，这就意味着中央政府为地方债务提供了隐性的担保，所以在日本地方政府债务也有

"准国债"之称，如此就大幅降低了地方政府举债的违约风险，银行及其他金融机构也很愿意为地方政府融资。

日本的中央政府不同于美国联邦政府，是不会允许地方政府破产的，宪法规定，即使地方政府财务状况严重恶化也仍然需要偿付债务。地方政府需要制定财政稳健计划，将指标降低到限额内。财政稳健计划须由外部审计人员进行审计，经地方议会批准并向中央政府报告。同时，地方政府每年将计划执行情况向中央政府、议会和公众报告，如果执行中有问题，中央政府有权向地方政府提出改进建议。值得注意的是，日本法律是不允许地方政府破产或免除债务的，无论何种情况下，地方政府都必须全额支付所有债务。但须注意的是，如果地方政府申请财政重建，接受中央政府援助，那么同时就得接受中央政府在财政重建中的全面干预。

四、比较总结与经验借鉴

虽然中国地方债与日本地方债二者在分类上都同属于"行政控制型"，但日本地方债由于在审批上采用央地协商制，地方没有多大的自主权，更偏向于国债，中国则采取中央核定地方自主的方式，相较于日本则更像中规中矩的地方政府债务。中日地方政府债务模式差别的主要原因在于，日本作为一个单一制中央集权国家，中央政府每年的财政收入占全国财政收入的 2/3 左右，其直接支出仅占 1/3，地方政府承担了近 2/3 的公共支出责任，中央政府通过大量的转移支付和支持地方政府发债的方式（大量购买地方债）实现了地方政府的支出责任与其财力相匹配。因此，地方政府并不缺钱，加之较为严格的地方债风险管理流程，犯错成本昂贵，违规融资损人损己，地方政府自然不会想尽一切办法为自己违规发债融资。

而中国地方政府债务历史问题的根源在于支出责任与财力的不匹配。虽然 1994 年分税制改革理顺中央与地方财政关系，强化了中央宏观调控的职能，但是并没有解决地方政府支出责任与事权的匹配关系，再加上地方政府为了快速发展地方经济，追求 GDP 的高增长，使得其财力需求始终处于"饥渴"状态。简言之，要发展，钱不够，只好给自己开债务融资的"后门"。而中央财政对地方政府这种"后门"发债的约束力又较弱，有些地方政府曾在 5 年内通过借债投资的项目就相当于发达国家 100 年的项目，还有些地方政府甚至通过债务融资在 1 年内所种的树就相当于几十年所种的树，以至于有些地方政府现在到了连每年的债务利息都还不上的窘境。

（一）尽快明确事权与财力的划分

事权与财力相一致是建立现代财政体制的基础，也是完善的财政转移支付法律制度建立的前提。为此，要合理划分我国各级政府的事权，最关键的是合理划分中央政府与地方政府的事权，并制定相关法律，将中央政府与地方政府的事权以法律的形式固定下来，解决事权"缺位""越位"现象的发生。只有事权得到了明确，才能对政府的财力分配做出相应界定。

事权与支出责任匹配以后，中央对于需要地方政府承担的超越事权的地方政府支出来源就比较好界定了，可以通过中央转移支付来解决，而对于地方政府事权范围内支出能力不足可以通过市场化的发债行为予以弥补，但发债规模、结构要受中央的监督，并且要有预算约束。如此一来就可以借鉴日本的央地协商制，使得债务风险在发债的前端既被有效管控。

（二）完善财政转移支付制度，增强中央财政对地方政府发债的约束力，适时借鉴日本的做法，建立地方偿债准备金制度

加强财政转移支付法制建设。进一步通过规范和完善财政转移支付资金安排，促进资金分配更加公平、合理、规范、高效。目前，结合 2014 年修正的《预算法》，规范其他法律规章和规范性文件中有关转移支付的规定。同时，尽快出台《财政转移支付法》，将财政转移支付全程纳入法治化轨道，为事权和财力的匹配提供法律保障。

这方面可以借鉴日本的"财政重建"机制，当地方政府债务规模过大，超出其还本付息能力时，中央财政要对地方财政予以全面干预，减少其建设项目数量及资金规模，以遏制其地方债务进一步恶化。这样虽然会影响到当地经济的发展，但不如此，对地方政府的违规发债就不能形成有效的约束，正如在国际上许多主权债务国家如果要向 IMF 等国际金融组织融资以减缓债务危机时，就必须要接受 IMF 苛刻的财政紧缩规划，这样做虽然会引发债务国普遍的不满以及老百姓生活质量的下降，但为了严肃财政纪律，即使明知是悖论也要严格执行，以儆效尤，否则只靠善意的规劝和不断发文"约束"终将于事无补，而且一旦让地方

政府真正意识到发展经济的同时必须自律发债行为并形成习惯后，利将远大于弊。当然，如果中央财政能有中央组织、纪律部门的配合将这种惩戒机制限于行政层级和主要领导的追责上，可能效果比减少转移支付更友好，对地方经济的影响也会更小。

另外，可借鉴日本中央政府处理某些地方债偿还的做法，建立偿债准备金制度，并采取地方交付税的做法来保障债务偿还，以防事后违约时中央政府的尴尬，真正打破地方政府现在对于中央财政"兜底"的幻想。

（三）建立完善的全周期、整链条的地方债监督管理体系

我国地方债发行虽由省级政府统一代理，但是具体使用在于市县级地方政府。为加强地方债的管理，有必要建立健全一个统一的、具有可操作性的政府债务发行及监管体系，从预算、发债、使用、到偿还进行全周期的监督管理，按照我们现行的四个指标建立预警机制，同时加入日本的另外几个指标，在整个发债、使用、偿债的链条上进行全链条监管，以改我们当前将监管重点主要放在事后监管之上的不足。

同时财政部要建立地方政府债务信息平台，以公开透明的方式向全社会披露各个地方政府整体债务状况，促进公众和市场监督地方政府的财政状况，增加财政透明度，也给各个地方政府在发债时有个横向比较，进而起到一定的相互制约作用，保证地方政府采用审慎财政的行为，最大限度地控制各级地方政府发债建设的冲动。

政府与社会资本合作（PPP）中隐匿的财政风险

课题组

一、PPP 中的风险：基于文献的分析

根据《关于在公共服务领域推广政府和社会资本合作模式指导意见的通知》（国办发〔2015〕42号）定义，政府和社会资本合作模式（PPP 模式）即政府采取竞争性方式择优选择具有投资、运营管理能力的社会资本，双方按照平等协商原则订立合同，明确责权利关系，由社会资本提供公共服务，政府依据公共服务绩效评价结果向社会资本支付相应对价，保证社会资本获得合理收益。PPP 模式是政府为了提供公共产品，有效利用社会资本和技术，提升效率，降低公共产品成本，与社会资本建立的一种长期合作关系。

PPP 项目运行过程长，单体项目金额相对大，关系到公共产品的提供，因此具有广泛的社会影响力和财政影响力。考虑到 PPP 项目可能会带来政府的支出和隐形支出，甚至带来政府担保兜底的风险，对 PPP 模式可能产生的风险和财政风险进行归类与模型估计是十分必要的。尽管我国的"社会资本"概念包含了国有企业的范围，但考虑到这些资本属于竞争性领域，为研究的便利，本文暂不考虑国有资本和民营资本的差异性。

（一）PPP 模式的风险

PPP 项目风险的一般性，就在于 PPP 模式和其他项目具有共性风险，在项目进行的各个阶段，即计划、筹资、设计建造、维护运营阶段存在项目失败的风

险。PPP项目风险的特殊性，就在于PPP项目具有利益共享，风险分担的特性。项目中出现的风险从理论上来说，是根据风险和利益对等的原则，根据风险承担能力在政府方和社会资本方进行分配的。PPP项目相关主体众多，包括政府、社会资本、甚至公众和环境都面临各自的风险，周期长、参与方多、利益复杂。拉长时间来看，在各方博弈之下，PPP项目常常无法完成项目设计预期目标，导致单方或多方利益受损。

PPP模式是政府提供公共产品的方式，PPP项目隐含的前提假设是该项目确实是公众必需的公共产品，具有持续性和不可替代性。其内在的矛盾就在于，PPP项目既不是完全市场化的，也不是完全行政化的。项目风险在理论上由社会资本和政府两者分担，而市场自身总是存在缺陷和风险，社会资本可能通过自发调节的方式淘汰或终结项目；但政府公共服务供给不允许有风险，因此在社会资本退出后，政府需要承担社会资本未尽的兜底责任。基于PPP模式内在的矛盾，PPP模式中明确政府和社会资本的风险和责任就显得尤为重要。对PPP模式风险进行分类：

从风险主体进行分类。研究者认为，可以根据自然条件、项目参与方和项目受益方等对项目风险进行划分。刘尚希[1]（2017）认为，PPP项目面临的风险可以分为自然风险、主体行为风险、PPP项目风险、市场风险。主体行为风险是PPP项目面临的较为重要的风险，也是需要重点防范的风险。

从社会资本方来看PPP的风险。研究者认为，社会资本承担PPP项目不仅要承担项目本身的风险，也要承担一部分公共风险、金融风险和汇率风险。Mateen Thobani[2]（1999）将社会资本投入公共领域可能遇到的风险分为政治风险和管理风险、准经营性风险[3]、建设成本和需求风险、利率和汇率风险。Darrin Grimsey[4]（2002）扩展了PPP风险类别的范围，包括技术风险、建设风险、运营风险、收益风险、财务风险、不可抗力风险、管理及政治风险、环境风险以及

---

[1] 刘尚希、赵福军：《政府和社会资本合作（PPP）知识读本》，北京：中国财政经济出版社，2017年第54页。

[2] Mateen Thobani. Private Infrastructure, Public Risk. Finance & Development, 1999 (3): 51–52。

[3] Quasi-commercial risks，即如果政府没有对这个项目的控制权，就不需要担保，如果政府对这一项目有影响力，就应该提供担保保证收益。

[4] Darrin Grimsey, Mervyn K. Lewis. Evaluating the risks of public private partnerships for infrastructure projects, International Journal of Project Management. 2002 (20): 107–118。

由以上一个或多个原因引起的工程失败的风险。这一分类也几乎成为后续分类的范本。Richard Hemming①（2006）将财务风险中的"金融风险"作为重点，单独提炼出来。廖诗娜②（2010）认为，项目发起人（投资方）长期面临巨大的金融风险，财务成本和收益具有长期不确定性，甚至可能导致项目失败。孟春③（2016）认为，汇率风险和利率风险会对 PPP 项目价值产生影响。

从政府方来看 PPP 的风险。研究者认可 PPP 的推广增大政府支出责任，可能带来新的财政风险。根据财政部金融司④（2018 年 5 月）的最新统计，财承 10% 的限额控制了各地 PPP 项目的数量、规模，但部分市县支出责任已超出限额。薄涛⑤（2018）认为 PPP 项目在法律和道德的双重约束能力不足过程中更容易加大财政风险。张继峰⑥（2018）认为，有些地方推出大量 PPP 项目，导致政府支出责任激增，或为了政绩盲目上马 PPP 项目，加大了财政风险。吉富星⑦（2015）认为，从中长期预算角度看，PPP 确能缓释风险、平滑当期财政支出压力，但不一定降低政府未来支出责任或债务总量。

（二）PPP 中的财政风险

1. 财政风险的概念

财政风险尚无统一定义。Hana Polackova Brixi（1998）提出财政风险矩阵（表1），将政府债务分为直接显性债务、直接隐性债务、或有显性债务、或有隐性债务四类，但其分类将财政风险几乎等同于债务风险。刘尚希⑧（2005）认

---

① Richard Hemming. Public-Private Partnerships, Government Guarantees, and Fiscal Risk, Staff Team Led by Richard Hemming, 2006: 38/236.
② 廖诗娜："PPP 项目融资金融风险管理研究"，重庆大学，2010。
③ 孟春、郭上："加快完善 PPP 风险分配机制"，《发展研究》，2016（2）：4-7。
④ 财政部金融司："筑牢 PPP 项目财政承受能力 10% 限额的'红线'"，中国财经报，2018 年 5 月 10 日。
⑤ 薄涛："政府与社会资本合作（PPP）财政风险监管问题研究"，现代商业：1-2 [2018-05-12]. https://doi.org/10.14097/j.cnki.5392/20180503.006。
⑥ 张继峰："加强 PPP 模式法治建设 防范地方政府财政风险"，《中国党政干部论坛》，2018 年第 3 期，第 60-62 页。
⑦ 吉富星："我国 PPP 模式的政府性债务与预算机制研究"，《税务与经济》，2015 年第 4 期，第 6-11 页。
⑧ 刘尚希："论政府的公共主体身份与财政风险的两个层次"，《现代财经－天津财经学院学报》，2005 年第 6 期，第 3-7 页。

为，财政风险是政府未来拥有的公共资源不足以履行其未来应承担的支出责任和义务，以至于经济、社会的稳定与发展受到损害的一种可能性。财政风险是指向未来的，具有不确定性。现阶段达到财政平衡不代表未来没有财政风险。财政风险包含的不确定性，可能有概率分布，也可能没有概率分布，因此财政风险不仅是难以预测的，也是难以定量评估的。

表1　　　　　　　　　　　　政府财政风险矩阵

债务	直接负债 （在任何条件下存在的债务）	或有负债 （在特定事件发生情况下的债务）
显性的 （由法律和合约确认的政府负债）	1. 国家债务（中央政府借款和发行的债券） 2. 预算涵盖的开支（非随意性支出） 3. 法律规定的长期性支出（公务员工资和养老金）	1. 国家对非主权借款、地方政府、公共部门和私人部门实体（发行银行）的债务担保 2. 国家对各种贷款（抵押贷款、学生贷款、农业贷款和小企业贷款）的保护性担保 3. 国家对贸易和汇率的承诺担保 4. 国家对私人投资的担保 5. 国家保险体系（存款保险、私人养老基金收入、农作物保险、洪灾保险、战争风险保险）
隐性的 （反映公众和利益集团压力的政府道义责任）	1. 未来公共养老金（与公务员养老金相对的） 2. 社会保障计划，如果不是由法律做出硬性规定 3. 未来保健融资计划，如果不是由法律做出硬性的规定 4. 公共投资项目的未来日常维护成本	1. 地方政府或公共实体、私营实体非担保债务（义务）的违约 2. 银行破产（超出政府保险以外的救助） 3. 实行私有化的实体债务的清偿 4. 非担保养老基金、就业基金或社会保障基金（对小投资者的保护）的破产 5. 中央银行可能的负净值或对所承担义务（外汇合约、货币保护、国际收支差额）不能履行 6. 其他紧急财政援助（如在私人资本外逃的情况下） 7. 改善环境、灾害救济、军事拨款

2. PPP 中的财政风险

PPP 模式在我国大面积推广的背景下，与地方政府融资平台转型、地方政府债务限额不能满足地方实际建设需要等情况同步发生。政府具有提供公众基础设施和公共服务的职能，PPP 项目引入社会资本帮助完善这一职能，并通过引入新的技术和资金，帮助政府提高建设和运营效率。但因为 PPP 项目的公共属性，最终可能需要由政府承担道义上的兜底责任，政府可能面临主动或被动承担相关支出责任导致财政风险加大的问题。

根据庄佳强、陈志勇[①]（2017）的分析，PPP隐含的财政风险体现为对未来财政不可持续的可能性，社会资本无法获利退出，导致政府必须从预算中安排原本应由社会资本承担的资金，这就增加了政府未来预算支出决策的不确定性。政府可能承担大量的"推定债务"，而这一债务既具有隐形特征，又具有无法定量的特征。未来的支出责任是或有的，预测出来的，风险可控性小，对财政冲击力大，风险隐性，且具有无法定量的特征。

PPP模式的风险具有内在的深层次原因，因为PPP是政府提供公共服务的延续，所以最终可能由政府承担兜底责任。PPP项目的主旨在于为民众提供公共服务，从项目设立目的和盈利能力看，与纯粹市场化项目有很大区别。研究者认为，PPP项目的公共服务属性，阻碍了它的独立盈利能力，隐含了政府持续支出责任和承担兜底责任的要求。

严学锋[②]（2016）认为，PPP中很多项目是有先决条件的，项目本身不足以独立市场化运营，要依赖政府的采购。因此社会资本和政府的协调工作就显得尤为重要。也就是说，如果社会资本和政府无法达到协调，脱离了政府对项目的后期支持，PPP项目几乎必然要出现问题。

PPP项目隐含政府承担兜底责任的要求，可能带来新的财政风险。梁冬玲[③]（2014）认为，当建立PPP项目时，政府部门通常被要求对项目提供各种各样的支持，承担更多风险。王玺[④]（2016）认为，PPP会给政府带来隐性负债（不具有法律约束力的义务），他认为由于道德义务或公众期望而产生的非合同责任都可以视为隐性负债。王宝华[⑤]（2016）认为，公共设施平台最终需要公共财政部门承担支持和保障责任，这些隐蔽的责任一旦发生会对国内公共债务

[①] 庄佳强、陈志勇："城镇化进程中的地方政府财政风险——基于三类融资模式的比较分析"，《中南财经政法大学学报》，2017年第1期，第33-40页。

[②] 严学锋："PPP真正的风险在政府"，《董事会》，2016年第4期，第47-49页。

[③] 梁冬玲："PPP模式建设项目隐性风险研究"，哈尔滨：东北林业大学，2014年第35，51页。

[④] 王玺、夏强："政府与社会资本合作（PPP）财政承诺管理研究——以青岛地铁×号线PPP项目为例"，《财政研究》，2016年第9期，第64-73页。

[⑤] 王宝华："政府与社会资本合作（PPP）财政风险监管问题研究"，《新经济》，2016年第18期，第17页。

产生影响。陆雨①（2017）提出"俘获风险"理论和不完全契约理论。为争取社会资本的支持，更多的PPP项目风险由地方政府财政承担。地方政府信用风险突出。

PPP的风险表现为多种形式：

（1）PPP可能无法起到提高财政效率的初衷。PPP模式希望引入社会资本和技术，提高财政资金的使用效率。研究者认为，在实际操作中，可能导致地方政府为了推广PPP项目让渡财政潜在收益、监管不力、投资无效率的行为，反而降低了财政资金使用效率。

温来成②（2015）认为，我国PPP推广可能存在"冒进"风险，冒进行为可能导致地方政府为了政绩而忽视财政风险或让渡财政潜在收益的行为。黄芳娜③（2016）认为，PPP投资风险包括政府盲目投资PPP项目所带来的投资过剩，以及监管不到位所带来的财政风险。如果监管不到位，私人部门在PPP模式中有可能侵占政府部门的利益，造成财政投资损失。财科院调研④（2017）中发现，一些PPP项目没有经过严格的可行性论证，各种"明股实债"的变相违规违法融资形式加大了地方的财政金融风险。

（2）PPP可能给政府管理带来新的挑战。PPP项目的设立初衷之一是推动政府转型，例如由提供公共服务转化为监督公共服务提供。实际上，由于政府和社会资本信息不对称性，可能带来管理上新的挑战。研究者认为，新的挑战可能包括社会资本风险的转嫁、政府对项目评价测算水平相对粗糙等。

王宝华⑤（2016）认为，PPP项目的实施需要建立在复杂的契约安排上，PPP项目监管缺位可能导致官僚集团与商业机构合谋侵吞国有资产，转移负债。国有企业是重要的社会资本方，注资融资平台的资金很多来自企业贷款和企业债

---

① 陆雨："PPP推进中地方政府风险因素分析及对策研究"，《财政科学》. 2017（3）：76－82。

② 温来成、刘洪芳、彭羽："政府与社会资本合作（PPP）财政风险监管问题研究"，《中央财经大学学报》，2015年第12期，第3－8页。

③ 黄芳娜、王悦："PPP模式对财政可持续性的影响"，《中国集体经济》，2016年第1期，第86－87页。

④ 刘尚希、王志刚、程瑜、梁季、樊轶侠、武靖州："新旧动能转换背景下地方财政金融风险——基于贵州和陕西的调研"，财政科学：1－13［2018－03－06］. https：//doi. org/10. 19477/j. cnki. 10－1368/f. 20180129. 001。

⑤ 王宝华："政府与社会资本合作（PPP）财政风险监管问题研究"，《新经济》，2016年第18期，第17页。

券，PPP 模式如果缺乏监管，可能将风险转嫁给银行或投资者。

财科院①（2017）调研中发现，入库项目的物有所值评价和财政可承受能力评价对项目的经营阶段管理、收益问题大多采用假设性质的直线匡算方法，没有考虑环境变化，也没有做出精细化的经营安排。目前来看，已转入运营期项目收益率不理想，不及在预测中的最低收益水平。随着更多项目转入运营期，收入缺口压力可能进一步增加，导致风险压力增大。白桦②（2016）认为，目前对财政风险控制的指标，只有当年 PPP 项目支出责任占一般公共预算支出比例一项，对未来的潜在财政支出责任、各项财政支出责任的结构配比没有做出相应的要求。

（3）PPP 可能扩大政府未来支出或带来政府债务。PPP 的推广和政府债务扩大具有一定同步性。研究者认为，PPP 可能带来预算监管的真空地带，同时带来未来支出承诺的直接负债和推定债务风险。

Gerd Schwartz③（2008）认为，PPP 中包含新的财政风险，因为 PPP 可以绕过预算管理，将公共投资从预算表中摘出去，将债务从政府资产负债表中移除出去，这也是国外一种主流观点。温来成④（2015）认为，我国 PPP 推广可能存在后续债务风险。后续债务风险则是将 PPP 项目股权合作转化为债务融资，把 PPP 当作融资工具。吉富星⑤（2015）认为，PPP 会带来新的债务问题。合同约定的、事实上的、推定的政府承担的各类承诺、保证、担保、补贴、救助等均构成了政府的潜在风险，一旦风险发生或显性化，就直接转化为政府支出责任、直接债务。政府的各种非理性担保、不合理补贴或补偿等游离于资产负债表外，未纳

---

① 张鹏、陈龙、于智媛："我国东部地区财经运行状况、风险及建议"，财政科学：1 - 20 [2018 - 03 - 06]. https：//doi. org/10. 19477/j. cnki. 10 - 1368/f. 20180131. 001。

② 白桦："对政府与社会资本合作（PPP）财政风险监管的探究"，《中国市场》，2016 年第 50 期，第 108 - 109 页。

③ Edited by Gerd Schwartz, Ana Corbacho, and Katja Funke. Public Investment and Public - Private Partnerships - Addressing Infrastructure Challenges and Managing Fiscal Risks [C]. http：// www. elibrary. imf. org/doc/IMF071/05496 - 9780230201330/05496 - 9780230201330/Other _ formats/Source_PDF/05496 - 9781455290000. pdf：2008：85 - 88。

④ 温来成、刘洪芳、彭羽："政府与社会资本合作（PPP）财政风险监管问题研究"，《中央财经大学学报》，2015 年第 12 期，第 3 - 8 页。

⑤ 吉富星："我国 PPP 政府性债务风险治理的研究"，《经济纵横》，2015 年第 7 期，第 120 - 124 页。

入财政预算和负债管理,中长期将背上沉重的财政负担。樊轶侠①(2016)认为,PPP项目中财政风险主要包括基于未来支出承诺形成的直接负债和由不确定事项引起的或有负债。

(4)PPP金融风险及可能导致的财政风险。研究者认为,PPP项目周期长,不确定性大。从长周期系统性来看来看,PPP项目可能金融风险,同时金融风险可能转化为财政风险。

刘燕舞②(2015)认为,PPP项目中的金融风险往往是系统性风险、承受周期长、不确定性大、具有叠加性、金融风险往往导致项目的失败。王宝华③(2016)认为,地方政府过度投资的冲动如果轻易被地方金融部门满足,随即产生的不良资产委托将传导至上级金融机构,导致各地金融风险叠加,带来系统性金融风险。

从我国的实践来看,金融危机的处理方式都是财政手段④(闫坤、陈新平2004)。刘尚希⑤(2003)认为,制度安排内置了财政最后兜底的本质属性。就不确定性程度而言,最严重的财政风险往往是由推定(隐性)或有负债带来的。维持金融体系稳定是政府最严重的推定(隐性)或有负债。特定机构的未担保债务和责任也是推定(隐性)或有负债的重要来源。

总体来看,在PPP模式风险研究的前期,研究者更倾向于探讨PPP项目可能失败的原因、社会资本在PPP项目进行中可能面临的风险以及项目风险的分担方式。随着PPP项目的常态化和普及化,更多的研究者关注到PPP模式可能带来的财政支出压力,以及随之而来的财政风险。但总体来说,对PPP中财政风险的研究都比较泛化,对PPP中的财政风险缺乏较为精确的定义和分类,尤其对PPP模式中较为隐匿的财政风险缺乏系统性的研究。

---

① 樊轶侠:"警惕PPP项目中蕴藏的财政风险",《经济研究参考》,2016年第30期,第17-18页。

② 刘燕舞:"基于PPP模式的工程项目融资金融风险管理研究",《价值工程》,2015年第36期,第16-18页。

③ 王宝华:"政府与社会资本合作(PPP)财政风险监管问题研究",《新经济》,2016年第18期,第17页。

④ 闫坤、陈新平:"我国当前金融风险财政化问题及对策",《管理世界》,2004年第10期,第21-28,40页。

⑤ 刘尚希、郭鸿勋、郭煜晓:"政府或有负债:隐匿性财政风险解析",《中央财经大学学报》,2003年第5期,第7-12页。

二、PPP 中隐匿的财政风险分析

判定 PPP 中隐匿的财政风险的核心前提在于政府天然负有提供公共服务的法定职责。由于 PPP 项目涉及参与方多、关系复杂，项目周期长，不确定因素较多，且相关的规范性制度建设不健全，导致 PPP 在实际运行过程中蕴含了诸多风险，这些风险因素一旦暴露，会直接或间接形成政府的支出责任，对财政正常运行构成压力，诱发财政风险。尤其是其中一些辨识度较低、或然性较高或人为隐藏的风险隐患值得高度关注。

（一）PPP 中隐匿的财政风险界定

1. PPP 中政府财政风险类别的经济学鉴定

根据 Hana Polackova[①] 财政风险矩阵（见表 1）的分析，财政风险主要源于政府的广义负债，具体包括显性直接负债、显性或有负债、隐性直接负债、隐性或有负债四类。刘尚希（2003）在《政府或有负债：隐匿性财政风险解析》一文中，从政府或有负债的角度全面剖析了隐匿的财政风险。基于此，本报告将 PPP 中的财政风险可以鉴定为在政府与社会资本合作过程中形成的或可能形成的政府支出义务或支出责任导致的财政不稳定或不确定性状态。具体而言，PPP 中的财政风险也可以划分为四类，即显性风险，包括显性直接风险和或有风险；隐性风险，包括隐性直接风险和隐性或有风险。

按照《政府和社会资本合作项目财政承受能力论证指引》（财金〔2015〕21 号）中规定的非常明确："PPP 项目全生命周期过程的财政支出责任，主要包括股权投资、运营补贴、风险承担、配套投入等"。从 PPP 财政支出责任的构成来看，有直接支出责任，也有或有支出责任，如股权投资、配套投入等需要在前期投资建设阶段支出，属于政府的直接支出责任。而风险承担责任支出则取决于风险事项的发生与否，当约定的未来风险事项发生时，则政府方需要按照风险分配承担相应支出责任，若风险事项不发生，则不承担该项风险支出责任。运营补贴

---

① Hana Polackova, Contingent Government Liabilities: A Hidden Risk for Fiscal Stability, WB Policy Research Working Paper NO. 1989.

则需要社会资本方依据所提供公共服务的绩效评价结果获得对价支付，是设定前提条件的承诺性支出。考虑到大多数社会资本方能够有效确保项目绩效考核指标，所以对政府来说该项支出责任基本上属于确定性较强的直接支出。由此可见，单从PPP项目合约规定的政府支出责任来看，上述四种责任基本上属于政府的显性责任，形成政府的显性财政风险。其中，政府的股权投资、配套投入和运营补贴属于直接显性风险，而风险补贴则属于政府的显性或有风险。从权责发生制会计角度来看，这些支出责任属于政府债务性质。

本着"利益共享、风险分担"原则的PPP项目，社会资本方也承担着相应的支出责任。这些责任一般在合约中有着较为详实的规定。在正常情况下，经过较为规范的程序，社会资本方正常履约是一个大概率事件，不需要政府承担这些成本。但社会资本方毕竟是市场主体，存在着经营失败的可能性，虽然可能是小概率事件，可一旦出现，若无政府的斡旋或救助，必然导致项目所提供的公共服务受到严重影响，乃至于停摆。提供社会公众所需要的公共服务是财政的基本职能，也是政府的法定职责，因此社会资本方失败所导致的责任缺失一旦影响到公共服务的即期服务，政府必然会想方设法弥补由此形成的责任空缺，致使原来由社会资本方承担的支出责任回归到政府又是一个大概率事件。因此，我们认为，由于社会资本方的失败（部分失败或全部失败）而导致的合约规定的社会资本方的责任，将会成为政府的隐性或有责任（隐性或有负债）。不仅如此，由于公共领域项目的复杂性（其复杂性尤其显示在所面对的社会公众多样化或动态化的需求），一些PPP项目在合约签署时可能存在着考虑不周全的情况（比如一些建筑没有考虑到盲人或残疾人先走的便利等）而需要增加合约外的支出责任。如果在合约签订前，这些支出责任本应由社会资本方按照比较优势原则来承担的，但在合约后这些不得不追加的支出责任就需要政府来承担，构成政府的直接隐性债务。其理由是在合约锁定之外，按照道义责任推定由政府负担的部分。

2. PPP中政府财政风险类别的现实鉴定

经济理论是用于指导经济实践的。因此，一般来说，经济学概念往往和现实中相应的经济管理概念在口径上是一致的或大致是一致的，但也不排除出现差异的情况。比如，本报告探讨的PPP中的财政风险类别，从目前的管理政策趋向来看，就存在着差异。依照预算法规定，2015年1月1日起，地方政府可以举债，但必须是以发行债券为唯一的方式。这意味着，从即日起，推广PPP模式所涉及的政府支出责任，虽然从权责发生制会计来看属于债务性质，但在法律和政策上不能按照债务来管理,视同于地方政府债务的"表外融资",类似于银行之外的"影子银行"。基于此,上述 PPP 中财政风险类别的经济学鉴定在现实中又被蒙上一个"影子"的概念,即所有 PPP 项目中所涉及的政府支出责任(债务性质),均成为地方政府的隐匿债务,构成隐匿的财政风险。具体可以划分为隐匿的显性直接负债、隐匿的显性或有负债、隐匿的隐性直接负债和隐匿的隐性或有负债四种(见图1)。

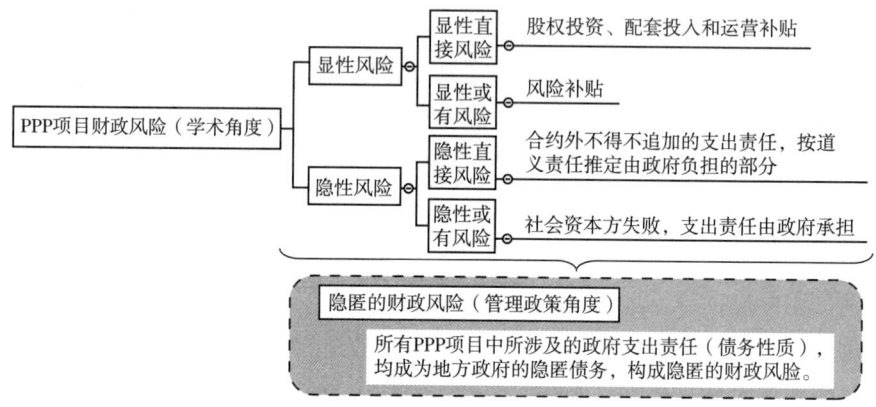

图 1 PPP 财政风险概念划分

不仅如此,由于在具体管理中还涉及推广 PPP 模式的过程中存在着的乱象(如明股实债、违规承诺、兜底等),以及防止超越《政府和社会资本合作项目财政承受能力论证指引》所规定的上限①等而需要进行的 PPP 宏观管理。诸如"明股实债"等违法违规行为造成的现实债务增加(如果强调政府不能轻易违背承诺的话)、通过故意夸大未来财政规模规避 10% 的红线而增加政府支出责任总量(相当于增加政府债务)等,也应该纳入隐匿的财政风险计量和管控范围。这类债务由于存在着政府合约的明确痕迹,在经济学意义上本应属于政府显性债务,但由于是出于规避的目的,由于属于在政府债务表外和限制性规定之外的不当融资,在现实中也可以将其纳入隐匿的债务,构成隐匿性财政风险的重要组成内容。

---

① 《指引》中明确指出:"每一年度全部 PPP 项目需要从预算中安排的支出责任,占一般公共预算支出比例应当不超过 10%"。

(二) PPP 中隐匿的财政风险的识别

在 PPP 模式中，隐匿的财政风险的识别，需要根据上述的界定，按照政府与社会资本合作中具体风险责任的划分来进行更为系统的识别。具体来说，应该按照：一是将项目建设、运营中的风险责任在政府方和社会资本方进行合理划分；二是按照政府与社会资本业已划定的风险责任，对合约规定的具体风险责任事项进行系统性识别；三是对 PPP 合约之外可能涉及的项目建设、运营中出现的意外风险进行确定性责任归属认定。

1. PPP 中风险责任的合理分担是识别财政风险的前提

任何项目建设和运营均是有风险的。政府全资建设和运营的公益性项目风险由政府独自承担；政府和社会资本合作建设和运营的公益性项目则需要合作双方合理分担风险。这也是政府在公共领域引入社会资本的重要原因。所谓风险分担，即确定风险的归属权以及与此相对应的风险事件补偿责任。在 PPP 模式中，要针对不同的风险承担主体考虑相应的风险分担措施，建立平等的、动态的风险分担机制，由对某风险最有管控能力和最低管控成本的那方承担相应风险，最终实现总体风险的最小化。

（1）把握合理分担风险责任的原则。一般来说，在 PPP 中，政府按照合同或合约分担的风险责任直接体现为政府的显性的、直接的财政风险。理论上说，政府分担的风险责任越小，政府因此而应负担的风险补偿压力就越小。但在现实中基于平等协商的原则，政府若刻意躲避应该承担的风险责任，就难以如期如愿地吸引社会资本。因此，从长期博弈来看，政府与社会资本的合作最终会按照一定的原则趋向于双方合理分担风险责任的状态。这些原则包括：①公平原则。公平原则主要体现在：既强调合同条款中本身对于风险的权利义务的均衡，也强调合同所派生的风险权利义务的均衡，既关注合同主体的由于风险事件引起的收益，也同时关注合同主体面临的风险损失。②归责原则。"归责"在法律上的含义是指依据某种事实状态确定责任的归属，是解决责任的承担问题。由于 PPP 项目的合同及其风险因素的复杂性，在确定 PPP 风险分担时的责任归责时，应依风险类型分别适用于民事归责原则和行政归责原则。这就需要对不同类型的风险因素而确立不同的归责原则，建立一个包括行政归责原则和民事归责原则在内的统一的归责框架，形成具有内在的逻辑联系的包括过错原则、过错推定原则、违法原则、严格责任原则在内的多元化归责原则体系。在实际应用时应根据风险因素的具体情况综合应用这些原则。无论是民事归责原则，还是行政归责原则，都主要适用于风险因素能够分清过错的一方情况下，但很多风险因素并不能充分地界定二者的过错，或者合同的双方都没有过错，这就必须依据其他的风险分担原则来进行分担。③风险收益对等原则。根据各方获利多少的原则考虑相应承担的风险，也就是说，当一个主体在有义务承担风险损失的同时，也应该有权利享有风险变化所带来的收益，并且该主体承担的风险程度与所得回报相匹配。如果风险接受的成本大于风险收益，风险转移不可能在自愿的情况下发生，若风险强加给一方，且该方恰当处理了该风险，应存在回报该方的机会。只有参与各方从风险分担中都能得到好处，风险分担才有意义，这需要双方的风险信息也要对称，否则风险分担不能达到优化。PPP项目的参与方多，协调难度大，风险高，很多文献研究都试图找出一种理想的模型以达到风险—收益平衡的目的，但实际上是很困难的。④有效控制原则。有效控制原则是指风险应分摊给处于最有利控制该风险地位并较小代价控制风险的一方，也就是将风险分配至能够最佳管理风险和减少该风险的一方。依据该原则，公共部门作为政府或政府的代表，有能力影响规章制度、政策、法律和其他规定，处在比社会资本方更有利的位置来识别、评价和控制这些风险，这些制度性风险应主要由公共部门来承担。而非制度性风险，如市场环境和自身经营带来的风险则主要由社会资本方来承担。但是该原则在运用时并不容易实现，因为该原则仅限于容易判断出哪一方更有控制力的风险，而PPP项目中还存在一些双方都不具有控制力的风险，如不可抗力风险等等。对于双方都不具有控制力的风险，则应综合考虑风险发生的可能性、自留风险的成本，减少风险发生后所导致的损失和双方承担风险的意愿进行合理分担。⑤风险成本最低原则。风险成本最低原则是指风险分担应使参与各方承担风险的总成本最小。风险分担对项目总体成本的影响可以归结为三个效应：生产成本效应、交易成本效应、风险承担成本效应。生产成本效应是指风险分担可以激励承担者有效控制风险，降低风险的发生概率，减少项目的生产成本。交易成本效应是指如果具有明确的风险分担准则和布局，会避免双方在这个问题上的复杂谈判，减少谈判时间和成本。风险承担成本效应是指承担风险的一方会要求相应的风险贴补，导致项目成本的增加，风险由超级承担者（低成本者）来承担，则可以将风险承担成本降低到最低水平。⑥风险上限原则。在实际项目中，某些风险可能会出现双方意料之外的变化或风险带来的损害比之前估计的要大得多。出现这种情况时，不能让某一方单独承担这些接近于无限大的风险，否则必将影响这些风险的承担者管理项目的积极性，因此，应该遵从承担的风险要有上限的原则。如果让社会资本方承担其无法承担的风险，一旦风险发生时又缺乏控制能力，势必会降低提供公共设施或服务的效率和增加控制风险的总成本，有可能最终的风险损失由政府兜底。项目参与方所能承担风险上限与其承担该风险的财务能力、承担项目的技术能力、管理能力等因素相关。⑦直接损失承担原则。直接损失承担原则是指如果某风险发生后，一方为直接受害者，则该风险应划分给该方承担。这是因为当人们的自身利益可能受到损害时，更能主动地采取措施去避免这种风险。直接受害者防范、控制此类风险的内在动力和积极性，可以提高风险管理的效率。⑧风险分担的动态原则。有研究提出对于私人和政府共同承担的风险应每三年重新进行谈判，以调整双方的风险承担量。风险分担的动态性反映了PPP协议具有不完全合同的性质，正因为在合同谈判时，当事人不可能穷尽所有的风险，而在合同中设计了重新谈判条款来实现风险分担的调整。

总之，在公平合理分配风险的基础上，综合运用各种风险分担原则以最大限度地发挥出公共部门和社会资本方各自的优势和主观能动性，既是保证PPP项目成功实施的关键因素，也是识别和防控财政风险的重要基础。

（2）根据具体情况采取适宜的方法进行识别。目前文献研究中，关于PPP项目风险识别与分担，主要来自于一些案例的总结分析；问卷调查/专家访谈的统计分析；公共部门提供的PPP项目风险分担建议；基于理论模型和实证分析的结果；PPP项目的历史经验值等具体方式。

一般来说，PPP风险识别与分担的框架为：

政府部门更具有控制力的风险类型是：政局不稳定、主权风险、所有权风险、监管体制不完善、法律体系不完善、官僚及腐败、授权风险、项目决策失误、土地取得、投资诱因不足、规划变更、税收政策变化等风险，这类风险偏宏观，由政府部门承担比较合理。

社会资本方主要承担中观层面的风险，项目融资阶段（融资结构、融资成本、金融市场不健全、融资可获得性）、建设阶段（设计不合理、工程质量、自然条件、供应、技术、合同）和营运期（运营效率低下、服务质量缺陷、财务风险、维修成本超支）中的大部分风险由社会资本方控制更为合适。因为社会资本方处在最有利的位置去控制项目的建设过程和营运过程。社会资本方通过组建一支有能力、有经验的项目管理团队，降低设计不合理、工程质量风险、服务质量缺陷、运营效率低下、维修成本超支等风险。

还有一类风险，如果导致这些风险既有可能是政府部门的原因，也有可能是社会资本方的原因，那么应根据归责事由确定由哪一方来承担，或者分担。比如，设计变更风险，如果是因为政府在某领域的规范标准变化了或者是规划变更了，引发的风险损失应该由政府部门承担；如果是因为社会方的设计不合理，技术水平不够而引发的设计变更风险损失则由社会资本承担；如果是由于项目合作期间合同变而导致的设计变更，相应的风险损失则由双方按照一定的原则共同承担。如果由于一些非双方的原因，或者双方都有过错，以及由于合同条款不严密导致的合同风险，则由双方按照一定原则分别承担风险。值得注意的是，一些微观层面的风险有可能最终转嫁政府部门承担。总之，PPP项目中的风险是无法避免的，但却可以通过合同约定分担机制与具体分担方案，使各参与方实现"多赢"、互惠互利，从而促进PPP项目的顺利实施。其中，结合项目的具体情况，建立相应的风险分担机制是非常关键的，以期实现相关利益主体之间在风险分担上的权力、责任和利益的相互制衡，有效控制和防范总体风险和有效减少政府承担的直接财政风险。

2. 在PPP模式风险责任清晰划分的基础上，系统性识别财政风险的类别

由于政府在公共服务领域有直接面对公众负责的法定职责，因此在理论上说，无论公共服务项目是由政府直接生产和提供，还是由政府与社会资本合作生产和提供，政府均要承担相应的法定职责。只不过是生产和提供的组织方式不同，政府实质上承担的风险有所区别而已。

在PPP中，政府承担的财政风险类别确实与政府直接建设和运营是有明显的区别的，需要较为系统地识别。根据前述财政风险的划分概念，PPP中财政风险的划分要基于如下原则：一是合同约定原则。基于PPP风险分担原则和分担机制，合同中所约定的政府部门承担的风险都属于显性财政风险，但需要依据具体条款厘清哪些是直接显性和或有显性。二是公共性原则。不同于一般的项目工程，PPP项目是公益性项目。因此，基于政府在公共领域的法定职责，即使在PPP合约中明确规定属于社会资本方的责任风险在一定条件下（社会资本方运营失败或无力承担风险补偿责任）都有可能转化为政府财政风险，构成政府的或有隐性债务。三是动态性原则。PPP项目的生命周期较长，涉及相关利益主体多，当内外部条件发生变化时，合同未约定的意外风险可能会出现，需要重新确定风险分担布局，原则上各方要主动制定应对风险的措施，协同解决风险隐患，但是

PPP毕竟是公共工程和服务，政府基于天然的职能，不得不在动态风险管理中居于主导地位，相应承担更多责任，可能带来额外的政府支出，引发隐性直接的财政风险。

基于此，我们认为，PPP中政府的财政风险甄别主要采取如下的步骤：

（1）政府承担的责任及其财政风险归属。主要有两类：一类是政府因拥有绝对资源优势所承担的风险，以项目外部风险为主，宏观风险为主。例如，政局不稳定、所有权风险、主权风险、项目审批延误、项目决策失误、征地（选址）等等，这一类风险发生，政府责无旁贷。另一类是政府对该风险的控制力比较强，但并不能绝对控制，仍要受外界其他因素影响的风险。政府作为政策制定者，对于"政府干预""政府违约""政策变化"这些政策风险显然有比较强的控制力。而且这些风险主要来自项目外部风险，政府主要承担能有效抑制这些风险。但是，政府无法完全控制这些风险的发生。法律风险，政府是法律制定者，更熟悉其内容，也能及时地了解其变化。所以，政府是此类风险主要承担者。"汇率变化风险"由政府主要分担是因为政府可以通过补贴、担保方式较有力地分担。"基础设施配套风险"是政府能利用资源优势而提供的，但并不能绝对保证，应是政府主要分担该风险。

（2）政府与社会资本共担责任及财政风险归属。政府和社会资本双方在对这些风险控制能力上没有悬殊差距。总体来看，通货膨胀的变化、利率变化、政府对利润和收费价格限制、竞争风险均受市场大环境影响，政府与社会资本双方都不能控制这些风险的发生。对于不可抗力风险，因为其不可预测性，双方对其都没有控制能力，只能通过采取措施尽量降低损失，其责任应由双方分担。而且，一般来说，这类分担的风险责任大多数也要在合约中按照商定的原则明确各自的分担比例。政府分担的比例部分实际上也归属于政府的显性财政风险，而社会资本方分担的比例部分在其失败或失去抵御能力时也可能成为政府的负累，属于政府隐性或有财政风险范畴。

（3）社会资本方承担的责任及财政风险归属。那些由社会资本承担的风险责任，比如，项目融资、设计、建设、运营过程中可能出现的工程质量风险、市场风险、运营费用超支风险、违约风险等有可能在一定条件下转化为政府部门承担的责任。即一旦出现经济利益损失并且"穿透"社会资本方承载能力时，就有可能致使财政承担风险，成为政府隐性或有风险考虑的内容。

（4）PPP合约之外的风险责任归属。以上所述的风险都是在PPP合同中明确规定的责任划分。可是，在 PPP 全生命周期中，由于时间跨度长和社会公众对公共服务需求的"与时俱进"，可能会出乎合约签订时未曾预料的责任，如对残疾人服务的个性化设计缺陷、环境保护公共需求的提高、老龄化的照顾需要等。这些责任的追加大多数会直接体现为作为公共服务责任主体政府的直接成本，故而成为政府的隐性直接财政风险。

基于上述，表 2 对 PPP 中存在的各种责任进行了经济学意义上的财政风险识别和归类。如前所述，这些财政风险，若相对于目前地方政府的债务管理口径，又属于"表外"的财政风险，具有隐匿的含义。

表 2　　PPP 隐性财政风险类别

			主要由政府部门承担	政府与社会资本分担（根据具体项目按比例分担）	社会资本承担	财政风险类别			
						显性直接债务	显性或有债务	隐性直接债务	隐性或有债务
一级风险指标	二级风险指标	三级风险指标							
宏观风险	政治和政府政策	政局不稳定	√				√		
		所有权风险（资产征用或国有化）	√				√		
		官僚及腐败	√						√
		主权风险	√				√		
		政府违约	√			√			
		政策变化	√				√		
		项目审批延误	√				√*		√#
	宏观经济	通货膨胀		√					√
		利率变动		√					√
		汇率变化	√						√
	法律	监管体制不完善	√				√		
		专项法律变更	√						
		税收政策变化	√				√		
		产品/服务标准变化	√						√
	社会	公众反对	√					√	

续表

			主要由政府部门承担	政府与社会资本分担（根据具体项目按比例分担）	社会资本承担	财政风险类别			
						显性直接债务	显性或有债务	隐性直接债务	隐性或有债务
	市场风险	信用风险		√			√*		√#
		政府对利润和收费价格限制	√				√		
		竞争风险			√				√
		基础设施配套风险		√			√*		√#
		原材料供给			√				√
		市场需求变化			√				
	自然	不可抗力		√			√*		√#
中观风险	项目选择与融资	项目决策失误	√					√	
		征地（选址）	√		√				
		项目对投资者金融吸引力			√				√
		高融资成本			√				√
		项目融资结构			√				√
		融资可获得性			√				√
	设计	设计不合理			√				√
		技术风险			√				√
	建设	工程质量风险			√		√		
		合同变更		√		√*		√#	
		建设成本超支			√				√
		设计变更			√				√
		工期超期			√		√		
		分包商/供应商的破产			√				√
		土地拆迁与补偿成本过高		√	√				
		环境/文物破坏			√			√#	√*
	运营	运营费用超支			√	√*			√#
		运营收入低于预期			√	√*			√#
		移交后项目/设备状况		√				√#	√*

续表

			主要由政府部门承担	政府与社会资本分担（根据具体项目按比例分担）	社会资本承担	财政风险类别			
						显性直接债务	显性或有债务	隐性直接债务	隐性或有债务
		服务质量缺陷			√		√*		√#
		费用支付风险		√		√*		√#	
		运营安全			√	√*		√#	
		维护风险			√	√*		√#	
		运营效率低			√				√
		项目公司能力			√				√
微观风险	合同风险	责任和风险分配不当	√			√			
		合同中权利分配不当	√				√		
		合作者之间工作方法不同		√					√

注：*代表合同约定；#代表合同约定之外。

三、PPP 项目发展现状

（一）我国 PPP 项目总体发展情况

政府和社会资本合作（PPP）近年来在我国得到大力推广，2015 年经历井喷式发展，2016 年、2017 年随着规范 PPP 管理力度的加强，入库项目数量和规模出现较大幅度下降，2017 年年底财政部开展了大范围的项目库清理规范工作，不少项目被清理出库。总体来看，全国各地 PPP 项目和投资差距较大；PPP 项目库所涉及的 19 个行业中，市政工程、交通运输项目占据半壁江山。从项目投资回报来看，可行性缺口补助项目最多，使用者付费类项目最少。国家示范项目落地率较高。

1. 我国 PPP 项目入库数量与规模

根据全国 PPP 综合信息平台项目数据，2016 年、2017 年入库项目数量分别是 4912、1981 个，项目金额 58663.63 亿元、29364.7 亿元（见图 2）。

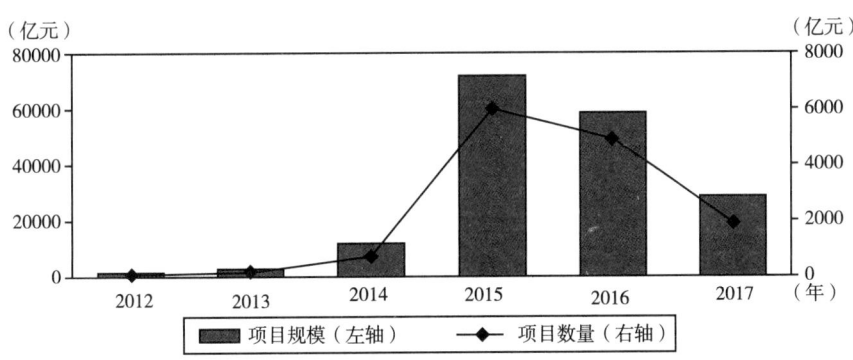

图 2　近年来全国 PPP 入库项目示意图

资料来源：2017 年中国 PPP 发展年度报告，明树数据。

截至 2017 年 12 月 31 日，根据全国政府和社会资本合作（PPP）综合信息平台项目库数据，全国 PPP 入库项目共计 14424 个，累计投资额 18.2 万亿元。为优化管理，财政部 PPP 中心将项目库中尚处于识别阶段，即未完成物有所值评价和财政承受能力论证的审核，地方政府部门有意愿采用 PPP 模式的项目，纳入储备库管理，列入储备项目；将已处于准备、采购、执行和移交阶段，完成物有所值评价和财政承受能力论证审核的项目，纳入管理库管理。截至 2017 年 12 月 31 日，储备库项目共计 7287 个，占总项目库的 50.52%，投资额 7.4 万亿元；管理库项目 7137 个，占总项目库的 49.48%，投资额 10.8 万亿元。在管理库中，4408 个项目处于准备、采购阶段，占管理库的 61.76%；2729 个项目处于执行阶段，0 个项目处于移交阶段，PPP 项目落地率为 38.24%①（见表 3）。

表 3　PPP 项目入库情况表

项目库	PPP 阶段	项目数量（个）	占比（%）	投资规模（万亿元）
储备库	识别阶段	7287	50.52	7.4
管理库	准备阶段、采购阶段	4408	61.76	6.2
	执行阶段、移交阶段（落地项目）	2729	38.24	4.6
	小　计	7137	49.48	10.8
合　计		14424		18.2

资料来源：根据全国政府和社会资本合作（PPP）综合信息平台项目库数据整理。

---

①　PPP 项目按全生命周期分为识别、准备、采购、执行和移交 5 个阶段。执行和移交两个阶段项目（即落地项目）数之和与准备、采购、执行、移交 4 个阶段项目数总和的比值为项目落地率。即落地率=（执行+移交项目数）/（准备+采购+执行+移交项目数）。

2. PPP 项目行业分布情况

PPP 项目库涉及能源、交通运输、水利建设、生态建设和环境保护、市政工程、城镇综合开发、农业、林业、科技、保障性安居工程、旅游、医疗卫生、养老、教育、文化、体育、社会保障、政府基础设施和其他等 19 个一级行业。在管理库中，截至 2018 年 1 月 31 日，市政工程、交通运输、生态建设和环境保护项目数排前三（见图 3），分别为 2782 个、1072 个和 574 个，分别占全国 PPP 管理库项目总数的 37.36%、14.40%、7.71%，接近全国 PPP 管理库项目总数的 60%。

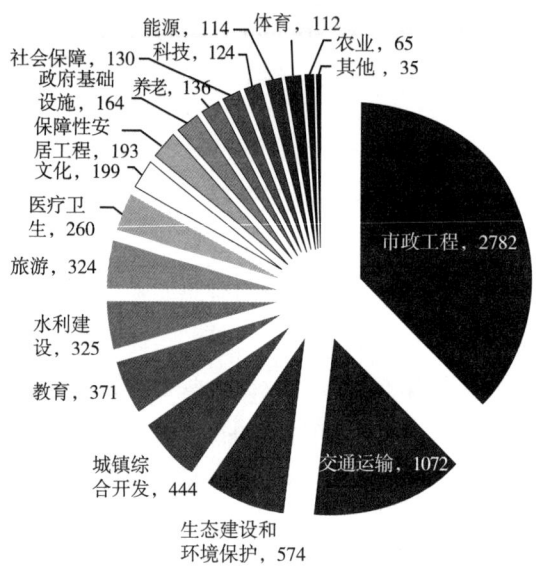

图 3　PPP 管理库项目行业分布数量情况

资料来源：财政部 PPP 中心。

3. PPP 管理库项目地区分布情况

管理库中各地项目数和投资额分布差距较大。截至 2018 年 1 月 31 日，河南、山东（含青岛）、湖南项目数量居前三位，分别为 695 个、679 个、591 个，占管理库项目总数的 26.4%。深圳入 PPP 管理库项目只有 1 个，上海、厦门、西藏 PPP 项目各是 2 个。PPP 管理库项目中投资额居前三位的是湖南、贵州、河南，分别为 9198 亿元、9058 亿元、8394 亿元，占管理库项目总投资的 23.5%。PPP 管理库项目投资额最低的是深圳和上海，投资额各为 16 亿元。

4. PPP 管理库项目投资回报机制分布情况

管理库项目按投资回报机制构成分为：可行性缺口补助（即政府市场混合付费）类项目、政府付费类项目、使用者付费类项目。截至 2017 年 12 月 31 日，可行性缺口补助项目最多,共2930个项目,投资额为5.9万亿元,分别占管理库项目数量和投资金额的41.1%和54.7%;政府付费类项目居中,项目数为2884个,投资额为3.3万亿元,分别占管理库项目数量和投资金额的40.4%和30.6%;使用者付费类项目最少,项目数为1323个,投资额1.6万亿元,分别占管理库项目数量和投资金额的18.5%和14.7%。

(二)存在问题与清理退库情况

1. PPP被违规滥用、异化为地方政府的融资平台工具

PPP在我国快速推进的同时,出现了被泛化滥用、异化为新的融资平台等新情况、新问题,"明股实债""固定回报""保底承诺""政府隐性担保""以购买服务名义违规为PPP项目融资"等现象时有发生,有违了PPP的根本宗旨与原则,加剧了地方政府隐性债务来源。例如:地方政府以各种方式向社会资本方承诺回购其投资本金、保障其最低收益和承担其投资本金损失,地方以政府购买服务名义违法违规融资,为PPP建设工程项目变相举债等。

2. 一些PPP项目前期准备不充分、操作实施不规范

PPP运作的关键是前期要做好充分论证、充分准备,在操作时要规范实施。但是一些PPP项目在前期准备时不充分、在实施中不规范操作。例如,有的项目征地受阻、前期手续不全等无法推进;有的项目未按规定开展"两个论证",或存在虚假论证、"超过10%红线";等等。有的PPP项目操作流程不按规范运作,不进行信息公开,建设与运营两张皮。

3. 央企参与度过高,民企参与不足

以国家示范项目为例。截至2017年年底,572个落地国家示范项目签约社会资本共944家,其中,国有企业(含国有独资、国有控股)549家,占比58%,是社会资本方的主力军;民营企业(含民营独资和民营控股)328家,占比34.7%;港澳台和外商40家,占比5%;其他27家,占比3%。央企参与过多,加剧央企的经营风险,有违供给侧结构性改革中的去杠杆及PPP要扩大社会资本合作的初衷。民间资本参与PPP较难,还应该降低门槛,广泛吸引民营企业参与PPP项目。

4. 项目结构不合理,使用者付费类项目比例低

目前进入管理库的PPP项目,可行性缺口补助项目、政府付费类项目、使用者付费类项目数量分别占比41.1%、40.4%、18.5%;这三类项目投资金额分别占比54.7%、30.6%、14.7%。PPP项目的初衷是鼓励更多的项目采用使用者付

费模式,而尽可能减少政府付费模式。从目前项目结构来看,使用者付费类项目的数量和投资金额占比过低,说明绝大多数PPP项目都需要政府付费或政府对缺口进行补助付费,而这会加剧财政支出的压力,因此,PPP的项目结构不太合理,还需进一步优化,提高使用者付费项目的数量和投资金额比例。

5. 各地财政承担能力与PPP项目中的政府支出责任不匹配

总体来看,各地开展PPP情况差距较大,调研组对山东、内蒙古、山西和陕西四省进行了实地调研。一般来说,PPP投资规模越大,政府未来面对的指支出责任和财政风险可能越大,隐匿的风险也就可能越大。而财政收入越高,承担财政风险的能力越强。调研组利用2017年10月底的PPP投资额和2016年各省财政总收入两个维度的数据分析各省PPP可能引发的财政风险情况,以及山东、内蒙古、山西和陕西四省财政风险在全国的相对位置。如图4所示,在红色拟合线左上方的省份,相对于其财政收入,PPP投资额比较高,未来财政风险需要警惕,比如贵州、新疆等。而在红色拟合线右下方省份或直辖市,相对其财政收入PPP规模较小,财政风险也较小,比如北京和上海。山东和内蒙古在拟合线上方,山东PPP投资额更高,财政收入也更高。山西和陕西都在拟合线下方,山西是PPP投资额较低,财政收入也较低的省份。

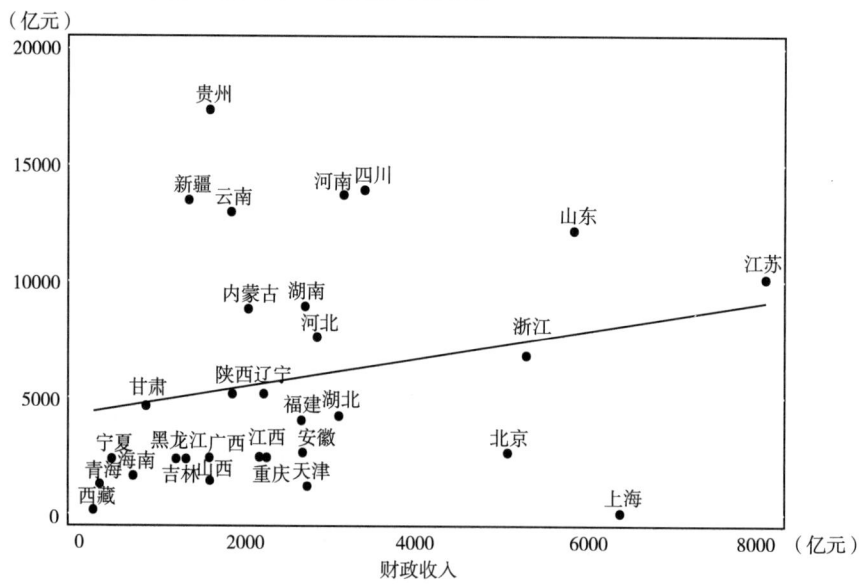

图4 各省PPP投资额与2016财政收入

注：这里财政收入为一般公共预算收入。

资料来源：Wind。

为斩断隐性债务风险来源，财政部PPP中心从2017年11月在全国开展了PPP项目库清理工作。根据财政部数据，2017年发生退库项目973个，截至2018年4月23日，全国各地累计清理退库项目1695个，涉及投资额1.8万亿元；需要整改项目2005个，涉及投资额3.1万亿元。发生退库的项目类型主要有：一是项目不适合采用PPP模式、不继续采用PPP模式或项目停止。本次清库中，不适合采用PPP模式的项目有397个，不再继续采用PPP模式实施的项目有1120个。有的项目缺乏对社会资本的吸引力，有的总投资额过小或期限过短；有的已采用其他模式。二是前期准备不到位、不规范。本次清库项目中，前期准备不到位的项目有506个，未按规定开展"两个论证"的项目有217个。三是不规范运作和公开PPP项目。有的项目不符合PPP规范的操作流程。本次清库项目中，不符合规范运作要求的项目有277个；未按规定进行信息公开的项目有488个。四是政府违规担保。本次清库项目中，涉嫌地方政府违法违规举债担保的项目有14个。五是其他原因。本次清库项目中，因其他原因被清退或整改的项目有1354个。比如一些项目在前期重复入库，后期逐步整合删减等。

总体来看，PPP在我国近年来发展迅猛，对推动供给侧结构性改革、加大基础设施和公共服务供给的成效显著。但存在伪PPP、PPP被违规利用、被沦为地方政府的变相举债融资工具等现象，偏离了PPP创新公共服务供给机制的本源，增加了地方政府隐匿的财政风险，应该高度重视，防范风险于未然。

四、PPP中隐匿的财政风险评估

近年来，随着PPP模式的推广，入库项目越来越多，政府承担的总体支出规模也越来越大，而且推广PPP过程中也存在着一些乱象，如变相突破10%的红线、明股实债、社会资本方良莠不齐等，引发了对PPP发展导致政府财政风险扩大的担忧。这客观上需要加强PPP财政风险的监控和计量。本报告拟对PPP模式对地方政府财政风险的影响进行评估，主要着眼于宏观层面的评估。本部分构建PPP财政风险评估模型，进行情景分析。评估当前PPP隐匿的显性财政风险和隐性财政风险。

（一）评估模型

在PPP隐匿财政风险中，有一部分风险可以根据政府的支出责任大小来进行估计。比如显性风险中政府股权投资和可行性缺口补贴、和隐形风险中社会资本失败后由政府承担的部分。而另一部分风险没有边界很难评估，如配套投入支出责任、合约外不得不追加的支出责任等。下面将从这三部分可评估的政府支出责任入手，构建 PPP 财政风险评估模型。

不同的投资回报机制，PPP 项目政府支出责任类型不同。使用者付费项目有充足现金流，可以覆盖项目成本和收益率要求，可以视为不会产生政府支出责任。政府付费项目没有现金流，投资可视为全部由政府财政支付。可行性缺口补助项目一部分靠项目自身现金流，另一部分靠政府财政出资，形成政府未来债务。可行性缺口补助项目中政府需有两部分支出，即前期项目投资和后期运营时期的补贴。PPP 总投资规模中，可行性缺口补助项目中政府的支出责任部分加上政府付费项目是财政风险的源头。

在可行性缺口补助的 PPP 项目中，政府支出责任估计步骤如下：

$$I = s + g + v \tag{1}$$

$$g = \beta_1 I \tag{2}$$

其中，I 为 PPP 项目投资额；g 为项目投资额中政府投资部分，包括股权投资和其他投资；s 为项目投资额中社会资本投资部分；v 为外部融资，比如项目公司的银行贷款、债券融资等；β_1 为政府投资部分占项目总投资额的比例；β_1 越大，PPP 项目前期投资中，政府出资比例越大。

$$g_1 + c = I + \theta(s + v) \tag{3}$$

$$g_1 = \sum_{t=i}^{T} \frac{g_{1t}}{(1+\sigma)^t} \tag{4}$$

$$c = \sum_{t=i}^{T} \frac{c_t}{(1+\sigma)^t} \tag{5}$$

其中，g_1 为 PPP 项目后期运营中政府补贴部分的贴现，如公式（4）所示；c 为项目本身产生现金流部分的贴现值，公式（5）所示；σ、i 和 T 分别为贴现率、开始运营的年份和移交给政府的年份。θ 为社会资本的投资回报率，在本文估计中，θ 假定为 6%；公式（3）表示政府总补贴与项目本身产生总现金流之和，等于投资额加上社会资本与融资所要求的回报。

$$g_1 = \beta_2(g_1 + c) \tag{6}$$

$$G = g + g_1 = \beta_1 I + \beta_2[1 + \theta(1-\beta_1)]I = [\beta_1 + \theta\beta_2 + \theta\beta_2(1-\beta_1)]I \tag{7}$$

$$G' = s + v = (1 - \beta_1)I \qquad (8)$$

$$\rho = \frac{G_1 + G}{F} \times 100\% \qquad (9)$$

$$\rho' = \frac{G'}{F} \times 100\% \qquad (10)$$

其中，β_2 项目回报中来自政府补贴的比例，这一比例越高，政府支出责任越大；G 为政府前期投资与后期补助的加总，表征 PPP 显性财政风险；G_1 为政府付费项目政府支出责任；G' 为社会资本失败，推定给政府的支出责任，表征 PPP 隐形或有财政风险。F 为政府一般财政公共预算支出。ρ 为财政支出责任与政府一般财政公共预算支出之比，以此来度量财政风险的大小，ρ 越大，财政风险越大，财政部规定的红线为 10%。

（二）PPP 中隐匿显性财政风险评估

政府财政支出责任规模的大小和期限结构决定 PPP 中财政风险的大小和分布。如公式（9）所示，政府全付费 PPP 项目投资额已知，而和决定了可行性缺口补贴 PPP 项目中政府支出责任的大小，这两个比例越高，财政风险越大。另外，未来 30 年内政府支出责任分布也决定了政府的财政压力，如果财政支出责任集中于未来几年，那么这一时期的财政风险较大，而财政支出责任相对均匀分散，财政风险将大幅度减小。根据财政部 PPP 中心 2017 年年报，2017 年底落地 PPP 规模为 4.6 万亿元，其中使用者付费项目 5166 亿元，可行性缺口补助为 25622 亿元，政府付费项目为 15261 亿元。根据这些数据和上面评估模型来估计政府支出责任和财政风险。

情景分析：

1. 假定 $\beta_2 = 80\%$ 时，β_1 分别选取 5%、10%、20%、30% 和 50%，分析不同情境下 PPP 项目对政府的财政压力，也就是地方政府的显性财政风险。根据调研情况，在项目前期投资中，项目公司注册资本金一般占总投资 20% 左右。而且，在地方政府在项目公司资本金所占比重也不超过 50%，这是由于财政部《PPP 项目合同指南》规定"但政府在项目公司中的持股比例应当低于 50%、且不具有实际控制力及管理权"。因此，选择 β_1 低于 50% 的几种情景进行分析。

如图 5 模拟所示，纵坐标是政府 PPP 支出责任占 2017 年地方一般财政公共预算支出比例，横坐标是支出责任集中的时间分布。比如在 $\beta_2 = 80\%$，$\beta_1 = 5\%$，政府支出责任集中未来1年时,政府支出责任占地方一般财政公共预算支出比例ρ为22.03%,超过财政部规定红线,财政风险较大。但如果支出责任集中于未来3年,那么ρ为7.34%,小于财政部红线,财政风险可控。这意味着,PPP政府支出责任越集中于未来几年内,显性财政风险更大。反之,越平滑,财政风险越小。

当$β_1$依次取10%、20%、30%和50%时,政府财政支出责任也逐渐增加,但增加幅度不大(见表4)。从这些结果来看,期限结构对财政风险影响较大。在各种情形下,如果财政支出责任都集中在未来2年,那么政府支出责任比例都已超过10%,财政风险较大。但只要财政支出的分布更为均匀,支出责任平滑在2年以上,PPP政府支出与一般公共财政预算支出比例都在10%红线以下。因此,从全国范围内看,现有PPP投资额带来的显性财政风险在可控范围内。

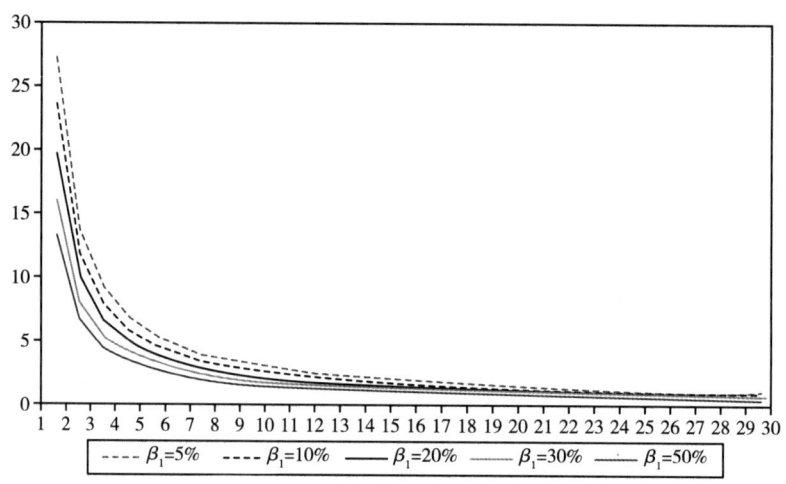

图5　不同比例下政府显性财政风险情景

资料来源：课题组测算。

表4　　　　　　　　　　不同比例下政府显性财政风险分布

=80%	=5%	=10%	=20%	=30%	=50%
1	22.03%	22.73%	24.13%	25.54%	28.35%
2	11.01%	11.36%	12.07%	12.77%	14.18%
3	7.34%	7.58%	8.04%	8.51%	9.45%
4	5.51%	5.68%	6.03%	6.39%	7.09%
5	4.41%	4.55%	4.83%	5.11%	5.67%

2. 假定$\beta_1 = 10\%$时，β_2选取分别选取80%、60%、40%、20%和5%，分析不同情景下PPP项目对政府的财政压力。如图6和表5模拟所示，政府补贴比例的变化对政府支出责任曲线影响较大。如当财政支出集中于未来1年时，β_1 = 80%时，ρ = 22.73%，而当β_1 = 50%时，ρ迅速降低为11.05%。而且在β_2小于80%的四个情景中，政府支出责任分布只要不集中于1年，ρ均小于10%红线。这意味着在PPP项目中，相比政府投资额，政府补贴产生财政支出责任更大，β_2值的估计对政策决策者更为重要。加入当前可行性缺口补助PPP项目中β_2值较大，那么财政风险值得警惕。

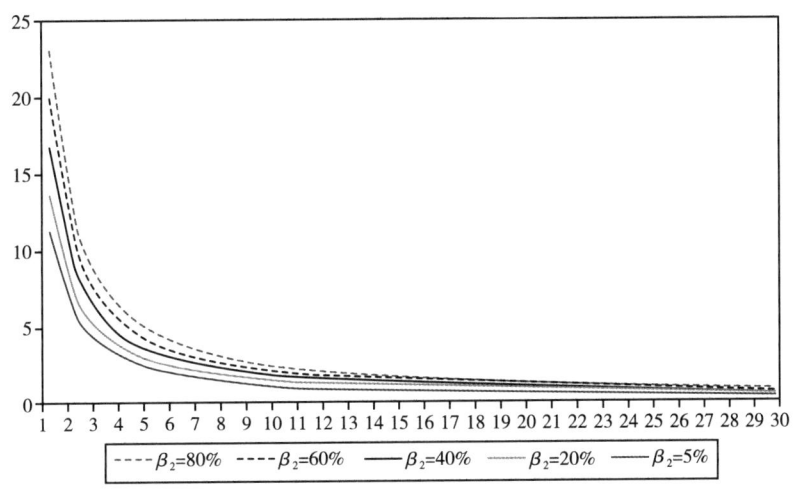

图6　不同比例下政府显性财政风险情景

资料来源：课题组测算。

表5　　　　　　　不同比例下政府显性财政风险分布

= 10%	= 80%	= 60%	= 40%	= 20%	= 5%
1	22.73%	19.62%	16.50%	13.39%	11.05%
2	11.36%	9.81%	8.25%	6.69%	5.53%
3	7.58%	6.54%	5.50%	4.46%	3.68%
4	5.68%	4.90%	4.13%	3.35%	2.76%
5	4.55%	3.92%	3.30%	2.68%	2.21%

（三）PPP中隐匿隐性财政风险评估

由于社会资本方的失败导致的合约规定的社会资本方的责任，将会成为政府的隐性风险。因此，利用公式（8）和（10）来估计各种情景下社会资本在PPP项目中的支出责任，也就是隐性财政风险。

假定时，选取5%、10%、20%、30%和50%五种不同情境。如图7和表6模拟所示，只有在超过30%和未来支出责任集中于未来1年的情况下，才超过警戒线10%。而且随着增加，社会资本支出责任减少，隐性财政风险降低。

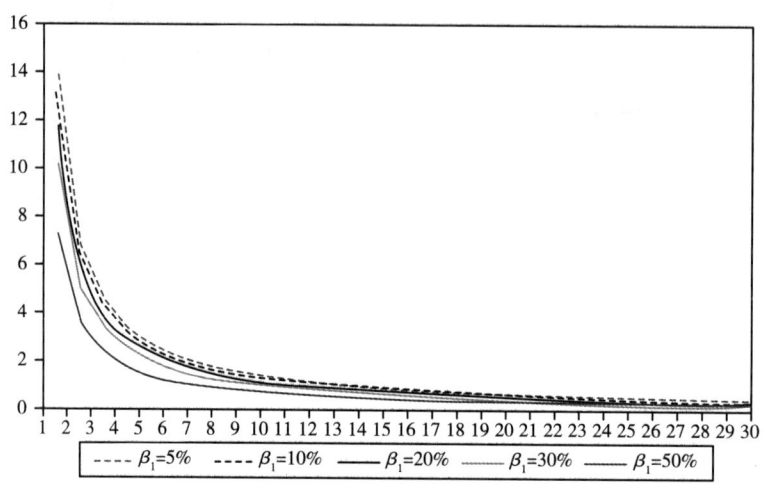

图7 政府隐性财政风险情景

资料来源：课题组测算。

表6　　　　　　　　　PPP隐性或有财政风险情景分布

	=5%	=10%	=20%	=30%	50%
1	14.03%	13.29%	11.82%	10.34%	7.39%
2	7.02%	6.65%	5.91%	5.17%	3.69%
3	4.68%	4.43%	3.94%	3.45%	2.46%
4	3.51%	3.32%	2.95%	2.58%	1.85%
5	2.81%	2.66%	2.36%	2.07%	1.48%

尽管PPP项目隐性财政风险相对显性财政风险较小，但两者相加得到的总财政风险较大。社会资本失败的概率增加，PPP财政风险则迅速增加。在=10%、和支出责任集中在未来1年情景下，总支出责任占公共预算支出比重达到36%，而显性财政支出责任占比为22.7%，如图8所示。可见，PPP项目中的隐形财政风险不可忽视。

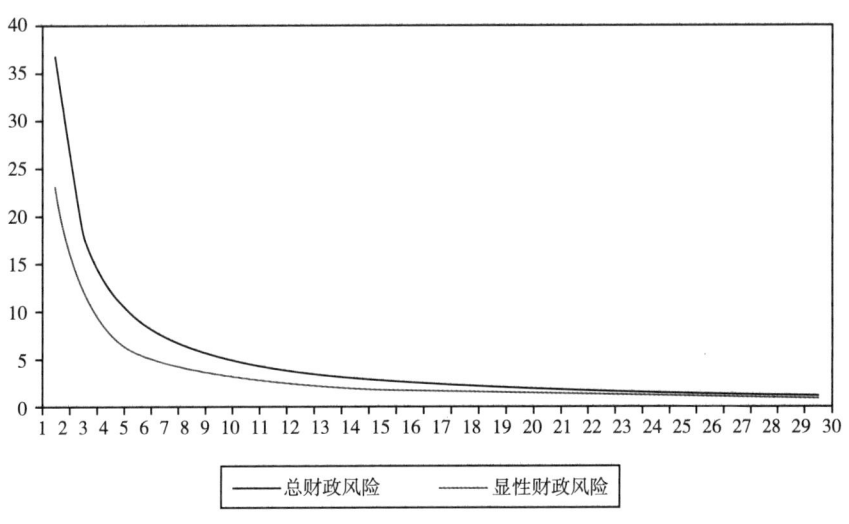

图8 政府总财政风险和显性财政风险

资料来源：课题组测算。

（四）风险评估模型基本结论

（1）如果 PPP 项目中地方政府一般公共预算支出责任平滑在 3 年以上，基本不会突破 10% 的监管底线。

（2）在 PPP 中，与地方政府项目初始投资相比，后期项目运营补贴对财政支出责任的影响更大。

（3）PPP 项目合同内约定的政府显性支出责任风险相对可控，但如果社会资本投资失败概率增加，加重政府或有债务，PPP 地方财政风险可能急剧上升。

五、思路与建议

（一）防范化解 PPP 中隐匿财政风险的思路

人类社会充满了风险，风险无时不在、无处不在，风险并不因为是否被认识就削弱了其影响，反而随着人类认知程度的不断提升，应对风险的挑战也日益加强。隐匿于 PPP 中的财政风险如同所有风险一样并非一成不变，而是随着融资环境的改变、监管政策体系的完善、相关参与方利益预期的调整、市场的成熟程度等各种外部因素的变化而变异、升级。隐匿于PPP中的财政风险不可能通过一个轮回的识别、处置、防范而一劳永逸，正确认识、精准识别、持续监管才是应对隐匿财政风险的理性选择。面对充满高度不确定性的风险社会，有必要针对不同的风险属性分类防范化解，可以从三个层次明晰应对PPP中隐匿的财政风险的基本思路。

首先，对于PPP社会参与方主观恶意侵害公共利益的投机行为，应从供给侧完善制度设计的角度压缩投机空间。一般来说，包括PPP在内的大多数政府与市场合作领域的初始发展阶段，由于认知不全面导致制度不完善不可避免会出现"公私合作"中一些社会资本方利用制度漏洞"钻空子"，侵害公共利益，这是发展过程中具有规律性普遍存在的现象。应对此类财政风险最主要的措施就是尽快完善监管框架，出台规范性政策文件，确立明晰的行业运行秩序，端正并引导参与方理性预期，通过监管处罚提高恶意行为的违规成本。

其次，对于各参与主体非主观故意，受客观条件改变对PPP模式下公共服务供给产生负面影响，进而侵害公共利益的PPP行为，应该明确政府在PPP模式中除了按市场规则合理分担项目风险外，还要承担公共基础设施融资、建设、运营失败所引发的公共风险。政府具有补位责任，是PPP模式下公共服务供给的"最后责任人"。这一层次的隐性债务风险虽是小概率事件，但处理不好会在源头产生道德风险，应对此类风险应该严格市场准入，降低参与者"误闯误入"，同时监管者应该尽快提高PPP市场成熟度。

第三，对于PPP中不可预知的风险，应保持审慎监管的态度。尽管随着认知能力的提升，PPP中不可预知的风险因素和影响在不断减小，但是PPP中隐匿的财政风险却不可避免地始终存在。由于这部分隐匿的风险不可预知，自然也无法事前有针对性地加以预防，这就需要在公私合作领域为应对风险转化为危机设立应急处置预案，努力做到快速响应、分类施策、各司其职、协同联动、稳妥处置。

（二）政策建议

1. 规范地方财政支出责任是当前舒缓PPP中财政风险的重心

尽管PPP项目规范的评审流程需要通过财政可承受能力论证，但因为初期项目论证并不规范，加之PPP项目数量膨胀较快，其中大量累积的地方财政支出责任成为 PPP 中蕴含的财政风险源头之一。我们认为舒缓 PPP 模式下地方财政支出责任风险需要从四个方面着手。

（1）要合理控制 PPP 项目数量。PPP 中地方财政支出责任膨胀的首要原因就是 PPP 项目数量和投资规模增长。PPP 本身是要通过公私合作的投融资模式创新降低城镇化过程中政府公共支出压力，然而脱离地方财政承受能力的过度使用 PPP 必然会累加财政风险，这是与 PPP 政策导向背道而驰的。可以参考借鉴目前地方政府债务监管中债务限额与余额的关系，一般公共支出 10% 的比例作为限额是"天花板"，不鼓励顶格使用，要求地方政府从控制风险的角度压减 PPP 落地项目数量，按照轻重缓急原则分阶段、分领域统筹安排落地项目。

（2）要平滑地方财政支出责任。在前面政府支出责任定量评估过程中发现 PPP 项目的前三年是政府支出压力最大的时段，这主要是因为投资补助与项目前期运行补助相互叠加对地方财政支出的影响。建议地方政府对 PPP 项目的运营补助支出可以考虑按照"先紧后松"的原则安排，项目运营初期补助标准适当低于年度平均补助水平，项目中后期适度提高年度补助水平，但政府补助的贴现净值符合项目合同对政府方的要求。

（3）要降低地方财政投资补助标准。就投资补助而言，由于涉及 SPV 公司的到位资本金无法通过支出平滑的方式向后延展支出责任，这就需要严格控制地方政府资本金投入比例。除一些关乎重点民生领域的 PPP 特殊项目外，应该明确政府资本金投入更多起到引领和示范作用，把政府出资比例作为 PPP 项目招标的重要参考指标，鼓励地方政府降低出资比例。要积极防范 PPP 起步阶段的不规范项目操作引发的财政"兜底支出责任"风险。从 2017 年 11 月开展的 PPP 项目库集中清理工作情况看，各地累计清理退库项目 1695 个，涉及投资额 1.8 万亿元，需要整改项目 2005 个，涉及投资额 3.1 万亿元。这只是尚未落地实施的项目库中存在的问题，对于那些已经采购或执行的 PPP 项目也会存在一些问题。建议在地方政府层面按照辖区 PPP 项目总投资的一定比例预算安排落地项目风险金，可以考虑先从小做起，逐年累积，最终形成与兜底性责任相匹配的风险基金。

2. 有效提高社会资本方的质量，防范隐性或有财政风险

PPP 项目期限长、投入大，在全生命周期可能会面临诸多风险，因此把握社会资本方的质量是防范隐匿财政风险的关键一环。根据我们 PPP 发展的现状，有如下问题亟待解决。

（1）按照"实质重于形式"的原则规范央企 PPP 核算。当前一些央企参与的 PPP 项目社会资本方不愿并表，通过各种通道层层嵌套混淆控制关系，在一定程度上既是监管政策使然，也是参与者人为主观意愿，其后果导致 SPV 公司财务报表不在任何一个股东报表中体现，成为事实上的"孤儿资产"，这给项目公司的正常运营、参与各方的规范运作、监管方履行职责都埋下治理隐患。建议以"实质重于形式"的原则规范央企参与大型 PPP 项目的会计核算。根据股权出资比例、其他出资方的投资性质、与其他出资方关联关系、央企参与程度、风险分担与收益共享机制等多重因素综合判别央企对项目的控制程度，并对综合评判指标体系给予量化处理，为央企的 PPP 投资行为"建章立制"。对于央企明确为 SPV 第一大股东的要严格执行并表操作；对于央企参股但不控股的 PPP 项目可以在法律许可的范围内灵活创新，统筹考虑近期需求和远期需求，不并表操作，但应明确在实际出资主体建立项目投资台账的监管要求。

（2）注重提高优质民间资本参与度。首先，民间资本介入有助于改善 PPP 的资本结构，避免国有经济"体内循环"，强化市场纪律；其次，鼓励优质民间资本参与，有助于发挥民间资本的运营管理经验和技术优势；再次，为民间资本提供投资机会，缓解过剩资本对房地产和资本市场的投机行为。

（3）强化政府采购招标制度，对社会资本方优胜劣汰。第一，杜绝融资注资现象。利用债务资金注入项目公司资本金，降低 PPP 项目资金来源稳定性，增大 PPP 项目失败风险，从而加大地方政府财政隐性或有风险；第二，注意避免重投资、轻运营。当前政府方和社会资本方都对 PPP 项目运营缺乏足够重视。一方面，从政绩观的角度看，与后期运营相比，项目投资建设更能体现官员政绩。另一方面，PPP 项目的建设期利润更大，对社会资本吸引力更大。在政府采购招标制度中，应强化社会资本方的后期运营责任；第三，在广泛选择基础上，尽可能选择行业优秀的社会资本方，要从业绩、技术、理念，资金等多方面考察。

3. 以资产交易体系建设促进提升股权交易和资产证券化

随着大量 PPP 项目签约落地，进入建设和运营阶段的项目需要建立完善资产交易体系，一方面为不同阶段的 PPP 项目新的社会资本进入存量项目提供通道，发挥价值发现的功能；另一方面也可以在市场基础能力建设、资产流动性、价格发现和退出机制等方面有效提升 PPP 市场成熟度，发挥风险化解的功能。目前市场前景较大的 PPP 资产证券化本身就是 PPP 项目资产交易行为，但是 PPP 资产证券化对接的是标准化的金融产品,而 PPP 资产交易中心的定位是 PPP 项目中的非标金融产品,包括 PPP 项目股权、债权以及 SPV 公司股权增资等业务,可以提供 PPP 项目中新旧社会资本转换的交易通道。PPP 资产交易体系建设可以包括两个层次:其一,依托国内金融中心已有的产权交易中心打造较大规模 PPP 项目资产流转交易平台,目前相继在天津金融资产交易所和上海联合产权交易所合作成立 PPP 资产交易平台,其功能有待进一步挖掘提升;其二,依托区域金融中心打造中小规模 PPP 项目资产流转交易平台,通过区域共建延展 PPP 生态链条,搭建多层次资产交易市场体系。

4. 以项目全过程信息公开促进 PPP 参与主体行为自律

在 2017 年 11 月以来财政部 PPP 项目清理过程中发现的问题,诸如商业地产项目、招商引资项目、搭车违规举债项目等并不是隐蔽性很强的问题,有效监管也没有过多的技术障碍。但是,面对大量 PPP 项目如果完全依赖现有的以中央监管为主的模式很难做到实时、有效监管,这就需要通过 PPP 项目全过程信息公开引入外部市场监督,以此强化 PPP 参与主体的行为自律。具体而言,应该进一步明确 PPP 项目信息公开的四个要素。其一,明确项目信息公开的主体是同级财政部门,按照 PPP 项目所属层级,项目信息公开主体包括省级、市级和县级三个级别。其二,明确项目信息公开时间,应当自该信息形成或变更之日起规定若干工作日内,由财政部门主动公开。其三,明确项目信息公开形式,应当以政府或财政部门门户网站为主要平台,并保持长期公开状态,其中当年项目信息应当公开在网站醒目位置。其四,明确项目信息公开重点内容,应该在项目采购环节重点公开政府补助信息,特别是采用单一来源采购方式的 PPP 项目,应当严格履行项目公开程序。

5. 提升监管部门 PPP 动态监管能力

PPP 动态监管是基于项目运行过程的监管。随着 PPP 建设模式不断普及,监管部门对 PPP 的监管应该由初期的项目合规性监管为主向合规性监管与项目实施过程动态监管并重过渡,以适应不同阶段的监管要求。动态监管能力的提升需要完善三个方面。首先,监管部门要对项目运行信息全面把握,建立包含项目营收、利润水平、补助到位等相关重要信息的定期报送制度。其次,要建立中央与地方各级监管部门权责清晰的动态监管机制,基层监管部门定位信息收集上传、省级监管部门定位区域风险防范、中央监管部门定位系统风险防范。最后,明确 PPP 项目运行风险应急处置机制。

6. 完善法规与法律两个层次的 PPP 制度体系建设

PPP 起步阶段出现的许多问题与快速增长的 PPP 市场缺少完善制度设计有着直接关系。现阶段以出台针对性政策文件的方式"打补丁"并不能从根本上解决问题，完善 PPP 制度也不是问题导向的"逆向工程"所能完成的。PPP 领域中很多这类问题还没有清理解决，那类问题又新生出来，问题加问题、补丁叠补丁让监管成为缺少主动性的简单应对问题，监管成本和监管压力陡增。在当前 PPP 市场体量激增的背景下，清晰的 PPP 制度设计不仅仅是出于规范社会资本方行为的目的，同时也是约束地方政府的行为，事实上无论是公私哪一方出现违规或违约，其结果都是影响公共服务的供给能力，最终损害的都是公共利益。PPP 制度体系建设可以分为法规和法律两个层次分阶段完善。从近期角度看，要完善以 PPP 条例为核心的制度体系建设，以法治建设实现 PPP 从量增为主到质与量并重的转变。PPP 条例是行政法规，PPP 处于上升初期规范行业发展的务实选择。近中期应该在 PPP 条例（征求意见稿）的基础上尽快公布实施，以行政法规为核心搭建 PPP 行业规范发展的制度体系。从中远期角度看，应以 PPP 立法为核心，推动 PPP 顶层立法工作，推动 PPP 进入规范、有序发展的成熟阶段。

中国财政科学研究院金融研究中心课题组
课 题 指 导：白景明
课 题 主 持：赵全厚
课题组成员：赵全厚　张立承　封北麟　刘　薇　龙小燕　孙家希　陈　旭

后　记

中国财政科学研究院历来重视理论与实践相结合，坚持研以致用，紧紧围绕经济社会重大现实问题开展理论与政策研究。特别是近年来，中国财政科学研究院按照建设国家高端智库的要求，认真学习、深刻领会党的十八届三中全会和十九大精神，聚焦党和国家发展战略，组织完成中央有关部门及财政部交办的各项研究任务，提升对策研究能力，服务中央决策和财政实践。2016—2018年，除了完成由中央有关部门及财政部、国家高端智库理事会交办或业务司局及其他方面委托的研究任务，还撰写并发表了225篇《研究报告》和《财政研究简报》，为我国财政发展和体制机制改革创新提供了重要的智力支持。

近年来，中国财政科学研究院刘尚希院长带领院里一批研究骨干，以不确定性与公共风险作为观察经济社会的基本方法，紧密结合中国财政改革进程，对财政领域的理论构建和政策实践做了深入研究，形成了一批创新性成果，为改革深化和政策完善提供了重要参考价值。从公共风险理论看，世界的本质是不确定性，而财政改革的目的就是应对各种不确定性，化解公共风险。在新时代，现代财政的新使命是解决发展不平衡、不充分的问题，实际上就是解决新时代面临的公共风险。鉴此，我们以《基于公共风险理论的财政改革与政策研究》为题精选了一批有分量有影响的研究成果，结集公开出版，以期为决策部门提供建议，同时，向社会传递财政改革发展的正能量。

本文集的编选由傅志华副院长牵头策划，科研组织处程瑜研究员、景婉博副研究员精心设计，选编了基于公共风险理论的财政改革与政策研究的相关报告。在本文集出版之际，谨向对中国财政科学研究院给予支持和帮助的财政部及部内有关业务司局领导和工作人员,以及中国财政经济出版社的领导和责任编辑,表示衷心的感谢。对文集编辑中可能出现的疏漏与错误之处,恳请广大读者批评指正。

编　者

2019 年 5 月